KB079969

영국노동법

English Labour Law

전형배 저

오 래

이 저서는 2015년 정부(교육부)의 재원으로 한국연구재단의 지원을 받아 수행된 연구임(NRF-2015S1A6A4A01014411)

머 리 말

　영국 노동법 책을 써야겠다고 결심한 것은 박사학위 논문을 준비할 즈음이었다. 영국의 해고법제를 주제로 논문을 쓰기 위해서는 영국 노동법 일반에 대한 이해가 있어야 했는데 막상 관련 서적을 찾아보니 우리나라 저자가 쓴 책은 없었다. 여러 연구보고서에서 해당 주제에 관한 비교법적 논의를 할 때 일부 소개된 내용이 전부였다. 그리하여 시작된 것이 영국 노동법 공부였으니 지금으로부터 7년 전 이야기이다. 처음 공부를 시작하면서 영국 아마존에 들어가서 영국 노동법 책 몇 권을 구입한 후 가장 마음에 들게 편집된 책 한권을 선택하여 정독하고 이후 관련 논문과 참고 서적을 읽고 정리하면서 이해를 확장시켰다. 그 과정을 지금은 별일 아닌 것처럼 몇 줄로 정리하지만 당시에는 정말로 많은 시간과 노력이 들어가는 작업이었다. 그러면서 결심하였다. 누군가 영국 노동법을 주제로 공부를 하고자 할 때 효율적으로 그 체계와 개요를 이해할 수 있도록 책을 한 권 쓰자. 물론, 또 하나의 이유도 있었다. 해고만을 주제로 학위논문을 쓰면서 생긴 영국 노동법의 다른 제도에 관한 개인적인 궁금증을 풀어보고 싶었다. 그렇게 해서 2년 동안 쓴 것이 이 책이다.

　독자들이 이 책을 읽으면서 고려하여야 할 몇 가지 사항을 정리해 본다. 먼저, 영국은 유럽연합 회원국을 비롯한 서유럽 국가들 중 가장 노동 유연성이 높은 나라라는 것을 기억하여야 한다. 일찍이 산업혁명을 일으켰고 노동조합운동의 선구자였던 국가였으니 모든 분야에서 노동보호법제가 촘촘히 설계되어 있으려니 생각하면 안 된다. 집단적 노사관계법에서도 형편은 비슷하다. 둘째, 그럼에도 영국 노

동법제에서 정치한 이론적, 실무적 법리가 정립된 분야를 꼽으라고
한다면 나는 "① 포괄적인 차별금지 법제, ② 해고 구제수단으로서 금
전배상(보상), ③ 외주화에 따른 고용보호법리"라고 말하고 싶다. 셋
째, 우리나라는 정규직과 비정규직의 임금격차를 중심으로 한 차별논
란이 많으나 영국에서 논의되는 차별은 주로 성, 연령, 장애, 종교 등
인적 속성에 기인한 것이다. 정규직과 비정규직간 차별은 직무간의
동일가치노동 동일임금 문제에 흡수하여 논의하는 것으로 보인다. 유
럽연합 입법지침의 영향으로 비정규직 법제가 있기는 하지만 그 내용
의 핵심도 차별금지이고 고용보호를 위한 법제는 그다지 눈에 띄지
않는다. 넷째, 영국은 노동분쟁의 구제수단으로서 금전배상(보상)을
주로 사용하는데 이 책에 기술하여 놓은 배상(보상)액은 2017년을 기
준으로 하였다. 이 금액은 매년 4월마다 인상된다는 점도 고려할 필
요가 있다. 다섯째, 주지하다시피 영국은 유럽연합을 탈퇴하였다. 따
라서 유럽연합의 입법지침에 따라 제정된 노동법제의 변화가 예상된
다. 다행히도 이 책을 쓸 당시에는 큰 변화가 없었으나 이후 법제 변
화를 지켜봐야 한다. 끝으로, 이 책의 서술 부분 중 해고와 해고의 구
제에 관한 부분은 본인의 박사학위 논문인 "영국의 해고 법제에 관한
연구"를 수정·보완한 것이다. 해고와 해고의 구제에 관한 보다 자세
한 내용은 학위논문에 쓰여 있다.

　책을 출판하는 데 많은 분들이 도움을 주셨다. 책의 기초 텍스트
가 된 박사학위 논문을 지도하여 주신 박종희 교수님을 비롯한 학위
논문 심사 교수님, 겁 없이 영국 노동법을 출판하겠다고 나섰음에도
흔쾌히 써보라는 심사평을 주신 한국연구재단 저술출판지원 사업의
심사위원 교수님과 연구비를 지원하여 준 한국연구재단, 그리고 도서
출판 오래를 소개하여 주신 김홍영 교수님, 열악한 출판 업계의 사정
에도 불구하고 흔쾌히 출판을 허락하여 주신 도서출판 오래의 황인욱

사장님과 계약을 담당하여 주신 정호용 차장님, 편집을 위하여 많은 애를 써주신 이종운 선생님께 머리 숙여 깊이 감사드린다.

　이 책이 영국 노동법에 관심을 갖고 계신 분들께 아주 조금이라도 도움이 되면 정말 좋겠다.

2017년 겨울
강원대학교 법학전문대학원

전　형　배

차 례

제1편
총 론

제2편
개별적 근로관계법

제1장 고용관계 규율의 기초

제2장 고용관계의 성립

제3장 고용관계의 전개

제4장 징계와 고용관계의 종료

제5장 해고의 구제와 고용보험

제3편
집단적 노사관계법

제1장 노동조합

제3장 노동쟁의의 조정

제4장 쟁의행위

제5장 근로자의 정보공개 및 협의권

참고문헌

Aileen McColgan, *Discrimination Law*, Hart Publishing, 2005

Astra Emir, *Selwyn's Law of Employment*(18th ed), Oxford University Press, 2014

Gillian Philips/Karen Scott, *Employment Law 2013*, College of Law Publishing, 2013

Gray Slapper/David Kelly, *The English Legal System*(13th ed), Routledge, 2012

Hugh Collins, *Justice in Dismissal*, Clarendon Press Oxford, 1992

James Holland/Stuart Burnett, *Employment Law*, Oxford University Press, 2013

Jeremy McMullen/Rebecca Tuck/Betsan Criddle, *Employment Tribunal Procedure*, LAC, 2004

John McMullen, *Redundancy*, Oxford University Press, 2011

Malcolm Sargeant/David Lewis, *Employment Law*(6th ed), Pearson Education Limited, 2012

Neil Andrews, *The Three Paths of Justice*, Springer, 2012

N. J. Wikeley, *The Law of Social Security*, Oxford University Press, 2008

Simon Deakin/Gillian S Morris, *Labour Law*, Hart Publishing, 2012

Simon Honeyball, *Employment Law*(13th ed), Oxford University Press, 2014

Slade DBE, *Tolley's Employment Handbook*(26th ed), LexisNexis, 2012

제1편

총 론

제1장
노동법의 역사

제1절 단결의 금지·제한·허용

Ⅰ. 단결의 금지

1439년 노동자칙령(Ordinance of Labourers)은 영국 노동법의
초기 형태로 언급되는데, 이 칙령은 주로 노동자의 임금인상을 규제
하려는 목적으로 입법되었다. 위 칙령의 취지를 이어받은 1562년 기
능공법(Statutes of Artificers)은 임금인상을 목적으로 하는 회합을
금지하였고, 그러한 회합은 보통법상 공모죄로 처벌되었다. 이후 특
정 산업의 임금인상을 목적으로 하는 단결을 금지하는 개별적 입법이
있었다가 1799년 단결금지법(Combination Act)과 1800년 같은 법률
의 개정법을 통하여 일반적 단결금지를 입법화하였다. 이 법률은 근
로조건의 개선을 위한 회합이나 타인에 대한 근로제공 거부의 설득
등을 금지하고, 위반행위에 대하여 치안판사의 형사재판을 받게 하였
다. 단결금지법과 아울러 고용계약기간 만료 전 노무제공 거부행위에
대하여 3개월의 중노역형에 처할 수 있도록 규정한 1823년 주종법

(Master and Servant Act)은 노동을 규제하는 강력한 도구가 되었다. 위 법률을 근거로 1858년부터 1875년 사이에 매년 약 10,000건의 기소가 이루어졌다는 주장이 있다.[1]

Ⅱ. 단결의 제한적 허용

이에 대하여 프란시스 플래이스(Francis Place)와 조셉 흄(Joseph Hume)을 중심으로 단결금지법 폐지운동이 강력하게 전개되었고 그 결과 1824년 단결금지법이 폐지되었다. 그러나 법률 폐지 이후 이루어진 과격한 파업사태로 인하여 다음 해인 1825년 단결금지법이 다시 입법되었는데 이 법은 임금과 근로시간에 대한 결정을 제외한 사항에 관한 회합을 금지하였다. 법원은 이 법률을 근거로 다른 노동자의 노무제공거부를 설득하는 행위를 처벌하였는데,[2] 이 판례 법리는 1859년 노동자단결금지법(Combination of Workmen Act)이 입법되면서 평화적이고 합리적인 방법에 의한 설득만을 허용하는 방식으로 폐지되었다. 단결금지와 관련하여 중요한 사건으로는 '톨퍼들 순교자 사건'이 있다. 이 사건은 1834년 Dorset주(州) Tolpuddle 마을의 농업 노동자 6명이 노동조합 지부를 설립하면서 문맹인 관계로 맹세의 서약의식을 한 행동이 1797년 불법맹세법(Unlawful Oaths)과 1799년 불법단체법(Unlawful Societies Act)에 위반된다고 보아 오스트레일리아로 7년간의 추방형을 처한 사건이었다.

---

1) Simon Honeyball, p2.
2) R v Rowlands [1851] 5 Cox CC 437.

Ⅲ. 단결금지의 폐지

단결금지가 완화되고 노동운동이 더욱 조직화되면서 1800년대의 전반기에는 노동조합이 빠른 속도로 조직되었고 전국적인 노동조합 연맹체가 설립되기도 하였다. 그러나 노동조합에 대한 법원의 입장은 여전히 거래를 제한하는(restraint of trade) 위법한 단체라는 입장이었다.[3] 이후 1866년 제1차 노동조합회의(Trade Union Congress)가 개최되었고 이후 의회로비를 통하여 1871년 노동조합법(Trade Union Act)이 제정되었다. 1871년법은 노동조합 내부 규약의 효력을 긍정하고, 우애협회(Registrar of Friendly Societies)의 등록을 허용하여 결과적으로 노동조합의 재산을 보호할 수 있게 하였다. 또한, 1871년 형법개정법(Criminal Law Amendment Act)을 통하여 협박죄 등에 대한 적용을 제한하는 입법을 하였으나 여전히 보통법상 공모죄는 큰 영향력을 행사하고 있었다. 이에 따라 보통법상 공모죄 폐지를 위한 캠페인이 전개되었고 1875년 공모 및 재산보호법(Conspiracy and Protection of Property Act)이 입법되었다. 이 법률에 따르면 노동쟁의의 촉진 중에 이루어진 행위에 대해서는 공모죄를 적용하지 아니하고 1인만 참여한 행위는 형사처벌의 대상에서 제외하였다. 또 일정한 피케팅에 대한 형사면책을 인정하였다. 이 법률의 제정은 기존 주종법의 폐지와 함께 노동법에서 형사적 규제를 제거하는 데 큰 역할을 한다. 이후 노동운동은 숙련공 위주의 결합에서 저숙련·저임금 노동자를 조직화하는 방향으로 전개된다. 이에 따라 노동조합의 조합원 수는 1892년 1,576,000인에서 1900년에는 2,022,000인으로 증가한다.[4]

---

3) Hornby v Close [1867] LR 2 QB 153.
4) Simon Honeyball, p4.

제2절 1906년 노동쟁의법과 세계대전기간

노동조합이 합법화되고 형사면책이 확대되면서 노동조합에 대한 법적 대응은 민사적으로 방향을 전환하여 쟁의행위의 금지명령과 손해배상소송이 강조되었다. 특히, 노동조합이 손해배상의 법적 주체가 된다는 판결은 노동조합의 재정에 큰 위협이 되었다.[5] 이에 따라 새로 설립된 노동당은 위 판결을 변경하고자 하는 입법적 노력을 하게 되었고 그 결과 1906년 노동쟁의법(Trade Disputes Act)이 제정된다. 1906년 법률은 불법행위소송에서 노동조합의 재정을 보호할 수 있도록 하고, 노동쟁의의 계획이나 촉진을 목적으로 한 타인의 고용계약 위반을 유도하거나 공모하는 행위에 대한 면책을 규정하며, 피케팅의 자유도 넓게 인정하였다. 한편, 귀족원은 1910년 노동조합의 기금을 정치기부금으로 사용할 수 없다고 판결하였는데,[6] 이 판결은 1913년 노동조합법(Trade Union Act)의 제정으로 폐기되었다.

　제1차세계대전(1914년~1918년)을 지나면서 영국 정부는 불안정한 노동문제의 해결을 위하여 산업별 노사협의회를 구성하고,[7] 고용심판소의 시초가 되는 1919년 노동법원법(Industrial Courts Act)을

---

5) Taff Vale Railway Co v Amalgamated Society of Railway Servants [1901] AC 426. 이 사건은 1901.7에 발생한 태프 배일 철도 회사의 파업이 문제가 된 것이다. 임금인상을 주도한 조합원의 해고가 발단이 된 이 파업에 대하여 회사는 노동조합을 상대로 손해배상청구소송을 제기하였고, 항소법원은 이를 기각하였으나 귀족원은 원심판결을 파기하고 노동조합에게 23,000파운드를 배상하라는 판결을 선고하였다. 이 사건을 계기로 노동자대표위원회가 구성되었고, 1906.1 총선에서 노동자대표회의 소속 후보자 29명이 당선되면서 이들이 노동당을 설립하게 된다(자세한 내용은 Henry Pelling(박홍규 역), 「영국 노동운동의 역사」, 영남대학교출판부, 1992, 148쪽 이하 참조).
6) Amalgamated Society of Railway Servants v Osborne [1910] AC 87.
7) 흔히 휘틀리 위원회(Whitley Councils)라고 부른다.

제정하여 상시 중재기능을 강화하고자 하였다. 1926년에는 영국노총
의 주도로 임금삭감 등에 항의하는 총파업이 전개되었으나 9일 만에
파업이 실패로 끝나면서 영국 정부는 1927년 노동쟁의 및 노동조합
법(Trade Disputes and Trade Union Act)을 제정하여 순수한 노동쟁
의에 대해서만 면책을 허용하고 연대파업을 위법한 것으로 규정하였
다. 두 번의 세계대전 이후 노동조합은 합병을 통하여 규모의 성장을
추구하였고, 조직 대상에 교사와 공무원을 비롯한 화이트컬러 노동자
도 포함시켰다.

제3절 1960년대와 도노반위원회

1960년대는 개별적 근로관계에서 고용조건 개선을 위한 포괄적인 입
법이 이루어진 시기였다. 고용조건 서면교부 의무를 규정한 1963년 고용계
약법(Contract of Employment Act)이 제정되었고, 직업훈련과 관련 업무
를 수행하는 노동심판소의 설립을 규정한 1964년 직업훈련법(Industrial
Training Act)이 제정되었으며, 해고에 대한 금전지급을 최초로 규정한
1965년 정원감축급여법(Redundancy Payments Act)이 제정되었다.

집단적 노사관계에서 Rooks v Barnard 사건[8]은 노동조합에 대
한 사법적극주의를 향한 전환점이라는 평가를 받는다. 이 판결로 인
하여 노동조합의 파업권이 크게 위축될 위기에 처하자 노동당 정부는
1965년 노동쟁의법(Trade Disputes Act)을 제정하여 타인에 대하여

---

8) Rookes v Barnard [1964] AC 1129. 클로즈드 숍이 인정되는 사업장에 근무하
   던 Rookes가 사직의 의사표시를 하였음에도 사용자가 해고를 하지 아니하자
   노동조합이 파업을 하겠다고 사용자에게 통지를 하여 사용자가 Rookes를 해고
   한 사건이다. 이에 Rookes는 지부장 등을 상대로 협박에 의한 불법행위 손해배
   상소송을 제기하였는데 귀족원은 원심을 파기하고 원고 승소판결을 선고하였다.

노무제공을 거부할 것을 유인하는 행위가 불법행위의 청구원인이 되지 않도록 하였다. 그러나 위 판결로 촉발된 불안정한 노사관계를 개혁하여야 한다는 목소리가 높아지면서 노사관계의 조사와 개혁방안 제시를 위한 도노반위원회(Donovan Commission)가 설립되었다.[9] 도노반위원회는 영국의 불안정한 노사관계의 근본 이유를 직장위원을 중심으로 한 잘못된 노동조합 운영방식과 잦은 비공인파업으로 보았다. 따라서 해결방향도 노동조합 운영방식의 명확화와 서면을 통한 노사관계의 공식화로 잡았다. 그러나 1968년 발간된 위원회의 보고서의 내용이 1960년대에 바로 입법화되지는 않았다. Otto Kahn-Freund 교수[10]는 본격적인 집단적 노사관계 입법이 진행되기 전인 1960년까지의 영국의 집단적 노사관계를 '집단적 자유방임주의'(collective laissez-faire)라고 규정한 바 있다.

제4절 1970년대의 노동입법

보수당이 1970년 집권을 하면서 도노반위원회의 권고는 구체적인 입법으로 큰 영향을 미쳤다. 1971년 노사관계법(Industrial Relations Act)은 광범위하게 노동조합의 권한을 축소하는 내용을 담고 있다. 등록노조만이 법률의 보호를 받도록 하였고 클로즈드 숍을 위법한 것으로 규정하면서 근로자가 불합리하게 노동조합으로부터 제명되지

---

9) 위원회의 정식명칭은 Royal Commission on Trade Unions and Employers' Associations 이다. 위원장 Terence Norbert Donovan은 노동당 의원이었는데 위원회 위원장 재직 당시 귀족원의 대법관이었다.

10) Otto Kahn-Freund 교수는 독일 출신으로 1940년 영국 시민권을 취득하고 런던정경대학과 옥스퍼드 대학에서 교수로 재직하면서 영국 노동법을 이론화하는 데 큰 공을 세웠다. 도노반위원회의 위원으로 활동하기도 하였다.

아니할 권리 등도 규정하였다. 실제로는 크게 사용되지는 않았으나
단체협약에 대하여 당사자가 반대의 의사표시를 하지 아니하면 계약
법적 효력을 부여하는 조항도 입법을 하였다. 등록노조의 간부만이
사용자에 대한 사전 통보 후 파업을 주도할 수 있도록 제한하고 동정
파업과 2차 쟁의행위의 면책 범위도 축소하였다. 미등록노조가 '부당
노동행위'를 하여 피소가 된 경우 노조의 기금을 동결할 수 있는 조항
도 두었다. 집단적 노사관계에서는 노동조합의 권한을 크게 축소하는
반면, 위 법률에서는 지금의 형태와 비슷한 불공정해고 제도를 도입
하였고 노동분쟁해결기관으로 전국노사관계법원(National Industrial
Relations Court)을 설치하였다. 위 법률에 대해서는 영국노총을 중심
으로 총파업 등의 반발이 있었으나 법원은 오히려 노동조합의 승인을
받지 아니한 비공인파업에 대해서도 노동조합의 책임을 인정하는 판
결을 선고하였다.[11]

 1974년 총선에서 승리한 노동당 정부는 1974년 노동조합 및 노
동관계법(Trade Union and Labour Relations Act)을 제정하여 1971
년법을 폐지하면서 노동조합의 권한을 대부분 복권하였다. 이후 1976
년 노동조합 및 노동관계(수정)법(Trade Union and Labour Relations
(Amendment) Act)을 통하여 클로즈드 숍의 유효성을 인정하는 입법
을 하였다. 개별적 근로관계에서는 노동당 정부와 노동조합 사이의
사회적 계약(social contract) 프로그램에 따라 고용상 권리를 강화하
는 입법이 이루어졌다. 1975년 고용보호법(Employment Protection
Act)을 통하여 상당한 고용상 보호 규정이 도입되었다. 사용자의 사
유에 의한 휴업인 래이오프와 쇼트타임에 대한 임금, 모성보호휴가와
급여, 사용자 파산과 임금채권, 급여내역서 청구권 등이 보장되었다.
ACAS가 노동분쟁을 해결하는 독립된 기구로 규정되었으며 노동심판

---

11) Heatons Transport Ltd v TGWU [1973] 2 All ER 1214.

소의 관할이 확대되고 2심 법원으로 고용항소심판소가 설립되었다. 그 외에도 새로운 노동조합 승인 절차가 도입되었고 정원감축해고에 서 노동조합의 협의권, 단체교섭을 위한 정보제공청구권, 직장위원과 조합원의 근로시간면제제도 등이 도입되었다. 1975년에는 1970년 동 일임금법(Equal Pay Act)과 성차별금지법(Sex Discrimination Act)이 시행되었고, 1976년 인종관계법(Race Relations Act)은 인종차별에 관한 기존 법률의 적용범위를 확대하였다. 1960년대 후반부터 1970 년까지는 지방정부와 보건사업의 전문직 노동자들의 조직화가 강화 되었다.

제5절 보수당정권 집권 시기(1980년~1996년)

보수당집권 후 경영계는 1974년부터 이루어진 노동입법이 인건 비증가, 고용위축으로 이어진다는 비판을 쏟아냈다. 특히, 1978년부 터 1979년 사이에 벌어진 공공부문을 중심으로 파업과 광범위한 2차 피케팅이 있었던 불만의 겨울(winter of discontent)에 대한 여론이 매우 악화되었다. 먼저, 1980년 고용법(Employment Act)에는 노동조 합의 비밀투표를 위한 정부지원, 클로즈드 숍의 효력 제한, 불공정해 고 제도의 접근성 제한, 노동쟁의의 직접 당사자가 아닌 사용자에 대 한 쟁의행위 제한, 1975년 도입된 법정승인제도의 폐지 등이 규정되 었다. 그 밖에 산전근로시간면제제도를 도입하였다. 1982년 고용법 (Employment Act)은 노동조합과 간부에 대한 손해배상책임과 클로 즈드 숍에 대한 규제를 강화하였다. 1984년 노동조합법(Trade Union Act)은 쟁의행위 전 주된 실행위원회의 투표 및 정치기부금 운영을 위한 투표 조항을 신설하였고 이로 인하여 법원이 노동조합의 내부 운영에 더 많은 개입을 할 수 있는 길을 열었다.

유럽연합의 압박을 받은 대처 정부는 1981년 사업이전(고용보호)명령(Transfer of Undertakings (Protection of Employment) Regulations)과 1983년 동일임금(수정)명령을 입법하였으나 적극적 실행의지는 보이지 않았다. 한편, 지방정부에 단체협약보다 불리한 수준의 임금지급을 금지했던 1891년 하원의 공정임금 결의를 1983년 폐기하였고, 임금의 현물지급을 금지하였던 Truck Act를 1986년 임금법(Wages Act)을 통하여 폐기하였다.

1988년 고용법은 파업에 대한 선거 및 찬반투표의 요건을 강화하고 무엇보다 조합원의 노동조합에 대한 소송을 지원하는 기구인 조합원 권리 장관(Commissioner for the Rights of Trade Union Members)제도를 신설하였다. 1989년 고용법은 직전 해에 설립된 직업훈련위원회(Training Commission)를 해산하였다. 1990년 고용법은 노동조합의 활동을 더욱 위축시키는 내용을 담고 있다. 먼저, 제한적으로 인정되던 클로즈드 숍 제도를 불법으로 규정하였다. 2차 피케팅을 제외한 다른 형태의 2차 쟁의행위를 금지하였고, 1인 자영업자에 대해서도 조합원투표에 관한 일부 조항을 적용하도록 하였다. 노동조합이 공식적으로 그 행위의 승인을 부인하지 아니하면 직장위원, 조합간부, 위원회의 행위에 대하여 노동조합이 불법행위책임을 부담하도록 강화하였다. 비공인파업에 참여한 근로자의 불공정해고구제를 부인하였다.

1990년 출범한 보수당 메이저 정부는 기존에 산재하여 있던 집단적 노사관계 법령을 1992년 노동조합 및 노동관계(통합)법(Trade Union and Labour Relations (Consolidation) Act)[12]으로 통합하였고 아울러 개별적 근로관계법도 1996년 고용권법(Employment Rights Act)으로 통합하였다. 1993년 노동조합 개혁 및 고용권법(Trade Union Reform

---

12) 이하 특별한 언급이 없으면 "노조법"으로 약칭한다.

and Employment Rights Act)은 파업권을 더욱 제한하고, 노동조합의 재정에 관한 규제를 더욱 엄격하게 하였는데 다른 한편으로는 유럽연합의 압력으로 위 법률에는 모성보호규정, 사업이전, 고요관계의 증명 등 전향적인 내용이 포함되기도 하였다. 1995년에는 장애인차별금지법(Disability Discrimination Act)이 입법되어 차별금지법의 확대를 알렸다.

제6절 노동당정권 집권 시기(1997년~2009년)

1997년 총선거에서 승리한 노동당 정부는 현재까지도 유효하게 시행되고 있는 상당수의 법과 제도를 도입하였다. 최저임금제도, 공익제보자보호, 근로시간 상한제한, 고용보호를 위한 계속근로기간 단축, 장애인 권리위원회 설치, 부모 양자의 육아휴직, 보성보호권리의 강화, 가사 혹은 부양을 이유로 한 근로시간면제제도, 단시간근로자 보호, 불공정해고의 금전배상액 상한 인상, 쟁의행위 찬반투표제도 개선, 노동조합 승인제도 개선 등이 도입되었다. 이 시기에 유럽연합의 인권헌장을 국내법으로 입법한 1998년 인권법(Human Rights Act)도 노동 분야에 중요한 영향을 미쳤다. 2002년 고용법은 가족에 관한 권리, 유급의 부성보호휴가 등이 강화되거나 새롭게 신설되었고 고용심판소의 재판제도도 개선되었다. 2003년에는 유연근로시간제도, 최저임금제도, 각종 차별금지법제의 개선이 있었다. 한편, 2004년고용관계법(Employment Relations Act)은 집단적 노사관계의 법제도를 상당부분 개선하였다. 2006년 평등법(Equality Act)에 따라 설립된 평등·인권위원회(Equality and Human Rights Commission)와 종전 차별금지법을 통합하고 차별판정기준을 명료화한 2010년 평등법(Equality Act)도 주요한 변화이다.

제7절 연립정부 및 보수당정권 집권 시기
(2010년~현재)

　2010년 성립한 보수당과 자유민주당의 연립내각은 노동법과 제도의 개혁을 중요한 이슈로 내세웠다. 2010년부터 이루어진 노동법 개정은 이 책에서 기술하고 있는 현재 제도로 확인할 수 있다. 주요 내용만 소개하면 불공정해고소송의 제소자격을 2년의 계속근로기간으로 강화하고, 제소비용제도를 도입하였다. 소제기 전 필요적 화해 절차를 도입하여 본안소송 진행 사건수를 대폭적으로 감소시켰다. 사업이전에서 고용관계의 승계가 되는 범위를 일부 축소하고, 2010년 평등법 적용에 있어서 제3자에 의한 괴롭힘 적용범위를 축소하였다. 정원감축해고에서 사전협의기간을 축소하였다. 유연근로시간제와 육아를 위한 휴가제도의 변화도 있었다. 집단적 노사관계법에서는 2016년 노동조합법(Trade Union Act)을 제정하여 공공부문을 중심으로 쟁의행위의 절차적 정당성 요건을 강화하고, 피케팅, 노동조합의 정치기부금, 유급근로시간면제, 체크오프 등에 대한 규제도 강화하였다.

제2장
노동분쟁의 해결 기관

제1절 ACAS(Advisory, Conciliation and Arbitration Service)

Ⅰ. 연 혁

현재의 ACAS는 노조법 제247조에 기초하여 설립된 정부기관으로서 내각으로부터 독립하여 운영된다. ACAS의 설명에 따르면,[1] 1896년 임의적 화해 및 중재 기구로 출범한 이래 1960년 노사관계청 (Industrial Relations Service), 1972년 화해·조언청(Conciliation and Advisory Service)으로 개칭되었다가 1974년 정부의 지휘감독에서 벗어나 독립적인 운영위원회에 의하여 운영되는 화해·중재청(Conciliation and Arbitration Service)으로 개칭하였다. 현재의 명칭은 1975년 고용보호법에 의하여 최종 명명되었다. 런던의 본부를 포함하여 전국에 12개의 사무소를 설치·운영하고 있다.

---

1) ACAS 홈페이지(http://www.acas.org.uK) 설명 참조.

Ⅱ. 운영위원회

운영위원회(council)는 위원장과 9명의 운영위원으로 구성되며, 내각장관이 임명한다. 9명의 운영위원 중 3명은 사용자를 대표하며, 3명은 노동자를 대표한다(노조법 제248조(1), (2)). 내각장관은 노사를 대표하는 운영위원 각 1명을 추가로 선임할 권한이 있으나 현재는 10인으로 구성되어 있다. ACAS의 구체적인 업무처리는 운영위원회의 지휘감독을 받는 집행위원회(Executive Board)에서 한다. 집행위원회는 ACAS의 5개 분야별 업무를 지휘하는 선임디렉터(Acas National Directors)로 구성된다.

Ⅲ. 업 무

노조법 제209조는 노사관계의 발전을 ACAS의 기본적 의무로 규정하고 있다. 실무적으로는 개별적 고용관계 분쟁 전반과 집단적 노사관계 분쟁 일부에 참여하여 분쟁해결기능을 수행한다. 아래의 업무 이외에도 동일가치노동·동일임금 소송에서 직무평가를 담당하는 전문가를 선임할 권한을 갖고 있다. 또, 단체교섭 목적의 정보공개절차에서 사용자가 공개를 거부하면 노동조합은 중앙중재위원회에 이의신청을 할 수 있는데 중앙중재위원회는 화해를 통한 분쟁해결을 위하여 사건을 ACAS에 이송할 수 있다(노조법 제183조).

1. 조언과 조사

ACAS는 노사 양 당사자에게 노사관계 전반에 관한 조언을 한다. 질의회시와 같은 성격을 갖는데 그 내용은 여러 형태로 출판할 수 있다(노조법 제213조). 한편, ACAS는 노사관계 전반 혹은 특정 산업이나 기업에 대하여 문답형식의 조사업무를 수행할 수 있으며 그 결과는 노사 당사자의 의견을 고려하여 출판할 수 있다(노조법 제214조).

2. 화 해

ACAS는 노동쟁의가 존재하거나 예상되는 경우에는 노사 당사자 등의 신청 등에 따라 분쟁해결을 위한 조력을 할 수 있다. 조력은 화해 또는 그 밖의 방식으로 이루어질 수 있으며, 분쟁해결을 위하여 ACAS에 소속되지 아니한 제3자를 선임하여 조력을 할 수도 있다. ACAS가 조력을 할 때에는 분쟁해결이나 교섭을 위하여 양 당사자가 합의한 절차를 사용하도록 독려하는 것이 바람직스럽다는 점을 고려하여야 한다(노조법 제210조).

노동조합 승인에 관하여 분쟁이 발행한 때에도 ACAS는 화해를 위한 절차를 운영할 있다. 즉, 양 당사자의 신청이 있으면 분쟁에 참여한 노동자들의 투표절차를 진행하고 그 결과를 확인할 수 있으나 이러한 절차는 양 당사자 중 일방이라도 신청을 철회하면 이후의 절차는 더 관여할 수 없다(노조법 제210A조).

ACAS는 화해를 촉진하기 위하여 화해담당관(conciliation officer)을 지명할 수 있는데 이들은 고용심판소의 분쟁해결절차로 이행될 수 있는 사안 전반에 관여하여 화해업무를 담당한다(노조법 제211조). 고용항소법원은 화해 업무의 기본 원칙을 제시한 바 있는데 이에 따르면 ① 화해담당관은 최종 화해 내용이 근로자에 불리하더라도 그에 대한 책임을 부담하지 아니하며, ② 분쟁해결을 촉진하기 위하여 개별 사안마다 담당관이 적절하다고 생각하는 조치를 취할 수 있는 자유로운 운영체계가 있어야 하며, ③ 화해담당관은 소의 본안에 관해서는 어

떠한 조언도 하지 아니하여야 한다.[2]

　2014년 4월부터 고용심판소에 소를 제기하기 전에 의무적으로 ACAS가 진행하는 화해절차에 참여하도록 하는 조기화해절차(early conciliation)를 운영하고 있는데 이에 대해서는 성공적이라는 평가가 있다.[3] 화해절차에 동의하고 화해조서에 서명한 당사자는 궁박 상태를 주장하며 화해조서의 효력을 부인하고 고용심판소에 소를 제기할 수 없다.[4] 조기화해절차의 자세한 사항은 해고분쟁의 해결절차에서 따로 다루고자 한다.

3. 중 재

　ACAS는 분쟁 당사자 전체의 동의가 있으면 중재에 의한 분쟁해결을 할 수 있다. 중재절차는 ACAS의 소속이 아닌 제3자를 선임하여 이루어질 수도 있고, 중앙중재위원회(CAC)에 의하여 이루어질 수도 있다. 중재절차는 교섭이나 분쟁해결을 위한 그 밖의 절차를 모두 거친 후 최후 수단으로 사용하는 것이 원칙이며, 예외적으로 바로 중재절차를 할 수 있는 특별한 이유가 있는 때에는 그러하지 아니하다(노조법 제212조(1)~(3)). 양 당사자의 동의가 있으면 ACAS는 화해결과에 따라 적절한 조치를 명할 수 있으나, 위 명령은 1996년 중재법(the Arbitration Act)이 적용되지 아니하여 민사법원을 통하여 이행을 강제할 수는 없다(노조법 제212조(5)). 한편, 영국 정부는 고용심판소의 불공정해고사건 수를 줄이기 위하여 고용심판소의 판결과 동일한 효력

---

2) Clarke v Redcar and Cleveland Borough Council [2006] IRLR 324. 화해담당관으로부터 즉시해고가 가능한 사안이라는 설명과 함께 화해절차에서 합의를 하면 정원감축해고로 처리하여 정원감축급여를 받고 분쟁을 해결할 수 있다는 말을 듣고 합의를 하고 소권을 포기하였다가 소를 제기한 사안이었다.
3) Astra Emir, p2.
4) Hennessy v Craigmyle & Co Ltd [1986] IRLR 300.

이 있는 명령을 발령할 수 있는 단독중재인제도(노조법 제212A조)를 도입하였으나 그리 성공적이지는 못하다.[5]

4. 행위준칙

ACAS는 노사관계의 증진을 독려하기 위하여 행위준칙(code of practice)을 제정할 수 있다(노조법 제199조). ACAS 준칙안을 성안하여 내각장관에 송부하여 내각장관이 이를 승인하면 의회로 송부하고 최종적으로 의회에서 공표하면 효력이 발생한다. 행위준칙은 그 자체로 법적 효력을 갖지는 아니하나 재판절차 등에서 준칙의 이행은 적법성을 인정하는 주요한 증거가 된다(노조법 제207조). 현재까지 아래 4개의 행위준칙이 제정되어 있다. ① 징계·고충처리 준칙(Disciplinary and Grievance Procedures), ② 단체교섭 목적을 위한 노동조합에 대한 정보제공 준칙(Disclosure of Information to Trade Unions for Collective Bargaining Purposes), ③ 노동조합의 의무와 활동을 위한 근로시간 면제 준칙(Time Off for Trade Union Duties and Activities), ④ 분쟁해결합의(Settlement Agreements) 등이다.

제2절 인 증 관

인증관(Certification Officer)은 노동조합에 대한 폭넓은 행정감독권한을 가진 기관이다. 내각장관은 ACAS의 의견을 청취한 후 1명의 인증관을 임명한다. ACAS는 인증관의 행정업무수행을 위하여 인력과 시설 등을 지원하며 그에 대한 비용도 부담한다(노조법 제254조(5),

---

5) Astra Emir, p4.

(5A)). 인증관은 노동조합과 사용자 단체의 리스트를 보관하여,[6] 노동
조합과 사용자단체가 제출한 보고서를 검토하고 법령준수 여부를 판
단하며, 노동조합 선거의 적법성과 규약준수를 심사할 수 있다. 나아
가 노동조합이나 사용자단체의 합병심사를 할 수 있고, 노동조합의
정치기부금 및 노동조합이나 사용자단체의 재정에 대한 감독을 하며,
노동조합의 자주성 심사도 한다.

제3절 중앙중재위원회

중앙중재위원회(Central Arbitration Committee)는 1975년 고용
보호법에 의하여 설치된 독립된 중앙행정기관이다(노조법 제259조).
1919년 설립되었던 노동법원(Industrial Court)의 기능을 수행한다고
말할 수 있다. 중앙중재위원회는 내각장관이 임명하는 1명의 위원장
(Chairman)과 11명의 부위원장(Deputy Chair),[7] 노사를 대표하는 위
원으로 구성된다. 내각장관은 각 위원을 임명할 때 ACAS의 의견을
청취하여야 한다(노조법 제260조). 노동조합의 법정승인, 단체교섭을 위
한 정보공개와 정보공개합의에 관한 소송, 2004년 근로자의 정보 및 협
의권 명령(The Information and Consultation of Employees Regulations)과
1999년 국가간 고용 정보·협의 명령(The Transnational Information
and Consultation of Employees Regulations)과 관련한 이의신청사건
을 처리한다. 중앙중재위원회에 대한 이의신청은 1명의 부위원장과 노
사를 대표하는 각 1명의 위원으로 구성된 소부(panel)에서 처리한다.

---

6) 노동조합과 관련하여 1871년부터 축적된 문서를 보관하고 있다(Astra Emir, p5).
7) 2016년 말을 기준으로 9명의 부위원장이 임명되어 있으며, 위원은 대부분 판사
　 또는 대학교수이다(영국 정부 홈페이지(https://www.gov.uk) 자료 참조).

제4절 고용심판소

I. 제도의 의의와 법적 성격

고용심판소(Employment Tribunal)는 1964년 직업훈련법(Industrial Training Act)에 의하여 노동심판소(Industrial Tribunal)라는 명칭으로 설립되었는데 초기에는 사용자가 부담하는 훈련비용에 관한 분쟁을 다루는 기관이었다. 이후 여러 번의 법률 개정을 통하여 다양한 종류의 노동분쟁을 해결하는 대표적인 기관이 되었다.[8] 1965년부터 정원감축급여에 관한 분쟁에 대한 관할권을 가지면서 권한이 점차 확대되었고 1971년 불공정해고제도의 도입과 이에 대한 고용심판소의 관할권 인정은 고용심판소의 역할과 위상에 중요한 영향을 미쳤다. 지금의 고용심판소제도를 규율하는 대표적인 법령은 1996년 고용심판소법(Employment Tribunal Act)과 2004년 고용심판소(설립·심판절차)명령(Employment Tribunals(Constitution and Rules of Procedure) Regulations) 및 2004년 고용심판소 심판절차 규칙(Employment Tribunals Rules of Procedure)을 들 수 있다.

고용심판소제도는 노동분쟁을 신속하고 간편하게 해결하기 위하여 도입한 제도로서 재판제도에서 중시되는 증명책임이나 변론절차

---

8) 이에 따라 해고분쟁의 해결은 1심 노동심판소와 1971년 노사관계법에 의하여 설립된 2심 중앙노사관계법원(National Industrial Relations Court)이 담당하였는데, 노동심판소는 1998년 고용권(분쟁해결)법(Employment Rights (Dispute Resolution) Act)에 의하여 고용심판소로 개칭되었고, 중앙노사관계법원은 1974년 노동조합 및 노동관계법에 의하여 폐지되었고 그 기능은 고등법원(High Court)이 담당하게 되었다. 고등법원의 위 기능은 다시 1975년 고용보호법(Employment Protection Act)에 의하여 설립된 고용항소심판소(Employment Appeal Tribunal)가 담당하게 되었다.

에 관한 규정이 엄격하게 적용되지 아니하고 2004년 명령을 통해서
독자적으로 절차를 규율하고 있다. 이에 따라 원고와 피고 당사자를
대리할 수 있는 자를 변호사 자격을 가진 자로 제한하지 아니하며[9]
당사자들은 절차 내내 자리에 앉아서 참여한다. 소송절차를 지휘하는
법관도 민사재판절차에서 사용하는 가발과 가운을 입지 아니하며 당
사자를 지칭하는 명칭으로 Sir 혹은 Madam과 아울러 Mr 혹은 Ms라
는 용어를 자유롭게 사용한다. 그러나 사법적 기능을 수행하고 노동
분쟁을 해결하는 재판절차라는 특징도 있기 때문에 법률용어가 사용
되고 사건이 복잡한 경우에는 변론절차가 상당기간 진행되기도 한다.

　　고용심판소는 1심과 2심으로 구분되며 항소심은 고용항소심판소
(Employment Appeal Tribunal)라고 불린다. 고용항소심판소의 판결
에 대해서는 3심이라고 할 수 있는 항소법원(Court of Appeal)에 항
소할 수 있다. 고용심판소의 판결은 다른 고용심판소 혹은 법원을 구
속하지 아니하지만 고용항소심판소의 판결은 선례로서 고용심판소와
잉글랜드와 웨일즈의 카운티 법원[10]을 구속한다(고용심판소법 제20(3)).
고용항소심판소 및 항소법원의 판결에 대한 불복은 고용항소심판소
혹은 항소법원의 허가를 얻어야 한다. 항소는 사실인정에 관한 다툼
을 문제삼을 수 없고 법리적 관점(points of law)에 대해서만 할 수
있다. 항소법원의 판결에 대해서는 예외적인 경우에 한하여 대법원에
상고를 제기할 수 있다.

　　고용심판소는 고용심판소 법관(Employment Judge)이 심판절차
의 지휘와 판결의 선고를 주도한다. 한편, 고용심판소의 절차에 대해
서도 1981년 법정모독법(Contempt of Court Act)을 적용하여 당사자
의 법정모독행위에 대하여 구금을 할 수 있는데, Peach Grey & Co

---

9) ETA 1996 제6조. 실무에서는 변호사 등 법률전문가가 주로 소송대리를 한다.
10) 같은 기능을 하는 스코틀랜드의 sheriff court도 구속하는데 이 책에서는 논의
　　범위를 잉글랜드와 웨일즈 지방에 적용되는 법령으로 한정한다.

(a Firm) v Sommers 사건[11]에서 고용심판소는 사법기능을 수행하는 하위재판소(inferior court)에 해당한다고 보아 증인의 증언을 방해한 원고에 대하여 구금형을 선고한 사례가 있다. 고용항소심판소는 상위 법원(superior court)으로 분류한다. 영국 정부는 2006.4부터 흩어져 관리가 되던 심판소 제도를 하나로 통합하여 운영하고 있는데 이때에도 고용심판소는 사인과 국가 사이에 분쟁을 다루는 행정심판소와 달리 주로 사인간 노동분쟁을 다루는 특징을 고려하여 별개의 지위를 인정하고 있다.[12] 심판소를 지칭할 때에도 일반 행정심판소는 1심 심판소(first-tier tribunals), 상위 심판소(upper tribunals)라고 부르나 고용심판소에 대해서는 위 명칭을 사용하지 아니한다. 고용심판소에 대한 행정지원은 다른 심판소와 마찬가지로 법무부가 담당하지만, 1심 고용심판소의 절차에 관한 규정은 산업·창조·기술부(Department for Business, Innovation, Skills: BIS)가 담당을 하고, 고용항소심판소의 절차에 관한 규정은 대법원장이 담당을 한다.

Ⅱ. 고용심판소의 구성

영국에는 39개의 1심 고용심판소가 설치되어 있는데 전국의 고용심판소의 수장인 소장(President)은 법무부장관(Lord Chancellor)이 임명하며(고용심판소명령 제4조(1)). 고용심판소 소장이 전국에 설치할 고용심판소의 수를 결정할 권한을 갖는다(고용심판소명령 제5조(1)). 법무부장관은 고용심판소 소장의 업무를 돕기 위하여 고용심판소의 전임 의장(chairman) 중에서 지역의장을 임명할 수 있다(고용심판소명령 제6

---

11) [1995] ICR 549.
12) 영국 법무부(Ministry of Justice)도 고용심판소를 독립사법기관(independent judicial body)으로 분류하고 있다.

조(1)). 고용심판소는 법조실무경력 7년 이상의 자격을 가진 자 중에서 임명되는 의장 1인과 노사를 대표하는 단체와 협의한 후 법무부장관이 임명하는 2명의 참심원(lay member)으로 구성된다(고용심판소명령 제8조). 고용심판소의 판사는 전임과 비전임으로 나눠지는데 전체 처리 사건 중 3분의 1 가량을 비전임 판사가 관여하여 처리하고 있다.[13] 참심원의 임기는 원칙적으로 3년으로 하며 이들은 노사의 이익을 대표하는 것이 아니라 중립적 지위에서 사건을 판단하여야 한다. 최근에는 평등법위반 사건을 적정하게 다루기 위하여 여성, 인종, 장애 관련 전문가의 참여를 촉진하는 선정절차를 도입하고 있다.[14] 사건에 대하여 직접적 이해관계가 있는 자는 자동적으로 사건에서 제척되며, 참심원 1인이 공석인 경우 당사자의 동의가 있으면 법관 1인과 참심원 1인만 참여하는 재판도 가능하다.

고용심판소의 2심 항소절차인 고용항소심판소는 1인의 법관과 2인 혹은 4인의 참심원으로 구성되는데, 1인의 법관은 고등법원 혹은 항소법원의 법관 중에서 대법원장이 법무부장관과 협의한 후 임명하고 대법원장은 고용항소심판소의 법관들 중에서 1인을 고용항소심판소의 소장으로 임명한다(고용심판소명령 제22조). 항소심 절차도 양 당사자의 동의가 있으면 1인의 법관과 1인 혹은 3인의 참심원으로 구성되는 부에서 진행할 수 있다(고용심판소명령 제28조).

---

13) Jeremy McMullen, p8. 비상임 법관이 사건에 관여하는 것은 처리 사건수가 지역에 따라 편차가 크기 때문이기도 하지만, 만성적인 재정압박도 큰 원인이다. 재정압박은 법원의 경우도 큰 문제이어서 대법원에서도 지속적인 문제제기를 하고 있다(Gray Slapper/David Kelly, pp162~164 참조).
14) Astra Emir, p8.

Ⅲ. 관할, 절차와 권한

고용심판소가 담당하는 노동분쟁은 약 60여 가지나 되는데[15] 불공정해고(41%), 임금의 불법공제 등 근로조건위반(18%), 정원감축해고(15%) 등이 3대 분쟁유형이다.[16] 그 중 특히 근로자가 고용심판소에 불공정해고를 주장하려면 적어도 2년 이상의 계속근로기간을 갖고 있어야 한다(고용권법 제108조(1)).[17] 원고 적격에 관한 최저 계속근로기간을 요구하는 이러한 규정은 그 동안 많은 변화를 거쳐 왔다. 노동당 정부 아래인 1975.3부터 1979.10까지는 26주의 짧은 근속기간을 요구하다가 이후 보수당 정부로 정권이 바뀌면서 1년의 근속기간을 요구하기도 하였다. 이후 2년으로 그 기간이 길어졌다가 1999년 다시 1년으로 환원되었고 2012년 다시 2년으로 바뀌었다.[18] 그러나 불공정해고가 노동조합활동, 임신이나 결혼, 산업안전보건, 공민권의 행사, 일요일 강제근로 등 당연 불공정해고 이유와 관련이 있을 때에는 최저 계속근속기간 규정은 여전히 적용되지 아니한다(고용권법 제108조(3)). 이처럼 불공정해고를 다투기 위해서는 통상 2년이라는 장기의

---

15) Ministry of Justice, *Jurisdiction guidance for Employment Tribunal*, 2012.

16) EAT, *Employment Appeals Tribunal Annual Report 2015*, 2016, p9.

17) 해당 조문의 시행규칙이 The Unfair Dismissal and Statement of Reasons for Dismissal(Variation of Qualifying Period) Order 2012이다.

18) 한편, 보수당 정부는 최근 불공정하게 해고되지 아니할 권리 등을 포기하는 대신 회사의 주식을 지급하는 근로자주주제도를 도입하였다(Growth and Infrastructure Act 2013). 이에 따르면 법령이 정한 일정한 요건을 갖추어 회사가 근로자에게 회사의 주식을 배당하면 근로자는 직업훈련이나 교육을 받을 권리, 유연근로청구권, 불공정하게 해고되지 아니할 권리, 정원감축급여청구권 등을 갖지 못한다(위 법률 제31조(1)(2)). 그러나 주식의 취득 여부는 근로자의 선택에 따라 결정되며 사용자는 근로자가 주식취득을 거절한 것을 이유로 불이익한 취급을 할 수 없다고 규정하고 있다(위 법률 제31조(1)(1)). 위 제도에 관한 자세한 설명은 김근주, "제3의 근로자 지위?: 영국 근로자주주제도 도입", 「국제노동브리프」(제11권 제7호), 한국노동연구원, 2013.7, 91쪽~98쪽 참조.

자격기간이 필요하기 때문에 단절 없는 2년의 고용기간(continuity of employment)의 계산에 관하여 세밀한 법리가 발달하여 있다.

고용심판소는 본안전심리절차(Case management discussion), 중간심리절차(Pre-hearing review), 본안심리절차(Hearing), 이의심리절차(Review Hearing) 등 네 가지의 심리절차(Hearing)를 운영하고 있다. 본안전심리절차란 본안의 심리에 들어가기 전에 사건의 절차적 사항을 정리하는 비공개 절차이다. 본안전 심리절차는 의장이 단독으로 진행하며 절차의 특성상 양 당사자의 실체적 권리의무에 영향을 미치는 사항에 대해서는 결정을 하지 못한다. 중간심리절차란 본안전 심리절차와 본안심리절차의 중간적인 성격을 가진 절차로서 법관과 참심원 3인으로 구성되는 심판소는 절차와 관련된 임시의 조치를 취할 수 있고, 소송비용에 관한 결정을 할 수 있으며 소가 주장 자체로 이유가 없는 때에는 그대로 각하할 수도 있다. 본안심리절차는 법관과 참심원이 참여하는 본안의 심리절차로서 양 당사자는 청구원인에 관한 주장의 요지를 진술하고 유리한 증거를 제출할 수 있으며 당사자 상호간 신문도 가능하다. 출석한 증인은 증인선서 후 증언을 할 수 있다. 절차의 진행은 의장인 법관이 주재하며 참심원은 주로 보충적인 질문을 한다. 심리가 끝나면 통상 당일 재판의 결과를 당사자에게 통지한다. 끝으로 이의심리절차는 법관 혹은 심판소가 한 명령 혹은 판결에 대하여 당사자 일방이 이의신청을 한 경우에 진행되는 심리절차이다. 특히, 본안심리절차에서 당사자 일방이 불출석한 때 이루어지는 불출석판결(Default)에 대하여 당사자가 이의신청할 경우 의장이 이를 심사하여 불출석판결의 변경, 취소, 인가 등의 판결을 할 수 있다. 한편, 불출석판결이 아닌 경우에도 이의신청을 할 수는 있으나 그 사유가 행정상의 위법한 오류의 수정 등으로 매우 제한된다.

심리절차는 법관과 참심원이 참여하는 합의절차와 법관 1인이 참여하는 단독절차로도 구분할 수 있는데 1996년 고용심판소법은 단독절차로 진행할 수 있는 사안을 명문으로 규정하고 있다. 단독절차의 경우에도 동종의 사건이 다른 심리절차에 계속되어 있는 등 합의절차를 진행할 필요성이 있다면 의장은 합의절차로의 진행을 결정할 수 있다(고용심판소법 제4조).

Ⅳ. 제소비용제도 도입과 제소 사건수의 급감

영국 보수당 정부는 고용심판소에 대한 남소로 인하여 사용자의 법적 대응비용이 지나치게 상승한다는 것을 이유로 2013년 제소비용을 대폭 증액하였다.[19] 임금, 정원감축급여, 계약위반에 관한 소송의 제소비용은 각 230파운드이고 본안심리를 할 경우 230파운드가 추가된다. 불공정해고, 동일임금, 차별시정, 공익제보 관련 소송의 제소비용은 250파운드이고 본안심리를 할 경우 950파운드가 추가된다. 제소비용의 증가는 고용심판소의 소 제기 건수를 급감시켰는데 2014년 7월부터 9월의 사건수를 전년도 같은 기간과 비교하여 보면 근로자 1인이 사용자를 상대로 제기하는 개인소송(single case)은 약 61%가 감소하였고 감소상태는 2016년 말까지 유지되고 있다.[20]

---

19) Employment Appeal Tribunal Fees Order 2013. 2016년 말을 기준으로 1파운드는 한화로 약 1,460원이다.

20) 구체적인 내용은 Ministry of Justice, *Tribunals and Gender Recognition Certificate*, 2016, p34의 표 참조. 아울러 제소건수의 급감이 근로자의 권리구제를 지나치게 제한한다는 문제제기가 있었고 이에 하원은 정부에 대하여 수수료 인하 등의 정책변경을 요구하고 있다(자세한 사항은 남궁준, "영국의 고용심판소 수수료 납부제도 도입과 현황," 「국제노동브리프」(제15권 제2호), 한국노동연구원, 2017.3, 66쪽 이하 참조).

제5절 평등·인권위원회

평등·인권위원회는 기존에 있었던 기회평등위원회(Equal Opportuni-
ties Commission), 인종평등위원회(Commission for Racial Equality),
장애인권위원회(Disability Rights Commission)를 통합한 독립기관인
데 2010년 평등법이 종전에 규정되지 아니하였던 성적 지향, 종교 혹
은 신념, 연령차별 등을 새롭게 규율하면서 이에 대한 분쟁의 예방과
해결을 담당할 기관의 필요성이 대두되었고 이에 따라 2006년 평등
법(Equality Act)을 통하여 차별의 유형별로 대응하던 종전의 기관을
통합하면서 업무의 범위를 대폭 확대한 것이다.[21]

평등·인권위원회는 위원장(Commissioner ex officio)을 포함하
여 내각장관이 임명하는 15명의 위원(Commissioner)으로 구성되며
그 중 1명은 반드시 장애인이어야 한다(2006년 평등법 부칙 제1장).

평등·인권위원회의 업무범위 및 권한은 매우 포괄적이라고 말할
수 있는데 차별적 해고 혹은 차별행위와 관련한 부분만을 간략하게
소개하면, 먼저 차별사건에 대한 질의(2006년 평등법 제16조), 조사(2006년
평등법 제20조) 및 위법행위 통지를 할 수 있다. 평등·인권위원회는 위
법행위의 통지를 통하여 위법한 차별행위에 대하여 특정할 뿐만 아니
라 해당 행위를 해소하기 위하여 가해자에게 시정계획(action plan)을
요구할 수 있다. 시정계획에는 무엇보다 차별행위가 반복되지 아니하
도록 사용자가 취할 구체적인 행위의 내용이 포함되어 있어야 한다.

---

21) 평등·인권위원회에 대한 보다 자세한 논의로는 Bob Heppe, "Enforcing Equality
Law: Two Steps Forward and Two Steps Backwards for Reflexive
Regulation", 40 *ILJ* 315 참조. 한편, 보수당은 본문에서 언급하는 평등·인권위
원회의 권한을 축소하는 방안을 추진 중이어서 향후 평등·인권위원회의 업무
범위나 권한은 본문에서 언급한 것보다 줄어들 수 있다.

사용자가 제출한 시정계획은 다시 평등·인권위원회의 검토절차를 거치게 되는데 시정계획이 미흡하다고 판단되면 평등·인권위원회는 사용자에게 변경안 제출을 요구할 수 있다. 사용자가 시정계획 혹은 그 변경안을 제출하지 아니하면 평등·인권위원회는 카운티 법원에 제출명령을 신청할 수 있다. 법원의 제출명령을 사용자가 거부하면 벌금형의 형사처벌을 받을 수 있다. 한편, 확정된 시정계획도 사정 변경이 있는 경우에는 평등·인권위원회와 사용자가 합의로 그 내용을 변경할 수도 있다(2006년 평등법 제22조). 위와 같은 시정요구통지를 받은 가해자도 통지에 대하여 고용심판소 혹은 카운티 법원에 시정을 구하는 소를 제기할 수 있다. 고용심판소나 카운티 법원은 위 통지에 대하여 인가, 취소, 변경 등을 할 수 있다(2006년 평등법 제21조(5)~(7)).

다음으로, 사용자가 일방적으로 작성하는 시정계획 이외에도 평등·인권위원회는 차별행위를 한 당사자와 특정한 유형의 차별행위를 하지 아니할 것과 차별행위를 방지하기 위하여 필요한 특별한 조치에 관한 합의를 할 수도 있다(2006년 평등법 제23조). 평등·인권위원회는 위 합의를 근거로 만일 사용자가 합의의 내용을 이행하지 아니하거나 이행하지 아니할 우려가 있을 때에는 카운티 법원에 그 이행명령을 요구하는 소송을 제기할 수 있다. 아울러, 평등·인권위원회는 2010년 평등법에서 정한 위법한 행위를 사용자가 할 우려가 있다고 판단되면 사전에 금지명령(injunction)을 카운티 법원에 신청할 수도 있다(2006년 평등법 제24조).

공공부문의 평등의무이행을 독려하기 위하여 이에 관한 평등·인권위원회의 권한도 넓게 규정되어 있다. 평등의무의 불이행이 있다고 판단되면 그 사실을 해당자에게 통지하고 해당자에게 평등의무이행을 위한 단계적 조치를 기술한 서면의 제출을 요구할 수 있다. 아울러 카운티 법원에 통지에서 요구한 행위의 이행을 요구하는 소송을 제기할 수도 있다(2006년 평등법 제32조).

평등·인권위원회는 차별과 관련된 소송절차에서 차별행위의 피해자에 대한 소송구조업무도 수행할 수 있다. 이에 따라 평등·인권위원회는 법적 조언, 소송대리, 분쟁의 조정을 위한 편의제공 등의 업무를 수행할 수 있다(2006년 평등법 제28조).

제6절 그 밖의 기관

위 기관 이외에도 1982년 직업훈련법(Industrial Training Act)에 따라 학교졸업생들을 대상으로 하여 산업별로 설립되는 직업훈련위원회(Industrial Training Board)가 있는데, 현재는 건설과 엔지니어링 분야의 위원회가 설립되어 있다. 한편, 1998년 전국최저임금법(National Minimum Wage Act)에 따라 설립된 최저임금위원회(Low Pay Commission)는 내각장관이 임명하는 9인의 위원으로 구성된다.

제2편

개별적 근로관계법

제1장
고용관계 규율의 기초

제1절 고용관계의 법원(法源)

Ⅰ. 고용조건

고용관계를 규율하는 가장 중요한 법원은 고용계약이다. 영국의 노동법은 계약법을 기초로 성립되어 있고 여전히 계약법적 법리가 고용관계의 분쟁을 해결하는 데 매우 중요하다. 예를 들어, 제정법의 규정이 고용관계에 효력을 미치는 것은 그것이 고용관계의 내용이 되기 때문이며, 단체협약도 한국의 이론구성과 달리 그것이 직접 고용관계에 규범적 효력을 갖기 때문이 아니라 단체협약의 내용을 고용계약의 내용으로 삼으려는 사용자와 근로자의 합의가 고용계약에 존재하기 때문에 고용관계를 규율하는 효력이 있기 때문이라고 설명한다.

고용관계를 규율하는 1차적 법원으로 흔히 고용계약을 언급하는데 영국 노동법서는 이를 고용조건(terms and conditions)이라고 표현하고 있다. 고용조건은 좀더 엄격히 구분하여 설명하면 'terms'는 고용조건 중 근로자와 사용자의 의사합치에 의하여 설정된 것이고,

'conditions'는 사용자의 일방적 의사에 의하여 성립된 것이다. 따라서 양자의 변경에 있어서 전자는 근로자의 동의가 필요하지만 후자는 근로자에 대한 통지가 필요하다고 설명한다.[1] 따라서 사용자가 병가처리에 관한 규정을 설정한 경우 그것이 terms로 해석되지 아니하면 계약상 구속력이 없고 따라서 근로자는 이를 계약상 청구권의 근거로 삼기 어렵다.[2]

이처럼 영국법은 고용계약을 다루는 여러 법적 실체가 고용계약의 내용이 되었는지를 가지고 법원성을 평가하기 때문에 고용조건의 형태도 고용계약, 단체협약, 사업장 규정, 관행, 나아가 법령 등 다양한 형태를 갖게 된다. 판례 중에는 초기업별 노사합의인 국가 단위의 단체협약에서 근로자의 원거리 사업장 근무를 허용하고 이에 따른 비용을 사용자가 지불하는 내용의 약정이 있었다면 이는 특정 사업장에서 근무하는 근로자에게도 원거리 사업장 근무의무를 묵시적으로 인정할 수 있는 근거가 된다는 사례가 있다.[3]

1. 명시적 고용조건

명시적 고용조건(express terms)이란 고용계약에 명시적으로 명문화된 근로조건을 의미한다. 근로조건의 중요한 내용인 근로시간, 임금, 휴가, 업무내용, 병가, 연금에 관련한 사항 등이 명시적 고용조건을 구성한다. 고용조건이 계약으로서 명시되었고 이를 위반한 것이 분쟁의 쟁점이 되면 법원은 묵시적 고용조건을 다룰 때보다 위반행위에 대하여 훨씬 더 심각하게 받아들여야 한다.[4] 명시적 고용조건은 근로자가 사용자에게 청구할 수 있는 권리의 기초가 되고 아울러 근로자가 사용자의 지시를 따라야 하는 의무의 범위를 정하는 기능도

---

1) Astra Emir, p83.
2) Wandsworth London Borough Council v D'Silva [1998] IRLR 193.
3) Stevenson v Teesside Bridge and Engineering Ltd [1971] 1 All ER 296.
4) Martin v Solus Schall [1979] IRLR 1.

수행한다. 따라서 사용자가 고용조건에 명시된 이외 업무수행을 요
구하고 이를 근로자가 거부한 것을 이유로 해고를 하면 불공정해고
가 된다.[5] 특히 사용자가 명시적 근로조건을 위반하여 임금의 감액
등 근로자에게 불이익한 조치를 취하면 근로자는 일정한 경우 '의제해
고'(constructive dismissal)를 주장하며 불공정해고소송을 제기할 수
있다.

2. 묵시적 고용조건

묵시적 고용조건(implied terms)은 고용조건으로서 명시적으로
합의되지 아니한 것을 말한다. 고용계약 당사자간에 분쟁이 생겼을
때 최종적으로 법원이 그 존부와 내용을 결정하게 된다. 묵시적 고용
조건은 말 그대로 명문으로 인정되는 고용조건이 아니기 때문에 계약
관계에서 해석을 통하여 확정이 가능한 일정한 사항에 대해서만 인정
된다. 묵시적 고용조건을 계약은 침묵하지만 법원의 관점에서 명시적
으로 규정되었을 내용이라고 설명하기도 한다.[6] 따라서 묵시적 고용
조건은 모호하거나 예견가능성이 없는 경우에는 인정될 수 없고, 당
사자의 의사에 비추어 명시적으로 합의되기 어려운 내용도 인정될 수
없다. 따라서 법원이 묵시적 고용조건을 인정할 수 있는 일반적·추상
적 기준을 제시하고 있지는 아니하며 개별 사례의 구체적 타당성을
좇아서 그 인부를 논하고 있다. 예를 들어, 의사를 고용한 사용자는
의사에게 추가적인 연급수급기간에 관한 권리를 고지하여야 할 묵시
적 고용조건이 있다고 판단한 경우도 있지만,[7] 사용자는 회사의 고위
관리자에게는 그 지위에 비추어 질병을 이유로 사직할 때에 건강보험

---

5) Redbridge London Borough Council v Fishman [1978] IRLR 69.
6) Shell UK Ltd v Lostock Garage Ltd [1977] 1 All ER 481.
7) Scally v Southern Health and Social Services Board [1991] IRLR 522.

수급권이 상실된다는 점을 고지할 묵시적 의무가 없다고 판단한 사건
도 있다.[8] 예외적인 사례이기는 하지만 여성근로자가 직장 내 괴롭힘
을 받는다고 사용자에게 주장하고 이에 따라 사용자가 사실관계를 확
인한 후 해당 근로자에게 적절한 다른 직무를 부여하면서 임금이나
지위에 불이익이 없도록 조치하였다면 비록 그 직무가 명시적 고용조
건에 규정된 것이 아니더라도 근로자는 사용자의 새로운 업무지시에
따라야 할 묵시적 의무가 있다고 판단한 사건도 있다.[9]

그 밖에 묵시적 고용조건을 인정한 사례로는, 사용자는 근로자를
존중과 신뢰로 대하여야 하므로 불합리하게 특정 근로자에게만 보수
인상을 거부하는 것은 묵시적 의무를 위반한 것이 될 수 있고,[10] 또
한 사용자가 횡령 등의 부정행위를 통한 경영을 하면 이는 근로자의
명예를 손상시켜 노동시장에서 근로자가 불이익을 받게 하는 것이므
로 사용자는 이를 위반하지 아니할 묵시적 의무를 부담한다.[11] 묵시
적 고용조건을 부정한 사례로, 사용자는 사업장에 위치한 근로자의
옷이나 차량 등 재산을 보호할 묵시적 의무가 없다는 판례가 있었으
나[12] 1992년 사업장(보건, 안전 및 후생) 명령(Workplace (Health,
Safety and Welfare) Regulations)이 입법되면서 현재는 법령에 의하
여 사용자의 의무로 인정된다. 사용자가 근로자에게 해외근무(에티오
피아)를 명하면서 해외에서 발생한 개인적 교통사고에 대하여 회사가
보험처리를 하여 주거나 해외근무에서 발생할 수 있는 그러한 위험을

---

8) Crossley v Faithful and Gould Holdings Ltd [2004] EWCA Civ 293.
9) Luke v Stoke on Ternt CC [1984] IRLR 190.
10) FC Gardner Ltd v Beresford [1978] IRLR 63.
11) Malik v BCCI SA [1995] IRLR 375. 다만, 근로자는 소송에서 승소하기 위하여
사용자의 부정행위가 낙인이 되어 취업시장에서 불이익을 받았다는 사실을 증
명하여야 한다(BCCI SA V Ali(No. 3) [2001] IRLR 292).
12) Edwards v West Herts Group Hospital Management Committee [1957] 1 All
ER 541.

사전에 고지할 묵시적 의무는 없다고 판단한 사례도 있다.[13]

Ⅱ. 제정법

한국의 근로기준법과 마찬가지로 영국도 제정법(Statutory terms)에서 강행규정을 두어 해당 규정이 바로 고용계약의 내용이 되도록 하는 예가 많고 그러한 경우 제정법이 바로 법원이 된다. 대표적인 예로서 1996년 고용권법은 근로자에게 보장되는 수많은 권리 목록을 규정하고 있으며, 2010년 평등법(Equality Act)은 법률을 위반한 계약의 내용에 대하여 평등법의 평등조항이 바로 계약의 내용이 되도록 규정하고 있으며, 1998년 최저임금법(National Minimum Wage Act)도 일정한 근로자에 대하여 법률을 통하여 바로 최저임금을 보장하는 규정을 두고 있다.

Ⅲ. 단체협약

1. 고용조건의 편입

단체협약(Collective agreement)은 사용자 또는 사용자단체와 노동조합이 체결한 합의로서 노사관계의 절차와 고용조건에 대하여 규정하고 있다. 영국에는 약 700만 명 가량의 조합원이 있고 이들 대부분은 단체협약을 통하여 고용조건의 중요 부분을 보장받고 있다. 아울러 조합원이 아닌 자들 또한 개별 고용계약을 통하여 단체협약에서 정한 수준을 고려한 고용조건을 보장받는 경우가 많기 때문에 단체협약은 중요한 법원이 된다.

---

13) Reid v Rush & Tompkins Group plc [1989] IRLR 265.

단체협약이 고용계약상 고용조건이 되기 위해서는 해당 고용조건(terms)이 고용계약의 내용으로 명시적 혹은 묵시적으로 편입되었다고(incorporated) 평가할 수 있어야 한다. 단체협약상 고용조건이 편입되는 방식은 1996년 고용권법 제1조에서 정한 고용조건의 서면통지를 통하여 이루어지는 경우도 있고[14] 고용계약서에 단체협약의 내용을 준용하는 조항(준용조항, bridge clause)을 두어서 이루어지는 경우도 있다. 고용계약의 내용이 되어 사용자와 근로자의 고용관계를 규율하는 효력을 규범적 효력(normative effect)이라고 부른다. 한국의 단체협약법에서 사용하는 용어와 동일하나 효력의 발생 방식에 대해서는 설명이 다소 다르다고 볼 수 있다. 한편, 사용자와 노동조합은 단체협약의 조건을 고용계약의 내용으로 편입하지 아니한다는 명시적 합의도 가능하다.[15]

2. 편입의 요건

단체협약과 고용계약의 효력관계를 잘 설명한 것이 Framptons Ltd v Badger 사건[16]이다. 이 사건에서 고용심판소는 단체협약의 효력에 관하여 다음과 같이 정리하였다. ① 단체협약의 당사자는 사용자와 노동조합이므로 근로자는 단체협약을 근거로 바로 사용자에게 청구할 수 없다, ② 단체협약은 사용자와 노동조합을 법률적으로 구속하지 아니한다는 전제가 있으나 당해 내용은 고용계약에 편입되어 사용자와 근로자를 법률적으로 구속한다, ③ 단체협약의 편입은 명시적 혹은 묵시적으로 이루어질 수 있으며 그 존부는 사용자와 노동조합의 관계를 중심으로 파악하는 것이 아니라 사용자와 근로자를 중심

---

14) Astra Emir, p93.
15) Marley v Forward Trust Group Ltd [1986] IRLR 43.
16) EAT/0138/06.

으로 파악한다, ④ 편입의 대상은 단체협약의 모든 조항이 아니라 고용계약의 내용으로 삼기에 적합한 것만을 대상으로 한다, ⑤ 단체협약에서 정한 고용조건은 단체협약이 종료하더라도 여전히 효력을 가질 수 있으며 사용자가 노동조합 승인을 철회한 때에도 마찬가지이다, ⑥ 단체협약이 종료되면서 계약상 구속력도 상실되는 때에도 일반적으로 당사자는 단체협약의 종료에도 고용조건에 관한 효력은 여전히 유지될 것이라고 기대한다고 보아야 한다.

　노동조합이 체결한 단체협약이 고용계약의 내용이 되어 사용자와 조합원인 근로자를 구속하기 위해서는 노동조합이 명시적 혹은 묵시적으로 대리권을 수여받아야 한다. 묵시적 대리권 문제는 주로 초기업 단위의 단체협약 체결과정에서 문제가 되는데 그 인정 여부는 단체협약 체결 당시의 당사자의 행위 방식과 내용, 그 밖의 단체협약에 관한 여러 사정을 종합하여 판단한다. 또한, 단체협약의 고용조건을 고용계약의 내용으로 삼으려는 당사자의 의사가 매우 중요한데 그 의사해석에 따라 동종의 사안에서 서로 다른 결론이 도출되기도 한다. 예를 들어, 정원감축해고(Redundancy)가 문제된 사례에서 단체협약상 정원감축해고는 사용자에 대한 업무를 기준으로 한다고만 규정되어 있는 경우에는 단기근속 근로자를 먼저 해고대상자로 삼아야 할 고용상 의무를 사용자가 부담하지 아니하며 따라서 사용자는 근로자의 숙련도와 경영상황을 고려한 해고대상자를 선정할 수 있다고 판단한 것이 있다.[17] 반면, 단체협약에 명시적으로 단기근속자 우선 해고 규정(LIFO; Last in, First Out)을 두고 있는 경우에는 이는 고용계약상 조건이 되어 사용자는 이를 준수하여야 한다고 판단한 것이 있다.[18] 단체협약상 고용조건의 편입은 이를 고용계약의 내용으로 삼기

17) Alexander v Standard Telephones and Cables plc [1990] IRLR 723.
18) Anderson v Pringle of Scotland Ltd [1998] IRLR 64.

에 적합한 것이어야 하는데 판례는 단체협약에 강제적인 정원감축해고를 하지 아니한다는 조항은 개별 고용계약의 내용으로 편입되지 아니한다고 판단한 것이 있다.[19]

3. 묵시적 편입

편입은 묵시적으로 일어날 수도 있는데 주로 초기업별로 체결된 단체협약의 고용조건을 개별 사업장의 사용자와 근로자 사이에 체결된 고용계약의 내용으로 삼을 때 문제가 된다. 판례로는 20년 동안 사용자단체와 노동조합 사이에 체결된 임금협약을 명시적인 편입 조항이 없는 상태에서 특정 사업장의 임금인상 기준으로 적용하여 왔다면 해당 협약은 묵시적으로 고용계약에 편입되었다고 판단한 사례가 있다.[20] 아울러 노동관행(custom and practice)에 의해서도 편입이 이루어질 수도 있다. 특정 사용자가 단체협약을 체결한 사용자단체에 가입되어 있지 아니한 때에는 편입사실을 인정할 수 있는 강력한 증거가 없는 한 편입이 부인된다.

4. 편입된 고용조건의 변경

사용자는 고용계약에 편입된 단체협약상 고용조건을 일방적으로 변경할 수 없다. 편입된 고용조건을 변경하기 위해서는 일반적으로 사용자와 근로자 사이에 이에 관한 별도의 합의가 존재하여야 하며, 노동조합이 당연히 근로자를 대리하여 변경에 관한 합의를 할 권한은 없다. 따라서 사용자는 노동조합과 변경합의를 하였다는 이유만으로 근로자의 고용조건을 변경할 수 없고, 이 경우 근로자는 임금 감액 등에 대하여 소를 제기하여 권리구제를 받을 수 있다. 따라서 가스계량

---

19) MG Rover Group Ltd v Kaur [2005] IRLR 40.
20) Wilton Ltd v Peebles EAT 835/93.

기 검침원의 상여금 지급수준에 관하여 단체협약이 있고 그것이 고용
계약에 편입된 때에는 사용자는 당해 단체협약의 효력만료를 이유로
검침원의 상여금 지급을 거부할 수 없고, 사용자가 이를 거부한 때에
는 근로자는 사용자를 상대로 상여금의 지급을 청구할 수 있다.[21] 그
러나 단체협약에 사용자가 노동조합과 협의 후 상여금의 지급 계획을
변경할 수 있도록 규정하였다면 개별근로자의 동의 없이도 상여금 지
급 수준을 변경하여 결과적으로 임금을 감액할 수 있다는 판례도 있
다.[22]

일반적으로는 비조합원인 근로자에게 단체협약상 고용조건이 적
용되지 아니하나, 단체협약상 고용조건은 그 적용을 인정하는 협약을
체결하지 아니한 사용자에게 구속력을 미칠 수 있고 따라서 고용계약
에 편입을 명시한 때에는 비조합원인 근로자도 단체협약상 고용조건
을 고용계약의 내용으로 삼을 수 있다. 따라서 명시적 편입 규정이 없
는 때에는 노동조합에서 탈퇴한 근로자에게 새롭게 체결된 협약에서
정한 교대제 근로를 강제할 수 없고 따라서 새로운 교대제 근로를 거
부한 것을 이유로 한 해고는 불공정하다고 판단한 사례가 있다.[23]

단체협약 중에는 임금인상에 관한 합의를 하고 그 적용시점을
협약 체결 이전의 날짜로 소급하는 사례가 있는데 일반적으로는 고용
계약에 소급적 효력을 인정하지는 아니한다. 관련 사례로는 정원감축
해고를 하면서 정원감축급여를 지급받은 근로자가 해고 이후 체결된
단체협약상 정원감축급여 계산방식에 따라 추가로 발생한 차액을 청
구할 수 없다는 것이 있다.[24]

---

21) Robertson v British Gas Corpn [1983] ICR 351.
22) Airlie v Edinburgh District Council [1996] IRLR 516.
23) Singh v British Steel Corpn [1974] IRLR 131.
24) Leyland Vehicles Ltd v Reston [1981] IRLR 19. 1996년 고용권법 제225조의
   정원감축급여는 그 정산일을 기준으로 산정한다는 규정에 따라 원고의 청구를
   기각한 사건이다. 보통은 사용자가 시혜적으로(ex gratia) 추가 지급을 한다는

Ⅳ. 사업장 규정

영국법에서 사업장 규정(Works/Staff rules)은 한국의 취업규칙의 성격과는 다소 다르다. 한국은 일반적으로 취업규칙 중 고용조건에 관한 부분을 청구권의 기초로 삼을 수 있다고 보지만 영국은 개별 조항의 내용을 분석하여 사안별로 고용계약의 내용이 되었는가를 판단하여 법원성을 판단한다. 만일, 사업장 규정이 고용조건으로서 고용계약의 내용이 된다고 판단되면 그 변경은 사용자와 근로자의 합의에 의하여 가능하지만, 경우에 따라서는 사업장 규정이 고용계약의 내용이 되었다고 하더라도 사업장 규정의 해석상 사용자가 묵시적인 상호신뢰의무(trust and confidence)를 위반한 데 이르지 아니하였다고 해석되면 사용자는 일방적으로 임금체계를 변경할 수 있다는 사례도 있다.[25] 사업장 규정이 고용계약의 내용이 되지 아니하였다면 사용자는 합리적인 통지 후 규정을 변경할 수 있다. 병원 근무중 흡연을 허용하던 사용자가 규정을 변경하면서 병원 경내에서 일체의 흡연을 금지하자 흡연근로자가 의제해고를 주장한 사례에서 흡연권은 노동관행에 의하여 고용계약의 묵시적 조건이 되지 아니한다고 판단한 사례가 있다.[26]

Ⅴ. 노동관행

노동관행(custom and practice)도 법원이 될 수 있는데 이를 인정하기 위해서는 관행이 합리적이어야 하고 널리 알려져 있어야 하며

설명이 있다(Astra Emir, p98).
25) Bateman v Asda Stores Ltd [2010] IRLR 370.
26) Dryden v Greater Glasgow Health Board [1992] IRLR 469.

내용이 확실하여야 한다.[27] 아울러 법률에 위반되어서는 아니 되며 엄격하게 증명할 수 있는 것이어야 한다. 인정 요건이 이처럼 매우 까다롭고 더 나아가 제정법에서 고용조건의 대부분을 서면으로 명시하도록 강제하고 있기 때문에 노동관행을 청구권의 기초로 인정하는 경우는 드물다. 한편, 노동관행은 명시적인 고용계약의 내용과 모순될 수 없다.[28] 용례에 따라서는 custom을 법적 효력이 있는 관행으로, practice를 법적 효력이 없는 것으로 이해하는 경우도 있다.

제2절 고용계약의 당사자

영국에서는 근로자와 사용자의 노무제공 및 임금지급의 계약관계를 고용관계라고 칭하고 이들이 체결한 계약을 고용계약(contract of employment 또는 contract of service)이라고 부른다.[29]

영국법상 고용계약도 계약의 일종이기 때문에 약인(約因, con-

---

27) Devonald v Rosser & Sons [1906] 2 KB 728.
28) Dunlop Tyres Ltd v Blow [2001] IRLR 629.
29) 한국 근로기준법의 용어 사용례에 비추어 근로계약이라고도 해석할 수 있으나 'employment'의 용례에 비추어 이 책에서는 고용관계 또는 고용계약으로 사용하고자 한다. 이에 따라 이 책에서는 영국 노동법에서 사용되는 'employment'라는 용어를 '고용'이라고 해석하고, 다만 'employee'는 근로자로, 'employer'는 사용자로 해석하고자 한다. 또, 영국법의 내용을 설명하거나 평가할 경우에는 고용계약, 고용관계라는 용어를 사용하되 한국 판례를 직접 인용할 때는 우리 판례의 사용례대로 근로계약, 근로관계라는 용어를 사용하였다. 한편, 영국 노동법에서 'employment'는 매우 넓은 의미로 사용한다. 예를 들어, 근로자와 사용자의 고용관계를 지칭할 때뿐만 아니라 1인 자영업자도 self-employed person이라고 부르며 고용정책에도 동일한 용어를 사용한다. 또, 개별적 고용관계법과 집단적 노사관계법을 포괄하는 법령 체계와 해석론도 고용법(employment law)이라고 부르며 노동법 교과서의 대부분도 고용법이라는 제목을 사용하고 있다. 노동법(labour law)이라는 제목을 사용하는 저자는 드물다.

sideration)이 존재하여야 한다. 그런데 고용계약은 근로를 제공하고 임금을 지급받는 관계이기 때문에 약인으로서 임금이 항상 존재한다. 따라서 약인의 존부에 관한 계약법상의 복잡한 논의는 고용계약에서는 거의 없다.[30]

고용계약과 구분되는 노무제공 계약으로 도급계약(contract for service)을 종종 언급하는데, 그 내용을 살펴보면 한국 민법에서 정한 전형계약 중 하나인 도급뿐만 아니라 널리 고용계약이 아닌 노무제공 계약 일반을 의미하는 경우가 있다. 도급계약의 일방 당사자로 흔히 지칭되는 주체로는 1인 자영업자(self-employed person)가 있다.

노무를 제공하는 자를 고용관계의 당사자인 근로자로 볼 수 있는지에 관해서는 아래서 살펴보는 것처럼 판례를 통하여 그 기준이 정립되고 있다. 한국의 근로자성 인정기준에 관한 논의와 비슷한 형태를 취하고 있다. 고용관계에서 주로 책임을 부담하는 당사자로 설명되는 사용자에 관해서는 별도로 큰 논의를 하지 아니하고 있다. 다만, 교과서 수준에서는 경영담당자 등에 의하여 이루어진 조치에 대한 책임이 최종적으로 사용자에게 수렴된다는 정도의 설명이 있다.[31]

제3절 고용계약의 인정기준 – 근로자성 논의

영국의 노동법도 한국과 동일하게 근로자(employee) 개념을 중

---

30) 보통법에서 날인증서(deed)에 의하지 아니하는 합의는 약인의 뒷받침이 없으면 상대방에 대하여 구속력이 없고 이행을 강제(enforceable)할 수 없다. 따라서 유효한 약정이 되려면 계약 당사자 일방에 대한 이익 혹은 그 상대방에 대한 불이익이 존재하여야 하여야 하는데 이를 약인이라고 한다(이호정, 「영국 계약법」, 경문사, 2003, 43쪽~45쪽 참조).

31) Astra Emir, p36.

심으로 구성되어 있다. 다만, 그 논의 방식은 근로자 개념 자체를 접근하기보다는 제정법에서 정하고 있는 고용계약(contract of employment)의 의미를 해석하는 방식이다.

1996년 고용권법 제230조(1)은 근로자를 '고용계약을 체결하였거나, 고용계약 아래에서 일을 하였거나 하고 있는 자'라고 규정하고 있고, 2010년 평등법 제83조(2), (4)는 그 보다는 더 넓은 범위로서 고용의 의미를 '고용계약, 도제계약, 일 또는 노동을 개인적으로 제공하는 계약 아래에서 이루어지는 고용'이라고 정의하고 있다. 그러나 제정법상의 정의 규정은 다시 고용이 무엇인지를 확정하여야 하는 해석문제를 남겨 두고 있기 때문에 고용의 인정 기준에 관한 판례의 법리는 여전히 유효하고 중요하다. 아래의 기준은 판례에서 고용계약의 존부를 결정할 때 사용하는 기준으로 어느 하나를 배타적으로 채택하지는 아니하나 최근에는 파견노동자(agency worker)의 근로자성을 검토하면서 상호성 기준을 강조하는 경향이 있다.

Ⅰ. 지배 기준

지배(control) 기준은 고용관계를 인정하는 가장 전통적 이론이다. 근로자성에 관한 한국의 사용종속관계 이론보다 엄격한 형태로 구성된 법리라고 할 수 있다. 지배 기준은 사용자에 대한 근로자의 현실적 지배 혹은 지배가능성이 있는 경우에 해당 근로자와 사용자 사이에 고용을 인정하는 기준으로서 사용자의 지배권은 근로자가 행하는 업무뿐만 아니라 그 업무를 행하는 방식에 대해서도 미쳐야만 한다. 오래된 사례이기는 하나 이 이론을 극단적으로 적용한 예로는 병원 수술실에서 근무하는 간호사는 수술 업무에 있어 사용자인 병원의 지시를 받는 것이 아니라 외과의사의 개별적 지시를 받기 때문에 병원의 근로자가 아니라는 판례32)가 있다. 위 기준의 엄격성은 과학기술의 발달에 따라 근로자가 업무 수행 방식에 상당한 재량을 가질 수 있다는 점을 고려하면서 완화되었으나 지금도 고용관계를 검토할 때 여전히 고려하여야 하는 기본적인 기준이 되고 있다.

Ⅱ. 통합 기준

통합(integration) 기준이란 근로자가 사용자의 조직에 완전히 통합되어 있는지를 고용의 존부에 관한 판단 기준으로 삼는다. 통합 기준은 1952년 데닝(Denning) 대법관에 의하여 제시된 기준33)으로 이에 따르면 신문사의 리포터, 자가용의 운전사 등은 고용계약을 체결한 근로자이나 선박의 선장, 택시운전기사, 신문의 공급담당자는 도급계약을 체결한 자로서 근로자가 아닌 자가 된다. 이후 위 이론은 노동자가 사용자의 조직의 일부(part and parcel)인지를 평가하여야 한다는 취지로 그 내용이 다소 변경되었다.34) 그러나 위 기준도 사용자의 조직, 조직의 일부 등이 구체적으로 어떤 의미인지 판단하기 어렵다는 지적을 받고 있고 나아가 그 실질이 지배 기준과 다를 바 없다는 비판도 있다.35)

---

32) Hillyer v Governors of St Bartholomew's Hospital [1909] 2 KB 820. 따라서 병원은 간호사의 과실을 이유로 환자에 대하여 사용자책임을 부담하지 아니한다.
33) Stevenson, Jordan and Harrison Ltd v Macdonald and Evans [1952] 1 TLR 101. 이 사건은 회사에 노무를 제공하는 자에 의하여 저술된 저작물의 저작권자가 해당 노무제공자인지 아니면 회사인지를 판단한 것인데 결론적으로는 저작 중 고용관계를 전제로 한 부분은 회사가 저작권자이고 그렇지 아니한 부분은 노무제공자가 저작권자라는 절충적 판단을 하였다.
34) Bank voor Handel en Scheepvaart NV v Slatford [1953] AC 584. 이 사건은 전시 노획물의 관리 처분을 담당하는 Custodian이 소득세를 납부할 의무가 있는 근로자인가를 검토하는 것이 쟁점이 된 사건인데 귀족원은 Custodian이 정부와 고용관계가 있는 자로서 영국 세법상 소득세 납부의무가 없다고 판단하였다.
35) Simon Honeyball, p25.

Ⅲ. 경제적 실체 기준

지배 기준과 통합 기준이 고용 여부를 결정하는 데 적절한 기준
을 제시하지 못하자 영국법원은 경제적 실체(economy reality)라는
미국식 개념을 도입한다. 경제적 실체 기준이란 근로자가 자기의 계
산으로(on his or her own account) 사업을 하고 있는지, 아니면 최종
적인 손실의 위험을 부담하고 이익의 기회를 갖는 타인을 위해 노동
하고 있는지에 의해 고용계약의 여부를 결정하려는 것이다.[36] 이 기
준에 따르면 노동방식에 폭넓은 재량을 가지는 근로자도 계약 상대방
에게 경제적으로 의존하고 있는 경우에는 그 재량의 폭에 관계없이
고용계약을 체결한 근로자로 인정받을 수 있다. 이 기준은 '어디에 금
전적 위험이 존재하는지, 근로자가 그 직무수행으로 양호한 사업에서
이익을 얻을 기회가 있는지, 그 기회는 어느 정도인지'를 중시한다.
이 기준 역시 경제적 실체를 평가하는 방식이 모호하다는 비판이 있
지만, 오히려 기준의 명확성을 옹호하는 견해[37]도 있다.

Ⅳ. 상호성 기준

최근 법원 판결에 자주 인용되는 상호성(mutuality) 기준이란 일
정한 기간에 걸쳐 고용관계를 유지하는 계약당사자의 상호적인 약속
즉, 의무가 존재하는지를 판단기준으로 한다.[38] 즉 사용자가 일을 주
고 근로자가 그 일을 맡는다는 상호적인 의무의 존재가 불확실한 경

---

36) Market Investigations Ltd v Minster of Social Security [1969] 2 QB 173. 이
   사건은 제한적인 재량을 갖는 시장조사원이 근로자라고 판단하였다.
37) Simon Deakin/Gillian S Morris, p162.
38) Nethermere (St Neots) Ltd v Taverna & Gardiner [1984] IRLR 240.

우에는 고용관계를 부정하는 것이다. 상호성이란 근로조건 자체에 포
함되는 종속성의 형식을 요건으로 한다. 이 기준에 의하면 자기계산
으로 사업을 영위하지 아니하고 있더라도 특정한 사용자와 상시적이
고 안정적인 계약관계를 가지지 아니한 자는 고용계약이 요구하는 상
호적 의무를 부담하지 아니하고 따라서 고용계약상의 근로자로 인정
되지 아니한다. 따라서 이 기준에 의하면 파견노동자나 캐주얼 워커
(casual worker)[39]는 근로자로 인정될 여지가 매우 적어지는데 실제
로 귀족원은 캐주얼 워커가 고용계약을 성립시킬 만큼의 상호성을 갖
지 아니한다고 보아 고용계약을 부인한 바 있다.[40] 이 기준에 대해서
는 상호성은 보통법상 인정되는 계약의 기본적 속성이지 고용계약에
고유한 속성이 아니므로 고용을 결정하는 데 적절한 기준이 아니라는
비판이 있으며[41] 귀족원의 판결에 대해서는 해당 사건은 고용 자체
를 부인할 수 있는 사건이 아님에도 단속적 고용에 대하여 강한 형태
의 상호의무를 인정할 수 없다는 점을 강조하여 역으로 고용이 아니
라는 본말이 전도된 판단을 한 것이라는 비판이 있다.[42]

---

39) 캐주얼 워커란 계약에 의하여 일감이 있을 때만 일을 하고 보수를 받는 자를 의
미한다. '호출부 노동자'의 일종이라고 이해할 수 있다.
40) Carmichael v National Power plc [2000] IRLR 43. 이 사건은 발전소의 안내원
으로 일하던 원고가 불공정해고를 다툰 사건인데 항소법원은 원고들과 피고 사
이에 상호성이 인정된다고 보았으나 귀족원은 계약의 문언을 중시하여 이를 부
정하였다. 같은 취지의 판결로 O'Kelly v Trusthouse Forte Plc [1983] ICR
728. 이 사건은 역시 캐주얼 워커인 와인 웨이터가 노동조합 활동을 이유로 한
불공정해고를 주장한 것인데 고용항소심판소는 원고의 주장을 받아들였으나
항소법원은 이를 부인하였다.
41) Jean Warburton, "Unfair Dismissal" (1984) 13 *ILJ* 251.
42) Hugh Collins, "Employment rights of casual workers" (2000) 29 *ILJ* 73.

V. 종합적 기준

이상과 같이 그간 판례가 시도한 여러 가지 기준은 그 적용에 있어 각각 난점이 있어서 이를 극복하고자 제시된 것이 종합적 기준 혹은 다면적(multiple) 기준이다. 이 기준은 생산시설이나 도구의 소유권 귀속 주체, 사용자의 부수적인 지배가능성, 세금관계, 계약의 내용 등을 고려하여 고용의 존부를 판단한다.[43] 이 중 실무상 문제가 많이 되는 것이 계약의 문언인데, 실질적으로는 사용자가 상대방을 근로자에 준하여 지휘감독하면서 서면계약에는 상대방을 근로자로 칭하지 아니한 경우[44]이다. 이에 대하여 종전의 해석론은 문리해석을 중시하는 엄격한 해석론을 전개하였으나[45] 최근 들어서는 가장행위이론 (sham contract)을 원용하여 계약 당사자의 진정한 관계를 발견하여야 한다는 입장을 보여 문리해석의 엄격성을 완화하고 있다.[46] 이에 대해서는 계약법에 기초한 엄격한 해석론이 주류를 이루는 법원에서 '도전적인 과업'(challenging task)이라고 평하는 견해[47]도 있고 판결의 예측가능성이 낮다는 비판[48]도 있다.

---

43) Simon Honeyball, pp25~31.
44) 계약의 상대방을 "Associate"라고 규정하는 예를 대표적으로 들 수 있다.
45) Massey v Crown Life Insurance Company [1978] IRLR 31; Hewlett Packard Ltd v O'Murphy [2002] IRLR 4.
46) Protectacoat Firthglow Ltd v Szilagyi [2009] IRLR 365.
47) A. C. L. Davies, "Sensible Thinking About Sham Transactions" (2009) 38 *ILJ* 318.
48) Simon Deakin/Gillian S Morris, p169.

제4절 각종 노무제공계약의 당사자

영국 노동법 책에는 제정법이 규정하고 있는 근로자와 노동자 개념 이외에 각종 노무제공계약의 당사자가 등장한다. 이들을 일의적으로 제정법상 근로자 또는 노동자로 분류할 수는 없으며 문제가 되는 개별 사례마다 앞서 언급한 근로자 판단 기준을 적용하여 법적 지위를 결정한다. 다음은 많이 언급되는 노무제공자들이다.

1인 자영업자(self-employed person)는 타인을 고용하지 아니하고 사업을 영위하면서 노무를 제공하는 자인데 사회보험료 납부처분의 상대방으로 적법성을 다투거나 산업안전보건법령의 수범자로서 분쟁사건에서 자주 등장한다. 오피스 홀더(office holder)는 사용자 조직에 상시적으로 존속하는 기관 혹은 직무를 가리키는데 해당 직무에 종사하는 개인적 특성이 중요한 것이 아니라 그 직무에 종사한다는 것 자체가 중요한 의미가 있다. 여기에는 판사, 순회법관, 신탁관계에서 수탁자, 노동조합의 간부, 주식회사의 이사 등이 포함된다. 개신교 교회 목사(clergy)에게는 일반적으로 근로자 지위를 인정하지 아니하나 법령[49]에 의하여 근로자에게 인정되는 보호 규정의 일부를 적용하고 있다.[50] 견습공 혹은 도제(apprentice)는 보통법에서 고용계약의 당사자로 인정되지 아니하였으나 최근 제정법에서는 근로자에 관한 규정을 적용하는 입법을 하고 있다. 재택근무자(outworker)는 정기적인 노무제공과 이에 따른 보수를 보장받지 못한다는 점에서 상호성이 부정되는 경우가 있으나 사안에 따라는 근로자성을 인정받기

---

49) Ecclesiastical Offices (Terms of Service) Measure 2009.
50) 공익제보를 이유로 불공정해고를 주장한 목사에 대하여 근로자성을 부인한 사례로는 Sharpe v Bishop of Worcester [2015] IRLR 663.

도 한다.[51] 호출부 노동자(casual worker)도 상호성이 부정되는 경우[52]가 많아 근로자성을 인정받기 쉽지 않은 경우이다. 파견노동자(agency worker)는 개별 고용실태에 따라서 근로자성 여부가 결정되는데 근로자성이 인정되는 때에도 파견사업주의 근로자인지, 사용사업주의 근로자인지가 추가로 다투어진다. 공공부문 종사자(public employee)는 과거에는 국가와 고용관계가 존재하지 아니하는 특수한 직역이라는 인식이 강하였으나 최근에는 제정법과 판례를 통하여 구체적 사안에서 이들이 고용계약의 당사자가 될 수 있다는 점을 명확히하고 있다. 예를 들어, 이들은 2010년 평등법의 적용대상이 되며, 1996년 고용권법의 상당 부분을 적용받고 있다(제191조~제193조). 판례로는 교도관의 해고에 사법(私法)이 적용된다고 판단한 것이 있고,[53] 지방정부의 공무원 해고도 동일하게 판단한 것이 있다.[54]

근로자성을 다룬 직접 사례는 아니나 최근 대법원 판례 중에는 교도소에서 급식을 담당하는 근로자가 수형자의 폭행으로 부상을 당한 사례에서 수형자와 법무부는 고용관계와 유사한 관계를 갖고 따라서 재소자의 행위에 대하여 법무부는 사용자책임을 부담한다고 판단한 것이 있다.[55]

51) Nethermere(St Neots) Ltd v Taverna & Gardiner [1984] IRLR 240.
52) O'Kelly v Trusthouse Forte plc [1983] IRLR 369.
53) McLaren v Home Office [1990] IRLR 338.
54) Bradford City Metropolitan Council v Arora [1991] ICR 226.
55) Cox v Ministry of Justice[2016] UKSC 10, 11.

제2장
고용관계의 성립

제1절 고용계약의 체결

고용계약은 계약자유의 원칙에 따라 당사자의 자유로운 의사에 의하여 체결한다. 따라서 고용계약 체결절차 일반에 관한 규제는 없는데 다만, 뒤에서 살펴보는 것처럼 사용자는 근로자에게 고용조건에 관하여 1996년 고용권법에서 정한 사항을 서면으로 명시하여 교부할 의무를 부담한다.

영국도 한국과 비슷하게 시용기간(probationary period) 제도가 고용에서 사용되는데 그 기간은 보통 3개월에서 6개월이라고 하며 단기고용에서는 1주인 경우도 있다. 시용으로 채용된 근로자도 채용된 날로부터 제정법상 근로자의 지위를 취득하기 때문에 제정법상 고용보호에 관한 조항이 적용된다. 그러나 실무적으로는 시용계약 기간을 계약서에 명문으로 규정하고 이에 따라 고용계약 해지에 필요한 짧은 통보기간을 규정하고 있기 때문에 불공정해고제도의 보호를 받지 못하는 문제점이 있다.

한편, 영국 정부에서는 구직자 지원을 위하여 Jobcentre Plus를 운영하고 있으며, 한국 고용노동부의 워크넷과 비슷한 기능을 하는 Universal Jobmatch[1]라는 구직자와 구인자를 연결하는 인터넷 사이트를 운영하고 있다.

고용계약의 자유는 계약자유의 원칙과 동일하게 전통적으로 고용계약 체결의 자유, 내용 형성의 자유, 내용 변경의 자유, 계약 종결의 자유 등으로 설명하여 왔으나 뒤에서 살펴보는 것처럼 각 내용에 대하여 제정법상 통제를 가하여 현재는 보통법에서 인정되는 계약자유의 원칙은 상당 부분 수정되어 있다.

제2절 고용계약의 권리·의무

고용계약상 사용자와 근로자의 의무는 제정법상 의무와 계약상 의무로서 명시적 의무와 묵시적 의무로 나눌 수 있고, 그렇게 설명하는 것이 일반적이나 그 내용을 살펴보면 각각의 의무가 명백히 구분되는 것이 아니라 하나의 의무 중 일부가 고용계약에 명시되기도 하고, 제정법에 의하여 수정이 되기도 한다. 따라서 여기서는 일반적으로 논하여지는 의무 목록을 제정법에 규정된 것부터 나열하여 설명하고자 한다.

Ⅰ. 사용자의 의무

1. 고용조건 등에 관한 명시의무

1996년 고용권법 제1조는, 사용자는 고용이 시작된 날로부터 2개월 안에 근로자에게 법률이 정한 사항을 기재한 서면을 교부하도록

---

1) https://jobvacancies.businesslink.gov.uk/IndexDwp.aspx.

규정하고 있다. 서면에 기재할 사항으로는 사용자와 근로자의 명칭, 고용기간, 임금의 수준과 주기, 근로시간, 휴게와 휴식, 병가에 관한 사항, 연금에 관한 사항, 근로자의 직무 명칭, 근무장소, 고용조건이 되는 단체협약, 해외근무에 관한 사항 등이 있다. 서면에서 언급하고 있는 단체협약 등 문서는 근로자가 고용과정에서 읽을 수 있도록 합리적 기회를 제공한 것이어야 하거나 그 밖의 다른 방법으로 합리적 접근이 되는 것이어야 한다(고용권법 제6조). 그 외에도 서면전달의 절차에 관한 사항과 징계에 관한 사항도 특정하도록 규정하고 있다(고용권법 제3조). 사용자는 기재사항에 변경이 있는 때에는 변경이 있는 날로부터 1개월 이내에 그 사항을 근로자에게 전달하여야 한다(고용권법 제4조(1)). 위와 같은 서면은 그 자체로 계약의 내용이 되지 아니하나 소송에서 고용조건을 확정하는 중요한 자료가 된다. 사용자가 서면교부의무를 게을리할 경우, 근로자는 고용심판소에 서면의 교부 혹은 불충분한 서면기재사항의 보완을 요구하는 소를 제기할 수 있다(고용권법 제11조). 고용심판소의 권한은 제한적이어서 직권으로 특정 조항의 삽입을 강제할 수는 없고 사용자와 근로자가 합의한 내용으로 서면에 명시되지 아니한 것을 확인할 수 있다. 사용자가 서면의 교부 혹은 보완을 거부할 경우 고용심판소는 최소 2주의 주급 또는 최대 4주의 주급에 해당하는 금전배상명령을 할 수 있다(2002년 고용법(Employment Act) 제38조).

위와 같은 포괄적 내용을 담은 서면의 교부 이외에 사용자는 근로자에 임금설명서(itemised pay statement)를 교부하여야 한다. 여기에는 임금의 총액, 공제항목과 금액, 공제 후 임금액, 임금의 지급 주기, 지급 방법 등을 기재하여야 한다(고용권법 제8조~제10조). 사용자가 임금설명서를 교부하지 아니하거나 불충분한 설명서를 교부한 때에는 근로자는 고용심판소에 그 확인을 구하는 소를 제기할 수 있고, 만일 소를 제기하기 전 13주 이내에 설명서에서 언급하지 아니한 공제

가 있었던 경우에는 고용심판소는 사용자에게 공제액을 근로자에게
지급하도록 명할 수 있다.

한편, 1998년 노동시간명령(Working Time Regulations)에 따라
사용자는 주 5일 만근 근로자를 기준으로 법정공휴일을 포함하여 연간
28일의 휴가를 주어야 하는데 이 내용 또한 서면에 포함된다. 사업장에
서 직업연금(Occupational pension schemes)을 운영하는 때에는 그 수급
자격과 내용에 관한 사항도 근로자 및 수급권자 등에게 통보하여야 한다.

2. 사생활보호의무

사용자의 근로자 사생활보호의무(duty to ensure the privacy)에
관해서는 보통법상 확립된 것은 없으나 일반적으로 유럽인권협약과
1998년 인권법(Human Rights Act)이 많이 논의된다. 유럽인권협약
제8조는 개인의 사생활, 가족생활, 가정과 통신에 관하여 존중받을 권
리를 보장하고, 나아가 국가권력에 의한 침해는 원칙적으로 금지하되
민주사회에서 요구되는 국가의 안전보장, 공공안전과 경제적 복리,
질서 유지 등의 제한된 범위 내에서만 국가의 개입을 허용하여야 한
다고 규정하고 있다. 1998년 인권법은 유럽인권협약에서 규정한 인권
목록을 국내법상 기본 인권으로 수용하면서(제1조), 공공기관(public
authorities)은 인권협약에서 정한 인권과 배치되는 행동을 하여서는
아니 된다고 규정하고 있다(제6조(1)). 인권협약이 문제된 대표적 사례
로는 여성경찰관이 사무실과 집에서 사용하는 전화내용을 도청한 것
이 유럽인권협약에서 규정한 사생활침해에 해당한다고 주장하며 유
럽인권법원에 제소한 사안이다. 법원은 업무상 사용하는 전화 내용도
사생활 보호의 대상이 될 수 있다고 보아 원고의 청구를 인용하였
다.[2] 한편, 수사목적의 감청에 관하여 일정한 경우 합법성을 부여한

2) Halford v United Kingdom [1997] IRLR 471.

법률로는 2000년 수사권 규제에 관한 법률(Regulation of Investigatory Powers Act)이 있다.

3. 신뢰의무

신뢰의무(duty of trust and confidence)는 매우 광범위하게 사용되는 묵시적 의무이다. 징계나 해고 절차의 공정성을 평가할 때 그에 이르게 된 경위로서 사용자의 신뢰의무 준수를 중요하게 다룬다. 근로자는 사용자의 잦은 욕설을 신뢰의무위반이라고 주장하며 소를 제기할 수도 있으며,[3] 다른 근로자와 비교할 때 차별적 처우를 신뢰의무위반이라고 주장할 수도 있다.[4] 나아가 경영진의 횡령 등으로 은행이 도산한 경우 해당 기업에서 근무하였던 근로자는 근무경력이 자신의 장래 노동시장에서의 평판에 악영향을 미쳤고 이것이 신뢰의무위반에 해당한다는 이유로 사용자에게 손해배상을 청구할 수 있다는 판례도 있다.[5]

4. 노무부여의무

일반적으로 사용자는 근로자에게 고용계약상 임금을 지급하기만 하면 되고 더 나아가 근로제공의 기회를 줄 의무(duty to provide work)까지는 없다고 해석한다.[6] 다만, 판례상 인정되는 몇 가지 예외가 있다. 즉, ① 배우와 같이 공연의 명성이 근로제공에 중요한 역할을 하는 경우,[7] ② 노무제공이 추가적인 임금 지급에 연동하는 경우,[8] ③

---

3) Donovan v Invicta Airways Ltd [1969] 2 Lloyd's Rep 413.
4) Transco plc v O'Brien [2002] IRLR 144.
5) Malik v BCCI SA [1995] IRLR 375.
6) Collier v Sunday Referee Publishing Co [1940] 2 KB 647.
7) Herbert Clayton and Jack Waller Ltd v Oliver [1930] All ER Rep 414.
8) Turner v Goldsmith [1891] 1 QB 544.

근로자가 자신의 기술을 유지하거나 개선하는 데 노무제공이 필요한 경우,[9] ④ 일반적으로 대체되지 아니하는 특별한 직무를 수행하기 위하여 고용된 경우[10] 등이다.

한편, 근로자에 대한 고용과 임금을 보장하면서 일정 기간을 정하여 사업장에 출근을 금지하는 사용자의 조치를 'garden leave'라고 부르는데 고용을 유지하여 해당 근로자가 경쟁 기업에 취업하는 것을 방지하거나 일시적으로 영업비밀에 접근하는 것을 막으려 할 때 사용한다. 이 역시 경우에 따라서는 노무부여의무 위반이 성립할 수 있다.

5. 임금지급의무

보통법상 사용자는 근로자에게 노무를 제공할 수 없는 사정이 있는 때에도 약정한 기간에 해당하는 임금을 지급할 의무를 부담한다. 다만, 이러한 의무는 사용자의 지배 가능한 상황을 전제로 하기 때문에 그렇지 아니한 급박한 위험 발생으로 인하여 공장을 폐쇄한 경우에는 임금지급의무를 면할 수 있다.[11] 한편, 고용계약에서 임금지급의무를 면제하는 별도의 약정을 하였거나 그와 같이 해석할 수 있는 때에는 임금지급의 묵시적 의무는 인정되지 아니한다.

이러한 묵시적 의무에 우선하는 제정법상 규정으로는 1996년 고용권법 제147조~제152조와 제154조에 규정된 래이오프(lay-off) 및 쇼트타임(short time)제도가 있다. 래이오프란 고용계약에 근거하여 사용자가 근로자에게 일정기간 노무지휘를 하지 아니하면서 임금을 지급하지 아니할 수 있는 제도이고,[12] 쇼트타임이란 임금의 지급률을

---

9) Provident Financial Group plc v Hayward [1989] IRLR 84.
10) Beach v Epsylon Industries Ltd [1976] IRLR 180.
11) Browning v Crumlin Valley Collieries [1929] 1 KB 522.
12) 미국의 래이오프는 사용자의 일방적 의사에 의하여 근로자를 잠정적으로 해고하는 제도이다. 해고의 기간이 정하여지는 경우도 있고 그렇지 아니하는 경우도

일정기간 동안 2분의 1 수준으로 감액하는 제도이다. 고용계약상 근거가 있기 때문에 계약위반이 되지 아니하지만 근로자는 경제적으로 매우 곤란한 상황에 처하게 되기 때문에 제정법은 이런 경우 근로자가 사용자에게 해고의 효과를 주장하며 정원감축급여를 청구할 수 있다고 규정한다.

6. 개인정보보호의무

사용자는 고용관계 유지를 위하여 보유하고 있는 근로자의 성명이나 주소 등 개인정보를 근로자의 동의 없이 제3자에게 제공하여서 아니 되는 의무(duty of confidentiality)를 부담한다. 판례도 행정관청이 권원 없이 세금납부 여부를 조사하기 위하여 사용자에게 고용하고 있는 근로자의 명단과 주소를 요청하자 근로자가 금지청구를 한 사안에서 근로자의 정보를 보유하는 목적은 고용관계에 한정된 것이므로 사용자는 행정관청에 관련 정보를 제공할 수 없다고 보고 있다.[13]

유럽연합 정보보호 입법지침(95/46/EC)[14]은 회원국에 사생활 보호를 위한 정보처리 기준을 담은 국내 입법을 요구하였고 이에 따라 영국은 1998년 정보보호법(Data Protection Act)을 입법하였다. 이에

있다. 래이오프 기간에는 고용계약상 주된 의무의 이행이 정지되므로 근로를 제공하고 임금을 수령할 수는 없지만 부가급여(benefits)가 유지된다. 만일, 래이오프 이후 근로자를 다시 고용하는 리콜(recall)이 이루어지지 아니하면 고용관계가 그대로 종료된다. 한편, 노동조합은 래이오프 대상근로자의 선택이 객관적 기준에 따라 이루어지도록 하는 내용의 단체협약을 체결하여 사용자의 자의적인 대상자 선정을 억제하고 있다(미국의 경영상 해고에 관한 자세한 설명으로는 김기선외 5인, 「경영상 이유로 인한 해고 관련 국제적 흐름」(연구보고서), 고용노동부, 2013, 134쪽~154쪽 참조).

13) Dalgleish v Lothian and Borders Police Board [1991] IRLR 422.
14) Directive 95/46/EC of the European Parliament and of the Council of 24 October 1995 on the protection of individuals with regard to the processing of personal data and on the free movement of such data.

따르면 사용자는 자신이 보유한 근로자의 개인정보를 여덟 가지 원칙[15]에 따라 관리하여야 하며 이를 위반하면 근로자에게 금전배상을 하여야 한다. 한편, 위 법에 따라 설치된 정보담당관은 고용행위준칙 (Employment Practice Code)을 제정하여 시행하고 있는데 위 행위준칙은 근로자의 채용, 고용기록, 노무제공 모니터링, 건강 정보 등을 관리하도록 하고 있다.

7. 근로자면책의무

사용자는 합리적인 범위에서 근로자의 노무제공과 관련하여 발생한 비용을 부담할 의무를 부담한다. 특히 문제가 되는 경우는 근로자의 불법행위로 인한 손해배상책임을 사용자가 부담하여야 하는 때인데 일반적으로 업무관련성이 인정되면 사용자의 근로자에 대한 손해배상청구가 제한된다.[16] 오래된 사례 중에는 근로자가 회사로부터 업무담당 이사에 대한 컨설팅을 지시받아 이를 수행하던 중 해당 이사가 이를 알고서 컨설팅 담당 근로자를 상대로 허위 보고서 작성을 주장하며 책임을 묻는 소송을 제기한 경우 소송에 소요된 비용을 사용자인 회사가 부담하여야 한다는 판례가 있다.[17]

8. 안전보호의무

사용자는 근로자가 근로를 제공함에 있어 필요한 안전상 조치를 취할 의무를 부담하는데 그 내용은 대부분 1974년 산업안전보건법 등 안전보건법령에 자세히 규정되어 있다. 따라서 이 책에서도 해당 부분에서 설명을 하고자 한다.

---

15) 1998년 정보보호법 부칙(Schedule) 제1조 참조.
16) Astra Emir, p276.
17) Re Famatina Development Corpn Ltd [1914] 2 Ch 271.

한편, 사용자가 근로자의 의료기록에 접근하기 위해서는 근로자의 동의가 필요하다. 1988년 의료기록접근법(Access to Medical Reports Act)은 근로자에게 자신의 의료기록을 사용자에게 제공하는 것을 거부할 권리, 의료기록을 제공하기 전에 의료기록을 열람할 권리, 의료기록을 제공하기 전에 오류를 수정할 권리 등을 규정하고 있다.

Ⅱ. 근로자의 의무

1. 성실의무

사용자의 의무로 신뢰의무가 인정되는 것에 대응하여 근로자에게 성실의무(duty of faithful service, duty of fidelity)가 인정된다. 성실의무가 포섭하는 범위는 매우 넓어서 지속적인 지각, 업무수행능력 부족, 고의적 나태, 사용자 재산의 절도 등이 모두 여기에 해당하며 이는 고용계약위반으로 해고의 공정한 이유가 될 수 있다. 쟁의행위의 수단인 파업, 태업, 준법투쟁(work-to-rule), 연좌농성(sit in) 등의 위법성도 모두 성실의무위반을 기초로 논하여진다. 고용계약에 경업금지약정을 하지 아니한 경우 근로자가 재직중 경업금지를 다투는 경우에도 성실의무위반이 해고의 공정한 이유가 될 수 있다.[18]

2. 정당한 지시에 따를 의무

일반적으로 근로자는 사용자의 정당한 업무상 지시에 따를 의무가 있기 때문에 대부분의 분쟁 사례는 사용자의 지시가 고용계약상 정당한 것인지가 쟁점이 된다. 따라서 고용계약에 타 지역으로의 전보명령을 할 수 있는 규정이 있음에도 이를 거부하면 해고 이유가 될

---

18) Adamson v B & L Cleaning Services Ltd [1995] IRLR 193.

수 있으나,[19] 보관중인 사내 기록의 조작 명령을 거부한 것은 해고의 이유가 될 수 없다.[20] 판례 중에는 지시의 정당성을 평가할 때 선량한 노사관계를 고려하기도 한다. 이에 따르면 25명의 담당 근로자의 활동일지 작성을 지시받은 관리자가 물리적으로 불가능한 업무로서 적정한 일지 작성이 어렵다는 것을 이유로 거부하자 해고를 한 사건에서 고용항소심판소는 선량한 노사관계에 비추어 정당한 지시권 행사가 아니라고 본 바 있다.[21]

3. 주의 및 기술 사용의무

사용자가 노무를 제공할 수 있는 적절한 지원을 하여야 하는 것에 대응하여 근로자는 노무를 제공함에 있어 사용자의 재산에 손해를 입히지 아니하도록 주의를 기울어야 하고 적절한 지식과 기술을 사용하여야 한다. 나태한 업무가 지속되거나 그 결과가 중대한 경우[22]에는 해고의 이유가 될 수 있고, 손해배상의 원인이 될 수도 있다.[23]

한편, 직무발병에 관하여는 1977년 특허법(Patent Act)에서 직무발명이 통상적인 업무수행과정에서 이루어진 것이고, 근로자의 지위에 비추어 그것이 사용자의 이익증진을 위한 수단이 되는 것이라면 직무발명의 결과는 사용자에 귀속된다고 규정하고 있다(제39조). 그러나 근로자는 사용자에 대하여 직무발명에 대한 보상을 청구할 수 있는데 이때 특허청장이나 법원은 근로자의 직무내용, 직무발명에 당해 근로자 이외의 제3자의 기여도, 사용자의 기여도, 직무발명이 사용자에게 가져온 이익 정도를 고려하여 판단한다.

---

19) United Kingdom Atomic Energy Authority v Claydon [1974] IRLR 6.
20) Morrish v Henlys (Folkestone) Ltd [1973] IRLR 61.
21) Payne v Spook Erection Ltd [1984] IRLR 219.
22) Lowndes v Specialist Heavy Engineering Ltd [1976] IRLR 246.
23) Janata Bank v Ahmed [1981] IRLR 457.

4. 뇌물수수금지

근로자는 사용자로부터 임금을 지급받는 이외에 제3자로부터 뇌물이나 수수료 등을 수수하여서는 아니 된다. 뇌물수수가 업무에 영향을 미쳤는지에 관계없이 의무위반이 인정된다. 그러나 사용자에게 고지된 팁의 수령은 뇌물수수로 보지 아니한다. 사용자의 거래 상대방 회사로부터 이익을 수수하는 것도 의무위반이 성립한다.[24] 사인과 기업에 대한 뇌물죄 일반을 처벌하는 법률로는 2010년 뇌물방지법(Bribery Act)이 있다.

5. 비밀유지의무

근로자에게 비밀유지의무(duty of confidence)가 있는 비밀정보(confidential information)가 되려면 ① 정보가 갖는 가치, ② 비밀유지의무를 인정할 수 있는 상황에서 근로자에게 해당 정보가 알려졌을 것, ③ 권한 없는 정보의 사용이 사용자의 손해를 입히는지를 고려하여 판단한다.[25] 때로 비밀이 제3자에게 공개된 것이라도 여전히 비밀유지의무가 있다고 인정하는 경우도 있으나[26] 비판의 여지가 있다. 사내 정보를 언론기관에 제보하는 것이 징계의 이유가 되는지에 다툼이 있는데 법원은 언론기관에 대한 취재원보호를 인정하지 않은 바 있다.[27]

그러나 입법적으로 정보공개가 보호되는 경우가 있는데 예를 들어 1974년 산업안전보건법은 근로자에게 산업안전감독관이 요구하는 안전보건에 관한 정보를 제공하여야 할 의무를 부과하였다. 보다 포괄적으로는 1998년 공익제보법(Public Interest Disclosure Act)이 제

---

24) Horcal Ltd v Gatland [1983] IRLR 459.
25) Astra Emir, p286.
26) Cranleigh Precision Engineering Ltd v Bryant [1964] 3 All ER 289.
27) Camelot Group plc v Centaur Communications Ltd [1998] IRLR 80.

정되어 있는데 노동 분야에 대해서는 위 법에 의하여 1996년 고용권
법에 제43A조부터 제43L조에 해당 내용이 신설되었다. 위 규정에 위
반한 고용계약상 약정은 무효이다(고용권법 제43J조).

　1998년 공익제보법에서 보호하는 제보 주체는 노동자이다(고용권
법 제43K조). 보호되는 공익제보는 다음 중 하나에 해당하여야 한다. ①
범죄의 실행, 착수, 예비에 관한 제보, ② 의무이행자가 의무이행을
하지 아니하는 것이 법령위반에 해당한다는 제보, ③ 부작위 범죄의
실행, 착수, 예비에 관한 제보, ④ 개인의 안전보건을 침해하거나 침
해중이거나 침해가 예상된다는 내용의 제보, ⑤ 환경을 오염시키거나
오염시키고 있거나 오염이 예상된다는 내용의 제보, ⑥ 제보하려는
위 정보가 은닉되었거나 은닉중이거나 고의적으로 은닉될 가능성이
있다는 제보이다(고용권법 제43B조).[28] 제보 상대방이 한정되어 있는데
1996년 고용권법은 제보 상대방으로 사용자, 법률 상담의 상대방인
변호사, 내각장관의 위임을 받아 사업을 하는 사용자의 노동자는 해
당 장관, 기타 법령이 정한 자로서 자세한 내용은 1999년 공익제보
(지정인)규칙(Public Interest Disclosure (Prescribed Persons) Order)
에 규정되어 있다.

　공익제보를 이유로 한 근로자에 대한 해고는 당연 불공정해고가
된다(고용권법 제103A조).

Ⅲ. 고용권법상 불이익을 받지 아니할 권리

　고용권법 제5장은 '고용에서 불이익으로부터의 보호'라는 표제

---

28) 그 밖에도 제보하려는 정보가 중대한 성격을 갖거나 제보시 해고 등의 불이익
　이 예상되는 경우에도 일정한 요건을 갖추면 보호되는 정보로 본다(고용권법
　제43G조, 제43H조).

아래 근로자의 각종 권리를 나열하면서 그 권리행사를 이유로 사용자로부터 불이익을 받지 아니한다는 규정을 두고 있다. 여기에 해당하는 활동을 살펴보면 배심원 참가(제43M조), 안전보건활동(제44조), 일요일 근무에 관한 사항(제45조, 제45ZA조), 1998년 노동시간명령에 위반한 근로제공 요구의 거부(제45A조), 직업연금수탁자 활동(제46조), 근로자 대표활동(제47조), 교육 또는 훈련을 위한 유급근로시간면제 청구(제47A조), 공익제보(제47B조), 가족과 가사를 이유로 한 휴가(제47C조), 세액공제청구(제47D조), 유연근로청구(제47E조), 교육과 훈련(제47F조), 근로자주주에 관한 사항(제47G조) 등이다.

근로자는 각 조항을 위반한 사용자의 행위에 대하여 고용심판소에 소제기를 할 수 있으며 일요일 근무나 노동시간 등에 관한 사항은 노동자도 소제기 권리가 있다(제48조). 고용심판소가 청구를 인용하면 권리침해선언과 아울러 권리침해로 인한 손해의 배상을 명할 수 있는데 그 액수는 불공정해고소송의 금전배상액을 상한으로 한다(제49조).

제3절 사용자책임과 직장 내 괴롭힘

Ⅰ. 사용자책임

근로자의 제3자에 대한 위법행위로 발생한 손해를 사용자가 배상하는 사용자책임(vicarious liability)의 근거는 보통 사용자가 그러한 위법행위 발생의 전거를 만들었다거나 근로자의 배상능력이 제한되어 있다는 점을 들고 있다. 사용자책임이 인정되려면 근로자의 위법행위가 업무수행중(in the course of employment)에 일어나야 한다는 것이 전통적 이론이었으나 최근에는 고용의 본질적 내용과 위법행위 사이의 긴밀성을 강조한다.[29] 일정한 경우 근로자가 자신의 이익을 위하여 회사의 거래 상대방에게 손해를 입힌 경우에도 사용자는 거래 상대방에게 손해를 배상할 책임을 부담하기도 한다.[30]

II. 직장 내 괴롭힘[31]

직장 내 괴롭힘(Harassment and bullying)에 대해서는 1997년 괴롭힘 금지법(Harassment Act)과 2010년 평등법에 일부 규정이 있다. 괴롭힘에 따른 민사적 구제에 관해서는 1997년 괴롭힘으로부터의 보호법(Protection from Harassment Act)에 규정되어 있다.

1997년 괴롭힘 금지법은 직장 내 괴롭힘을 비롯한 모든 괴롭힘을 규제한다. 즉, (어떤 행위가) 다른 사람의 괴롭힘에 해당하고, (행위자가) 그것이 다른 사람의 괴롭힘에 해당하는 것을 알거나 알 수 있으면 법률이 정한 괴롭힘에 해당한다(제1조). 괴롭힘 행위를 한 자는 배심에 의하지 아니하는 유죄판결로서 6월 이하의 금고형 또는 5,000파운드 이하의 벌금형에 처한다(제2조(2)). 괴롭힘이 민사 불법행위로 성립하기 위해서는 괴롭힘이 의도적이어야 하고, 괴롭힘으로 주장되는 행위가 이루어질 당시 평균인의 판단으로 그것이 괴롭힘으로 인정될 수 있어야 하며, 괴롭힘은 사람을 놀라게 하거나(alarm) 고통(distress)을 포함하여야 하고, 괴롭힘을 포함하여 적어도 2주 이상 일련의 행위가 있어야 하고, 매 회 같은 사람을 대상으로 한 행위이어야 한다. 1997년 괴롭힘으로부터의 보호법에서 인정한 괴롭힘을 인정하여 사용자책임을 긍정한 사례로는 Majrowski v Guy's and St Thomas's

---

29) Lister v Helsey Hall Ltd [2001] IRLR 390.
30) Lloyd v Grace, Smith & Co [1991] 2 KB 489.
31) 이에 관한 자세한 소개로는 심재진, "영국에서의 직장내 괴롭힘 규제", 「노동법논총」(제25집), 한국비교노동법학회, 2012, 45쪽 이하 참조.

NHS Trust 사건[32]이 있다.

한편, 2010년 평등법 제26조는 인적 속성과 관련한 일련의 행위, 성희롱, 이에 대한 피해자의 대응을 이유로 한 불리한(less favourable) 대우를 괴롭힘으로 규정한다. 평등법을 위반한 괴롭힘에 대해서는 고용심판소의 판결에 따라 금전배상을 인정한다(고용권법 제124조).

---

32) [2006] IRLR 695. 감사로 근무하였던 원고는 게이(gay)였는데 그의 부서장인 여성은 원고에 대해서만 엄격한 시간 준수와 달성하기 어려운 과도한 업무량을 부여하면서 이를 달성하지 못할 경우 다른 직원들 앞에서 원고를 모욕하는 행위를 반복하였다. 이에 대하여 원고는 제정법상 규정된 괴롭힘을 주장하였으나 하급심에서는 패소하고 대법원에서 승소판결을 선고받았다.

제3장
고용관계의 전개

제1절 고용상 평등원칙

Ⅰ. 차별금지 법제의 연혁

　　차별금지가 법제로 도입되기 전에 있었던 차별금지에 대한 영국
의 시민운동은 19세기로 거슬러 올라갈 수 있는데, 초기 차별금지운
동은 양성간 동일임금과 고용에 대한 차별금지를 요구하는 것으로 요
약할 수 있다. 이러한 차별금지 운동은 산업혁명에 의하여 공장제 생
산방식이 확대되고 평등한 참정권을 요구하는 정치운동과 연결되어
있었는데 정치운동의 영향력이 강해지자 영국은 현황조사를 거쳐
1919년 성차별금지법(Sex Disqualification (Removal) Act)을 제정하
였다. 이 법률은 특히 당시 여성의 진입을 통제하던 법조 직역(職役),
대학 교원, 공무원 직역 등에 문호를 개방하였다는 데 큰 의미가 있었
다. 그러나 본격적인 차별금지 법제가 도입된 것은 제2차세계대전의
발발 이후로 전쟁은 여성 노동의 수요를 더욱 부추기는 역할을 하였
고 이것은 전후 강력한 동일임금운동과 연결되었다.[1]

---

1) 제2차세계대전 당시 여성 노동인구의 증가에 관한 간단한 설명으로 G.D.H.

중앙정부 차원에서 동일임금 법리가 수용된 것은 1955년인데 당시 영국 정부는 공공부문에 한하여 동일임금 원칙을 도입하였다. 이후 1964년 노동당 정부가 들어서고 동일임금 원칙의 확대를 요구하는 노동조합의 파업이 이어지면서 1970년 동일임금법(Equal Pay Act)이 제정되었다. 1970년 동일임금법은 2010년 평등법이 그 내용을 계수하면서 현재는 폐지되었다. 동일임금에 관한 원칙 혹은 법률이 입법되는 사이 유럽연합은 1957년 로마조약을 통하여 양성동일임금원칙을 명문화하였고 이후 유럽연합의 입법은 영국 국내법에 많은 영향을 주게 된다.

동일임금법 이후 차별금지의 영역은 임금차별을 넘어서 보다 일반화되었는데 1975년 성차별금지법(Sex Discrimination Act)이 입법되었고, 1976년에는 인종차별의 금지를 내용으로 하는 인종관계법(Race Relations Act)이 제정되었다.[2] 그런데 성차별금지법에 대해서는 동일임금에 관한 유럽연합의 1975년 동일임금 입법지침[3]이 제정되면서 큰 개정이 뒤따랐는데 주요 내용을 보면 동일가치노동 동일임금의 원칙이 강력하게 도입되었고, 모성보호 등을 이유로 여성에게 제한되던 직역이 확대되고 여성의 근로시간도 대폭 늘어났으며 양성모두 동일한 나이의 정년을 보장받게 되었다. 반면, 인종차별을 금지하는 법률은 2000년 인종 입법지침(Race Directive)[4]이 제정되기까지

Cole(김철수 옮김), 「영국 노동운동의 역사」, 책세상, 2012, 657쪽~662쪽 참조.

2) 한편, 1976년 유럽법원은 Defrenne v Sa Belge de Navigation Aérienne 사건(C-43/75)에서 양성동일임금에 관한 로마조약 제119조가 곧바로 국내법으로 적용된다는 판단을 하면서 항공기의 남성승무원과 동일한 노동을 하는 여성승무원은 남성승무원과 동일한 임금을 받을 권리가 있다는 점을 명확히하였다.

3) Council Directive 75/117/EEC of 10 February 1975 on the approximation of the laws of the Member States relating to the application of the principle of equal pay for men and women.

4) Council Directive 2000/43/EC of 29 June 2000 implementing the principle of equal treatment between persons irrespective of racial or ethnic origin.

큰 변화가 없었다. 장애인차별금지에 관한 입법은 1995년 장애인차별
금지법(Disability Discrimination Act)으로 성립되었다.

유럽연합은 2000년 연령, 종교 혹은 신념, 성적 지향, 장애 등을
이유로 한 고용상 차별을 금지하는 일반 입법지침(General Equality
Framework Directive)[5]을 제정하였다. 영국은 그 내용을 국내법으로
수용하기 위하여 각 해당 내용을 기존에 제정되어 있던 법률에 반영
하였는데 이에 따라 성적 지향, 종교 혹은 신념에 따른 차별금지는
2003년, 장애인차별금지는 2004년, 연령차별금지[6]는 2006년에 각각
변경된 내용이 발효하였다.[7]

위와 같이 입법 당시의 필요에 의하여 개별 법령의 형태로 차별
금지법제가 구성되면서 차별에 관한 법체계가 매우 복잡하게 되었다.
2010년 평등법이 제정되기까지 크게 9개의 입법을 중심으로 약 100개
의 관련 명령이 추가로 입법되었고 여기에 행위지침(Code of Practice)
의 형태로 상당한 양의 해석 지침이 제정되어 있었다. 복잡한 입법 체
계는 각 법률간 개념의 정합성을 떨어뜨리고 이는 법률 해석의 안정
성에도 긍정적인 영향을 주지 못하였으며 아울러 수범자도 명확한 행
위 기준을 인식하는 데 어려움을 겪게 되었다.[8] 이에 따라 영국 정부

---

5) Council Directive 2000/78/EC of 27 November 2000 establishing a general
framework for equal treatment in employment and occupation.
6) 영국의 연령차별금지 법제와 내용에 관해서는 심재진, "한국과 영국의 연령차별
금지법제의 비교", 「노동법학」(제35호), 한국노동법학회, 2010, 95쪽 이하 참조.
7) 유럽연합의 반차별 입법지침의 영국법 내 수용에 관한 자세한 논의로는 전윤구,
"유럽차별금지법의 전개와 영국법제의 대응", 「경영법률」(제20권 제1호), 2009
참조.
8) 예를 들어 1975년 성차별금지법은 차별적 해고의 유형으로 의제해고를 규정하
고 있었는데 1976년 인종관계법은 해당 내용을 규정하고 있지 아니하였다. 이
에 따라 법원은 해석을 통하여 이를 긍정하는 판결을 선고하였다(Weathersfield
v Sargent [1998] ICR 198). 나아가 항소법원은 장애인차별금지에도 같은 법리
를 적용하였다(Nottinghamshire County Council v Meikle [2005] ICR 1). 자
세한 내용은 Aileen, pp211~212 참조.

는 관련 법제를 2010년 평등법으로 통합하기로 하고 2010년 4월부터 시행하고 있다.

Ⅱ. 고용과정과 차별

　　2010년 평등법에서 규정한 차별의 유형으로는 먼저, 고용 과정을 고용 시작 전, 고용중, 그리고 고용 종료 후로 나누어 고용 차별, 고용중 차별, 고용 종료 후 차별로 구분하여 살펴볼 수 있다. 2010년 평등법 제39조(1)(a)는, 사용자는 고용 여부를 결정하면서 이루어지는 여러 가지 사항(arrangements)에 대하여 사람을 차별할 수 없다고 하여 고용 전 차별금지를 규정하고 있는데 여기서 말하는 여러 가지 사항에는 인터뷰의 방식, 인터뷰 내용, 최종 후보자 명단의 작성 방식 등이 포함된다.[9] 종전 판례에서도 도축 보조원을 채용하기 위하여 인터뷰를 하면서 여성을 고용하지 아니한다는 내용의 말을 하고 이후 최종적으로 채용된 자가 없음에도 해당 면접 여성에게 다른 사람이 채용되었다는 취지의 통지를 하는 것은 성차별금지법 위반이라는 것이 있다.[10] 아울러 2010년 평등법 제39조(1)(c)는 고용 자체를 제공하지 아니하는 방식도 차별이 된다고 규정한다. 또, 구직자에게 일자리를 제공하기 전에 구직자의 건강에 대한 사항을 질문하는 것도 차별이 될 수 있다고 규정하는데(평등법 제60조(1)). 다만, 그러한 질문이 구직자가 수행할 업무와 밀접한 관련이 있는 경우에는 그러하지 아니하다는 예외를 두고 있다(평등법 제60조(6)).

　　다음으로, 2010년 평등법 제39조(1)(b)는 고용을 제공하면서 그 조건에 관하여 차별하여서는 아니 된다고 규정하여 고용중 차별금지

---

9) Simon Honeyball, p264.
10) Brennan v J. H. Dewhurst Ltd [1983] IRLR 359.

를 규정하고 있으며 제39조(2)도 고용을 제공한 후 고용 조건, 승진의 기회, 고용관계의 승계, 교육, 그 밖의 각종 급여, 시설 혹은 서비스의 이용 등에 대한 차별도 금지하고 있다. 아울러 근로자를 해고하는 것도 고용중 차별이 될 수 있다는 점을 명백히하고 있으며(평등법 제39조 (2)(c)) 근로자에 대한 보복조치로 이루어진 해고도 차별이 될 수 있다고 규정하고 있다(평등법 제39조(4)(c).

끝으로, 해고 등으로 고용이 종료 된 이후에도 근로자는 고용이 종료되지 아니하였더라면 존재하였을 고용관계로 인한 혹은 그와 밀접하게 관련된 차별을 주장할 수 있다. 고용 종료 후 차별에 대해서는 종전 입법이 규정하고 있는 바 없으나 판례 중에는 차별행위가 있은 후 고용심판소에 구제신청을 하여야 하는 기간을 도과한 경우에도 차별행위를 조사하는 절차상의 흠결이 차별행위를 구성하는 때에는 종전의 차별행위에 대하여 심리할 수 있다는 것이 있고[11] 나아가 차별적 해고에 대하여 금전배상명령을 사용자가 이행하지 아니하는 경우, 해당 근로자는 카운티 법원에 금전배상명령의 집행과 아울러 명령의 불이행이 보복조치인 차별이 되는 것을 이유로 별도의 소를 제기할 수 있다는 판결도 있다.[12]

Ⅲ. 인적 속성과 차별

2010년 평등법은 인적 속성에 관한 차별을 규율하고 있는데 법률은 9개의 인적 속성을 규정하고 이를 이유로 한 차별을 금지하고 차별행위에 대한 구제수단을 정하고 있다. 2010년 평등법이 규정하고 있는 9개의 인적 속성에는 성(sex), 성적 지향(sex orientation), 성전

---

11) Rhys-Harper v Relaxion Group plc and others [2003] IRLR 484.
12) Rank Nemo (DMS) Ltd v Coutinho [2009] IRLR 672.

환(gender reassignment),[13] 혼인 및 동반자관계(civil partnership), 임신과 모성, 장애, 연령, 인종, 종교 혹은 신념 등이 포함된다.

앞서 언급한 것처럼 2010년 평등법은 법률이 보호하는 인적 속성을 아홉 가지로 열거하고 있는데 그 중에는 연령과 같이 그 의미가 명확한 속성이 있지만 나머지 속성에 대해서는 그 포섭 범위에 관하여 다소의 분쟁이 있어 이를 먼저 설명할 필요가 있다.

1. 성, 성전환, 그리고 성적 지향

성에 관하여 2010년 평등법은 구체적인 정의규정을 두고 있지 아니하면서 보호대상인 인적 속성으로 규정하고 있는데 이런 방식은 종전의 성차별금지법에서도 동일하였다. 따라서 성이 무엇인가에 대한 해석이 필요하였는데 법원은 종래에 사회적 혹은 심리적 성이 아닌 생물학적 성을 기준으로 법률상 성의 의미를 파악하였다. 이러한 견해에 따르면 성전환을 한 사람이나 성전환을 하지 아니하였더라도 자신의 성을 생물학적 성과 달리 인식하는 사람을 보호의 대상에서 제외할 수밖에 없다. 그러나 유럽법원은 P v S and Cornwall County Council 사건[14]에서 이들에 대한 차별이 유럽연합의 평등대우 입법지침에 반한다고 판단하였다.[15] 이에 따라 2010년 평등법은 이러한

---

13) reassignment를 change(전환)과 구분하여 '재정립'으로 번역할 수도 있으나 한국의 일반적인 용례에 따라서 전환으로 번역하였다.
14) C-13/94.
15) 사건의 내용은 다음과 같다. 콘웰 카운티 카운슬이 운영하는 교육부서에서 매니저로 일하던 P는 생물학적으로 남성이었으나 태어나면서부터 성적 정체성을 여성으로 인식하고 있었다. 이에 따라 P는 콘웰 카운티 카운슬에 대하여 병가를 내고 성전환 수술을 받았다. 이후 콘웰 카운티 카운슬은 3개월의 해고예고통보를 하고 P를 해고하였다. 이에 대하여 P는 자신의 해고가 1975년 성차별금지법에 위반하여 무효라고 주장하였으나 노동심판소(industrial tribunal)는 이 사건의 경우 '성'의 차별에 포섭되지 아니한다고 판단하였다. 그러나 유럽법원은 해당 사건은 '성'의 차별에 해당하고 비교대상근로자는 P가 성전환 전에 속했던

판결의 취지를 반영하여 성차별과 별도로 성전환에 관한 차별을 명문
으로 규정하면서 성을 이유로 한 차별에 관해서는 보호되는 성적 속
성을 가진 자를 남성 혹은 여성으로 규정하고, 나아가 보호되는 속성
을 공유하는 자들을 동성의 사람들이라고 규정하고 있다(평등법 제11
조). 또, 사람이 성전환을 목적으로 신체적 성 혹은 다른 성적 특성을
변경하는 과정을 하려고 하거나, 하고 있거나 혹은 하였다면, 그 사람
은 성전환이라는 보호되는 인적 속성을 갖는다고 규정하고 있다(평등
법 제7조).

한편, 2010년 평등법은 성적 지향도 보호되는 인적 속성으로 규
정하면서 성적 지향의 의미를 동성의 사람, 이성의 사람 혹은 양성의
사람에 대하여 사람이 갖는 성적 지향이라고 규정하고 있다(평등법 제
12조). 성적 지향과 관련하여서는 다음과 같은 유형들의 사건이 쟁점
이 되었다. 근로자 중 이성간 동반자에 대하여서만 여객요금의 할인
을 인정하고 여성인 동성간 동반자에 대하여 그 적용을 거부한 사례
인 Grant v South West Train[16] 사건에서 유럽법원은 사용자가 안정
적 동반자 관계에 있는 이성간 동반자에 대해서만 여객요금을 할인하
는 것은 여성인 동성 동반자뿐만 아니라 남성인 동성 동반자에게도
동일하게 적용되므로 차별이 아니라는 취지로 판단하였다. 반면, 유
럽인권법원은 군대 내에서 동성애자를 색출하여 면직시키는 행위는 개
인의 사생활을 침해하는 것으로 유럽인권협약(European Convention
on Human Rights)을 위반한 것이라고 보면서 군대의 기강과 효율을
위한 조치라는 영국 정부의 주장은 이를 증명할 충분한 증거가 없다
고 판단하였다.[17] 한편, 학생이 동성애자인 교사를 괴롭힌 행위에 대
하여 해당 교사가 학교를 상대로 성적 괴롭힘에 대한 사용자 책임을

성을 가진 근로자라고 판단하였다.
16) C-249/96.
17) Smith and Grady v United Kingdom [1999] IRLR 734.

물은 사건에서 귀족원은 사용자 책임의 성립을 부정하면서 해당 교사를 레즈비언 등으로 부른 것도 성을 이유로 한 불리한 대우가 아니며 그 자체로도 위법한 성적 차별이 아니라는 판단을 하였다.[18] 그러나 이 판결이 선고되던 해인 2003년 영국은 위와 같은 내용을 성적 차별로 포섭할 수 있는 규정을 담은 고용평등(성적 지향) 명령(Employment Equality (Sexual Orientation) Regulations)을 입법한 바 있고 해당 명령의 내용을 2010년 평등법에 포함시켰다.

2. 혼인 및 동반자 관계와 임신 및 모성보호

2010년 평등법은 혼인을 하였거나 동반자인 경우 해당 혼인 및 동반자관계라는 속성을 보호대상으로 삼는다. 성차별금지법에서는 당시 만연해 있던 혼인 여성에 대한 고용차별을 시정하기 위하여 혼인관계만을 보호대상으로 삼았으나 2004년 동반자법(Civil Partnership Act)에 의하여 혼인관계가 아닌 동반자 관계에 대해서도 적용이 확장되었고 이후 2010년 평등법에서 이를 통합하여 수용하였다(평등법 제8조). 법률에서 규정하고 있는 동반자관계란 동성인 2인의 관계를 의미하며 법령에 따라 등록을 한 때부터 법적 보호의 대상인 동반자관계가 된다(동반자법 제1조).[19] 관련 2010년 평등법 이전의 판례로는 혼인을 앞둔 여성에 대하여 혼인 직전에 해고를 한 사례에서 고용항소심판소는 성차별금지법상 혼인을 이유로 한 성차별을 주장할 수 있는 기준은 이미 혼인을 한 여성에 대한 차별이 이루어진 시점이기 때문

---

18) Pearce v Governing Body of Mayfield School and MacDonald v Advocate General for Scotland [2003] IRLR 512.

19) 남성(A, B)간 동반자 관계에 있던 중 A가 2003년 퇴직을 한 후, 제정법에 따른 동반자관계를 인정받고 사망한 때에는 A가 비록 제정법 시행 이전에 퇴직하였더라도 유족인 B에게 연금수급권이 있으며 이를 부인하는 것은 성차별이라는 판례로는 Walker (Appellant) v Innospec Limited and others (Respondents) [2017] UKSC 47.

에 아직 혼인을 하지 아니한 여성은 해당 규정을 원용하여 차별적 해고를 주장할 수 없다고 판단한 바 있다.[20] 이에 대해서는 동일임금에 관한 유럽연합의 1975년 입법지침에 위반되었다는 지적이 있다.[21]

2010년 평등법은 임신 혹은 임신으로 인한 질병을 이유로 여성에게 불리한 대우를 하면 이를 직접차별로 규정하고 있다. 또, 여성이 법정 출산휴가를 사용하는 것을 이유로 혹은 일반 혹은 부가 출산휴가를 사용하거나 사용하려고 한다는 것을 이유로 불리한 대우를 한 때에도 직접차별로 규정하고 있다. 임신 혹은 임신으로 인한 질병에 대한 불리한 대우가 보호기간중에 행한 결정을 바탕으로 이루어진 것이면 해당 불리한 대우는 보호기간중에 이루어진 것으로 보는데 보호기간이란 임신의 경우 임신이 시작된 시점부터 일반 혹은 부가 출산휴가 기간이 종료한 시점까지를 말하며 위와 같은 권리가 없는 여성의 경우에는 임신 종료 후 2주의 기간을 종기로 한다(평등법 제18조). 임신 등을 이유로 한 간접차별은 제18조에서 다루지 아니하고 2010년 평등법 제13조의 성을 이유로 한 차별에 포섭된다고 본다.[22]

3. 장 애

2010년 평등법은 장애를 가진 자를 신체적 혹은 정신적 손상을 가진 자라고 정의하면서 여기서 손상은 일반적인 일상생활을 영위하는 데 필요한 능력에 실질적이고 장기적인 부정적인 영향을 미쳐야 한다고 규정한다(평등법 제6조). 손상은 그 원인을 자세히 증명할 필요는 없다. 판례상 인정된 손상의 예로는 고질적 피로 증후근, 자폐증, 난독증, 우울증, 정신분열증 등 매우 다양한 형태가 있다. 실질적인

20) Bick v Royal West of England Residential School for the Deaf [1976] IRLR 326.
21) Simon Honeyball, p257.
22) Simon Deakin/Gillian S Morris, p652.

부정적 영향이라는 표지는 해석의 폭이 매우 넓은 개념인데 2010년 평등법은 경증 혹은 보통 이상의 상태라고 규정하고 있다(제212조). 법원은 그 개념을 매우 유연하게 해석하고 있는데 예를 들어, 편집증적 정신분열증이 있는 사람이 동료들이 자신의 생각을 읽고 있다고 주장하면서 동료들의 말이나 행동을 오해하고 편집증적으로 행동하면서 때로는 환청을 듣고 사무실을 나가는 경우가 있자 사용자가 해고한 사안에서 고용항소심판소는 비록 집에서는 쇼핑, 요리 등 일상생활을 영위하고 있더라도 직업 생활에서는 손상이 있다고 판단하였다.[23]

장애인차별을 이유로 해고를 다툰 사례로는 청소원으로 일하던 근로자가 뒤꿈치 수술을 받은 후 해당 업무를 더 이상 담당할 수 없는 상태에서 사무직으로 보직을 변경하고자 100회 이상 시험에 응시하였으나 계속 탈락을 한 사례에서 귀족원은 장애를 입은 근로자가 사무직 근로자로서 업무수행 능력이 다른 경쟁자에 비하여 다소 떨어진다고 하더라도 사용자는 그에 적합한 새로운 업무로의 전보를 허용하여야 하며 이를 거부하는 것은 장애인차별에 해당한다는 판단을 한 바 있다.[24] 정원감축해고가 차별적 해고로 인정된 예인 British Sugar Plc v Kirker 사건[25]은 선천적 시력장애를 갖고 있던 근로자에 대한 정원감축해고가 장애를 이유로 한 차별이라고 본 사례이다. 이 사건에서 원고 근로자는 시력장애로 인하여 번번이 승진을 하지 못했으나 평소 업무수행능력에 관하여는 아무런 지적을 받지 아니하였었다. 사용자는 정원감축해고를 하면서 해고대상자 선정기준에 승진가능성이라는 요소를 포함시켰고 원고 근로자는 해당 항목에서 0점을 받았고 결국 정원감축해고대상자로 선정되었다. 고용항소심판소는 위와 같은 선정기준은 장애인차별에 해당하는 불공정해고라고 판단하였다.

---

23) Goodwin v Patent Office [1999] IRLR 4.
24) Archibald v Fife Council [2004] IRLR 651.
25) [1998] IRLR. 624.

한편, 2010년 평등법은 판례와 같은 취지에서 사용자가 장애인이 겪는 불이익을 해소하기 위한 적극적 조치를 취하지 아니하면 이를 차별로 규정하고 있다(제21조(2), 제20조).

4. 인 종

2010년 평등법은 보호되는 인적 속성으로 인종을 열거하면서 구체적으로 피부색, 국적, 인종적 혹은 출신국가 혈통(national origins)도 여기에 포함된다고 규정하였다(제9조(1)). 한편, 인종적 차별을 주장하는 사례에서 인종의 범주를 어떻게 획정할 것인지에 관하여 영국법원은 공유하고 있는 오랜 역사, 문화적 전통, 동일한 지리적 기원 혹은 공통의 조상, 동일한 언어, 동일한 문학적 소산, 동일한 언어, 소수집단인지 아니면 주변의 다수인이 구성하는 공동체로부터 억압을 받는 소수 공동체인지 등을 두루 살펴서 결정하여야 한다고 보면서 시크교도는 편잡 지방의 다른 거주민과 생물학적으로 구분이 되지 아니하지만 규범적으로 법률이 보호하는 인종적 속성을 갖는다고 판단하였다.[26] 그 외에 유대인,[27] 집시[28]도 인종적으로 구분되는 속성을 갖는다고 판단한 바 있다.

5. 종교 혹은 신념

종교 혹은 신념을 이유로 한 차별을 적극적으로 입법하기 전 영국에서는 종교 혹은 신념은 해당 종교나 신념에 관련된 개인이 인종적 속성을 가진 것으로 판단되는 예외적인 경우에만 인종에 관한 간접차별로 규율하여 왔었다. 그러나 이후 유럽연합의 입법지침의 내용

---

26) Mandla v Dowell Lee [1983] 209.
27) Seid v Gillette Industries Ltd [1980] IRLR 427.
28) Commission for Racial Equality v Dutton [1989] IRLR 8.

을 받아들여 2003년 고용평등(종교 혹은 신념)명령(Employment Equality (Religion or Brief) Regulation)을 입법하였고 그 내용을 2010년 평등 법에 반영하여 지금은 종교 혹은 신념도 일반적으로 보호되는 인적 속성으로 규정한다.

나아가 2010년 평등법은 종교 혹은 신념에 특정한 종교나 신념 을 소유하고 있는 것뿐만 아니라 그러한 종교 혹은 신념을 갖지 아니 한 경우도 포함하여 무종교 혹은 무신념에 따른 차별도 금지하고 있 다(제10조). 고용심판소는 기후변화와 환경에 대한 신념 때문에 정원감 축해고를 당하였다고 주장한 사례에서 그와 같은 신념도 2003년 법 률이 규정한 철학적 신념에 해당할 수 있다고 보았다.[29]

Ⅳ. 직접차별과 간접차별

고용상 차별은 차별이 이루어지는 방식에 따라서 직접차별(direct discrimination)과 간접차별(indirect discrimination)로 구분할 수 있 다. 아울러 2010년 평등법은 앞서 언급한 것처럼 괴롭힘(제26조)과 보 복조치(제27조)에 관해서도 별도의 규정을 두어 차별행위의 일종으로 규정하고 있으며 금지행위의 교육, 원인제공, 소개 혹은 방조 등에 대 한 민사책임도 규정하고 있다(제111조, 제112조).

직접차별이란 보호되는 인적 속성을 기초로 하여 개인에 대하여 불평등한 대우를 하는 것을 말하며, 간접차별이란 외관상 중립적으로 보이지만 해당 속성을 공유하는 사람들에게 불이익의 효과를 가져오 는 규정, 기준, 관행을 적용하여 결과적으로 불평등한 대우를 야기한 것을 말한다.

---

29) Grainger plc v Nicholson [2010] IRLR 4.

직접차별과 간접차별을 구분하는 가장 큰 실익은 간접차별의 경우 사용자가 차별적 처우에 관한 정당한 이유를 폭넓게 주장할 수 있다는 것이다. 물론 뒤에서 살펴보는 것처럼 직접차별의 경우에도 사용자는 진정직업자격의 항변(genuine occupational requirement defence)을 하거나 2010년 평등법 자체에 입법한 예외 규정(제192조~제195조)을 들어 항변을 할 수 있으나 간접차별은 진정직업자격이 항변 이외에도 널리 비례성의 항변이 가능하다는 점에서 큰 차이가 있다.[30] 그러나 때로는 동일 사안에 대하여 직접차별과 간접차별을 동시에 인정할 수 있는 경우[31]도 있어 해석상 다소 애매한 면이 있다.

1. 직접차별

가. 직접차별의 일반적 규율 방식

2010년 평등법은 보호되는 인적 속성 때문에 A가 다른 사람들을 대우하는 것보다 B를 불리하게(less favourably) 대우한 때에는 A는 B를 직접 차별한 것이라고 규정한다(제13조(1)).

일반적으로 차별을 인정하기 위해서는 먼저, 비교대상(comparator)이 존재하여야 하는데 임신과 모성보호를 이유로 한 차별을 다룰 때에는 비교대상을 고려하지 아니한다. 따라서 임신이나 모성보호가 이유가 되어 불리한 대우를 하면 그 자체로 차별이 성립한다. 비교대

---

30) 이에 대하여 성차별금지법 영역의 직접차별에 대해서도 일반적인 항변 사유가 인정되어야 한다는 주장이 있었다(John Bowers QC, Elena Moran and Simon Honeyball, "Justification in Direct Sex Discrimination Law: Breaking the Taboo", (2002) 31 *ILJ* 307). 이에 대한 반론으로 Tess Gill/Karon Monaghan, "Justification in Direct Sex Discrimination Law", (2003) 32 *ILJ* 115가 있고 재반론으로는 John Bowers QC, Elena Moran and Simon Honeyball, "Justification in Direct Sex Discrimination: A Reply", (2003) 32 *ILJ* 185가 있다. 찬성론의 주요 논거는 성은 직무의 성격에 따라서 인종, 국적, 혈통 등과는 달리 업무수행능력에 영향을 줄 수 있기 때문이라는 것이다.

31) Shaw v CCL Ltd [2008] IRLR 284.

상을 선정할 때에는 양자에 관련된 상황이 실질적으로 다르면(material difference) 아니 된다(평등법 제23조(1)). 따라서 성전환을 이유로 한 차별 사건에서는 성전환자에 대한 적절한 비교대상은 성전환을 하기 전에 그 사람이 속했던 성의 사람이 된다.[32]

다음으로, 무엇이 불리한 대우인가는 해석을 필요로 하는 표지인데 판례 중에는 여성 청소원을 남성 청소원보다 5분 정도 일찍 퇴근하도록 하는 관행은 예의와 친절에 포섭되는 영역으로 남성 청소원에게 불리한 대우로 보기 어렵다는 것[33]이 있고, 관행상 성별을 구분하여 입는 업무용 복장에 대해서도 불리한 대우를 인정하지 아니한 예[34]도 있다.

차별을 하였다고 주장되는 사람에게 차별을 하려는 불합리한 의사가 있어야 하는지도 쟁점이 되었는데 영국법원은 일관되게 차별적 의사는 차별 판단에서 고려대상이 아니라고 보고 있다. 예를 들어, 여성의 전보 요청을 거부하면서 여성은 남성의 직장 이동에 따라 움직인다는 사회적 통념상 해당 여성이 전보 이후 복귀하지 아니할 것을 예상하면서 전보를 불허하는 것은 성차별에 해당한다고 본 예[35]가 있다.

나. 인적 속성에 따른 개별적 규율 내용

한편, 2010년 평등법은 이와 같은 일반적인 기준에 덧붙여 보호되는 개별 인적 속성별로 직접차별을 인정할 수 있는 공식이나 구체적 예, 혹은 차별이 되지 아니하는 예외를 추가로 규정하고 있다(제13조(2)~(18)). 해당 내용을 정리하여 보면 다음과 같다.

연령차별과 관련하여 차별행위가 정당한 목적을 달성하기 위한

---

32) C-13/94, P v S.
33) Peake v Automative Products Ltd [1977] QB 780.
34) Schmidt v Austck Bookshops Ltd [1977] IRLR 360.
35) Horsey v Dyfed County Council [1982] IRLR 395, 397.

비례적 수단이라는 점을 증명하면 차별행위로 보지 아니한다. 연령차별과 관련하여 법원은 2010년 평등법 입법 전부터 사용자의 이익과 근로자의 손해를 비교형량하는 방식으로 접근하였고,[36] 정년과 관련하여서도 젊은 층의 고용창출이 주요 이유가 되어 차별이 아닌 것으로 결론을 내리고 있는데[37] 이러한 판례들이 위와 같은 비례성 항변에 포섭된다고 할 수 있다.

　　보호되는 인적 속성이 성인 때에는 여성의 수유 때문에 불리한 대우를 한 것도 여성에 대한 불리한 대우라고 규정[38]하고 있으며 성전환과 관련해서는 성전환으로 인하여 B가 근로를 제공하지 못한 경우(absence)에 B가 질병, 부상 혹은 기타 정당한 이유로 근로를 제공하지 못한 경우보다 B를 불리하게 대우한 때에는 성전환을 한 B를 차별한 것으로 본다. 이때 성전환이란 이미 성전환을 한 때뿐만 아니라 그 과정중인 때 혹은 이를 예정하고 있는 경우도 포함한다(평등법 제16조). 임신이나 출산과 관련하여 차별을 주장하는 자가 남성이면 여성에게 제공되는 특별한 대우는 고려하지 아니한다고 규정하여 인적 속성의 고유한 특징을 고려한 입법을 하고 있다. 혼인 혹은 동반자 관계에 관한 차별의 경우, 차별을 주장하는 자가 혼인을 하였거나 동반자인 때에 한하여 고용에 관한 직접차별을 적용한다고 규정하고 있다. 성적 지향과 관련하여서는 피해자가 게이(gay)가 아님에도 게이로 오인하고 괴롭힌 때에는 성적 지향을 이유로 한 차별이 될 수 있다는 판례도 있다.[39] 성차별을 남성이 주장하는 경우도 있다. Eversheds

---

36) 정원감축해고와 연령차별에 관한 판례 분석으로는 Charles Wynn-Evans, "Age Discrimination and Redundancy", (2009) 38 *ILJ* 113 참조.
37) 이에 관한 판례 분석과 평가로는 Malcolm Sargeant, "The Default Retirement Age: Legitimate Aims and Disproportionate Means", (2010) 39 *ILJ* 244 참조.
38) 다만, 이 규정은 제5장에는 적용되지 아니한다(평등법 제13조(7)).
39) English v Thomas Sanderson Blinds Ltd [2008] IRLR 342. 이런 형태의 차별을 오인 차별(perceptual discrimination)이라고 부른다.

Legal Services v De Belin 사건[40]에서는 정원감축해고가 문제되었는데 해고 당시 사용자는 모성보호 휴가중인 여성 변호사에게 사내평가 정책에 의하여 휴가기간중 근무간주 방식에 따라 최고치의 점수를 주고 그렇지 아니한 남성 변호사에게는 실제로 근무중에 생긴 성과를 바탕으로 점수를 부여하였다. 이에 따라 남성 변호사는 여성 변호사보다 낮은 점수를 받아 정원감축해고의 대상이 되었다. 고용항소심판소는 위와 같은 가상적인 점수를 부여하여 여성 근로자를 우대하는 것은 비례성에 어긋나며 합리적인 필요성도 없다고 보아 성차별의 불공정해고를 인정하였다.

장애의 경우, B가 장애인이 아닌 때에는 A가 장애인을 B보다 더 우대를 하거나 하려고 하였던 경우에만 B에 대한 장애인차별이 성립하지 아니하고 그 밖의 경우에는 장애인에 대한 차별이 성립한다(포지티브 방식). 장애인차별에 관하여 차별의 범위를 위와 같이 넓게 설정하는 공식이 도입된 배경에는 Coleman v Attridge Law 사건[41]이 있다.[42] 이 사건을 계기로 연계차별(associative discrimination)이라는 개념이 장애인차별금지 법제에 도입되었고 그 내용이 현재의 입법

---

40) [2011] IRLR 448.
41) C-303/06.
42) 사건의 개요는 다음과 같다. 콜먼은 법률회사의 비서로 근무하다가 퇴직을 하였는데 퇴직 후 자신의 퇴직이 불공정해고에 해당한다고 주장하면서 고용심판소에 소를 제기하였다. 콜먼은 당시 장애인 아동을 부양하고 있었는데 이 때문에 종종 휴가와 휴직을 사용하였고 근로시간의 변경 등을 요청하였다. 그러나 사용자는 출산 휴가 후 이전 업무로의 복귀를 거부하거나 근무시간의 조정 등을 거부하였다. 나아가 '빌어먹을 아이' 때문에 근무시간을 바꾸지 말라는 말을 하기도 하였다. 이런 사실 등을 고려할 때, 자신의 해고는 장애인차별금지법을 위반하는 불공정해고라고 주장하였다. 이에 대해 고용항소심판소는 장애인차별금지법이 규정하는 장애인이 아닌 자가 장애인차별금지위반을 주장할 수 있는지에 관하여 유럽법원에 사전 결정을 요청하였고, 유럽법원은 2000년 유럽연합의 기본입법지침 제1조 및 제2조 제1항 등은 장애인 본인뿐만 아니라 장애인을 돌보는 자에게도 적용된다고 판단하였고 이에 따라 영국법원은 불공정해고를 인정하였다

에 반영되었다. 위와 같은 입법 형식과 더불어 B의 장애의 결과로 인하여 발생한 사실을 이유로 A가 B에게 불리한 대우를 한 때에도 역시 장애인에 대한 차별이 된다고 규정하고 장애인차별의 범주를 명확히하고 있다(평등법 제13조(1)(a)).[43]

인종차별에는 B를 다른 사람들과 격리하는 것도 불리한 대우라고 규정한다. 판례 중에는 미등록외국인을 고용한 후 이를 이유로 해고하는 것을 인종차별로 본 것이 있다.[44] 그러나 연령차별에 대해서는 A의 B에 대한 대우가 정당한 목적을 달성하기 위한 비례적 수단이라고 증명된 때에는 A는 B를 차별한 것이 아니라고 규정하여 직접차별에 관한 일반론에 중요한 예외를 두고 있다.

2. 간접차별

가. 간접차별의 입법 연혁

간접차별은 미국의 Griggs v Duke Power Co 사건[45]을 통해 법리적 발전을 한 개념이다. 영국은 위 판결의 취지를 받아들여 1975년 성차별금지법과 1976년 인종차별금지법에서 이를 규정하였다. 2010년 평등법 제19조는 직접차별처럼 간접차별을 인정하는 공식을 다음

---

43) 다만, A가 B의 장애사실을 인식하지 못하였거나 합리적으로 인식을 할 수 없었던 경우에는 차별에 해당하지 아니한다(제13조(2)).
44) Hounga v Allen [2014] UKSC 47.
45) 401 US 424(1971). 해당 미국 판례의 개요는 다음과 같다. 전력발전회사인 듀크파워는 1950년대 아프리카계 미국인에 대해서는 회사 내에서 낮은 급여만 받을 수 있는 직종에서만 일을 할 수 있다는 정책을 취하고 있었는데 이 정책은 직접차별의 금지를 담고 있는 1964년 시민권법(Civil Right Act)이 입법된 이후 철회되었다. 그러나 사내 근로자가 더 높은 급여를 주는 승급을 하기 위해서는 고등교육기관의 졸업과 아이큐 테스트라는 요건을 충족하여야 했는데 아프리카계 미국인 근로자들은 고등교육 졸업이라는 요건을 충족하기 어려웠고 아이큐 테스트 결과도 전반적으로 앵글로 아메리칸보다 낮았다. 미국 연방대법원은 위와 같은 승급 요건은 경영상 필요성이 인정되지 아니한 것으로 시민권법이 규정한 차별금지조항을 위반한 것이라고 판단하였다.

과 같이 규정하였다. "(1) B의 보호되는 인적 속성에 관하여 A가 B에게 차별적인 규정, 기준 혹은 관행을 적용하면 A는 B를 차별한 것이다. (2) (1)문단에 관하여 다음의 각호의 경우에 해당하는 때에는 B의 보호되는 인적 속성에 관하여 당해 규정, 기준, 혹은 관행은 차별적이다. (a) B가 공유하지 아니하는 인적 속성을 갖는 사람들에게 그것을 적용하거나 적용하려는 경우, (b) 그것이 B가 공유하지 아니하는 인적 속성을 갖는 사람들과 비교하여, B가 공유하는 인적 속성을 갖는 사람들에게 특별한 불이익을 주거나 줄 수 있는 경우, (c) 그것이 B에게 해당 불이익을 주거나 줄 수 있는 경우, 그리고 (d) A가 그것이 정당한 목적을 달성하기 위한 비례적 수단이라는 점을 증명하지 못할 경우."

2010년 평등법의 입법은 종전의 입법 형식보다 간접차별을 보다 효과적으로 규율할 수 있는 방식이라는 평가를 받는데 무엇보다 입법 자체로 간접차별의 의미가 명확히 나타나도록 규정되어 있어 중립적으로 보이는 규정이라도 그것을 적용한 결과, 보호되는 인적 속성을 갖는 사람들에게 불이익한 결과가 있다면 해당 규정을 차별적 규정으로 간주하고 있다.

나. 간접차별의 판단 방식

2010년 평등법을 적용한 사례가 그다지 많지 아니하여 종전 규정을 적용한 사례를 중심으로 판단방식을 설명하면 다음과 같다. 엄격한 해석론의 대표적인 사례로는 Perera v Civil Service Commission (No. 2) 사건[46]이 있는데 이 사건에서 원고는 공공부문의 법률자문역이 되기 위한 자격으로 연령, 영어 구사력, 영국 내에서의 경험, 영국 시민권 소지 여부 등을 요구하는 것은 인종을 이유로 한 차별이라고 주장하였으나 영국법원은 이는 당시 인종차별금지법이 정하고 있는

---

46) [1983] ICR 428.

'요건 혹은 조건'에 해당하지 아니한다고 하여 원고의 청구를 기각하였다. 한편, 유럽법원은 Enderby v frenchay Health Authority 사건[47]에서 동일한 가치를 가지는 두 가지 노동에 대하여 40%의 임금격차가 났고 그 중 한쪽 업무에 종사하는 근로자가 대부분 여성이었다면 이는 통계적으로 유의미한 차별이라고 볼 수 있고 따라서 임금차별의 정당한 이유를 사용자가 증명하여야 한다는 판결을 선고하였다. 위 판결에 영향을 받은 영국법원은 이후 '요건 혹은 조건'에 관한 해석론을 완화하여 정원감축해고를 하면서 정규직 근로자보다 단시간 근로자를 우선 해고하는 것은 단시간 근로자가 압도적으로 많은 여성에게 성차별금지법상 차별인 조건을 적용한 것이라는 판단을 하였고,[48] 기본적인 사항을 감독하는 매니저를 채용하면서 업무수행에 필요하지 아니한 교육수준과 감독자로서의 경험을 요구하는 것은 성차별금지법상의 차별적 조건을 여성에게 적용한 것이라는 판단을 하기도 하였다.[49]

간접차별 판단에서 중요한 또 하나의 이슈는 비교대상이 되는 집단을 특정하는 문제라고 할 수 있다. 이는 비교대상자를 포함하는 비교대상집단(pool)을 적절하게 선정하는 문제인데 비교대상집단의 선정 방식에 따라 차별의 존부가 달라지게 되므로 매우 중요한 쟁점이고 따라서 판결에서도 매우 자세하게 다루고 있는 부분이다.[50]

---

47) C-127/92.
48) Bhundi v IMI Refiners LTd [1994] IRLR 204. 같은 취지로 Clarke v Eley (IIMI) Kynoch Ltd [1983] ICR 165.
49) Falkirk Council v Whyte [1997] IRLR 650.
50) 대표적으로 Grundy v British Airways plc [2008] IRLR 74 사건이 언급된다. 이 사건은 단시간으로 일하던 여성승무원에 대하여 풀타임근로자에게 적용되는 정기임금인상규정을 적용하지 아니한 것이 성차별이 되는지가 문제되었다. 항소법원은 단시간과 풀타임 근로자를 비교대상집단에 모두 포함시킨 후 양 집단 사이의 25% 임금격차를 인정하고 나아가 단시간 여성근로자가 단시간 남성근로자의 수보다 14배 이상 많으므로 임금에 대한 성차별이 있다고 판단하였다.

비교대상집단을 넓게 확대하여 사안을 판단한 예로는 다음과 같은 사건이 있다. 고용심판소에 고용보호권리를 주장할 수 있는 자격을 갖추기 위한 1996년 고용권법상 최소 근로시간 규정이 성차별인지가 문제된 사례[51]에서 비교대상집단을 전체 근로자로 상정하고 이를 바탕으로 파트타임의 대다수가 여성 근로자이고, 풀타임의 대다수가 남성 근로자인 고용 통계에 비추어 보면 위와 같은 최소 근로시간 규정은 여성에게 차별적인 규정이라고 판단하였다. 비교대상집단을 좁게 보고 판단한 예로는 정원감축급여를 지급하면서 근로자들에게 과거 근속기간에 따라 근속기간을 추가로 인정하여 주는 제도를 시행하면서 풀타임 근로자들에게는 전체 근속기간을 대상으로 하여 근속기간을 추가로 간주하여 준 반면, 단시간 근로자들에게는 근속기간 중 기간제로 일하던 기간은 추가 간주에서 제외를 하였다. 이에 대해서 비교대상집단은 50세 이상의 근로자로 보아야 하고 이 경우 여성 근로자의 89.5%가 풀타임이고 남성 근로자의 97%가 풀타임인 점을 고려하여 양자 사이에 현저하게 높은 비율의 손해가 있지 아니하다고 판단한 사례가 있다.[52]

간접차별의 중요한 또 다른 쟁점은 비교대상집단에 포함된 비교가 되는 두 집단 사이에 '특별한 불이익'이 발생하였는지를 판단하는 문제인데 이는 차이가 차별이라는 규범적 판단을 받을 수 있는 정도인지를 판단하는 문제이다. 차이의 정도를 파악하는 문제는 일반적으로 공식화하기 매우 어려운 법적 판단이기 때문에 개별 사안에서 법관이 보기에 구체적으로 타당하다고 인정할 수 있는 지점을 찾아서 판정하는 수밖에 없다. 관련 사례로 고용심판소에 불공정해고에 대한 당부를 다투기 위해서는 2년의 계속근로기간이 필요한데 이러한 자

---

51) R v Secretary of State, ex p EOC, [1991] IRLR 493.
52) Staffordshire County Council v Black [1995] IRLR 234.

격기준이 여성근로자를 차별하는지 여부가 문제된 사안에서 귀족원
은 전체 여성근로자 중 69%가 이 기준을 만족하는 반면 전체 남성 근
로자의 77%가 기준을 충족하고 있어 남성이 여성보다 불공정해고제
도에 대한 접근성이 높기는 하지만 이러한 통계는 오랜 동안 지속되
어온 어느 정도 항시적인 상태라고 보이므로 차별의 정도에 이르지
아니한다고 보았다.[53] 경영합리화조치에 의하여 종전과 다른 형태의
야간근로 및 일요일 근로를 요구하면서 이에 대한 보상을 강화하는
새로운 교대제가 자녀를 부양하는 한부모 여성기관사에게 성차별이
된다고 주장한 사안에서는 2000여 명의 남성기관사가 모두 해당 요
건을 충족할 수 있었던 반면, 21명의 여성기관사 중 자녀를 홀로 부
양하여야 하는 원고만이 해당 요건을 충족할 수 없게 된 것은 차별에
이르는 충분한 차이가 있다고 본 예도 있다.[54]

V. 차별의 정당화 사유

1. 진정직업자격의 항변

직접차별을 정당화하는 항변인 진정직업자격의 항변이란 근로자
를 특정의 업무에서 배제할 수 있는 사유로서 일반적으로는 차별이
성립하지만 해당 업무의 특성상 배제가 정당화되는 항변을 말한다.
예를 들어 연극에서 특정 배역을 여성만이 하여야 할 경우 여성에게
만 오디션 자격을 주는 것은 남성에 대한 성차별에 해당하지 아니한
다는 것이다. 미국의 1964년 민권법 제703조(e)[55]에서 유래한 것으로

---

53) R v Secretary of State for Employment, ex p Seymour-Smith [1994] IRLR
   448.
54) London Underground Ltd v Edwards (No. 2) [1998] IRLR 364.
55) 민권법의 해당 개념은 bona fide occupational qualification(BFOQ)이라고 부
   른다.

영국은 성차별금지법과 인종차별금지법에서 해당 개념을 도입하면서 매우 상세한 항변 사유를 도입하였다. 이후 유럽연합의 2000년 일반 입법지침과 인종 입법지침의 영향을 받아 현재 형태의 진정직업자격의 항변이 자리잡게 되었다. 2010년 평등법은 부칙 제9조의 제1문단 (1)에서 그 내용을 규정하고 있다. 이에 따르면 A가 업무의 성질이나 정황에 비추어 다음의 경우를 증명하면, A가 일과 관련하여 특별히 보호되는 인적 속성을 요구하는 행위는 평등법이 규정하는 차별행위가 되지 아니한다. A가 증명하여야 할 사항은 ① A의 요구사항이 해당 업무의 요건이라는 점, ② 해당 요건의 적용이 정당한 목적을 달성하기 위한 비례적 수단이라는 점, ③ 해당 요건을 적용받은 사람이 그 요건을 충족하지 못한다는 점(혹은 해당 요건을 충족하더라도 A가 이를 만족하지 못한 데 합리적인 이유가 있다는 점)이다. 여기서 요건은 해당 업무에 결정적인 요소이어야 하고 단지 여러 가지 중요한 요소 중의 하나인 것으로는 부족하며, 아울러 요건은 가장행위이거나 핑계이어서는 아니 된다.[56]

　이와 같은 일반적인 형태의 항변 이외에도 2010년 평등법은 종교 혹은 신념과 관련하여 사용자가 주장할 수 있는 항변의 내용을 보다 구체적으로 규정하고 있다. 이는 종교가 갖는 교의적 특성을 보호하기 위한 입법이라고 볼 수 있다.[57] 내용을 보면, 성, 혼인, 성적 지향 등과 관련하여 종교상의 이유로 특정한 요건을 제시할 수 있다는 것이고, 다른 하나는 근로자가 특정한 종교 혹은 신념을 소유할 것을 요건으로 제시할 수 있다는 것이다. 전자에 관하여 2010년 평등법은

56) Explanatory Notes [2010], at para787.
57) R (on the application of Amicus) v Secretary of State for Trade and Industry 사건에서 영국의 노동조합은 2003년 고용평등(성적 지향)명령에서 교회와 종교단체에 대한 예외를 인정한 것에 대하여 이의를 제기하였으나 영국법원은 해당 내용을 엄격히 해석하기 때문에 적법하다고 판단하였다([2004] IRLR 430).

① 해당 고용이 조직화된 종교의 목적을 위한 것이고, ② 해당 요건의 적용이 순응 원칙 혹은 이해충돌 금지 원칙[58]이 적용되는 것이고, ③ A가 해당 요건을 적용한 사람이 그 요건을 충족하지 못하거나 충족하더라도 A가 이를 만족하지 못한 데 합리적인 이유가 있는 때에는, A는 고용에 대하여 다음의 요건을 적용하더라도 차별행위가 성립하지 아니한다고 규정하고 있다. A가 적용할 수 있는 요건은 ① 특정한 성이어야 한다는 요건, ② 성전환자가 아니어야 한다는 요건, ③ 혼인하지 아니하였거나 동반자관계가 아니어야 한다는 요건, ④ 이전의 배우자 혹은 동반자관계의 파트너가 생존하여 있는 자와 혼인하지 아니하거나 그와 동반자관계의 파트너가 아니어야 한다는 요건, ⑤ 혼인 혹은 동반자관계가 종료되었다는 사정에 관한 요건, ⑥ 성적 지향에 관한 요건 등이다(부칙 제9조의 제2문단). 후자에 관하여 2010년 평등법은 A가 종교 혹은 신념의 에토스(ethos)와 관련하여 업무의 성질 혹은 정황에 대하여 ① 특정 종교 혹은 신념을 요구하는 것이 업무의 요건이라는 점, ② 그런 요건의 적용이 정당한 목적을 달성하기 위한 비례적 수단이라는 점, ③ 그 요건을 적용받은 사람이 이를 충족하지 못하거나 충족하였더라도 A가 이에 만족하지 못하는 합리적 이유가 있다는 점을 증명하면, A가 그러한 요건을 요구하는 것도 차별행위가 되지 아니한다고 규정하고 있다(부칙 제9조의 제3문단).

진정직업자격의 항변이 쟁점이 되었던 사례로는 Jivraj v Hashwani 사건[59]이 있는데 이 사건은 지브라와 하쉬와니가 합작투자를 하여 회사를 운영하면서 분쟁이 생기면 아랍계 중재인을 선임하여

---

58) 2010년 평등법 적용에 있어서 순응 원칙이란 해당 종교의 교의에 순종하겠다는 것이고, 이해충돌 금지 원칙은 고용의 성질이나 정황에 비추어 볼 때, 해당 종교의 신도 상당수가 강력하게 신봉하는 종교적 확신과 충돌을 피하여야 한다는 것이다.
59) [2011] IRLR 827.

해결하기로 하였는데 지브라가 아랍계가 아닌 중재인을 선임하면서 그 유효성이 문제된 사례이었다. 지부라는 중재인 선임에도 종교 등을 이유로 한 차별금지를 규정한 2003년 고용평등(종교 혹은 신념) 명령이 적용된다고 주장하였으나 영국 대법원은 중재인 선임에 관련한 합의 내용은 해당 명령의 적용대상이 아니므로 아랍계 중재인 선임을 약정한 것은 유효하고, 설혹 아랍계 중재인 선임이 위 명령의 적용대상이 된다고 하더라도 진정직업자격의 항변이 적용될 사안이라고 보아 하쉬와니의 상고를 인용하였다.

2. 비례성 항변

비례성(proportionality) 항변은 직접차별에 대하여 적용할 수 없고, 간접차별에 대한 정당화 사유로 주장할 수 있는 항변이다. 차별의 정당화 사유라고 부를 수 있는데 종전 입법에는 요건이나 조건이 적용되는 사람의 성에 관계없이 해당 요건이나 조건이 정당화될 수 있는 것이라면 사용자는 차별에 따른 책임을 면책받을 수 있었다. 새로운 입법에서는 규정, 기준 혹은 관행이 정당한 목적을 달성하기 위한 비례적 수단이라는 점을 사용자가 증명하지 못하는 한 정당한 차별로 인정받을 수 없다(평등법 제19조(2)(d)). 새로운 입법은 종전의 정당화 사유에 관한 기준보다 엄격한 입법을 한 것으로 평가할 수 있다. 항소법원은 종전의 정당화 사유에 관한 기준을 해석하면서 차별이라고 주장하는 행위가 올바르게 사고하는 사람이 볼 때 건전하고 수인할 만한 것이라면 사용자의 행위가 정당화될 수 있고, 이는 행위의 필요성을 판단하는 것보다 엄격하지 아니한 기준이라고 설명하였다.[60] 그러나 새로운 기준은 유럽법원의 판례에서 확인할 수 있는 비례성의 원칙을 도입한 것으로 비례성의 원칙이 요구하는 일반적인 내용, 즉 해당 관

---

60) Ojutiku v Manpower Services Commission [1982] ICR 661.

행 등이 적법한 목적을 가지고 실행될 것, 목적을 성취하기 위한 수단
의 적절성과 필요성, 선택한 수단이 평등원칙을 침해하여서는 아니
된다는 균형성 등을 요구한다.[61] 이러한 새로운 기준은 영국법원의
입장에서 보면 종전에 법원이 차별 사건을 처리하면서 갖고 있던 재
량의 축소를 의미한다고 볼 수 있고 다른 측면에서 법관의 자의적 판
단을 규제하는 역할을 한다고 말할 수도 있다.

비례성 원칙이 적용된 주요 사례를 정리하여 보면 다음과 같다.
1978년 고용보호(통합)법의 부칙 제13조에 따라 주당 16시간 이하를
근로한 근로자의 경우 인원감원수당의 지급에서 16시간 이상을 근로
한 근로자보다 불리한 대우를 받도록 되어 있었는데, 귀족원은 해당
사용자에 의한 근로자 채용 장려라는 입법목적에 적합한 수단이 될
수 없다고 보았다.[62] 고용심판소에 불공정해고를 다투기 위해 2년의
계속근로기간을 요구하는 규정은 비례성에 합치하는 입법이라는 귀
족원의 판결이 있었다.[63] 또 종교적 이유로 2004년 동반자법을 반대
하여 온 근로자에 대하여 동성간 동반자 관계를 인정하는 업무의 수
행을 지시하는 것은 차별을 방지하려는 정책 목적에 부합하는 업무지
시이므로 종교를 이유로 해당 근로자를 차별한 것이 아니라는 판결도
있다.[64][65]

---

61) Simon Deakin/Gillian S Morris, p642.
62) R v Secretary of State for Employment, ex p EOC [1994] IRLR 176.
63) R v Secretary of State for Employment, ex p Seymour-Smith [2000] IRLR 263.
64) Ladele v London Borough of Islington [2010] IRLR 211.
65) R v Governing Body of JFS and the Admissions Appeal Panel of JFS [2010] IRLR para100. 고용상 차별이 쟁점이 된 사건은 아니나, 최근에는 대법원이 대법관 9인 중 5인의 의견으로 모계가 유대계열인 자만의 입학을 허용하는 유대계 학교의 규정이 인종을 이유로 한 직접차별이 된다고 판단하면서 아울러 다수의견의 대법관 중 4인은 학교의 관련 규정이 종교적 열정을 유지하려는 학교의 개교 목적을 달성하는 데 이바지한다는 충분한 증거가 없다고 보아 목적의 정당성에 대해서 의문을 제기한 경우도 있다.

3. 입법적 예외 사유

위와 같이 차별을 정당화할 수 있는 일반적 항변 사유 이외에도 2010년 평등법은 입법적으로 법령 위반이 되지 아니하는 차별적 행위를 규정하고 있는데 그 내용을 보면 대부분 개별 행위가 이루어지는 영역이 갖는 독자적 특성을 고려한 것이 많다.

먼저, 임신, 모성보호 혹은 생리적 특성에 근거하여 여성의 안전 보건을 보호하기 위하여 여성에 대하여만 이루어지는 제한적 조치에 대해서는 차별행위로 보지 아니하고(평등법 부칙 제22조의 제2문단), 기존 입법에서 요구되는 행위를 준수하기 위하여 하는 행위(평등법 부칙 제22조의 제2문단, 부칙 제23조의 제1문단), 국가의 안전보장을 위한 행위(평등법 제192조), 자선 행위(평등법 제193조), 혹은 종교적 목적이 관련된 교육단체의 장 등에 대한 행위(평등법 부칙 제22조의 제3문단), 군복무와 관련하여 군의 작전상 효율성을 보장하기 위한 비례적 조치(평등법 부칙 제9조의 제4문단(1)~(4)), 성에 영향을 받는 스포츠 경기 활동의 참여에 관하여 성과 관련한 조치(평등법 제195조) 등이 있다.[66]

제2절 근로시간

영국의 근로시간 법제의 핵심은 1998년 노동시간명령(Working Time Regulations)이다. 명령은 유럽연합의 노동시간 입법지침(93/104/EC)[67]과 연소노동자 입법지침(94/33/EC)[68]을 국내법으로 입법한 것이다. 명령

---

66) 그 외에도 내각장관은 연령차별과 관련하여 차별이 되지 아니하는 행위에 관하여 규칙(order)의 형태로 추가적인 조치를 취할 수 있다(제197조).
67) Council Directive 93/104/EC of 23 November 1993 concerning certain aspects of the organization of working time.
68) Council Directive 94/33/EC of 22 June 1994 on the protection of young

은 1999년과 2003년 개정을 거치면서 기존 명령의 적용 범위를 해상
운송 노동자, 철도운송 노동자 등으로 크게 확대하였다. 그러나 유럽
연합 국가의 근로시간 보호 수준과 비교하면 영국은 많은 예외 규정
을 통하여 상당히 유연한 형태의 규제를 하는 것으로 평가된다. 아래
에서는 1998년 노동시간명령을 중심으로 근로시간 법제를 살펴보고
자 한다.[69]

I. 적용 범위

명령의 적용 범위는 근로자뿐만 아니라 노동자도 포함한다(제2조
(1)). 1인 자영업자를 제외하고 타인에게 노무를 제공하고 보수를 받
는 자를 포괄적으로 포함한다고 보는데 판례 중에는 하도급 형태로
직접 노무를 제공한 자(labour-only sub-contractor)에게도 명령을
적용하여 원고의 성탄 및 신년 휴일수당의 지급청구를 인용한 사례가
있다.[70]

한편, 명령은 적용 제외가 되는 노동자 또는 특정 업무 영역을
규정하고 있다. 즉, 선원, 해양 어선 승선 노동자, 특정 선박과 호버크
래프트 승선 노동자 등에 대해서는 개별 법령에서 노동시간 규제를
하고 있다(제18조). 가사노동자(domestic servant)에게는 주당 근로시
간(제4조), 연소자 보호규정(제5A조), 야간근로시간(제6조), 연소자 야간
근로(제6A조), 야간노동자에 대한 건강진단(제7조), 특정 근로의 휴게시
간(제8조) 규정이 적용되지 아니한다. 이사나 전결권을 가진 관리자,
가족 노동자, 교회나 종교단체의 종교행사에 종사하는 노동자에 대해

---

people at work.

69) 근로시간에 관한 설명 중 법령 명을 표시하지 아니한 조문은 모두 노동시간명
령의 조문이다.

70) Byrne Bros (Farmwork) Ltd v Baird [2002] ICR 667.

서는 주당 근로시간(제4조), 야간근로시간(제6조), 휴식시간(제10조), 주당 휴식시간(제11조), 휴게시간(제12조) 규정이 적용되지 아니한다. 명령은 또한 원거리 통근자, 보안·구급업무 담당자, 병원 접수 담당자와 같은 계속성이 중시되는 업무 담당자, 농업과 같이 특정 시기에 집중적인 업무를 하는 산업, 갑작스런 사태에 대비하여야 하는 업무에 종사하는 자, 철도운송 종사자로서 간헐적이나 계속적이고 정기적인 활동이 필요한 자에게는 야간근로시간(제6조), 휴식시간(제10조), 주당 휴식시간(제11조), 휴게시간(제12조) 규정을 적용하지 아니한다(제21조). 그러나 사용자는 위 시간에 대하여 대체 휴식시간이나 적절한 보호조치를 취하여야 한다(제24조).

그 외에도 단체협약, 사업장협약을 통하여 야간근로시간(제6조), 휴식시간(제10조), 주당 휴식시간(제11조), 휴게시간(제12조) 규정의 적용을 배제하거나 변경할 수 있으며 52주를 초과하지 아니하는 범위 내에서 산정기준기간을 변경할 수 있다(제23조). 그 외에도 교대제 근로, 군대 내 노동자 등에 대한 적용 제한 규정이 있다(제25조~제27A조).

Ⅱ. 1주 근로시간

1주당(=매 7일 당) 노동자의 평균근로시간은 시간외 근로시간을 포함하여 산정기준기간(reference period) 17주를 1주기로 하여 48시간을 초과할 수 없다(제4조). 특정 업무 영역에 대해서는 산정기준기간이 26주(제21조)가 될 수 있으며 단체협약이나 사업장협약을 통하여 그 기간을 52주로 할 수도 있다(제23조(b)). 사용자가 근로자와 서면으로 매주 48시간 이상을 근로하기로 합의한 때에는 제4조를 적용하지 아니한다(제5조). 서면합의를 종료하고자 하는 당사자는 종료 7일 이상 3월 이하의 기간 전에 적절한 통보를 하면 된다. 평균근로시간은 산정기준기간 동안 제공한 근로 일수(A)에 산정기준기간 종료 직후 산정기준기간중 휴일한 날에 해당하는 날수만큼 근로한 일수(B)를 합한 후 산정기준기간에 포함된 주수(C)로 나눈 수가 된다(=(A+B)/C).

야간노동자의 통상근로시간은 17주를 1주기로 하여 24시간 마다 8시간을 초과할 수 없다. 단체협약이나 사업장협약 또는 1999년 안전보건경영명령에 따라 실시한 위험성평가에 의하여 특별한 위험, 육체적·정신적 과로가 수반되는 업무를 수행하는 노동자에 대해서는 24시간 주기에 8시간을 초과하여 근로를 시킬 수 없다. 야간근로자는 사용자에게 무료의 건강진단을 청구할 수 있고, 사용자는 의사의 진단결과에 따라 해당 근로자에게 야간근로 이외의 근로로 배치전환 등을 하여야 한다(제6조).

15세 이상이면서 18세 미만의 자로서 의무교육연령을 초과한 자를 연소자로 규정하는데 연소자는 매일 8시간, 매주 40시간을 초과하는 근로를 할 수 없다. 또한 오후 10시부터 오전 6시 사이 또는 오후 11시부터 오전 7시 사이에도 근로를 할 수 없다. 다만, 사용자는 연소자에게 무료의 건강 및 노동능력 진단기회를 보장하고 야간근로를 실시할 수 있으나 진단은 근로자의 개별 사정을 고려하여 정기적으로 실시하여야 한다(제5A조, 제6A조, 제7조).

사용자는 주당 근로시간, 야간근로시간, 야간노동자에 대한 건강진단에 관한 기록을 2년간 보관하여야 한다(제9조).

Ⅲ. 휴게와 휴식

사용자는 근로의 내용이 단조롭거나 근로의 양이 사전에 결정되어 있는 등으로 인하여 근로자의 안전보건에 위험이 생길 수 있는 때에는 적절한 휴게시간을 보장하여야 한다(제8조). 성인 노동자는 24시간을 기준으로 연속 11시간 이상의 휴식시간이 보장되어야 한다. 연소자는 12시간 이상의 휴식시간을 보장받는다(제10조). 노동자는 매 7일을 기준으로 24시간 이상의 자유로운(uninterrupted) 휴식시간을 보장받는다. 유급주휴에 대한 명문의 규정이 없으므로 주휴일의 유급여부는 고용계약의 내용에 따르게 된다. 연소자는 원칙적으로 48시간 이상을 보장받는다. 하루 6시간을 초과하여 근로하는 노동자는 업무장소에서 떠나 20분 이상의 자유로운 휴게를 보장받는다. 연소자는 4시간 30분 이상을 근로하는 경우 30분 이상의 휴게를 보장받는다(제12조).

　주 5일을 근로하는 노동자는 원칙적으로 매년 5.6주(28일)의 연차휴가(annual leave)를 청구할 권리를 갖는다(제13조, 제13A조). 고용을 시작한 날이 첫 번째 연차휴가를 시작하는 날보다 늦은 때에는 연차휴가를 가려는 해의 남은 고용 일수에 비례하여 휴가를 부여한다. 병가 기간은 연차휴가 일수에 포함되지 아니한다. 사용자는 연차휴가 기간의 임금을 지급하여야 하며(제16조), 휴가를 사용할 수 있는 해의 중간에 고용이 종료된 때에는 그 기간에 비례하여 금전보상을 하여야 한다(제14조). 단시간 근로자는 근로시간에 비례하여 연차휴가를 청구할 수 있다.[71] 노동자가 연차휴가를 사용하기 위해서는 사용하려는 연차휴가 일수의 2배에 해당하는 기간 전에 예고 통보를 하여야 한다. 한편, 사용자는 특정일에 연차휴가를 금지할 수 있는데 이를 위해서는 노동자가 청구하는 연차휴가일수에 해당하는 일수 전에 금지 통보를 하여야 한다(제15조). 한국과 달리 특정일에 연차휴가를 금지하는 사유가 제한되어 있지 아니하다.

---

71) 예를 들어 주 3일을 근로하는 자는 16.8일(=3×5.6일)의 연차휴가를 청구할 수 있다.

Ⅳ. 근로시간과 분쟁해결

근로시간 준수를 감독하는 방식은 세 가지가 있다. 첫째, 산업안 전보건청의 산업안전감독관의 감독에 의하여 법령준수를 강제한다(제28조). 명령위반에 대해서는 위반 정도에 따라 시정처분(improvement notice)이 발령될 수도 있고 중한 사안에 대해서는 5,000파운드 이하의 벌금형(magistrate's court) 또는 법원(Crown Court)이 정한 벌금형에 처하여진다. 시정처분을 불이행한 때에는 20,000파운드 이하의 벌금(magistrate's court)이나 6월 이하의 징역형, 또는 2년 이하의 징역형(Crown Court)에 처하여진다. 둘째, 노동자는 고용심판소에 제소를 하여 명령위반사실의 확인을 받고 금전배상을 받을 수 있다. 아울러 명령이 정한 권리행사를 이유로 불이익한 처분을 받지 아니할 권리를 가지며(고용권법 제45A조), 해고의 경우 당연불공정 해고의 보호를 받는다(고용권법 제101A조). 셋째, 사용자가 명령이 규정한 근로시간을 초과하여 근로제공을 요구할 경우 근로자는 법원에 근로제공의무의 부존재를 확인하는 소송을 제기할 수 있다.[72]

제3절 임 금

Ⅰ. 임금의 보호

1831년 트럭법(Truck Act)은 육체노동자에게 현물급여를 금지하고 통용되는 현금지급을 임금지급의 원칙으로 규정하였다. 이후 트

---

72) Barber v RJB Mining (UK) Ltd [1999] IRLR 308.

럭법을 수용한 1986년 급여법(Wages Act)은 사용자에 의한 불법적 임금 공제 및 손해배상을 금지하였고, 현재 1996년 고용권법에 임금 지급에 관한 기본적인 내용이 규정되어 있다.

1. 임금의 개념

1996년 고용권법 제27조(1)은 임금(wages)을 사용자가 노동자에게 고용과 관련하여 지급하여야 할 금원의 총액으로 규정하고 여기에 ① 계약상 고용과 관련하여 지급하여야 할 비용·상여금·수수료·휴일수당·기타 금원, ② 법정상병급여·모성보호수당·육아휴직급여·입양급여·휴업급여·병가모성보호휴직수당·제정법상 근로시간면제급여, ③ 원직복직·재고용·관련 가처분에 따른 급여·보호수당 등을 포함시키고 있다.

1996년 고용권법 제27조(2)는 임금에 포함되지 아니하는 금원의 범위를 규정하고 있다. 이에 따르면 임금지급기일 전에 지급한 급여, 업무수행에서 발행한 비용에 대한 지급, 근로자의 퇴직에 따라 지급된 연금·수당·시혜적 급부 또는 보상, 정원감축급여, 노동자의 업무수행능력과 관련 없이 지급된 급여 등이 여기에 포함된다.

2. 불법적 공제 금지

공제(deduction)란 특정 시점에 사용자가 노동자에게 지급하여야 할 임금액과 실제로 지급한 금액과의 차액을 말한다(고용권법 제13조(3)). 지급하여야 할 임금액은 고용계약상 약정한 금액이므로 사용자가 임의로 근로시간을 단축하고 이에 대한 임금만 지급한 경우에도 공제가 있는 것으로 판단한다.[73] 그러나 사용자가 착오로 지급하지

---

73) International Packaging Corpn (UK) Ltd v Balfour [2003] IRLR 11.

아니한 금액은 공제로 보지 아니한다(고용권법 제13조(4)). 임금의 과지급으로 인한 다음 기일의 감액(고용권법 제14조(1)(a)), 징계절차 진행에 따른 감액(고용권법 제14조(2)), 법령에 따른 지방정부 등 공공기관의 사용자에 대한 결정에 따른 감액(고용권법 제14조(3)), 근로자의 요청에 따른 제3자에 대한 임금지급에 따른 감액(고용권법 제14조(4)), 노동자의 파업 혹은 그 밖의 쟁의행위 참가에 따른 감액(고용권법 제14조(5)), 법원이나 심판소의 명령에 따른 감액(고용권법 제14조(6))도 공제로 보지 아니한다. 사용자는 제정법상 혹은 약정이 없는 한 근로자의 임금에서 공제를 할 수 없다(고용권법 제13조(1)). 공공부문 노동자의 경우 노동조합이 임금에서 조합비 등을 공제하려면 해당 노동자에게 조합비 공제 이외의 다른 지불 방식이 허용되어야 하고 노동조합이 사용자에게 합리적인 비용을 지불하는 것을 내용으로 하는 규정이 있어야 한다(노조법 제116A조). 한편, 소매업에서 종사하는 노동자의 부정직, 과실, 그 밖의 근로자 행위 또는 계약상 근로자의 책임 있는 사유로 인하여 발생한 현금 부족이나 재고 부족에 대해서는 적법한 임금 공제가 가능하다(고용권법 제17조~제18조). 적법한 공제를 위해서는 고용계약에 해당 내용이 명시되어 있어야 하며, 공제는 공제 후 임금액의 10%를 초과하지 못한다. 그러나 고용이 종료한 때에는 공제의 상한 제한이 적용되지 아니한다. 사용자의 공제 또는 공제의 의사표시는 원칙적으로 현금 부족 등의 사유를 안 날로부터 12월 이내에 하여야 한다.

근로자는 불법적 공제에 대하여 고용심판소에 소를 제기할 수 있으며 고용심판소는 공제 금액 및 추가적인 손해에 대하여 사용자에게 배상을 명할 수 있다(고용권법 제23조).

3. 최저임금의 보장

영국의 최저임금은 1998년 최저임금법(National Minimum Wage

Act)으로 규율하고 있다. 시간당 최저임금액은 최저임금위원회(Low Pay Commission)의 권고를 참고하여 내각장관이 공표한다. 2017년 시간당 최저임금액은 7.50파운드(25세 이상), 7.05파운드(21세부터 24세), 5.60파운드(18세부터 20세까지), 4.05파운드(18세 미만), 3.50파운드(견습공)이다.

가. 적용대상

최저임금법은 근로자 및 1인 자영업자를 제외한 노무를 제공하고 급여를 받는 노동자에게 적용된다(제1조). 자본참가 어선의 선원, 봉사활동 노동자, 종교단체 종사자 중 일부, 수감자, 군속 등에게는 적용이 되지 아니한다. 나아가 유럽사회기금이나 정부기금의 보조를 받는 취업활동 프로그램에서 노무를 제공하는 자, 직업훈련과정에 있는 대학생, 재활 프로그램에 참가한 노숙인, 사용자의 가족으로 간주되는 동거인, 가족 사업 경영에 참가하면서 동거하는 사용자 가족 등에게도 최저임금법이 적용되지 아니한다.

나. 시간당 임금액의 계산

노동자가 최저임금액 이상을 지급받는지를 살펴보기 위해서는 해당 노동자의 시간당 임금액(hourly rate)을 계산하여야 한다. 시간당 임금액은 노동자가 사용자로부터 받는 임금 총액을 기준기간(pay reference period)으로 나누어 계산한다. 기준기간은 임금지급 주기로 하며 31일을 초과할 수 없다. 임금 총액 계산에는 대여금의 변제금, 선불금, 착오에 의한 지급금 등 통상적인 임금지급으로 볼 수 없는 금원을 제외한다. 시간외 근로와 교대제 근로에 따른 할증된 임금 부분도 제외된다. 어떤 임금을 포함시킬 것인지에 대해서는 다툼의 소지가 있는데 숙소의 제공을 1일 4.91파운드의 임금 지급으로 본 사례도 있다.[74]

---

74) Leisure Employment Services Ltd v HM Revenue and Customs [2007] IRLR 450.

기준기간 동안 노동자가 일한 근로시간의 산정은 노무제공의 형태에 따라서 ① 근로시간이 시간 단위로 정해지는 시간제 노동자(time worker), ② 1년간 최저 근로시간이 확정되어 있는 월급 노동자(salaried-hours worker), ③ 미리 특정된 일의 기성고에 따라 급여를 지급하는 도급 노동자(output worker), ④ 노동시간이나 양을 미리 정하지 아니하고 최종 제공된 노동에 대하여 급여를 지급하는 불특정 노동자(unmeasured worker)가 있다. 근로시간은 원칙적으로 사용자의 처분에 노동력을 맡긴 시간이 모두 포함된다. 따라서 대기시간인 수면시간은 근로시간 산정에 포함하지만 일반적인 통근시간, 휴게시간, 쟁의행위기간, 숙소를 제공한 경우 근로시간과 구분되는 수면시간은 제외된다.

근로자는 사용자가 최저임금액 미만의 임금을 지급하고 있다고 판단하면 사용자에게 관련 자료의 제공을 요청하고(최저임금법 제9조), 근로자는 적절하다고 인정하는 자를 동행하여 제공받은 자료를 검토할 수 있다. 사용자가 근로자의 요구에 불응하거나 제3자의 동행을 거부한 때에는 고용심판소는 시간당 최저임금액의 80배에 상당하는 금전배상을 명할 수 있다(최저임금법 제11조).

다. 분쟁해결

노동자는 최저임금법에 미치지 못하는 임금을 지급받았다고 생각되면 고용심판소나 카운티 법원에 소를 제기할 수 있으며, 이때 증명책임이 전환되어 사용자가 최저 임금액 이상의 임금을 지급하였음을 증명하여야 한다(최저임금법 제28조). 노동자는 소송에서 최저 임금액과 실제 지급받은 임금액과의 차액(A)과 해당 차액(A)에 현재의 최저 임금액(R2)을 임금 지급 당시의 최저임금액(R1)으로 나눈 금액(=A×R2/R1) 중 더 큰 금액의 지급을 청구할 수 있다. 최저임금법의 이행 감독은 국세 및 관세청(HM Revenue and Customs)이 담당한다.

국세 및 관세청이 사용자에게 최저임금법 위반을 통보하면 사용자는
해당 노동자에게 추가 임금을 지급하고 국세 및 관세청에는 미지급
임금의 50%를 벌금으로 납부하되 그 금액은 최저 100파운드, 최고
5,000파운드로 한다. 사용자는 위반통보에 대하여 고용심판소 또는
카운티 법원에 취소의 소를 제기할 수 있다. 국세 및 관세청은 노동자
를 대리하여 소를 제기할 수도 있다. 한편, 최저임금법에 위반한 법인
사업주 및 이에 가담한 대표자 등에 대해서는 20,000파운드 이하의
벌금형에 처할 수 있다.

Ⅱ. 동일임금 원칙

한국은 근로기준법 제6조와 남녀고용평등법 제6조의2를 통하여
동일임금 원칙을 규정하고 있는데 영국은 2010년 평등법 제66조부터
제79조에서 이를 규정하고 있다. 2010년 평등법은 동일임금 원칙과
내용을 규정하였던 1970년 동일임금법(Equal Pay Act)의 내용을 대
부분 받아들이고 있다. 따라서 동일임금에 관한 해석론의 대부분도
1970년 동일임금법의 적용과 해석에 관한 것이다. 아래에서는 먼저
유럽연합의 관련 입법지침을 살펴보고, 2010년 평등법의 관련 내용을
정리한다.

1. 동일임금 입법지침

동일임금과 관련해서는 1975년에 제정한 유럽연합의 동일임금
입법지침(75/117/EEC)[75]과 2010년 평등법이 주요한 법제이다. 입법

---

75) Council Directive 75/117/EEC of 10 February 1975 on the approximation of
the laws of the Member States relating to the application of the principle
of equal pay for men and women.

지침 제1조는 동일임금원칙을 "동일노동 혹은 동일가치노동에 대한
보수의 조건이나 형태에 관하여 성별을 근거로 차별하는 모든 행위를
금지하는 것"으로 정의하고 있다. 이에 따라 회원국은 동일임금원칙
에 반하는 법률, 명령, 규칙 등으로 인한 차별을 철폐하고(제3조) 이 원
칙이 관철될 수 있도록 회원국의 상황과 법체계를 고려하여 필요한
조치를 취하여야 하고(제6조), 나아가 단체협약, 임금협약, 혹은 근로
계약으로 동일임금원칙을 위반하는 때에는 이를 시정할 수 있는 조치
를 취하여야 한다(제4조). 또, 회원국은 동일임금원칙을 적용받지 못한
다고 주장하는 근로자들이 다른 권리구제절차를 거치고도 권리를 구
제받지 못하는 때에는 재판절차로 권리를 주장할 수 있도록 국가수준
의 사법체계를 갖추어야 하며(제2조), 권리구제의 주장에 따른 해고 등
불이익으로부터 근로자를 보호하기 위한 조치를 취하여야 한다(제5
조). 회원국은 근로자에 대하여 적절한 방법으로 동일임금원칙을 환기
시켜야 하며(제7조) 입법지침 발효 후 1년 이내에 입법지침에 부합하
는 국내입법을 발효시키고 그 내용을 유럽집행위원회(Commission)에
보고하여야 하며(제8조), 위 1년의 기간만료일로부터 2년 이내에 집행
위원회가 입법지침의 적용에 관한 보고를 각료이사회에 할 수 있도록
회원국의 시행사항에 관한 정보를 유럽집행위원회에 제공하여야 한
다(제9조).

2. 적용대상

2010년 평등법은 반대 성의 비교대상근로자(A)에 의하여 행하여
지는 노동과 동일한 노동에 고용된 근로자(B) 및 반대 성의 비교대상
근로자에 의하여 행하여지는 노동을 담당하는 사적(personal) 혹은
공적 오피스홀더에게 적용된다(제64조(1)). 이때 반대 성의 비교대상근
로자(A)가 행하는 노동은 근로자(B)가 행하는 현재의 노동에 제한되

지 아니한다(제64조(2)). 따라서 소송에서 원고는 비교대상근로자로 비교대상기간 동안 존재하지는 않지만 이전에 같이 근무하던 근로자 혹은 이후 채용된 근로자를 특정할 수 있다. 2010년 평등법 이전에는 비교 당시 같이 근무하던 근로자만을 비교대상근로자로 허용하는 판례가 있었는바[76] 입법적으로 이를 명확히하였다.

양 근로자가 동일한 사업장에서 동일한 사용자 아래에서 근무하는 경우, 동일한 사업장에 근무하면서 2인의 사용자 중 일방이 타방을 지배하거나 제3자가 그 2인의 사용자를 지배할 때 타방 혹은 제3자 아래에서 근무하는 경우(관련사용자 associated employer), 끝으로 다른 사업장에 근무하지만 통상고용조건(common terms of employment)을 적용받는 경우에는 타당 혹은 제3자의 근로자나 다른 사업장의 근로자도 비교대상근로자가 될 수 있다(평등법 제79조(4)). 오피스홀더에 대해서는 양자에 대하여 임금을 부담하는 주체가 동일하면 양자는 비교대상근로자의 관계에 있다(평등법 제79조(5)).

귀족원은 통상고용조건의 의미를 폭넓게 해석하여 비교대상근로자 선정의 폭을 넓히고 있다. 예를 들어, 47개의 다른 사업장에서 근무하던 여성인 식당종업원과 청소원들은 동일임금의 지급을 주장하면서 비교대상근로자를 14개의 서로 다른 사업장에서 근무하는 남성 광산근로자로 선택한 사건에서 광산근로자들은 전국단위의 협약의 적용을 받으면서 상여금에 관해서는 지역적으로 별도의 협약을 체결하고 있었는바, 통상고용조건은 동일한 조건일 필요가 없기 때문에 비록 지역적으로 상여금이 다소 차이가 있더라도 전국단위의 협약이 체결되어 적용되는 이상 통상고용조건을 적용받는 근로자를 비교대상근로자로 선정할 수 있다고 판단하였다.[77] 한편, 비교대상근로자가

---

76) Walton Center for Neurology NHS Trust v Bewley [2008] IRLR 588.
77) British Coal Corporation v Smith [1996] IRLR 404.

근무하는 사업장의 형태가 문제된 사건[78]에서 고용항소심판소는 지역분소(unit)가 비록 회사는 아니지만 로마조약 제141조[79]가 사업장의 형태를 제한하지 않고 있기 때문에 서로 다른 분소에 근무하는 동일노동 근로자 사이에 상이한 임금이 지급된다면 이는 위법한 것이라고 판단하였다. 아울러 공공부문에서 근무하는 근로자들에 대해서는 비록 사용자를 달리하지만 매우 유사한 고용조건 아래에서 근무를 하므로 광범위하게 비교대상근로자를 선정할 수 있다고 보았다.[80]

한편, 비교대상근로자가 없더라도 여성이라는 이유만으로 임금을 적게 지급한 사실이 인정되면 제13조의 직접 차별을 원용하여 소를 제기할 수 있다(평등법 제71조).

3. 성평등 조항

2010년 평등법은 1970년 동일임금법과 같이 법률에 성평등 조항을 규정하여 평등법을 위반한 고용계약을 직접적으로 개정하는 효력을 규정한다. 즉, 고용계약에 성평등 조항이 없는 때에는 직접 고용계약에 제정법의 규정을 삽입하는 것으로 하고(평등법 제66조(1)), 고용계약에서 한쪽 성에 불리한 조항은 불리하지 아니하게 계약을 변경하며 한쪽 성에 대해서만 급부를 지급하는 조항은 양쪽 성 모두에게 해당 조항이 존재하는 것으로 계약을 변경한다(평등법 제66조(2)). 비슷한 취지로 모성보호휴가 사용기간중 임금이 증액된 경우 모성보호휴가 기간 후 복귀한 근로자에게 증액된 임금을 지급하거나 모성보호급여 산

---

78) Scullard v Knowles and Southern Regional Council for Education and Training [1996] IRLR 404.
79) 로마조약 제141조는 동일노동 동일임금 원칙에 비추어 문제된 사항이 직접적이고 명백한 차별이라고 인정될 때에는 유럽연합 회원국에서 구체적인 재판규범이 된다.
80) Allonby v Accrington and Rossendale College [2001] IRLR 364.

정에 이를 고려하도록 하는 모성보호평등 조항도 입법되어 있다(평등
법 제73조).

4. 동일노동의 범위

2010년 평등법은 동일노동의 범위를 ① 유사노동(like work) ②
동일평가노동(work rated as equivalent), ③ 동일가치노동(work of
equal value)으로 분류하고 있다(평등법 제65조).

유사노동이란 근로자의 노동과 비교대상근로자의 노동이 동일하
거나 널리 비슷하며(broadly similar), 고용조건과 관련하여 두 노동
의 차이가 실질적으로 중요하지 않은 것을 말한다(평등법 제65조(2)). 실
무상 문제가 되는 점은 '널리 비슷한'이라는 문언의 의미를 어떻게 이
해할지이다. 판례는 이 개념을 넓게 해석하여 야간근로가 의무사항으
로 되어 있는 남성근로자의 노동과 그렇지 아니한 여성근로자의 노동
이 널리 비슷한 속성이 있는 것으로 판단하고 있으며,[81] 카지노(betting
shop)에서 일하는 여성근로자가 남성근로자보다 적은 임금을 받은
사안에서 남성근로자는 문제를 일으키는 손님을 다뤄야 하기 때문에
더 높은 임금을 받는다는 사용자의 주장에 대해서 계약상 내용이 중
요한 것이 아니라 실제로 그러한 업무처리를 한 빈도가 중요하다는
이유로 사용자의 주장을 배척하고 유사노동이라는 판결을 한 바 있
다.[82] 비슷한 취지로 남성근로자가 다른 근로자들에 대해 실질적인
관리감독의무를 이행하고 그에 따른 책임을 부담하였다면 남성근로
자의 노동은 그렇지 아니한 여성근로자의 노동과 유사노동이 아니라
는 판단을 한 것도 있다.[83]

---

81) Dugdale v Kraft Foods Ltd [1977] ICR 48.
82) Shields v Coomes (Holdings) Ltd [1978] ICR 1159.
83) Waddington v Leicester Council for Voluntary Service [1977] ICR 266.

동일평가노동이란 직무평가(job evaluation)를 통하여 양 노동자에게 요구되는 바에 비추어 볼 때, 각 노동자가 담당하는 업무에 동일한 가치를 부여한 노동, 또는 특정 성에 우호적인 점수를 부여하는 평가 체계가 아니었다면 동일한 가치를 부여하였을 것으로 예상되는 노동 의미한다(평등법 제65조(4), (5)). 동일평가노동은 직무평가의 내용이 중요한 쟁점이 되므로 소송에서도 직무평가의 정당성이 다툼이 된다.

동일가치노동이란 유사노동, 동일평가노동이 아니면서 노력, 기술, 의사결정 등의 요소에 있어서 요구 조건이 동일하다고 평가되는 노동을 말한다(평등법 제65조(6)). 동일평가노동은 직무평가를 전제로 한 것이기 때문에 직무평가가 실시되지 아니하는 사업장에서는 동일평가노동을 주장하며 차별적 임금지급에 관하여 소를 제기하기 어려웠다. 이에 대해 유럽법원 이런 입법의 미비는 입법지침 제3조에 위반된다는 판결[84]을 하였고 영국은 판결의 취지에 따라 동일임금의 지급을 주장하며 직무평가를 실시할 수 있도록 1970년 동일임금법을 보완하였고 그 내용이 2010년 평등법에 계수되었다. 소가 제기되면 고용심판소는 ACAS가 선임한 전문가들에게 노동의 가치를 감정하도록 요청하여 그 결과를 반영한다. 원고와 비교대상자의 노동이 동일하지 아니하다는 감정 결과가 있는 때에는 고용심판소는 해당 결과가 성차별적인 감정 방법을 사용하였다거나 기타 믿을 수 없는 사정이 인정되지 아니하는 한 그 결과를 받아들여야 한다(평등법 제131조). 감정절차는 2004년 고용심판소 (설치 및 절차규정) 명령(Employment Tribunal (Constitution and Rules of Procedure) Regulations)의 부칙 제6조에 자세히 규정되어 있다. 한편, 감정절차에 관해서는 지나치게 많은 비용과 시간이 소요된다는 비판도 있다.

---

84) Commission of the European Communities v United Kingdom [1984] IRLR 29.

5. 사용자의 실질적 원인 항변

사용자가 근로자와 비교대상근로자의 고용조건의 차이가 실질적 원인(material factor)에 근거하였다는 것을, 양자의 차이가 성에 근거한 것이 아니고 그것이 정당한 목적을 달성하기 위한 비례적 수단이라는 측면에서 증명을 하면 성평등 조항은 효력을 발생하지 아니한다(평등법 제69조). 판례상 실질적 원인에 해당하는 사항은 매우 다양한데 대부분 기술, 노력, 책임의 차이에서 비롯된 임금 격차를 인정한 것이다.[85] 근속기간 그 자체로는 임금 차이를 정당화하는 원인이 될 수 없고 장기 근속기간이 업무능력향상에 비례한다는 증명이 필요하다.[86]

6. 분쟁해결

성차별적 임금의 존재를 알기 위해서는 반대 성 근로자의 임금 수준을 알 수 있어야 하는데 만일 고용계약에 임금 공개를 금지하는 조항이 있는 때에는 임금 격차를 인식하기 어렵다. 이에 따라 2010년 평등법은 성차별적 임금에 관한 정보는 예외적으로 공개를 허용하는 규정을 두고 있다(제77조). 고용심판소는 차별적 임금지급이 확인되면 사용자에게 이에 관한 감사를 요구할 수 있다(평등법 제139A조).

성평등 조항 위반에 관한 사건은 고용심판소의 관할이며(평등법 제127조), 사용자는 성평등 조항을 위반하지 아니하였다는 점을 증명하여야 한다(평등법 제136조). 제소기간은 고용기간 중 혹은 고용기간 종료 후 6월이다. 일정한 정보에 대하여 사용자의 은익행위 등이 인

---

85) 그 중 생산성 성과금 사례로는 Redcar and Cleveland Borough Council of Bainbridge [2008] IRLR 776. 그러나 생산성 성과금이 도입될 당시에 차별적이 아니었더라도 이후 성과와 무관하게 지급되었다면 차별적이라는 사례로는 Council fo the City of Sunderland v Brennan [2012] EWCA Civ 413.
86) Wilson v Health and Safety Executive [2010] IRLR 59.

정되는 때에는 그 행위가 처음으로 적발된 날로부터 6월을 기산한다. 성평등 조항 위반을 인정할 수 있으면 고용심판소는 원고의 권리의 존재를 확인하고, 임금차액의 지급을 명할 수 있다(평등법 제132조). 청구할 수 있는 임금차액은 소제기일로부터 6년분에 한정한다.

Ⅲ. 그 밖의 임금 보장제도

1. 휴업급여

사용자는 1월 이상 계속근로한 근로자에게 ① 그 근로자가 수행하는 업무와 동종인 업무에 대한 사용자의 영업적 수요의 감소 또는 ② 동종 업무에 관하여 사용자의 영업이 통상근로에 영향을 미치는 그 밖의 사정이 발생하여 해당 노무를 제공할 수 없도록 한 때에는 해당 일의 전일에 대한 휴업급여(guarantee payment)를 지급하여야 한다(고용권법 제28조). 노동쟁의는 휴업급여 지급의 원인이 되지 아니한다. 근로자가 래이오프된 때에는 연간 20일을 한도로 휴업급여를 지급받을 수 있다(고용권법 제31조). 휴업급여에 대한 분쟁해결도 고용심판소에서 관할한다.

2. 출근면제급여

1974년 산업안전보건법 제16조에 따라서 납, 방사선, 유해화학물질을 다루는 근로자에 대하여 보건상 위험이 발생하였을 때에는 해당 근로자에 대하여 작업을 중지시키고(medical suspension) 그 기간 동안 임금을 지급하여야 한다(고용권법 제64조). 출근면제급여는 근로자가 해당 기간 동안 노동능력을 보유하고 있는 때에 지급하는데 고용권법 제64조는 6주를 상한으로 정하고 있다. 이후 질병 등이 발생한

때에는 법정상병급여나 건강보험의 요양급여를 통하여 소득보전을
한다. 출근면제를 이유로 해고를 당한 근로자에게는 고용심판소 제소
자격을 1월의 계속근로기간으로 완화하고 있다(고용권법 제65조(1)).

3. 유급 근로시간면제제도

다음의 경우에는 유급으로 근로시간면제를 허용한다. ① 공공기
관의 회의참석 등 의무이행을 위하여 근로시간면제가 가능하다. 공공
기관에는 지방정부, 심판소, 경찰청 등이 포함된다(고용권법 제50조). 면
제되는 근로시간은 각 의무이행에 소요되는 시간, 노동조합활동에 이
미 사용한 면제근로시간, 사용자의 사정 및 해당 근로자의 근로시간
면제가 사업에 미치는 영향을 고려하여 결정된다. 면제되는 근로시간
의 산정에 관한 위와 같은 종합적 접근 방식은 아래의 경우에도 대동
소이하다. ② 직업연금의 수탁자인 근로자는 수탁자의 의무이행이나
업무교육을 받기 위하여 근로시간면제를 받을 수 있다. 면제시간은
앞서 언급한 사정을 고려하여 정하게 된다(고용권법 제58조). ③ 자주적
노동조합의 대표자이거나 선출된 근로자대표인 자는 관련 업무를 수
행하기 위하여 근로시간면제를 받을 수 있다(고용권법 제61조). ④ 16세
부터 17세인 자로서 고등학교 이상의 교육과정에 풀타임으로 등록되
어 있지 아니하나 2001년 교육·훈련을 위한 근로시간면제 권리에 관
한 명령(Right to Time Off Work for Study or Training Regulations)
에서 정한 최소 교육과정을 이수하지 못한 자는 교육을 위하여 근로
시간면제를 받을 수 있다(고용권법 제63A조). ⑤ 상시 250인 이상을 고
용한 사업장에서 최소 26주 이상 계속근로한 근로자로서 파견근로자
혹은 이미 교육을 이수한 자가 아닌 자는 교육·훈련을 위한 근로시간
면제를 청구할 수 있다(고용권법 제63D조). 이때 근로자는 교육·훈련의
내용과 그것이 업무능력에 어떤 기여를 하는지 소명하여야 하는데 사

용자는 근로자가 요구하는 교육·훈련의 내용이 업무능력 향상 등에
기여하지 아니한다는 등 매우 폭넓은 이유를 들어 근로시간면제 청구
를 받아들이지 아니할 수 있다. 근로자는 사용자의 거부가 있은 날로
부터 14일 이내에 이의신청을 할 수 있고, 사용자는 이유를 제시하면
서 이의신청을 받아들이지 아니할 수 있다. ⑥ 근로자는 피부양자
(dependant)의 질병, 출산, 부상 등에 따른 개호, 질병 또는 부상당한
피부양자 개호를 위한 준비, 피부양자의 사망, 피부양자 개호의 갑작
스런 일시 정지나 종결, 출석을 책임져야 하는 자녀가 출석하는 교육
기관에서 벌어진 자녀가 관련된 갑작스런 사건의 해결을 위하여 근로
시간면제를 청구할 수 있다(고용권법 제57조). ⑦ 정원감축해고 대상 근
로자는 해고예정통보기간이 종료하기 전까지 구직을 위한 근로시간
면제 청구가 가능하다. 다만 해당 근로자는 2년 이상의 계속근로기간
을 충족하여야 한다(고용권법 제52조). ⑧ 승인된 자주적 노동조합의 간
부(official)는 사용자와의 단체교섭, 단체교섭사항으로서 사용자와의
합의에 따라 노동조합이 근로자들을 대표하여 수행하기로 한 업무,
정원감축해고 및 사업이전과 관련하여 사용자로부터의 정보 수령과
협의를 위하여 근로시간면제를 청구할 수 있다(노조법 제168조). 아울러
승인된 자주적 노동조합의 조합원은 조합활동과 그 노동조합의 대표
자로 활동하기 위하여 근로시간면제를 청구할 수 있고(노조법 제170조),
승인된 자주적 노동조합의 교육대표자(learning representatives)도
교육·훈련을 위하여 근로시간면제를 청구할 수 있다(노조법 제168A조).[87]
이상의 근로시간면제제도 관련 분쟁은 고용심판소에서 관할한다.

---

87) 조합활동 등을 위한 근로시간면제제도에 관한 상세한 설명으로는 ACAS, *Time
Off for Trade Union Duties and Activities*, 2014 참조.

4. 법정상병급여

법정상병급여(Statutory Sick Payment: SSP)는 1992년 사회보장 보험료징수 및 급부법(Social Security Contributions and Benefits Act) 제151조부터 제163조 및 1982년 법정상병급여 (일반) 명령(Statutory Sick Payment (General) Regulations)에서 규정하고 있다.

법정상병급여는 사용자가 4일 이상의 휴업을 한 근로자의 상병기간 중 첫 28주에 대하여 지급하는 급여이다.[88] 급여를 지급받고자 하는 근로자는 의사의 소견서(fit note)를 발부받아 사용자에게 제출하여야 한다. 급여는 1차적으로는 사용자의 부담으로 지급하고 이후 사용자가 납부하여야 하는 국민보험료에서 일정한 액을 공제하는 방식으로 국가가 재정적 보조를 한다. 2017년 말 기준으로 주당 89.35 파운드의 정액지급을 하고 있다.[89] 분쟁해결은 국세 및 관세청의 관할이다.

Ⅳ. 사용자의 파산과 임금채권의 보장

1. 임금채권 우선변제

사용자가 파산하여 재산을 채권자에게 배당하는 경매절차에 들어가면 근로자의 채권 중 다음의 것은 우선변제채권(preferential debt)으로 보장을 받는다. 다만, 보장 금액은 각 채권액을 합하여 800 파운드를 한도로 한다(1986년 도산법 제386조, 부칙 제6조). ① 800파운드를 한도로 한 4월분의 임금채권, ② 휴일근로급여, ③ 휴업급여(고용권법

---

88) 28주를 초과하는 기간에 대해서는 고용지원수당(Employment and Support Allowance; ESA)의 급여대상이 될 수 있다.

89) 영국 정부 홈페이지(https://www.gov.uk/statutory-sick-pay/overview) 참조.

제28조), ④ 출근면제급여(고용권법 제64조), 모성보호수당(고용권법 제66조), ⑤ 노동조합 업무로 인한 근로시간면제급여(노조법 제168조), ⑥ 보호배상금(노조법 제189조), ⑦ 휴일수당, 고용계약상 병가수당, 법정상병급여, 법정모성보호급여, ⑧ 직업연금 및 국민연금에 대한 사용자의 기여금 등이 보장대상이다.

2. 체당금

사용자가 파산되었거나 제정법이 정한 파산에 준하는 상태에 있는 경우 근로자는 국민보험기금(National Insurance Fund)으로부터 체당금을 지급받을 수 있다(고용권법 제182조~제189조). 체당금의 상한은 2017년 기준으로 주당 489파운드이다. 체당금에 포함되는 금원에는 ① 8주 이하의 체불된 임금 또는 법령이 규정한 일정한 수당, ② 해고예고급여(고용권법 제86조~제90조), ③ 6주를 상한으로 한 지난 12월간 발생한 휴일수당, ④ 불공정해고의 기본배상(basic compensation), ⑤ 견습공 등에게 지급되는 금원의 전부 또는 일부, ⑥ 우선변제채권으로서 배당절차에서 배당을 받지 못한 금원, ⑦ 법정모성보호급여가 포함된다.

제4절 안전과 보건

한국의 근로기준법 제76조가 근로자의 안전과 보건에 관하여는 산업안전보건법에서 정하는 바에 따른다고 규정하고 있고, 이에 따라 안전과 보건에 관한 공법적 규율은 산업안전보건법에 의하여 이루어진다. 영국도 이와 마찬가지로 근로자의 안전과 보건에 관한 규율은

1974년 산업안전보건법(Health and Safety at Work etc. Act)에 의하여 이루어지는데 중앙집권적 행정규율이 매우 강하다.

I. 법령의 기본적 체계

1. 1974년 산업안전보건법과 하위 명령

영국의 산업안전보건관련 법률의 중핵은 1974년 산업안전보건법이다. 의회의 1972년 로벤스 보고서(Robens Report)에 근거하여 입법된 이 법률은 모든 작업장에서 지켜야 할 안전보건 기준을 제시한다. 이 법률은 입법 당시로서는 그 이전에 안전보건 분야의 일부를 규율하던 복잡한 법령 체계를 단일 법령으로 통합하고 현재의 안전보건 법령이 갖는 일반적 특징인 사업과정을 지휘·감독하는 사업주의 포괄적인 역할과 의무를 일찍부터 강조하였다는 점에서 높은 평가를 받았다. 법률의 하위 입법인 명령 수준의 대표적 입법은 'six pack'으로 불리는 1992년 6개의 명령을 예로 들 수 있는데 이 명령들은 유럽 연합의 입법지침을 국내법으로 수용하기 위한 것으로 안전보건경영 명령(Management of Health and Safety at Work Regulations), 안전보건(디스플레이 스크린)명령(Health and Safety (Display Screen Equipment) Regulations), 육체적 운반작업 명령(Manual Handling Operations Regulations), 개인보호장구 명령(Personal Protective Equipment at Work Regulations), 사업장의 안전보건 및 복지에 관한 명령(Workplace (Health, Safety and Welfare) Regulations), 기계 공급시 안전에 관한 명령(Supply of Machinery (Safety) Regulations) 등이 있다.[90]

---

90) 그 밖에 일반적으로 적용되는 하위 입법으로 1989년 작업시 전기에 관한 명령(Electricity at Work Regulations), 1998년 작업공구의 제공과 사용에 관한 명령(Provision and Use of Work Equipment Regulations), 1998년 가스안전(설

2. 기업과실치사법

영국은 2007.7경 사망의 중대재해에 대한 기업의 책임을 강화하기 위하여 기업과실치사죄를 도입하는 입법을 하였다. 기업과실치사법(Corporate Manslaughter and Corporate Homicide Act)이라는 명칭을 가진 이 법률은 보통법(common law)에서 인정되던 중과실치사죄(offence of manslaughter by gross negligence)를 대신하는 기능을 한다.[91] 보통법의 중과실치사죄는 법인에게 적용될 수는 있으나이 경우 동일성의 원리(identification principle)에 따라 해당 법인의이사 등 고위책임자(directing mind)의 유죄가 증명되어야만 법인의책임도 긍정될 수 있었다. 그런데 일반적인 중과실치사사건에서 직접행위자가 아닌 법인의 고위책임자가 직접 사건에 관여하는 경우는 매우 드물고 결국 잇따르는 대형 철도사고 및 여객선 사고에서 법인은면책을 받아왔다. 이에 따라 보통법의 법리를 대체하는 제정법의 입법요구가 거세게 일어났고 1994년 관련 연구가 시작되어 2007년 의회에서 입법안이 통과된 것이다. 그러나 위 법률은 1974년 산업안전보건법만으로 법인 처벌이 되지 아니하기 때문에 특별법으로서 입법된 것이 아니라 기업의 부실한 안전보건경영체계를 중과실로 평가하고, 이것이 원인이 되어 발생한 사망사고를 규율하는 법률이다. 그러나현재까지는 그다지 적극적인 적용이 이루어지고 있지는 아니하다.[92]

치 및 사용)에 관한 명령(Gas Safety (Installation and Use) Regulations), 1992년 명령을 전면 개정한 1999년 안전보건경영명령(Management of Health and Safety at Work Regulations), 2002년 보건유해물질 관리에 관한 명령(Control of Substances Hazardous to Health Regulations) 등이 있다.

91) Corporate Manslaughter and Corporate Homicide Act 2007의 입법취지와 입법과정에 대해서는 Miriam Peck/Brenda Brevitt, *The Corporate Manslaughter and Corporate Homicide Bill (Research Paper 06/466 October 2006)*, House of Commons Library, 2006을 참조.

92) 이에 관한 가장 최근의 소개로는 심재진, "사업장 중대안전사고의 규율— 영국의 2007년 법인과실치사법 사례", 「노동정책연구」(제15권제1호), 한국노동연구

Ⅱ. 사업주의 의무

1974년 산업안전보건법은 안전보건 법률의 일반적 규율 방식에 따라서 사업주의 의무를 강조하고 이를 폭넓게 규정하고 있다. 사업주의 의무는 크게 사업주가 직접 고용한 근로자의 안전보건에 관한 의무(산업안전보건법 제2조), 사업주가 직접 고용하지 아니한 노동자에 대한 안전보건에 관한 의무(산업안전보건법 제3조), 나아가 사업장을 지배관리하는 관리자로서 사업장에서 사용하는 설비나 물질에서 발생하는 위험으로부터 근로자 및 일반 공중의 안전보건에 관한 의무(산업안전보건법 제4조)를 규정하고 있다. 사업주가 직접 고용하지 아니한 노무제공자의 안전보건을 위한 조치의무를 사업주가 일반적으로 부담한다는 점에서 한국 산업안전보건법과 큰 차이가 있다. 1974년 산업안전보건법 제2조는 사업주의 안전보건에 관한 일반적 의무, 안전보건정책의 서면공시의무, 안전대표자 선임과 사업주의 협의의무 등을 규정하고 있다. 1974년 산업안전보건법 제3조와 제4조는 하도급으로 사업을 수행할 경우 도급인의 수급인 근로자 보호와 관련하여 적용되는 일반 규정의 역할을 하고 있다.

Ⅲ. 사업장의 안전보건관리 체계

영국의 사업장 안전관리체계는 안전대표자와 안전위원회에 의하여 규율된다. 1974년 산업안전보건법 제2조(4)와 제2조(7)이 사업장 안전보건관리체계의 근거가 된다. 그러나 이에 대한 자세한 사항은 명령수준에서 규정하는데 사용자가 승인한 노동조합에 의하여 안전

원, 2015 참조.

대표자가 선임되어 있는 경우에는 1977년 안전대표자와 안전위원회 명령(Safety Representatives and Safety Committees Regulations)에 의하여 규율한다.[93] 반면, 근로자가 노동조합의 조합원이 아니거나 노동조합이 승인되어 있지 아니하거나 승인되어 있더라도 안전대표자가 선임되어 있지 아니한 때에는 1996년 안전보건(근로자협의)명령(Health and Safety (Consultation with Employees) Regulations)에 의하여 규율된다. 전자의 경우에는 안전대표자(safety representatives)가, 후자의 경우에는 근로자들에 의하여 선임된 근로자안전대표자(representatives of employee safety)가 안전보건활동을 담당하게 된다.

1. 안전대표자

영국의 사업장 안전관리체계의 핵심적 기관은 안전대표자라고 할 수 있다. 한국이 안전보건위원회를 중심으로 안전관리체계를 구성하는 것과 달리 영국은 승인된 노동조합이 지명하는 해당 사업장의 근로자(혹은 드물지만 외부인)인 안전대표자가 중요한 역할을 한다. 안전대표자는 해당 사업장에 1명 이상의 근로자가 근로를 제공하고 있으면 선임될 수 있다. 안전대표자는 노동조합이 안전대표자를 선임하여 서면으로 통보함으로써 성립한다. 다만, 안전대표자는 적어도 해당 사업장에 2년 이상 계속근로를 한 자이어야 한다(안전대표자와 안전위원회 명령 제3조). 안전대표자의 수는 법정되어 있지 아니하나 관련 행위준칙(Code of Practice)은 고용된 근로자 수, 작업의 다양성, 사업자의 크기 및 사업장 위치의 다양성, 교대제의 형태, 작업의 종류, 작업이 갖는 위험의 정도와 특성을 고려하여 정할 수 있다고 규정한다.[94]

---

93) 그 밖에 1999년 안전보건경영명령 등에도 관련 규정이 있다.
94) HSE, *Approved Code of Practice and guidance(L146)*, 2014, Para 13.

사업주는 사업장의 안전과 보건에 관하여 안전대표자와 협의하여야 할 의무를 부담한다(산업안전보건법 제2조(4), (6)). 그 밖에도 안전대표자는 다음과 같은 권한을 가지고 있다. ① 사업장 내 유해성 및 위험사고의 조사와 사고 원인 조사, ② 근로자가 제기한 안전보건상 문제에 관한 조사 ③ 앞의 ①과 ②의 사항에서 근로자를 대표할 권한, ④ 사업장의 일반적인 안전, 보건, 위생시설 등에 관하여 근로자를 대표할 권한, ⑤ 일정한 경우 사업장을 감독할 권한,[95] ⑥ 안전대표자가 대표하는 근로자를 위하여 산업안전감독관과 협의할 권한, ⑦ 산업안전감독관으로부터 정보를 수령할 권한, 안전위원회에 참석할 권한 등이다(안전대표자와 안전위원회명령 제4조). 한편, 사업주는 다음의 경우 안전대표자와 협의할 의무를 부담한다. ① 안전대표자가 대표하는 근로자의 안전과 보건에 실질적으로 영향을 미칠 수 있는 조치의 작업장 내 도입, ② 안전보건 혹은 긴급사항에 대처하기 위하여 사용자를 보조하는 자의 선임, ③ 제정법에 의하여 사용자가 제공하여야 하는 안전보건에 관한 정보, ④ 제정법에 의하여 안전대표자에게 제공하여야 하는 교육훈련의 계획과 구성, ⑤ 신기술 도입에 따라 안전대표자가 대표하는 근로자의 안전과 보건에 미친 영향 등이다(안전대표자와 안전위원회 명령 제4A조).

아울러, 사업주는 안전대표자의 활동이 원활하게 이루어질 수 있도록 안전대표자에게 정보를 제공하야야 하고, 안전대표자는 사업주

---

95) 안전대표자는 사업주에게 사업장 감독 3개월 전에 서면으로 합리적인 통지를 하고 사업장의 전부 혹은 일부에 대한 안전보건 감독을 실시할 수 있다. 1차 감독 이후 사업장에 중대한 변화가 있으면 1차 감독 후 3개월이 경과하기 전이라도 재차 사업장 감독을 할 수 있다(1977년 안전대표자와 안전위원회 명령 제5조). 아울러 사업장에 중대 사고나 사건 혹은 질병이 발생하고, 그에 대한 안전대표자의 감독이 안전하며 감독이 안전대표자가 대표하는 근로자에게 이익이 되는 때에는 별도의 사업장 감독을 할 수 있으며 사업주는 이에 대하여 편의를 제공하여야 한다(1977년 안전대표자와 안전위원회 명령 제6조).

에게 합리적인 통보를 하고 사업장 혹은 안전대표자가 대표하는 근로
자에 관한 문서의 열람 및 등사를 청구할 수 있다(안전대표자와 안전위원
회 명령 제7조). 안전대표자 등은 안전·보건과 관련한 업무 수행을 이유
로 사용자로부터 불이익을 받지 아니할 권리가 있다(고용권법 제44조).

2. 안전위원회

안전위원회의 설치 근거규정은 1974년 산업안전보건법 제2조(7)
인데 위 규정에 의하면 사업주는 2명 이상의 안전대표자가 요구하는
때에는 안전위원회를 설치하여야 한다. 안전위원회가 필요적 상설기
구가 아니라 복수의 안전대표자가 선임된 사업장에서 안전대표자의
요구에 의하여 설치되는 것이 특징이다. 안전위원회는 설치요구가 있
는 날로부터 3개월 이내에 설치되어야 한다. 안전위원회의 구체적인
구성 방식은 노사합의로 정하여 지는데 다만, 사용자위원은 근로자위
원의 수를 초과할 수 없다는 제한이 있다. 안전위원회는 안전대표자
와는 독립된 기구로서 양자는 서로의 임면 혹은 설치와 해산에 영향
을 미치지 아니한다. 안전위원회의 기능도 노사의 합의사항인데 일반
적으로 사고나 질병의 조사, 사업주의 안전관련 보고서의 검사, 근로
자 휴무 원인 검토, 산업안전감독관이 작성한 보고서의 검토, 안전보
건경영체계의 감독 등이다.

한편, 안전위원회는 사업장에 조직되어 있는 노사문제와 관련한
다른 위원회와 독립한 조직으로서 기존의 위원회에 해당 기능을 덧붙
일 수 없다. 한국의 경우 소규모 사업장에 대하여 노사협의회가 산업
안전보건위원회의 기능을 갈음할 수 있도록 한 것과 대조가 된다.

Ⅳ. 행정감독 체계

1. 산업안전보건청

산업안전보건청(Health and Safety Executive)은 안전보건에 관한 정책을 수립하고 이를 집행하는 영국 산업안전보건의 중추적 행정기관이다. 종전에는 정책을 수립하는 산업안전보건위원회와 위원회의 정책을 수행하는 주된 실행기관인 산업안전보건청으로 나뉘어 있었으나 현재는 산업안전보건청으로 통합되어 있다. 이에 따라 내부조직도 기획이사회(the board)와 그 아래 실행이사회(management board)로 나뉘어 있다. 기획이사회는 청장을 제외하고 10인으로 구성되나 그 중 상임이사는 1인뿐이다. 안전보건행정의 실질적 업무를 담당하는 7인의 실행이사들은 각각 담당 분야를 정하여 업무를 지휘·감독한다. 2015년/2016년 회계연도 기준으로 산업안전보건청에 소속되어 근무하는 자는 약 2,500인 정도 된다.

산업안전보건청 아래에서 안전보건연구원((Health and Safety Laboratory: HSL)이 있는데 연구원은 산업안전보건청과 각종 공적 부문 및 민간 부문의 기관에 산업안전보건에 관한 기술적인 지원을 한다. 한국의 안전보건연구원과 비슷한 기능을 수행한다. 연구원에는 과학자, 엔지니어, 심리학자, 사회과학자, 전문건강관리사, 기술전문가 등 약 350인의 직원이 근무를 하고 있다.

2. 산업안전감독관

산업안전보건청의 가장 큰 조직은 산업안전보건감독관 조직이다. 산업안전보건청의 현장 업무는 산업안전감독관(inspector)이 수행하는데 이들의 대부분은 Merseyside Bootle에 본청을 두고 있는 산업안전보건청의 각 현장사무소(Field Operations Directorate: FOD)에서 근무한다. 1974년 산업안전보건법 제19조는 산업안전감독관의 선임에 관한 근거에 관하여 규정한다. 현장사무소는 산업안전보건청에서 가장 규모가 큰 조직으로서 건설, 농업, 일반제조업, 엔지니어링, 식음료, 채석, 예능, 교육, 보건서비스, 지방과 중앙정부, 국내가스안전 등의 다양한 업무를 담당한다. 고용의료지원서비스(Employment Medical Advisory Service)는 현장사무소의 일부로서 산업안전보건청의 모든 현장활동을 지원하고 사용자와 근로자에게 직접 안전보건에 관한 조언을 제공한다. 또, 산업안전감독관은 위험시설사무소(Hazardous Ins-tallations Directorate: HID)에서도 근무를 하는데 위 사무소는 석유채굴 및 잠수 산업, 화학 및 폭발물 제조업, 대형저장산업, 위험물질 수송업, 광업에 대한 안전보건업무를 담당한다. 2015년/2016년 회계연도 기준으로 현장에서 근무하는 산업안전감독관은 1,048명이다.[96]

3. 지방정부

영국의 지방정부도 특정 사업장에 대하여 1974년 산업안전보건법의 실행에 관한 제정법상 의무를 부담한다. 주로 유통, 판매, 사무, 레저, 요식업과 관련이 있는 약 140만 개의 사업장이 여기에 해당한다. 지방정부의 안전보건업무는 산업안전보건청과의 협력 아래 시행된다. 산업안전보건청과 지방정부의 업무분장은 1999년 산업안전보건집행명령(Health and Safety Enforcement Regulations)과 1974년 산업안전보건법 제18조(4)에서 규정한다. 산업안전보건청과 지방정부의 효율적 업무협조를 위해 산업안전보건/지방정부 협의위원회(Health and Safety/Local Authority Enforcement Liaison Committee(HELA))가 1975년부터 구성되어 있다. 아울러, 1974년 산업안전보건법은 지

---

96) HSE, *HSE Annual Report and Accounts 2015/2016*, 2016, p58.

방정부가 안전보건정책을 효율적으로 시행할 수 있도록 산업안전감독관을 임명할 수 있도록 규정하고 있는데(제19조(1)), 실무상 각 지방정부는 환경건강감독관(Environmental Health Officer)을 임명하며 안전보건을 포함한 관련 사항에 대한 책임과 권한을 부여하고 있다.

Ⅴ. 행정감독의 수단

영국 산업안전보건법의 가장 큰 특징은 산업안전감독관에게 작업중지를 명할 수 있는 강력한 권한을 부여하고 실제로 상당한 수의 작업중지명령을 발령하여 안전보건에 관한 사업주의 의무이행을 확보한다는 점이다.

감독수단으로는 경미한 법령위반에 대하여 발령되는 구두경고(Verbal warning), 그 다음 수준인 서면권고(Letters of advice), 특정 활동이 중대한 위험을 수반하거나 공중에 널리 영향을 줄 수 있는 위험을 갖고 있는 때에 사용되는 허가제도(Permissioning and licensing regimes), 법령 위반자에 대하여 형사기소에 갈음하여 이루어지는 공식경고(Formal caution) 등이 있으나 주된 감독수단은 개선처분(Improvement notices)과 금지처분(prohibition notices)이다.

1974년 산업안전보건법 입법에 결정적 계기가 된 로벤스 보고서는 산업안전감독관에게 광범위한 권한을 부여하여야 한다는 의견을 제시하였다. 즉, 법원의 사전 허가를 받지 아니하고 산업안전감독관이 사업주에게 기한을 정하여 위법행위를 시정하여야 한다는 개선처분을 할 수 있어야 하며, 나아가 위반행위가 심각할 때는 금지처분을 할 수 있어야 한다는 의견이었다. 이를 받아들여 1974년 산업안전보건법 제21조와 제22조에서 각 개선처분, 금지처분에 관한 규정을 두고, 제23조에서 처분과 관련한 부가적 사항을 다루고, 제24조는 처분

에 대한 이의제기절차(appeals)를 다룬다. 2015/2016년 통계연도를
기준으로 산업안전보건청과 지방정부에 소속된 감독관이 발령한 처
분은 총 11,403건이다.[97]

Ⅵ. 형사책임

1. 사업주에 대한 형사처벌

1974년 산업안전보건법을 위반하였을 경우 취하여지는 형사적
수단의 주된 대상은 사업주이다(제33조).[98] 벌금의 형사처벌은 대부분
법인 사업주를 대상으로 한다. 앞에서 살펴본 것처럼 사업주의 이행
사항인 산업안전보건법령이 정한 의무를 이행하지 아니한 경우에는
해당 법인을 기소하여 재판을 통하여 벌금형의 처벌을 선고하게 된
다. 한국 산업안전보건법이 안전보건사항을 위반한 근로자(법문에서
'행위자')의 처벌을 전제로 양벌규정을 통하여 법인처벌을 할 수 있도
록 한 것과 달리 영국은 산업안전보건법이 규정한 사업주의 일반적
의무규정과 산업안전보건법의 위임에 따라 입법한 각 종 안전보건 관
련 명령을 사업주가 위반한 때에는 바로 사업주를 수범자로 보아 벌
금형의 형사처벌을 하고 있다.

제3조를 위반한 사업주는 벌금형으로 처벌한다. 약식기소(Summary)
가 되면 20,000파운드 이하의 벌금에 처하고, 정식기소(Indictment)가

---

97) HSE, *Enforcement in Great Britain 2016*, p5 참조.
98) 규정의 일부를 예시하면 다음과 같다.
　제33조 벌칙규정
　(1) 다음의 사항을 행한 자에 대해서는 범죄를 구성한다.
　　(A) 제2조부터 제7조의 의무를 부담하는 자가 이를 이행하지 아니한 행위
　　(B) 제8조부터 제9조의 위반한 행위
　　(C) 안전보건명령(regulations), 농업안전보건명령 또는 해당 명령에 의하여
　　　부과된 금지 혹은 요구사항을 위반한 행위

되면 상한에 제한이 없는 벌금형이 적용되어 판사가 정하는 벌금형에
처하게 된다.[99)100)] 제4조를 위반한 사업주도 제3조와 동일하게 처벌
된다.[101)] 영국의 경우 법인에 대한 벌금의 형사처벌 수위는 집행에
있어서도 한국과 비교하면 매우 높다.[102)] 한편, 제4조는 사업주의 책
임을 두 가지 형태로 제한하는 규정을 두고 있다. 하나는 사업주가 취
하여야 하는 조치는 합리적으로 요구하라 수 있는 범위 내의 것에 한
정된다는 것이고, 다른 하나는 그 조치가 합리적으로 실행가능한 것
이어야 한다는 것이다.

2. 경영진에 대한 형사처벌

경영진에 대한 형사처벌은 실무상 매우 이례적인 경우에 이루어
진다. 1974년 산업안전보건법 제37조의 양벌규정[103)]도 사업주인 법

---

99) 제33조(1)(a).

100) 약식기소가 된 때에는 치안판사법원(Magistrates' Court)에서 즉결심판 형태
의 재판을 받으며, 사안이 중한 때에는 형사법원(Crown Court)에서 정식재판을
받는다. 1974년 산업안전보건법 제2조부터 제7조 위반죄는 위반행위의 중대성
에 따라 위 재판 중 하나의 절차를 거치게 된다. 즉결심판에 관하여 불복할 때에
는 형사법원에 항소를 하며 이후 항소법원(Court of Appeal)에 항소할 수 있다.
정식재판에 대한 불복도 항소법원에서 담당한다. 한편, 1심 법원 판결의 법리오
인에 대해서는 고등법원(High Court)에 항소를 할 수 있다. 항소법원과 고등법
원 재판에 대한 불복은 모두 대법원(Supreme Court)이 담당한다.

101) 제33조(1)(a).

102) 사망사고에 대한 형사처벌의 사례를 보면 다음과 같다. 스타포드셔의 동물 및
음식물쓰레기 처리 공장에 설치된 음식물 처리시설 안에서 일하던 근로자가
2011.11.5 갑자기 주입된 증기에 질식하여 사망한 사건에서 법원은 회사의 사전
교육 및 처리시설 출입관리에 대하여 제3조(1)의 위반이 있다고 보아 660,000파
운드의 벌금형을 선고하였다. 요크셔의 학교지붕단장 공사를 하던 중 벽돌을 옮
기던 근로자가 2011.9.16 화장실로 연결된 지붕 위 창문으로 추락하여 사망한
사고에서 법원은 제3조(1) 위반을 인정하여 회사에 대해서는 80,000파운드의
벌금을, 현장을 감독하였던 이사(director)에 대해서는 7,000파운드의 벌금형이
선고되었다(영국 산업안전보건청 보도자료(press.hse.gov.uk)) 참조.

103) 제37조 법인에 대한 형사처벌

인 처벌을 전제로 하고 이에 이사 등 관리자가 일정한 형태로 위반행위에 가담한 경우에 한하여 경영진 등을 처벌하는 형태로 구성되어 있다. 앞서 언급한 대로 한국 산업안전보건법의 양벌규정이 행위자(주로 근로자)를 먼저 처벌하고, 그에 대한 감독상의 의무위반이 확인되면 사업주인 법인을 처벌하는 형태(한국 산업안전보건법 제71조)와 정반대라고 할 수 있다.

1974년 산업안전보건법은 경영진 이외에도 제7조,[104] 제8조, 제36조[105] 등을 통하여 개인처벌을 할 수 있도록 하고 있으나 실제 적용되는 예는 매우 드물다. 경영진에 대한 형사처벌에 관한 구체적 가

---

(1) 법인에 의하여 행하여진 제정법 위반의 형사범죄가 법인의 이사, 매니저, 세크리터리, 또는 그러한 권한이 있는 자의 동의, 방조 또는 그러한 자의 과실로 인한 때에는 법인뿐만 아니라 그러한 자도 동일한 형사책임을 부담하고, 형사재판절차에 기소되어 그에 따른 처벌을 받는다.

(2) 법인의 행위가 그 사원에 의하여 행하여진 경우, 그가 법인의 이사와 같은 자격에서 경영진의 역할과 관련하여 행동하였거나 의무불이행을 한 때에는 전항에서 규정한 절차를 적용한다.

104) 1974년 산업안전보건법 제7조는 근로자에게 산업안전보건에 관한 일반적인 주의의무와 사용자와의 협력의무를 규정하고 있는데, 이 규정을 근로자에게 적용하여 형사처벌을 하려면 다음과 같은 고려사항을 반드시 먼저 검토한 후 근로자 개인을 기소하는 것이 공익기준에 부합한다고 판단할 수 있어야 한다. ① 기업이 법령준수를 위해 필요한 합리적 조치를 모두 취하였는가, ② 위반행위가 개인의 작위 혹은 부작위 만에 기인하여 발생한 것인가, ③ 일반적으로 근로자가 사용자가 정한 업무지침을 준수하였는가, ④ 어떤 형태로든 근로자에게 사전에 경고가 있었는가, ⑪ 근로자의 위반행위가 명백한가, ⑤ 근로자의 행위에 의하여 산업 및 보건 사항에 위험이 발생하였는가, ⑥ 제3자가 보았을 때 근로자에 대한 기소가 공정(fair)하고 적절하며 정당(warrant)한가.

105) 제8조와 제36조는 직접 위반행위를 하지 않더라도 이를 야기한 개인에 대하여 적용된다. 여기에는 산업안전보건법에서 정한 특정한 수범자가 아닌 자, 예를 들면 지방정부의 구성원(member)도 포함된다. 경우에 따라서는 근로자와 이사/관리자에게 위 조항을 적용하기도 한다. 공익에 관한 내용에 대해선 다른 조항을 적용할 때와 비슷한 원칙과 고려사항들이 제8조와 제36조의 해석과 집행에 적용된다. 따라서 형사처벌이 비례성의 원칙에 비추어 적절한지, 위반행위에 의하여 야기된 위험의 정도, 위반행위에 관여한 행위자의 역할, 회복조치의 적절성, 수범자가 부담하는 고의 혹은 과실의 정도 등을 고려한다.

이드라인은 산업안전보건청 업무처리 회람(HSE Operational Circular 130/8(OC 130/8))이다.

제5절 재해보상

Ⅰ. 법령의 체계

산업재해에 따른 재해보상을 다루는 기본 법률은 1992년 사회보장 보험료 및 급부법(Social Security Contributions and Benefits Act)이다. 이 법률은 산업재해보상뿐만 아니라 영국의 사회보장 시스템 전반을 다루는 기본 법률이다. 법명에서 드러나듯이 사회보장에 소요되는 재원 중 일부인 사용자와 근로자가 납부하는 기여금의 종류와 내용 및 국가가 보장하는 급여의 종류와 내용을 규정하고 있다. 아울러, 1992년 사회보장행정법(Social Security Adminstration Act)과 1998년 사회보장법(Social Security Act) 등이 사회보장행정 등과 관련한 주요 법률이다.

영국의 산재보험이 처음 도입된 1897년에는 ① 단기 노동능력상실에 대한 상해급여(injury benefit), ② 장기 노동능력상실에 대한 장해급여(disablement benefit), ③ 장해로 인해 장래에 노동능력상실이 될 경우 연금을 증액하는 취업능력보충급여(unemployability supplement), ④ 장해로 인해 종래의 직업이나 그것과 동등한 직업에 종사하는 것이 불가능한 경우에 대한 소득보장으로서의 특별곤란수당(special hardship allowance), ⑤ 근로자의 유족에 대하여 지급되는 사망급여(death benefit) 등이 있었으나 현재는 ②의 장해급여만 운영하고 있다.[106]

---

106) 고용노동부, 「외국사례를 통한 산재보험 요양급여 운영체계 합리화 방안 연구」(정책연구용역 보고서), 2010, 29쪽.

나머지 급여는 다른 사회보험의 소득지원 제도와 통합하여 시행하고
있으며 한국의 요양급여에 해당하는 제도는 국민보험(National Insur-
ance), 즉, 국민건강보험의 영역에서 보장되고 있다. 따라서 한국의
사업주가 부담하는 별도의 산재보험료 개념은 존재하지 아니하고 국
민보험료(National Insurance Contributions)의 유형에 따른 기여금만
근로자와 사용자가 납부하게 된다.[107] ②의 장해급여의 재원은 전액
세금에 의하여 충당되기 때문에 공적부조의 성격이 강하다. 요컨대,
세금을 재정의 기초로 하는 영국의 산재보험은 장해로 인하여 발생한
장기노동능력 상실에 따른 소득을 지원하는 기능을 한다.

Ⅱ. 국민보험료의 체계

산재보험의 주요한 급여인 요양급여와 휴업급여는 국민건강보험
(National Health Service)을 통하여 보장한다. 국민건강보험의 재원
은 대부분 세금이며, 일부는 근로자와 사용자가 납부하는 보험료이
다. 영국은 Class 1, Class 1A, Class 1B, Class 2, Class 3, Class 4 등
6종의 국민보험료를 운영하고 있는데 각각의 보험료는 납부의무자가
조금씩 다르고 납부하는 보험료를 산출하는 방식도 다르다. 그 중 근
로자와 사업주를 납부의무자로 하는 보험료는 Class 1, Class 1A,
Class 1B이다. 보험료 납입에는 연령제한이 있어 16세를 초과하는 자
로서 연금연령 미만의 자(남성: 65세, 여성은 출생 연도에 따라 60세
에서 65세 사이인데 2020년 10월까지 남녀 모두 연금연령을 66세로
통일하여 상향 조정할 계획이다)에 해당하여야 한다.

Class 1은 근로소득자(employed earners)와 사용자(employer)

---

107) 따라서 한국과 같은 형태의 산업재해 개별실적요율제가 운영되지 아니하며 따
라서 이 제도를 산재예방의 정책수단으로 사용하지도 아니한다.

및 타인에게 고용을 바탕으로 보수를 지급하는 자가 납부하는 보험료이다(1992년 사회보장 보험료징수 및 급부법 제1조(2)(a)). Class 1A는 1991년 법 개정을 통해서 새롭게 들여온 보험료 납부 제도인데, 관리자급 근로자가 회사의 자동차를 사적으로 사용하고 회사는 자동차에 대한 기름이라는 현물을 임금의 한 형태로 제공하는 관행을 막기 위해서 도입한 보험료이다(1992년 사회보장 보험료징수 및 급부법 제1조(2)(b), 제10조).[108] Class 1B는 1998년 사회보장법(Social Security Act 1998)을 통해서 입법된 것인데 사용자가 근로자에게 지급하는 야간 근로수당 등 각종 수당에 대한 원천징수를 업무편의상 일시금으로 지급하는 것을 내용으로 하는 "Pay as you earn Settlement Agreements"를 국세 및 관세청과 체결한 경우, 그에 따르는 보험료를 납부하는 방식이다. Class 1의 보험료는 근로소득자의 경우, 근로소득자의 수입 구간에 따라 그 비율이 달리 정해진다. 한편, 사용자가 납부하는 Class 1의 보험료는 근로자의 수입 구간과 다소 다른 구간을 사용하는데 근로자의 매주 소득이 일정액을 초과하면 해당 수입의 13.8%의 보험료를 납부한다.[109]

Ⅲ. 업무상 재해의 판정

1992년 사회보장 보험료징수 및 급부법 제94조(1)은 근로소득자가 고용으로 인하여, 고용과정에서 발행한 사고로 개인적 재해를 입은 때[110]에 재해보상을 한다고 규정하고 있다. 개인적 재해에는 신체적, 정신적 손상과 질병을 모두 포함한다. 실무적으로는 신체에 삽입

---

108) 현물로 임금을 지급하면 그 만큼 소득세 징수액이 줄어든다.
109) 소득구간 및 이에 따른 기여금의 액은 영국 정부 홈페이지(https://www.gov.uk/national-insurance) 참조.
110) the employed earner suffers personal injury caused … by accident arising out of and in the course of his employment.

된 보철물의 손상이 재해에 포섭될 수 있는지가 문제되는데 일반적으로 신체와의 결합 정도를 파악하여 재해의 인정 여부를 결정한다.[111]

재해와 사고 사이의 인과관계가 인정되어야 하는데 사고가 재해의 유일한 원인일 필요는 없고 유력한 원인(efficient cause)이면 된다는 입장이다. 이와 관련하여 '고용으로 인한', '고용과정에서 발생한'의 의미를 다루는 많은 판례들이 집적되고 있는데 결과적으로 개별 사안별로 구체적 타당성을 추구하고 있다는 평가만을 할 수 있다. 일반적으로는 '고용과정에서 발생하였다는 것'은 재해가 공간적, 시간적, 그리고 고용에서 요구되는 업무를 수행하던 중 발생하였다는 것으로 해석하고 있으며, '고용으로 인한'이란 재해가 근로자의 자초위난 등이 아닌 고용에 수반된 위험에서 발생하였다는 의미로 이해된다.[112]

업무상 사고와 마찬가지로 업무상 질병도 인과관계의 증명이 매우 중요한데 일반적으로는 업무상 재해 자문위원회(Industrial Injuries Advisory Council)[113]가 인정하는 질병(prescribed disease, 지정 질병)은 별도의 인과관계 증명을 요구하지 않고 바로 보장의 대상으로 삼는다. 반면, 지정 질병에 해당하지 아니하는 희귀질환의 인과관계에는 상당한 증명을 요구하기 때문에 새로운 질병에 대처하지 못한다는 많은 비판이 있다.

장해급여 판정은 담당 공무원(Decision Maker)이 수행하며 판정에 불복하면 해당 공무원의 판정에 대한 이의절차(수정을 요구하는 Revision과 새로운 판정을 요구하는 Supersession이 있다)를 거칠 수 있고, 아울러 사회보장 및 아동지원 심판소(Social Security and Child Support Tribunal)에 이의신청을 할 수도 있다. 심판소의 판결에 대한

---

111) N. J. Wikeley, p109.
112) N. J. Wikeley, pp729~743.
113) 노사위원 및 공익위원 등 총 17명으로 구성된다.

불복은 행정 항소심판소(Administrative Appeals Chamber)에 할 수
있으며 이후에는 항소법원(Court of Appeal)에 불복할 수 있다.

Ⅳ. 재해보상의 내용

한국의 재해보상 중 요양급여는 건강보험체계에서 제공하고 있
으며, 휴업급여는 법정상병급여를 통하여 제공한다. 영국의 산재보상
체계에서 보장하는 장해급여는 일반적으로 평균 14% 이상의 후유장
해판정이 있는 때에 지급된다. 2017년을 기준으로 예를 들면, 20%의
노동능력상실의 경우 주당 33.94파운드를, 100%의 노동능력상실의
경우 주당 169.70파운드를 지급한다.[114] 장해의 정도가 심하여 개호
가 필요한 때에는 주당 62.70파운드의 개호수당(Carer's Allowance)
이 지급되는데 이때 개호인은 16세 이상의 자로서 주당 35시간 이상
을 개호하여야 한다. 장해급여를 수급한 때에는 기타의 소득보장급여
나 연금과의 조정이 있을 수 있다.

Ⅴ. 재해보상과 사업주의 손해배상

산재가 발생하면 사업주는 앞서 언급한 산재보험에 따른 급여와
관계없이 산재발생에 본인의 과실이 인정되면 불법행위에 의한 손해
배상책임(tort)을 부담한다. 이러한 손해배상책임은 공적부조에 의하
여 운영되는 산재보험과는 별개의 제도로서 산재보험의 급여는 손해
배상액을 산정하는 데 고려되지 아니한다. 한국의 경우 산재로 인한

---

114) 영국 정부 홈페이지(https://www.gov.uk/industrial-injuries-disablement-benefit)
참조.

손해배상액을 산정할 때, 근로복지공단으로부터 지급받은 급여를 공제하는 것과 다르다.[115] 한편, 손해배상소송의 약 98%는 법정 외에서 화해를 통하여 해결이 되는데 이 경우 뒤에서 언급하는 사업주의 가입이 강제되는 보험이 개입하게 된다.

영국의 사업주는 1969년 사용자책임 (의무보험) 법(Employer's Liability (Compulsory Insurance) Act)에 의하여 민간 사업자가 운영하는 노동재해보험에 의무적으로 가입하여야 한다. 사업주가 가입하는 노재보험은 산재사고 발생시 법원의 판결 등에 의하여 사업주가 재해근로자에게 배상하여야 하는 손해배상액을 사업주에 갈음하여 지급하는 기능을 수행한다. 사용자책임(의무보험)법은 사업주에게 적어도 5백만 파운드 이상의 보험금을 지급할 수 있는 보험에 가입할 것을 규정하는데 사업주는 보통 1천만 파운드 정도를 보장하는 보험에 가입한다.[116] 보험에 가입한 사업주는 보험증권 등을 게시하여 근로자들이 알 수 있도록 하여야 한다. 법령상 보험의 적용 범위는 사업주의 근로자와 견습공(apprentice)이다. 보험 미가입 사업주에 대해서는 최대 2,500파운드의 벌금형을 선고할 수 있다.

---

115) 한국 산재보험은 사업주의 보험료 납부라고 하는 사업주의 직접 기여분이 있다.
116) HSE, *Employer's Liability (Compulsory Insurance) Act - A brief guide for employers*, 2012, p3.

제6절 모성 및 부성 보호와 일·가정의 양립

Ⅰ. 모성보호권리

1. 임신부 검진을 위한 근로시간면제

임신한 근로자가 의사, 조산사, 건강관리사 등의 조언에 따라 검 진을 위하여 예약을 하였을 경우, 사용자는 불합리하게 검진을 위한 근로자의 근로시간면제 청구를 거절하지 못한다. 임신한 근로자는 사 용자의 요청에 따라 임신 사실을 증명하는 서면과 검진 예약을 증명 하는 서면을 제출하여야 한다. 법률 문언만 보면 근로시간 이외에 검 진이 가능하면 사용자는 근로시간면제를 거부할 수도 있다(고용권법 제 55조). 분쟁해결은 고용심판소에서 하며 근로자는 근로시간면제에 따 른 급여의 지급 및 1999년 모성보호 및 육아휴직 등 명령(Maternity and Parental Leave etc Regulations) 제19조에 근거하여 추가적인 손 해의 배상과 위자료의 청구도 가능하다. 한편, 피부양자의 보호를 위한 근로시간면제는 임금 보호제도에서 설명한 바와 같다(고용권법 제57조).

2. 모성보호를 위한 위험성평가와 출근면제

1999년 안전보건경영명령은 6월 이내에 출산을 예정하고 있는 임신한 근로자와 수유를 하는 근로자의 안전보건을 보장하기 위하여 위험성평가를 하도록 규정하고 있다(제16조). 위험성평가는 업무내용 이 가임여성 혹은 태아의 안전보건에 위험을 일으킬 수 있는 경우에 시행하여야 한다. 위험성평가 결과 위험을 피할 수 없는 때에는 근로 자의 업무시간을 변경하거나 다른 업무로의 배치전환을 하거나(고용권법

제67조) 출근을 면제하고 유급휴가를 주거나 모성보호 출근면제급여 (Maternity Suspension Pay)를 지급하여야 한다(고용권법 제68조). 야간근로 가 부적절하다는 의견이 있으면 의사 등이 특정한 기간 동안 야간근로를 시킬 수 없다. 사용자는 임부(妊婦), 출산 후 6개월이 경과하지 아니한 산 부(産婦) 및 수유중인 근로자를 위하여 편의시설을 제공하여야 한다(1992 년 작업장 (안전보건 및 복리) 명령(Workplace (Health and Safety and Welfare) Regulations) 제25조(4)). 제16조 위반은 성차별을 원인으로 한 이행거절이 성립할 수 있고, 따라서 근로자는 의제해고를 주장할 수 있다.[117]

Ⅱ. 모성보호휴가

모성보호휴가는 한국의 산전후휴가가 확대된 형태로 이해할 수 있는데 영국은 매우 자세한 규정을 두고 있다(고용권법 제71조~제74조, 1999년 모성보호 및 육아휴직 등 명령).

1. 모성보호휴가의 유형

모성보호휴가(Maternity Leave)는 기간별로 ① 출산한 날로부터 2주간 동안 모든 여성에게 주어지는 법정모성보호휴가(Compulsory Maternity Leave), ② 일정 조건을 만족하는 모든 임부에게 26주의 휴 가를 보장하는 일반모성보호휴가(Ordinary Maternity Leave), ③ 일 반모성보호휴가를 마친 모든 여성에게 추가로 26주의 휴가를 보장하 는 추가모성보호휴가(Additional Maternity Leave)가 있다.

---

117) Bunning v GE Bunning & Sons Ltd EAT/0136/03.

2. 법정모성보호휴가

1996년 고용권법은 모성보호휴가의 청구 요건을 하위 명령에 위임하고 있다(고용권법 제72조). 이에 따라 자세한 요건은 1999년 모성보호 및 육아휴직 등 명령에 규정되어 있다. 법정모성보호휴가는 산후휴가로서 출산한 날로부터 2주간은 산부에게 근로제공을 요구할 수 없도록 한 제도이다. 휴가 청구를 위한 별도의 계속근로기간 요건 등을 요구하지 아니한다. 법령을 위반하여 근로를 시킨 사용자에 대해서는 500파운드 이하의 벌금형에 처한다.

3. 일반 및 추가 모성보호휴가

일반 및 추가 모성보호휴가의 청구요건은 동일한데, 근로자는 출산예정주로부터 15주가 되는 주에 이르기까지 적어도 26주 이상을 계속 근로한 사실이 있어야 한다. 아울러 사용자에게 출산 예정주로부터 15주 이내에 휴가 사용예정 사실을 통보하여야 한다. 근로자는 통보시 임신한 사실, 출산예정주, 모성보호휴가 사용 시작일을 알려야 한다. 휴가사용은 출산예정주로부터 11주 이내의 날이면 언제든지 가능하다. 모성보호휴가는 조산, 임신한 날로부터 24주 이후에 있은 사산의 경우에도 사용이 가능하고 당연히 출산 직후 태아사망의 경우에도 가능하다. 일반 및 추가 모성보호휴가의 요건을 갖추지 못한 산부는 모성보호수당(Maternity Allowance)을 청구할 수 있다(고용권법 제71조, 제73조).

일반모성보호휴가를 사용하는 근로자는 모성보호휴가를 사용하지 아니하고 근로를 제공하였을 때와 동일한 고용조건상의 급부를 받을 수 있다. 따라서 일반 및 추가 모성보호휴가를 모두 사용하여 52주(1년간)간 근로를 제공하지 아니한 산부도 1년 단위로 지급하는 상여금을 수령할 권리가 있다. 일반모성보호휴가를 종료한 근로자는 원직에 복직할 권리가 있으며 휴가기간 동안의 근속기간에 대한 권리도 그대로 보장받는다(1999년 명령 제18조(1), 제18A조(1)). 다만, 휴가 기간 중 정원감축해고가 있으면 사용자는 근로자를 가능한 다른 업무로 복귀시킬 수 있다(1999년 명령 제10조).

추가모성보호휴가를 사용한 근로자에 대하여 1999년 명령 제17조는 묵시적 신뢰의무에 따라 인정되는 사용자의 급부, 통보에 관한 권리, 정원감축급여, 징계 및 고충처리 규정, 비밀유지의무, 뇌물수수 금지, 경업금지의무 등이 있다고 규정한다. 통상 일반모성보호휴가와 급부 면에서 큰 차이는 없으나 추가모성보호휴가는 일반모성보호휴가와 달리 마지막 13주에 대하여 연금상 권리가 생기지 아니한다는 차이가 있고, 직장 복귀에 있어 정원감축해고의 이유가 아니더라도 원직복직의 합리적 실행가능성이 없으면 다른 업무로 복귀시킬 수 있다.

4. 분쟁해결

모성보호휴가 사용을 이유로 한 해고는 당연 불공정해고가 된다. 휴가 사용으로 인하여 기간제 고용기간을 모두 채우지 못한 여성근로자를 해고하면 성차별이 성립하며 여성근로자가 고용계약 체결 당시 임신사실을 알리지 아니하여도 마찬가지이다.[118] 해고 이외의 고용계약 위반에 대해서는 카운티 법원에 소를 제기할 수 있고, 그 중 일부는 고용심판소에 관할권이 있다. 휴가 사용 기간중 해고된 근로자는 별도의 청구 없이 해고 이유의 서면통보를 받을 권리가 있다(고용권법 제92조).

---

118) Tele-Danmark A/s v Handels (HK) per Brandt-Nielsen, C-109/00.

Ⅲ. 법정모성보호급여와 모성보호수당

1. 법정모성보호급여

법정모성보호급여(Statutory Maternity Pay)는 1986년 법정모성보호급여(일반)명령(Statutory Maternity Pay (General) Regulations)에서 규정하고 있다. 사용자는 자격을 갖춘 근로자에게 39주 동안 급여를 지급하면 국민보험기금에서 소요 비용을 지원한다. 급여는 첫 6주 동안에는 1주 평균임금의 90%를 지급하며, 나머지 33주에 대해서는 140.98파운드와 1주 평균임금의 90% 중 적은 금액을 지급한다. 급여에 대해서는 세금공제 등이 있다.

급여를 청구하기 위해서는 ① Class 1의 보험료를 납부하는 근로자이어야 하며, ② 출산예정주로부터 15주 직전까지 26주 이상의 계속근로기간이 있어야 하고, ③ 계속근로기간 말일로부터 8주간 지급받은 주당 평균임금이 113파운드 이상이어야 하며, ④ 사용자에게 출산예정주 및 급여지급시기에 대하여 적어도 28일 전에 통보하여야 한다. 한편, 근로자가 실제로 근로를 제공한 기간이나 유럽경제구역 밖으로 이동한 경우 등에는 급여지급이 중단된다.

법정모성보호급여를 지급받을 수 없는 자는 모성보호수당을 청구할 수 있다.

2. 모성보호수당

1992년 사회보장 보험료징수 및 급부법 제17조부터 제21조는 법정모성보호휴가나 급여를 받지 못하는 근로자에게 모성보호수당(Maternity Allowance)을 국가가 직접 지급한다고 규정한다. 청구요건은 ① 임신중으로 출산예정주로부터 11주 이내일 것, ② 출산예정주

로부터 66주 중 적어도 26주 이상 근로소득자 혹은 자영업자로서 근
로를 하였을 것, ③ 26주 중 13주의 어느 한 주의 수입이 30파운드 이
상일 것이다. 모성보호수당은 39주 동안 140.98파운드와 1주 평균수
입의 90% 중 적은 금액을 지급한다.

Ⅳ. 분할육아휴가급여

최근 입법의 변화가 있어 2015년 4월 5일을 기준으로 그 이전에
태아가 출생한 때에는 구법인 2002년 부성보호 및 입양 휴가 명령
(Paternity and Adoption Leave Regulations)을 적용하고, 그 이후에
태아가 출생한 때에는 신법인 2014년 분할육아휴가명령(Shared Parental
Leave Regulations)을 적용한다. 신법의 내용만 설명한다.

분할육아휴가(Shared Parental Leave)와 급여(Shared Parental
Pay) 제도는 1개의 휴가 제도를 배우자 상호간에 분할하여 사용하는
성격이 강하다. 단일한 1개의 휴가 제도를 배우자간에 수회 분할하여
사용할 수 있으며, 급여 수준에서 다소 증액이 있다. 다만, 산모는 출
산 후 최소 2주간은 휴가를 사용할 의무가 있다.

휴가 사용을 하려는 당사자는 동일한 사용자에 대하여 출산예정
주로부터 15주 직전까지 26주 이상의 계속근로기간이 있어야 한다.
상대방 배우자는 출산예정주로부터 역산하여 66주 중 적어도 26주
이상 근로하여야 한다. 아울러 당사자 중 1인은 모성보호급여(휴가),
입양급여(휴가), 또는 모성보호수당의 수급 자격 중 하나를 갖추어야
한다.

휴가를 사용하려는 당사자는 상대방이 모성보호휴가를 종결하면
52주 중 나머지 주의 휴가를 사용하게 되고, 법정모성보호급여나 모
성보호수당의 수령을 중단하면 39주 중 나머지 급여나 수당을 수령하

게 된다. 급여액은 첫 6주는 상한을 정하지 아니하고 1주 평균수입의 90%를 지급하고, 이후로는 법정모성보호급여와 동일한 수준으로 지급한다.

Ⅴ. 입양휴가와 입양급여

입양휴가(Adoption Leave)는 근로자로서 입양사실 혹은 대리모인 사실을 증명하고 사용자에게 28일 전에 통보를 하여야 한다. 급여(Adoption Pay)를 청구하기 위해서는 입양휴가 요건에 추가하여 입양 전 적어도 26주간의 계속근로기간이 있어야 하며 1주 평균 113파운드 이상의 수입이 있어야 한다. 총 52주의 휴가일수는 26주의 일반입양휴가와 26주의 추가입양휴가로 구성된다. 급여액은 첫 6주는 1주 평금임금의 90%를 지급하고, 나머지 33주는 140.98파운드와 1주 평균수입의 90% 중 적은 금액을 지급한다.

Ⅵ. 유연근로시간제도

영국의 유연근로시간제도(Flexible Working)는 노동법상의 책임을 회피하기 위한 수단이라기보다는 근로자의 생활양식의 변화에 따른 노동시간의 유연화라는 측면이 강하고 이에 따라 1996년 고용권법도 근로자의 권리 형태도 규정되어 있다. 그러나 규정의 내용상 권리보장은 여전히 미흡하다는 지적이 있다.[119]

유연근로시간 청구는 26주 이상의 계속근로기간 요건을 충족하여야 가능하다. 유연근로시간 청구는 고용계약상 근로시간 등에 대한

---

119) Astra Emir, p199.

고용조건을 변경하는 것이므로 근로자는 사용자에게 근로시간, 근로 횟수, 업무장소 변경의 경우 그 위치, 기타 위임명령에서 규정한 사항 을 변경하는 내용으로 청구한다. 또한 근로자는 고용조건이 변경되는 시기와 자신의 고용조건 변경이 사용자에게 미치는 영향을 설명하여 야 한다(고용권법 제80F조).

1996년 고용권법은 유연근로시간 청구에 대하여 사용자의 거절 사유를 규정하고 있는데 사유의 범위가 매우 넓은데다 의미도 모호한 것이 많다. 거절 사유는 추가비용부담, 고객요구응대 능력의 손상, 기 존 근로자의 업무조정 불가, 추가적인 근로자 고용 불가, 업무의 질에 대한 손실, 업무수행능력의 손실, 해당 기간 노동력의 부족, 사전에 계획된 물적 구조조정, 기타 위임명령에서 규정한 사유 등이다(고용권 법 제80G조). 유연근로시간과 관련된 분쟁은 고용심판소에서 관할하며 원고의 청구가 이유가 있는 때에 고용심판소는 사용자에게 재고 (reconsideration)명령 및 금전배상명령을 할 수 있다(고용권법 제80I조).

제4장
징계와 고용관계의 종료

제1절 징계제도

Ⅰ. 징계규정의 정당성

뒤에서 살펴보는 각 징계가 정당하기 위해서는 징계의 근거가
되는 징계규정이 갖추어야 하는 요건들이 판례상 집적되었다. 먼저,
징계규정은 그 내용이 명료하고 쉽게 이해할 수 있도록 규정되어 있
어야 한다. 따라서 현금을 운반하는 근로자에게 적용되는 복무규정
중에 규정위반이 즉시해고로 이어질 수 있다는 내용이 포함되어 있더
라도 적용되는 규정에 "현실안주에 주의하라", "자기훈련의 습관을 기
르자" 등과 같은 추상적 내용이 있고, 다른 규정 위반에 대하여도 경
고의 징계로 그친 전례가 있다면 복무규정은 명확성이 부족하고 따라
서 규정위반을 이유로 바로 즉시해고 하는 것은 부당하다는 판례가
있다.[1] 그러나 사전승인 없는 사업장 이탈은 즉시해고의 사유가 될
수 있다는 규정에 대해서는 유효성을 인정하기도 하고 부정하기도 한

---

1) Rigden-Murphy v Securior Ltd [1976] IRLR 106.

다.[2] 한편, 형식적으로 징계규정이 있었더라도 그것이 실제로 효력을 가지고 실행된 적이 없는 때에는 해당 규정을 적용할 수 없다.[3]

　징계규정은 사전에 개별 근로자가 숙지할 수 있도록 제공되어야 한다. 따라서 식당게시판에 관련 규정을 붙여 놓는 것만으로는 충분하지 아니하며, 개별 근로자에게 알리지 아니하고 노동조합과 합의한 것만으로도 충분하지 아니하다.[4]

Ⅱ. 징계의 유형

1. 경 고

　판례법으로 정립된 수준은 아니지만 경고(warning)는 주로 해고 이전 단계로서 근로자에게 징계대상이 되는 행위를 특정하고 이후의 재발방지를 촉구하는 기능을 한다고 설명한다. 따라서 경고의 내용은 대상행위와 그로 인하여 향후 해고가 가능하다는 점을 근로자가 인식할 만큼 명확하여야 한다.[5] 경고는 그 자체의 당부를 다투기보다는 해고와 연계가 되어 있을 때 선결문제로서 효력을 다투는 사례가 많다. 근로자에 대한 경고는 반드시 계약법적 근거가 필요가 없다는 견해도 있으나,[6] 징계규정에 해고를 위한 전단계로서 구두경고, 서면경고 등이 차례대로 규정되어 있다면 해당 경고를 생략한 채 이루어진 해고는 공정성이 부인될 수도 있다.[7] 수차례의 경고가 누적되었고 이

2) 인정한 사례로는 Lindsay v Fire Forge [1976] IRLR 47, 부정한 사례로는 Jones v London Co-operative Society [1975] IRLR 110.
3) Frame v McKean & Graham Ltd [1974] IRLR 179.
4) Brooks(W) & Son v Skinner [1984] IRLR 379.
5) Bendall v Paine and Betteridge [1973] IRLR 44.
6) Astra Emir, p355.
7) Raymond v Sir Lindsay Parkinson Ltd [1974] IRLR 298.

후 동종 행위가 반복되면 해고한다고 고지한 후 경고의 원인이 된 동일한 행위에 대하여 해고가 이루어진 때에도 종전 경고의 경위와 내용을 살펴서 해고의 공정성을 판단하여야 한다.[8] 최종 서면 경고 후 해고할 수 있다고 규정되어 있는 경우 최종 서면경고의 이유가 불합리하다면 근로자는 의제해고를 주장할 수도 있다.[9] 효력기간이 정하여진 최종 경고가 해고와 연계되어 있는 상태에서 효력기간이 경과한 후 일어난 행위를 이유로 해고를 하는 것은 불공정하다는 판례도 있으나,[10] 해고의 공정성을 판단하는 데 참고할 수 있다는 판례도 있다.[11] 한편, 판례 중에는 주의(reprimand)를 징계의 일종으로 언급하고 있는 것이 있으나 그 법적 성격은 다소 모호하다.[12] 개별 사례에서 구체적으로 판단할 수밖에 없다.

2. 감 봉

사용자가 감봉(deduction)을 하려면 계약상 권한이 있어야 하며 아울러 임금감액에 관한 일반적 규정을 정한 1996년 고용권법을 준수하여야 한다. 감봉은 노동자와의 계약 또는 제정법상 규정이 있거나 그 이전에 서면으로 동의의 약정을 한 때에만 가능하다(고용권법 제13조(1), 제15조(1)). 감봉의 근거가 되는 계약은 감봉 전에 사용자가 노동자에게 교부하는 계약서 사본으로서 1개 이상의 고용조건으로 규정되어 있거나 공제 전에 사용자가 노동자에게 서면으로 그 존재와 효력에 대하여 알려야 하는 1개 이상의 고용조건으로 규정되어 있어

---

8) Newalls Insulation Co. Ltd v Blakeman [1976] IRLR 303.
9) Stanley Cole (Wainfleet) Ltd v sheridan [2003] IRLR 52.
10) Bevan Ashford v Malin [1995] IRLR 360.
11) Airbus v Webb EAT/0453/06.
12) King v Motorway Tyres and Accessories Ltd [1975] IRLR 51. 선임자와 언쟁을 하던 중 욕설을 한 근로자에게 해고는 부당하며 중한 주의(severely reprimanded)로 족하다고 판단한 사례이다.

야 한다(고용권법 제13조(2), 제15조(2)). 노동자의 공제 동의는 사전에 서면으로 이루어져야 한다. 따라서 이미 지급된 급여 등에 대한 소급적 감액이나 감봉은 허용되지 아니한다. 서면 동의의 내용은 명확하여야 한다. 이러한 요건은 급여나 비용의 과오지급에는 적용되지 아니한다 (고용권법 제14조, 제16조).

소매업 중 공중에 대하여 물건을 판매하거나 판매한 대금을 모으는 일에 종사하는 노동자에 대해서는 현금이나 물건 부족을 이유로 임금감액을 할 수 있으나 그 금액은 지급하는 임금 총액의 10분의 1을 초과하지 못하며 감액이 가능한 시기도 사용자가 합리적으로 행동하였다면 그 부족을 알 수 있었던 날로부터 12개월 이내이어야 한다 (고용권법 제18조).

사용자의 감봉 혹은 감액에 대해서는 고용심판소에 소를 제기할 수 있다(고용권법 제23조).

3. 정 직

사용자가 정직(suspension)을 하려면 명시적 규정이 있어야 하는데 규정은 고용계약뿐만 아니라 사업장 규정 및 해당 산업 내 노동관행으로도 가능하다는 것이 판례이다.[13] 단체협약에 해당 내용이 규정되어 있다면 그 내용은 고용계약의 내용으로 편입되어 있어야 한다.[14] 위법한 정직은 고용관계의 일시적 중시로 취급하며 정직의 기간이 끝나면 근로자는 원직복직을 청구할 권리를 갖고 고용관계는 중간에 끊어지지 않는 것으로 처리된다. 근로자는 다른 한편 의제해고를 주장할 수도 있다.[15]

---

13) Bird v British Celanese Ltd [1945] KB 336. 사업장 내 노동관행을 근거로 2일 간 정직을 한 사례이다.
14) Tomlinson v London, Midland and Scottish Rly Co [1944] 1 All ER 537.
15) Astra Emir, p353.

한편, 징계목적인 아닌 무급 대기발령(precautionary suspension)
도 가능하다. 따라서 경찰 수사를 앞둔 근로자에 대한 비위행위를 조
사하고 회사의 재산을 보호하기 위하여 행한 무급 대기발령은 정당하
다는 판결이 있다.[16] 그러나 무급 대기발령은 근로자에 입히는 중대
한 손해를 고려하여 신중하게 결정되어야 한다.[17] ACAS의 행위준칙
은 유급 대기발령도 그 성격이 징계목적이 아니므로 되도록 짧은 기
간 동안만 허용되어야 한다는 입장이다.[18] 판례 중에는 정신과의사에
대한 무급 대기발령의 효력을 정지하는 가처분을 발령한 것도 있다.[19]

4. 강 등

사용자는 계약상 권한을 근거로 근로자를 강등(demotion)할 수
도 있으나 계약상 근거가 없더라도 청문절차를 거쳐 해고가 가능한
사안에서 해고보다 낮은 단계의 징계로써 강등을 할 수 있다는 것이
판례이다.[20] 이 경우 근로자는 의제해고를 다툴 수 있고, 아울러 징계
사유와 비교하여 강등이 지나치게 과중한 징계라고 판단되면 역시 의
제해고를 주장할 수 있다.[21]

---

16) Jones v British Rail Hovercraft Ltd [1974] IRLR 279.
17) Crawford v Suffolk Mental Health Partnership NHS Trust [2012] EWCA Civ
    138.
18) para 8.
19) Mezey v South West London & George's Mental NHS Trust (No. 1) [2007]
    EWCA Civ 106.
20) MacKay Decorators (Perth) Ltd v Millar EAT 782/98.
21) BBC v Beckett [1983] IRLR 43.

제2절 위법해고와 불공정해고

영국 법제에서 해고의 유형 혹은 종류는 크게 제정법상 해고 제한의 통제를 받는 불공정해고(unfair dismissal)와 보통법의 규제를 받는 위법해고(wrongful dismissal)가 있다.

위법해고는 보통법에 기반을 둔 해고의 유형으로서 널리 고용계약에서 정한 조건을 위반한 해고를 의미하지만 분쟁에서 실질적으로 나타나는 유형은 보통법 혹은 고용계약에서 정한 해고예고기간을 준수하지 아니하거나 해고예고통보를 하지 아니하고 이루어진 해고를 말한다. 위법해고는 계약의 자유라는 보통법의 원리에 따라 규율되는 해고의 유형이고 그 구제도 해고를 불법행위로 구성하여 그에 따른 손해배상책임을 사용자가 부담하는 방식을 택하고 있다. 그러나 실무적으로 보통법상의 해고가 위법하게 되는 경우는 매우 드물고 그 구제도 매우 미흡하다고 볼 수 있다.

1971년 노사관계법을 통하여 제정법상 제도로 도입된 불공정해고는 일정한 자격 조건을 갖춘 근로자에게 해고의 당부를 다툴 수 있는, 제정법이 새롭게 규정한 해고의 유형이다. 불공정해고는 기존의 위법해고보다 신속하고 효율적인 권리구제를 목표로 한 영국 해고법제의 중핵을 이루는 제도이다. 해고의 당부를 다루는 법리 구성에 있어서 여전히 보통법 법리의 영향을 많이 받고는 있으나 해고의 공정한 이유를 법정(法定)하고 권리구제에 있어서 불법행위로 인한 손해배상보다 근로자에게 훨씬 유리한 금전배상제도를 도입하고 있으며, 무엇보다 일반 민사법원이 아닌 고용심판소라고 하는 노사의 대표자가 참여하는 일종의 참심제 노동법원을 통한 절차 진행이 큰 특징이다. 해고를 당한 근로자가 고용심판소에서 재판을 받을 자격이 있는

가는 사실상 실질적인 권리구제를 받을 수 있는 가능성과 곧바로 연결되기 때문에 불공정해고제도의 운영방식은 영국 집권당의 노동정책을 가늠하는 중요한 지표가 되기도 한다.

　한편, 위와 같이 보통법의 역리를 해결하기 위하여 도입된 제정법상 제도라는 불공정해고의 특징으로 인하여 고용종료에 따른 근로자 보호가 문제되는 분쟁 사안에 대해서도 고용심판소의 관할과 구제를 넓혀 나가고 있다. 예를 들어, 한국의 부당노동행위에 해당한다고 말할 수 있는 조합원임을 이유로 하거나 혹은 조합원의 지위를 가지고 한 활동을 이유로 한 해고에 대하여는 불공정해고제도를 이용할 수 있도록 하고 특히, 이 경우에는 당연 불공정해고라고 하여 해고를 다툴 수 있는 제소 요건을 완화하고 그 심리에 있어서도 사용자의 인사에 관한 재량권을 축소하고 있다. 또한, 2010년 평등법을 위반한 사용자의 차별적 해고에 관한 다툼도 불공정해고제도 안에서 해결하고 있으며 구제수단인 금전배상액의 상한도 정하지 아니하는 과감한 수단을 동원하고 있다. 경영상 해고는 1996년 고용권법 제11장에서 규정하고 있는 정원감축해고와 제11장의 정원감축해고의 정의에 포섭되지 아니하는 형태의 해고가 있다. 양자의 공정성에 다툼이 있을 경우 해당 근로자는 불공정해고를 다툴 수 있는 법정 자격이 있는 경우에는 역시 불공정해고제도를 통하여 당부를 판단하며, 이와는 별도로 해고가 정당하다는 전제 아래 이루어지는 정원감축급여의 액수에 관한 다툼도 고용심판소에 소를 제기할 수 있다. 끝으로 사업이전 혹은 영업양도가 이루어지면서 해고가 발생한 때에는 2006년 사업이전 (고용보호) 명령(Transfer of Undertakings (Protection of Employment) Regulations)에서 정한 바에 따라 불공정해고에 준하여 그 당부를 고용심판소에서 다투게 된다.

　그 밖에 보통법상 인정되는 의제해고(constructive dismissal)가

소송상 많이 다투어지던 해고 유형이었는데 이에 따르면 근로자는 사용자의 특정한 행위(주로 일방적 임금감액 등 고용계약의 중대한 위반)를 원인으로 하여 사직의 의사표시를 할 수 있으며 이 경우에도 근로자는 해고를 주장하며 권리구제를 받을 수 있었다.[22]

　의제해고제도가 제정법에 도입된 것은 1965년 정원감축급여법(Redundancy Pay Act) 제3조(1)(a)이었다. 그러나 위 조항은 근로자가 사전통보 없이 고용계약을 일방적으로 해지할 수 있는 경우에만 적용되는 매우 제한적인 규정이었다. 근로자가 사전통보 없이 고용계약을 해지한다는 것은 이미 사용자의 위반행위가 고용계약의 해지사유가 되는 경우이기 때문에 그다지 큰 실효성은 없었다. 1971년 노사관계법을 통하여 불공정해고제도가 도입될 당시에는 의제해고제도가 제정법상 제도로 포함되지 아니하였으나 1974년 노동당이 총선에서 승리를 하면서 위 법률을 전면 개정한 1974년 노동조합 및 노동관계법에 현재 형태와 비슷한 의제해고제도가 도입되었고 1975년 개정에서 현재의 형태로 규정되었다.

제3절 위법해고

Ⅰ. 위법해고의 의의

　위법해고(wrongful dismissal)란 해고를 하면서 해고예고(notice)를 하지 아니하거나 해고예고수당(money in lieu of notice)을 지급하

---

22) Simon Honeyball, p141. 한편, 근로자는 사용자의 의무위반을 이유로 의제해고를 주장하지 아니하고 종전 고용관계의 존속을 전제로 감액된 임금을 청구할 수도 있다(Astra Emir, p433).

지 아니함에 정당한 이유가 없는 해고를 의미한다. 위법해고는 당사
자가 고용계약을 통하여 약정하거나 혹은 판례법상 인정되는 해고예
고만으로 정당하게 고용계약을 종료시킬 수 있다는 보통법의 법리에
기초하고 있다. 계약의 자유를 고용계약 영역에도 제한 없이 인정한
예라고 할 수 있다.[23]

　한편, 종전의 관행은 고용계약기간을 1년 단위로 정하여 그 기간
이 만료하면 계약이 당연히 종료하는 것으로 처리하였으나 지금은 1
년의 기간에 구애를 받지 아니하고 자유롭게 계약기간을 정하되 계약
의 해지를 위해서는 합리적인 해고예고기간을 정하도록 하고 있다.
따라서 해고의 예고는 해고의 이유와 더불어 해고의 정당성을 평가하
는 데 매우 중요한 요소가 되었고 특히, 불공정해고제도의 적용을 받
지 아니하는 근로자의 경우 적어도 이론적으로는 해고의 예고 유무가
해고의 정당성을 평가하는 가장 중요한 척도가 된다.[24] 해고예고기간
에 관한 명시적인 서면 약정이 없다면 보통법의 일반원칙에 따라 해
고예고기간을 정하게 된다. 많은 사례에서 해고예고기간은 정기적으
로 지급되는 임금지급기간으로 해석하기 때문에 임금이 월 단위 혹은
주 단위로 지급되는 때에는 특별한 사정이 없는 한 해고예고기간도 1
월 혹은 1주로 해석된다. 따라서 임금의 지급 주기가 1일인 때에는
해고예고기간도 1일이라는 극단적인 결과가 나오고 이는 해고의 자
유를 널리 보장하는 기초가 되기 때문에 임금액이 매우 소액이거나
그 지급주기 짧은 근로자의 경우 설혹 위법해고가 인정된다고 하더
라도 그 구제의 실효성은 사실상 없다고 볼 수 있다. 판례에 따르면

---

23) 다만, 고용계약의 내용에 해고의 절차 조항을 삽입한 때에는 당해 절차를 거치
　　지 아니하고 단순히 해고예고만을 하였다면 위법해고가 된다(Tomlinson v LM
　　& Railway [1944] 1 All ER 537).
24) 그러나 불공정해고제도에서는 해고예고통보의 부재가 곧바로 해고의 불공정성
　　을 의미하지는 아니한다(Malcolm Sargeant/David Lewis, p90).

제정법의 개입이 없는 한 증기선의 최고관리자와 신문 편집장에 대한 합리적인 해고예고기간은 1년이라는 사례[25]가 있고, 극장 매니저[26]와 저널리스트[27]에 대해서는 6월, 비행기 조종사[28]에 대해서는 3월을 인정한 사례가 있다. 위와 같은 직종은 고소득 전문 직종으로서 위법해고의 구제수단이 실효성을 갖는 매우 이례적인 경우라고 이해할 수 있다.

Ⅱ. 위법해고 법리의 제한

1. 해고예고기간의 제정법상 도입

1996년 고용권법은 최저 해고예고기간 제도를 도입하여 해고예고기간에 관한 보통법의 법리를 수정하고자 하였다. 즉, 1996년 고용권법 제86조(1)은 1월 이상 계속적으로 고용관계를 유지했던 근로자에 대해서는 그 근속연수에 따라서 최저 해고예고기간을 정하면서, 2년 미만 근속자에 대해서는 1주 이상의 기간을, 2년 이상 12년 미만의 근속자에 대해서는 매년 1주 이상의 기간을, 12년 이상의 근속자에 대해서는 12주 이상의 기간을 최저 해고예고기간으로 규정하고 있다. 다만, 당사자는 자유롭게 통지에 관한 권리 혹은 해고예고에 갈음한 금전배상을 받을 권리를 포기할 수 있다(고용권법 제86조(3)). 이와 같은 제정법의 개입은 근로자가 해고예고를 받을 권리 등을 포기하는 특별한 사정이 없는 한 위법해고에 있어서도 근로자를 보호하려는 최소한의 조치라고 이해할 수 있다.

---

25) Grundy v Sun Printing and Publishing Association [1916] 33 TLR 77.
26) Adams v Union Cinemas Ltd [1939] 3 All ER 136.
27) Bauman v Hulton Press Ltd [1952] 2 All ER 1121.
28) Nicoll v Falcon Airways Ltd [1962] 1 Lloyd's Rep 245.

2. 고용안정조항

가. 고용안정조항의 의의

보통법상 위법해고의 법리는 사용자의 해고의 자유를 보장하는 기능을 수행하기 때문에 매우 드물기는 하지만 사용자의 해고 권한을 축소하기 위한 계약법적 대응이 이루어지는 경우도 있다. 즉, 정년보장, 정원감축해고시 해고대상자 선정기준, 그리고 징계절차 등에 관한 사항을 고용계약 혹은 단체협약에 규정하여 사용자의 인사권에 관한 재량을 규제하려고 하는데 이러한 조항을 고용안정조항(job security clause)이라고 한다. 고용안정조항은 해고예고만으로 고용계약을 종료시킬 수 있는 보통법의 법리를 배제하는 중요한 역할을 하는데 대표적인 사례가 McClelland v Northern Ireland General Health Service Board 사건[29]이다. 이 사건은 근로자의 비위행위, 업무비능률 및 업무부적격 등을 고용계약에 규정하면서 해고 절차를 매우 엄격하게 정한 경우 사용자가 보통법상의 해고예고를 하고 고용계약을 종료할 수 있는지가 문제된 예이었다. 사용자는 위와 같은 고용계약 체결 후 혼인한 여성 관리자는 사직서를 제출하여야 한다는 규정을 신설하고 이를 바탕으로 6개월의 해고예고 후 원고 근로자를 해고하였다. 이에 대하여 귀족원은 계약 내용의 취지가 정년 고용을 보장하는 것이므로 비록 고용계약서 내에 해고예고기간을 정하지 아니하였더라도 그것이 보통법 법리에 따른 해고예고를 사용자에게 허용하는 것으로 볼 수 없고 따라서 사용자의 6개월의 해고예고에도 불구하고 원고 근로자의 고용은 유효하게 종료되지 아니하였다고 판단하였다.

아울러 고용안정조항의 내용에 따라서는 근로자가 소송을 통해 근로자의 지위를 유지하는 가처분이나 판결을 받을 수 있는 계약법적 권리를 향유할 수 있기 때문에 일반적으로 금전배상으로 만족하여야

---

29) [1957] 1 WLR 594.

하는 불공정해고제도에 있어서도 고용안정조항은 매우 중요한 구제
수단이 될 수 있고, 해고가 아닌 다른 징계에 대해서는 제정법적 구제
가 더욱 어렵다는 점을 고려하면 각종 부당징계에 대하여 매우 효과
적인 구제수단이 될 수 있다.[30]

나. 고용안정조항의 효력

고용안정조항이 고용계약의 한 내용으로 규정되어 있는 때에는
소송상 사용자가 해당 내용이 고용계약의 당사자를 법적으로 구속하
지 아니하는 신사조항에 불과하다는 주장을 종종 하지만 일반적으로
는 사용자를 구속하여 이를 위반한 사용자의 행위는 고용계약위반으
로 인정된다.[31]

한편, 고용안정조항이 고용계약에 규정되어 있지 아니하고 단체
협약에 규정되어 있는 때에는 이를 고용계약의 내용으로 삼기 위해서
는 단체협약의 고용계약으로의 수용에 관한 법이론을 검토하여야 한
다. 1992년 노동조합 및 노동관계(통합)법 제179조(1), (2)는 단체협약
이 협약 당사자를 구속하기 위해서는 서면으로 작성되어야 하며, 당
사자가 협약에 구속된다는 취지의 조항이 협약에 있어야 한다고 규정
하고 있다. 그리고 단체협약 중 일부분에 대하여 구속력을 인정하려
면, 구속력이 인정되는 부분과 그렇지 아니한 부분을 명백하게 나누
어 그 취지를 협약에 두어야 한다고 규정한다(노조법 제179조(3)). 한편,
앞서 언급한 것과 같이 위와 같은 구속력은 협약의 당사자인 사용자
와 노동조합을 구속하는 것이기 때문에 구속력이 있는 협약상 조항이
다시 고용계약의 내용으로 편입(incorporation)되는지 별도의 검토가
필요하고, 이에 따른 관련 판례도 집적되어 있다.

고용안정조항이 고용계약의 내용으로 되었다는 점이 확인되면

---

30) Simon Deakin/Gillian S Morris, p444.
31) Simon Deakin/Gillian S Morris, p445.

근로자는 이를 바탕으로 사용자의 해고가 계약위반이라고 주장할 수 있다. 예를 들어, 사용자가 근로자의 비위행위를 이유로 해고한 사안에서 고용계약상 규정되어 있는 징계절차 조항을 위반한 점이 인정되므로 해당 징계절차를 진행하였을 경우 소요되는 기간에 대응되는 임금액과 계약의 해석상 인정되는 해고예고기간 동안 발생한 손해를 배상하여야 한다는 판결을 선고하였다.[32] 그러나 판례 중에는 대학교수(lecturer)에 대한 징계절차와 정년 보장에 관한 규정을 두고 있는 대학의 규정이 존재하고, 아울러 고용계약서에는 해고예고를 하고 해고할 수 있다는 조항이 동시에 존재하는 경우에는 대학은 고용계약서에 규정한 해고예고를 하고 적법하게 해당 교수를 해고할 수 있다는 판결도 있다.[33]

이상과 같이 고용안정조항은 그것이 명시적으로 고용계약의 내용으로서 규정되거나 이에 준한 것으로 해석되는 경우에는 근로자가 이를 원용하여 계약상 권리를 행사할 수 있다는 것이 원칙이지만 개별 사안에 따라서는 법원이 이를 소극적으로 받아들이고 있다. 그러나 적어도 고용안정조항이 고용계약의 내용으로 인정되면 단순히 해고예고만으로 고용관계를 종료할 수 있는 보통법의 법리를 상당히 제한한다고 볼 수 있다.

---

32) Gunton v Richmond-upon-Thams London Borough Council [1980] IRLR 321.
33) R v Lord President of the Privy Council, exp Page [1993] ICR 114.

Ⅲ. 즉시해고 —해고예고의 배제

이처럼 위법해고는 일정한 해고예고가 선행되어야 하지만 일부
예외적인 경우에는 해고예고를 아니 하여도 보통법상 해고를 정당한
것으로 인정할 수 있는데 이런 유형의 해고를 즉시해고(summary
dismissal)라고 한다. 정당한 즉시해고에 대한 일반적 기준은 Laws v
London Chronicle (Indicator Newspapers) Ltd 사건[34]에서 제시되었
는데, 위 판결에서 항소법원은 고용계약의 본질적 조건을 위반한 근
로자의 행위에 대해서는 즉시해고를 할 수 있다고 하면서, 상급자들
이 심하게 다투던 중 상급자 1인이 근로자에게 사무실을 떠나라는 명
령을 하고, 다른 1인은 사무실에 남으라는 명령을 하였을 때, 그 중
1인의 명령에 따라 사무실을 떠난 근로자의 행위는 고용계약의 본질
적 조건을 위반한 것이 아니라고 판단하였다. 위 기준은 고용계약에
서 통상 묵시적 의무로 인정되는 상호신뢰의무 위반이 인정되는 경우
즉시해고가 가능하다는 법리로 재조명된 바 있다.[35]

판례에 따르면 고용계약의 본질적 조건은 1회의 행위로써 위반
할 수 있으며[36] 사용자가 비록 고용계약의 내용과 다른 추가적인 업
무의 수행을 요구한 것이 원인이 되었다고 하더라도 근로자의 중대한
비위행위는 고용계약의 본질적 조건을 위반한 행위가 될 수 있다.[37]

---

34) [1959] 1 WLR 698.
35) Neary and Neary v Dean of Westminster [1999] IRLR 288.
36) Blyth v The Scottish Liberal Club [1983] IRLR 245.
37) Hamilton v Argyll and Clyde Health Board [1993] IRLR 99.

Ⅳ. 즉시해고의 제한

즉시해고는 보통법 아래에서 사용자에게 매우 폭넓은 해고의 재량을 부여하는 법리였는데 시간이 흐르면서 영국법원은 해석론을 통해 즉시해고의 범위를 제한하기 시작하였다. 이에 따라 영국법원은 즉시해고에 관한 종래의 판단 방식은 현대적인 근로자와 사용자의 관계를 반영하지 못하는 것으로 해고의 정당성은 근로자의 지위, 과거의 근태상황, 그리고 당시의 사회적 조건 등을 고려하여 판단하여야 한다는 견해를 제시하면서 그 적용 범위를 축소하였는데 대표적인 예가 Wilson v Racher 사건[38]이다. 사건의 개요는 다음과 같다. 정원사였던 근로자가 비 때문에 전기톱을 사용할 수 없어 일찍 퇴근한 것에 대하여 인격적인 모욕을 하는 사용자와 언쟁을 벌이던 중 '뒈져라 혹은 빌어먹을(get stuffed)'이라는 발언을 한 후 즉시해고된 사안에서 항소법원은 사용자에게 러시아 황제와 같은 권한을 인정하였던 종전의 판례를 비판하면서 정원사의 태도는 고용관계를 지속할 수 없을 정도에 이를 만큼 모욕적이고 반항적이지 아니하였고 따라서 이에 대한 즉시해고는 위법하다고 판단하였다.

아울러, ACAS의 징계절차에 관한 행위준칙의 시행으로 인하여 해고에 대한 절차적 통제가 강화된 것도 즉시해고를 제한하는 장치로 이해되고 있다.[39]

---

38) [1974] ICR 428.
39) Simon Honeyball, p83.

V. 해고예고기간 중 근로자 보호

한편 1996년 고용권법은 해고예고기간 동안 근로자가 불이익을 받지 아니하도록 일정한 보호조치를 규정하고 있다. 먼저, 사용자가 해고예고통보를 한 때에는 제정법이 정한 예고기간 동안 근로자의 일할 권리와 이에 따른 임금채권을 보장하도록 하고 있다(고용권법 제87조 (1)). 한편, 근로자가 해고예고통보를 한 때에는 그 기간을 1주일 이상으로 하되 이 기간중에도 사용자는 앞서 언급한 근로자의 권리를 보장하도록 하고 있다(고용권법 제87조(2), 제86조(2)).

그 보장 내용을 살펴보면 다음과 같다. 먼저, 통상근무시간 (normal working hours)이 보장된 근로자(고용권법 제88조)는, 근로자가 근로를 제공할 의사가 있었으나 사용자가 그 수령을 지체한 때, 근로자가 질병 혹은 부상으로 인하여 근로를 제공할 수 없었던 때, 근로자가 임신·출산·입양·모성보호휴가 중이어서 근로를 제공할 수 없었던 때, 그리고 고용계약에 따라 약정한 휴가기간이 해고예고기간과 중복되는 경우에는 임금채권이 보장된다. 이 경우 사용자는 근로자에게 해당 기간의 통상 근무시간에 대하여 지급하여야 할 임금을 지급하여야 하며, 그 임금 수준은 주급을 통상 근무시간으로 나눈 금액에 근로시간수를 곱한 금액보다 적어서는 아니 된다. 해고예고기간 중 위 네 가지 경우에 대하여 지급한 각종 수당은 임금채권의 계산에 포함된다. 한편, 통상근무시간이 보장되지 아니한 근로자(고용권법 제89조)는 근로자가 근로를 제공할 의사를 갖고 있었던 때에 한하여 사용자는 근로자에게 1주급보다 적지 아니한 수준의 임금을 매 주마다 지급하여야 한다. 따라서 앞서 언급한 질병 등으로 인하여 근로를 제공할 수 없을 때와 같은 경우에는 임금을 청구할 수 없으며 해당 기간중 지급한 다른 명목의 수당은 임금 계산에 포함된다.

한편, 해고예고기간중 특별한 사정이 있는 때에는 사용자의 임금 지급의무를 면제하고 있는데(고용권법 제91조) 예를 들어, 근로자가 사용자의 허가를 얻어 해고예고기간중 근로를 제공하지 아니한 때에는 사용자는 임금을 지급할 의무가 없고, 근로자가 해고예고를 하고 예고 후 고용계약기간이 만료되기 전 기간중 파업에 참여한 때에도 사용자는 임금을 지급할 의무가 없다. 또, 해고예고기간에 근로자가 고용계약을 위반한 때에도 사용자는 임금을 지급할 의무가 없다. 만일, 사용자가 고용계약을 위반하고 그로 인하여 근로자에게 손해가 발생하여 손해배상액을 산정하여야 할 때에는 사용자가 고용계약 위반 후 위 기간중 지급한 임금액은 손해배상액의 계산에 고려하여야 한다.

제4절 불공정해고

Ⅰ. 불공정해고제도의 의의

1. 제도 도입의 취지

불공정해고제도가 제정법에 도입된 것은 1971년 노사관계법을 통해서였다. 불공정해고제도는 앞서 살펴본 것처럼 보통법의 계약법적 관점에서 널리 인정되던 사용자의 해고의 자유를 제한하고 있다. 즉, 보통법상 인정되던 위법해고는 해고의 목적, 동기, 해고로 인해 근로자가 받는 불이익, 나아가 절차보장 등에 관해서는 전혀 문제를 삼지 아니하고 오로지 해고통지의 형식과 기간 준수라는 형식적 쟁점만을 다뤘기 때문에 해고의 정당성에 관한 실질적 평가를 할 수 없었다. 게다가 그 구제수단 역시 엄격한 손해배상 법리에 기초하여 설혹 해고가 위법한 것으로 인정된다고 할지라도 이에 대하여 인정되는 금전배상의 범위는 매우 좁았다. 그런 의미에서 불공정해고제도는 근로자의 고용안정을 위한 제도로서 기능한다고 평가할 수 있고 이 때문에 원래의 취지는 금전배상보다는 원직복직(reinstatement)을 더욱 강조하는 견해도 있다.[40]

다른 한편, 불공정해고제도는 보통법상 지나치게 넓게 인정된 사용자의 해고권 행사가 쟁의행위로 연결되는 영국 노사관계의 특수한 상황을 해결하기 위하여 도입된 제도이기도 하다. 즉, 일반 민사법원의 위법해고 구제절차를 통해서는 실질적인 해고 구제가 이루어지지 아니하자, 노동조합은 조합원에 대한 해고의 부당성이 다투어지는 사례에서 쟁의행위를 통하여 해고의 구제 혹은 충분한 보상을 성취하려고 하였다. 게다가 공장 단위의 노사관계의 실제를 보면 사용자가 단체협약상 규정된 징계절차를 준수하지 아니하는 경우가 많아 조합원의 해고는 곧바로 쟁의행위로 치닫는 중요한 원인이 되었다.[41] 이런 상황이 지속되자 집단적 자유방임주의(collective laissez-faire)로 불리던 전통적인 노사관계의 지도 원리에 대하여 의문이 제기되었고 결국 영국 정부는 그 개혁에 착수하게 되었다.[42] 그 결과 공장 단위에서 강행적으로 준수하여야 할 징계절차에 관한 규제, 해고의 공정한 이유라는 실체법적 규제, 불공정한 해고에 대한 실효성 있는 구제를 위하여 민사법원이 아닌 새로운 형태의 노동심판소 설립, 실질적 금전배상제도 도입과 아울러 원직복직과 재고용 등 보통법상 인정되지 아니하던 구제수단의 신설 등이 입법화되었다. 이렇게 불공정해고제도는 쟁의행위의 중요 원인 중 하나인 해고를 사전에 규율하여 쟁의

---

40) Hugh Collins, pp216~219.
41) 당시 전체 쟁의행위 중 3분의 1이 조합원 해고와 관련한다는 보고가 있다(Hugh Collins, p27).
42) 이를 위해 도노반 위원회(Donovan Commission)가 의회에 설치되었다.

행위로의 확대를 막는다는 의미가 강하였기 때문에 도입 초기 노동조
합이나 근로자들에게 그다지 매력적인 제도가 될 수 없었다.

2. 불공정해고제도의 구조

불공정해고에 대한 판정은 크게 3단계로 이루어지는데, 먼저 고
용관계에 있는 근로자라는 자격과 해고에 의하여 고용관계가 종료되
었다는 점을 증명하여야 한다. 2단계로 사용자는 해고에 이르게 된
이유, 복수의 이유가 있는 때에는 주된 이유를 증명하여야 한다. 해고
의 이유는 크게 두 가지로 나눠볼 수 있는데 하나는 조합활동이나 조
합원의 지위, 그리고 임신 등 법령상 해고의 이유로 삼을 수 없는 것
을 이유로 한 '당연 불공정해고 이유'(automatically unfair reason)이
고, 다른 하나는 실무적으로 더욱 문제가 많이 되는 업무능력, 자격,
감원, 제정법상 금지규정 위반 등 '잠재적 공정해고 이유'(potentially
fair reason)[43]가 있다. 마지막 단계로, 만일 해고의 이유가 잠재적 공
정해고 이유에 해당하는 것이라면 구체적으로 해당 사안에서 그러한
이유가 공정할 수 있는지를 심사하게 된다. 잠재적 공정해고 이유의
심사는 고용관계의 종료로 인하여 근로자가 받는 불이익을 심사하는
것이 아니고, 어디까지나 해고를 할 당시 사용자의 행위를 평가하는
것인데 여기에는 해고의 실체적 및 절차적 정당성을 심사하는 것이
포함된다. 이에 관한 구체적인 예는 ACAS가 제정한 행위준칙[44]에 잘
나타나 있다.

---

43) 잠재적 공정해고 이유란 뒤에서 살펴보는 것처럼 해고의 구체적인 이유가 1996
   년 고용권법 제89조(1), (2)에서 정한 해고의 이유가 공정할 수 있는 제정법상
   범주에 포함된다는 의미만 있을 뿐 해고이유의 증명책임전환과는 무관하다. 영
   국도 해고의 공정성에 관한 증명책임은 해고이유의 유형에 관계없이 항상 사용
   자에게 있다.
44) Disciplinary and Grievance Procedures (ACAS/CP01).

3. 불공정해고와 위법해고의 관계

위법해고는 해고의 실체적 이유의 정당성을 문제삼는 제도가 아니라 해고 당시 근로자가 사용자로부터 적절한 해고예고를 수령하였는지를 검토하여 그 적법성을 판단하는 제도이다. 반면, 불공정해고제도는 해고의 이유와 해고가 행하여진 방식(manner)을 문제삼아 해고의 공정성을 판단하는 제도이다. 따라서 어떤 근로자가 해고되었을 때, 다음과 같은 네 가지 경우가 이론적으로 상정될 수 있다.[45]

먼저, 근로자가 적절한 해고예고를 수령하였으나 징계절차를 거치지 아니한 것과 같이 위법하지는 아니하나 불공정한 해고인 경우가 있을 수 있다. 다음으로, 근로자가 적절한 해고예고를 받지 못하여 위법한 해고가 성립할 수 있으나 해고에 관한 다른 사정을 고려할 때 충분히 공정한 해고가 성립하는 경우가 있다. 세 번째, 사용자가 해고예고를 하지 아니하고 공정한 이유도 없이 해고한 경우로 이때에는 위법해고와 불공정해고가 모두 성립한다. 끝으로, 해고의 이유도 공정하고 해고예고도 적절하게 이루어진 경우로서 위법해고 및 불공정해고가 모두 성립하지 아니하는 경우이다.

그러나 현실적으로 근로자는 구제절차의 편의와 구제수단의 실효성 때문에 불공정해고제도를 이용할 수 있는 자격이 갖추어지면 특별한 사정이 없는 한 고용심판소에 불공정해고에 관한 소를 제기할 것이다. 따라서 위법해고는 불공정해고제도에 포섭되지 못하는 근로자 군이 어쩔 수 없이 고려하여 볼 수 있는 열위(劣位)적 제도라고 할 수 있다.[46]

---

45) James Holland/Stuart Burnett, p227.
46) 다만, 다음과 같은 매우 예외적인 경우에는 불공정해고제도보다 위법해고제도를 이용하는 것이 근로자에게 유리할 수도 있다. 즉, 고소득 근로자의 경우 금전배상의 상한의 제한이 없는 위법해고가 유리할 수 있고, 공정한 해고이나 위법한 해고인 때에도 이를 다투어 볼 실익이 있다. 불공정해고의 제소기간 3월이

Ⅱ. 해고 이유의 판단시기와 증명책임

1. 판단시기

해고의 이유 혹은 해고의 주된 이유를 판단하는 시점은 사용자가 근로자를 해고할 당시를 기준으로 한다. 뒤에서 살펴보듯이 잠재적 공정해고 이유를 판단할 때 주로 문제가 되는 것은 절차적 공정성이고 절차적 공정성은 다시 해고 당시 사용자의 적법한 행위 여부가 크게 문제되는데 사용자의 적법한 행위 여부는 해고 시점을 전후한 사용자의 행위를 대상으로 판단하기 때문에 해고의 이유 혹은 해고의 주된 이유를 판단하는 시점을 해고를 할 당시로 명확히 정하는 것은 해고의 공정성을 판단하는 데 매우 중요한 전제가 된다. 1996년 고용권법 제98조(4)(a)도 사용자가 해고의 이유를 증명하면, 해고의 공정성 판단은 사용자가 근로자를 해고한 그 이유를 다룸에 있어서 개인 사용자 혹은 기업의 규모나 행정 체계 등을 포함한 여러 가지 상황에 비추어 합리적으로 행동하였는가 여부로 판단한다고 규정하고 있다.

2. 증명책임

1996년 고용권법 제98조(1)(a)는 근로자에 대한 해고가 공정한지의 여부를 판단할 때에는, 사용자가 해고의 이유, 해고의 이유가 복수인 때에는 해고의 주된 이유를 증명하여야 한다고 규정하고 있다.[47] 사용자가 해고를 한 이유를 특정하여 증명하도록 한 1996년 고용권법의 입법은 무엇보다 형식적 해고예고절차의 이행만으로 고용관계를 종료할 수 있었던 보통법의 법리를 극복하기 위한 제정법적 개입

도과한 때에도 위법해고에 관한 소를 제기할 수 있다(Astra Emir, pp427~428).
47) 이에 관한 대표적 판례로는 Kuzel v Roche Products Ltd [2008] IRLR 530 참조.

이라고 평가할 수 있다.

3. 해고이유 서면통지제도와 관계

가. 서면통지제도의 개요

근로자가 해고이유를 서면으로 통지받을 수 있는 권리는 원칙적으로 2년 이상의 계속근로기간을 충족한 때에만 인정되며 아울러 근로자가 사용자에게 서면의 제공을 먼저 요구하여야 한다. 서면 제공의 요구를 받은 사용자는 14일 이내에 해당 서면을 근로자에게 제공하여야 한다. 다만, 여성 근로자의 임신 혹은 산후 휴가, 일반 근로자의 입양 휴가를 이유로 한 해고의 경우에는 2년의 자격 요건을 적용하지 아니하며 근로자의 서면 제공 요구도 요건이 아니다(고용권법 제92조(4), (4A)). 근로자의 해고이유의 서면통지청구권은 해고예고의 존부에 관계없이 인정되는 권리이며, 고용기간을 약정한 계약의 경우 동일한 계약 내용으로 계약이 갱신되지 아니한 경우에도 인정된다(고용권법 제92조(1)).

사용자가 해고의 이유를 기재한 서면을 근로자에게 제공하지 아니한 데 합리적 이유가 없거나, 기재한 이유가 적절하지 아니하거나 진실하지 아니하면 고용심판소는 사용자에게 2주치의 임금상당액에 해당하는 금전배상을 근로자에게 하도록 명령하여야 한다. 한편, 고용심판소는 재량으로 근로자를 해고한 이유가 무엇인지를 확인할 수도 있으나 불공정해고소송이 병합된 경우 이외에는 해고이유의 공정성에 관한 심리는 하지 아니한다(고용권법 제93조).

나. 해고이유의 통지와 불공정해고

해고의 이유는 해고 당시를 기준으로 구체적으로 특정할 수 있는 것이어야 하는데 일부 판례에서는 사용자가 해고의 이유를 명백하게 제시하지 못하는 것이 정당화되는 상황이 있다는 점을 인정하고 있다. 해고이유의 통지 및 소송상 증명에서 사용자에게 재량을 허락하는 이와 같은 법리는 Abernethy v Mott, Hay and Anderson 사건[48]에서 확인할 수 있다. 원고 근로자는 대규모 공사 프로젝트를 수행하는 공법인에서 엔지니어로 일하고 있었는데 사용자는 원고의 근무지를 중앙 본부에서 지역 카운슬로 옮길 것을 제안하였는데 원고가 이를 거절하였다. 이후 사용자는 정원감축을 이유로 원고 근로자를 해고였는데 원고 근로자가 소송을 통하여 이를 다투자 사용자는 원고에 대한 해고이유로 정원감축뿐만 아니라 업무수행능력 부족을 주장하였다. 1심 노동심판소와 중앙노사관계법원(National Industrial Relations Court) 및 항소법원[49]은 비록 사용자가 최초에 제시한 해고의 이유가 법률상 오류가 있으나 소송과정에서 제시한 증거를 종합하면 원고 근로자의 업무수행능력 부족이 충분히 인정되므로 이를 이유로 한 해고는 불공정한 것이 아니라는 취지로 판단하였다.

Abernethy 사건의 법리를 비롯한 몇몇 판례의 취지를 확대하여 해석하면 사용자는 서면으로 근로자에게 통지한 해고의 이유와 다른 이유를 소송상 주장할 수 있는 경우도 상정해 볼 수 있다. 이는 근로자의 방어권에 큰 제약이 될 수 있다. 이런 점을 고려하면 해고의 이유가 다툼이 될 수 있다고 판단되는 사건에서는 사전에 고용심판소를 통하여 해고의 이유를 확정하는 제도를 이용하여 Abernethy 사건에서 제시한 법리의 남용을 막을 수 있다.

---

48) [1974] IRLR 213, 215.
49) 이 사건은 고용심판소 및 고용항소심판소가 설립되기 이전이어서 위와 같은 심급절차를 거쳤다.

Ⅲ. 사용자의 면책 사유

제정법은 불공정해고에 대한 사용자의 책임을 면책하는 두 가지 경우를 규정하고 있다. 하나는 국가안전보장을 이유로 한 해고이고, 다른 하나는 파업 등 쟁의행위와 관련한 해고이다.

1996년 고용심판소법(Employment Tribunals Act) 제10조(1)은 국가안전보장을 위하여 고용심판소는 원고의 불공정해고의 청구를 기각할 수 있다고 규정하고 있다. 고용항소법원은 국가안전보장을 이유로 한 사용자 면책의 이유를 제한하여 해석하고 있다.[50]

1992년 노동조합 및 노동관계(통합) 법 제237조(1)은 해고 당시 근로자가 비공인파업(unofficial strike) 또는 비공인 쟁의행위(unofficial industrial action)에 참여한 때에는 불공정해고에 관한 소를 제기할 권리가 없다고 규정하면서 비공인의 의미를 조합원인 근로자가 참여한 파업 혹은 쟁의행위로서 노동조합이 승인하지 아니한 것 혹은 노동조합의 조합원이 행한 승인된 쟁의행위에 조합원이 아닌 근로자가 참여한 것이라고 정의하고 있다. 한편, 해고를 당한 근로자는 자신에 대한 해고가 비공인 파업이나 쟁의행위에 참석한 것을 이유로 한 것이 아니라 조합원 차별 등 당연 불공정해고 이유를 구성하는 각종 사유에 기인한 것이라는 점을 증명하면 사용자의 면책이 인정되지 아니한다.

---

50) B v BAA plc [2005] IRLR 927.

Ⅳ. 당연 불공정해고의 이유

1. 개념과 제정법상 규정

당연 불공정해고 이유란 해고의 이유가 제정법이 규정하고 있는 특정한 사유에 해당하는 때에는 그 해고의 정당성에 관한 별도의 심리를 하지 아니하고 곧바로 해고의 불공정성을 인정하는 이유를 말한다. 당연 불공정해고 이유는 제정법에 규정된 법률용어는 아니지만 해고의 이유를 설명할 때 일반적으로 통용되는 강학상의 개념이다.

당연 불공정해고 이유는 1996년 고용권법을 비롯한 각종 노동관계법에 널리 산재되어 있기 때문에 해당 법률의 내용을 개별적으로 고려하여 그 범위를 결정하여야 하는데 현재는 다음과 같은 것들이 당연 불공정해고 이유에 해당한다. 해당 내용을 열거하면 차별적 정원감축해고(고용권법 제105조(1)(b)), 조합활동과 관련한 이유(노조법 제152조(1), 제153조), 블랙리스트에 관련한 이유(고용권법 제104F조, 제195조(7M), 2010년 고용관계법 1999년 (블랙리스트)명령 제12조), 가사로 인한 휴가 또는 유연근로와 관련한 이유(고용권법 제99조, 제104C조, 제105조(1), 1999년 모성보호 및 육가휴가 등 명령 제20조)), 제정법상 권리의 행사와 관련한 이유(고용권법 제104조, 제105조(1), (7)), 단시간·기간제·파견 근로에 대한 권리의 행사와 관련한 이유(단시간근로자명령 제7조, 기간제근로자명령 제6조, 파견노동자법 제17조, 고용권법 제105조(1), (7E), (7F), (7N)), 법정근로시간과 관련한 이유(고용권법 제101A조, 제105조(1), (4A)), 최저임금의 집행에 관한 이유(고용권법 제104A조, 제105조(1), (7A)), 근로관련 소득공제에 관한 이유(고용권법 제 104B조, 제105조(1), (7B)), 안전보건에 관한 이유(고용권법 제100조, 제105(1), (3)), 판매근로자의 일요일 근무 거부에 관한 이유(고용권법 제101조, 제105조(1), (4)), 공익제보에 관한 이유(고용권법 제103A조, 105(1), (6A)), 배심제 참가(제98B조, 제105조(1), (2A)), 교육·훈련의 권리 행사에

관한 이유(제104E조, 제105조(7BB)), 적법한 쟁의행위 참가에 관한 이유
(노조법 제238A조, 고용권법 제105조(1), (7C)), 근로자대표의 입후보와 활동
에 관한 이유(고용권법 제103조, 제105조(1), (6)),[51] 유럽노동위원회의 활동
에 관한 이유(1999년 국가 간 정보 및 근로자협의 명령 제28조, 고용권법 제105조
(1), (7D)), 국가 수준의 노사협의 활동에 관한 이유(2004년 근로자정보 및
협의 명령 제30조, 2006년 직업 및 개인연금(근로자협의 및 기타수정)명령 제17조,
부칙 제5문단, 고용권법 제105조(1), (7H), (7I)), 유럽 공공 유한회사와 유럽협
동조합회의 활동에 관한 이유(2006년 유럽협동조합(근로자참여)명령 제31조,
2009 유럽 공공 유한회사명령 제29조, 2007년 기업(국가 간 합병)명령 제46조, 제47
조, 고용권법 제105조(1), (7G), (7J), (7K)), 직업연금 수탁기관의 활동에 관한
이유(고용권법 제102조, 제105조(1), (5)), 노동조합 승인 절차의 활동에 관
한 이유(노조법 부칙 제A1조의 제161문단, 제162문단), 징계 혹은 유연근로의
청문절차 동행 활동에 관한 이유(고용관계법 제12조, 2002 유연노동(절차요
건)명령 제16조), 사업이전 혹은 노동력의 변화를 가져오는 경제적·기술
적 혹은 조직적 이유에 기인하지 아니하는 사업이전에 관한 이유(2006
년 사업이전(고용보호)명령 제7조(1)), 형의 실효에 관한 이유(1974년 범죄자
갱생법 제4조(3)(b)) 등이다.

　당연 불공정해고 이유를 구성하는 개별 사안을 분석하여 보면
일반적인 선정기준을 찾기는 어렵고 입법 당시의 구체적인 사정과 필
요성에 따라 그 범위가 점차 넓어진 것이라고 설명할 수 있다. 이 때
문에 당연 불공정해고제도가 근로자들의 실체적 권리를 포괄적으로
보호하려는 입법적 시도는 아니라고 평가하는 견해도 있다.[52]

---

51) 아울러 고용권법은 근로자대표 활동을 이유로 한 그 밖의 불이익을 받지 아니
　할 권리도 규정하고 하고 있다(제47조).
52) Simon Deakin/Gillian S Morris, p513.

2. 당연 불공정해고의 특징

당연 불공정해고가 다른 불공정해고와 비교할 때 가지는 가장 큰 특징은 해고의 정당성 심사가 생략된다는 점이다. 1996년 고용권법 제98조(4)는 해고의 공정 혹은 불공정에 관한 심사 기준을 정하고 있는데 이에 따르면 사용자가 제98조(1)에서 규정한 해고의 이유를 증명하면, 이후 고용심판소는 사용자가 주장·증명한 해고의 이유가 공정 혹은 불공정한지를 결정하는 것은 사용자가 처한 상황에서, 사용자가 근로자를 해고하는 해당 사유를 취급하면서 합리적으로 혹은 불합리하게 행동하였는가에 달려 있다. 사용자의 합리적 행동을 평가하는 요소로는 보통 사업상의 필요, 기타 해고를 정당화할 수 있는 사유, 합리적인 사용자라면 같은 상황에서 해고에 이를 수밖에 없다는 사정, 절차적 공정성을 인정하는 데 필요한 요소를 모두 충족하였다는 사정 등이 언급되는데 당연 불공정해고에서는 이러한 점들에 대한 평가를 하지 아니한다. 위와 같은 요소는 근로자가 해고로 입는 불이익과 사용자의 경영상 혹은 사업상의 이익을 형량하는 방식으로 고려되기 때문에 논자에 따라서는 위와 같은 형량을 허용하지 아니하는 것이 당연 불공정해고라고 표현하기도 한다.[53]

당연 불공정해고의 또 다른 특징은 고용심판소에 소송을 제기할 때 요구되는 2년의 계속근로기간 요건을 적용하지 아니한다는 것이다(고용권법 제108조(3)). 따라서 2년 미만의 근속기간을 가진 근로자도 해고의 이유가 당연 불공정해고에 해당한다고 주장하면서 고용심판소에 소송을 제기할 수 있다. 다만, 사업이전과 관련한 해고 및 형의 실효와 관련한 해고의 경우에는 해당 규정이 없어 일반적인 불공정해고의 규정이 적용되고 따라서 2년의 계속근로기간 요건을 갖추어야 한다. 한편, 판례 중에는 근로자가 2년의 계속근로기간 요건을 갖추지

---

53) Simon Deakin/Gillian S Morris, p512.

못한 때에는 당연 불공정해고 이유를 근로자가 증명하여야 한다는 취지의 것이 있다. 이는 고용심판소의 제소요건을 회피하고자 당연 불공정해고를 주장하려는 소송상 전략을 차단하려는 의도로 보이는데 항소법원은 이러한 판단에 대하여 당연 불공정해고에서 2년의 계속근로기간을 요구하지 아니하는 것은 불공정해고제도 전체를 놓고 살펴보면 예외에 해당하고 따라서 예외의 해석은 엄격하여야 한다고 설명한다.[54] 관련 사건의 개요를 살펴보면, 원고 근로자는 카운슬의 단시간 근로자로 입사하여 행정업무를 담당하고 있었는데 노동조합에 가입한 사실이 카운슬에 알려진 후 열린 운영위원회에서 원고 근로자에 대한 고용연장에 대한 투표가 이루어졌고 그 결과 5:4로 원고 근로자에 대한 고용종료 결정이 내려졌다. 원고 근로자는 회의 중 위원 1인이 원고 근로자가 노동조합에 가입하여 계속 고용을 할 수 없다는 취지의 발언을 한 사실을 들어 당연 불공정해고를 주장하였으나 1심, 2심 및 항소법원 모두 계속근로기간 요건을 갖추지 못한 원고 근로자가 당연 불공정해고 이유를 충분히 증명하지 못하였다고 판단하였고 이에 따라 원고의 청구를 인용하지 아니하였다.

V. 잠재적 공정해고의 이유

1. 의 의

잠재적 공정해고 이유(potentially fair reasons)란 당연 불공정해고 이유가 아닌 해고이유로서 그 이유의 정당성은 주로 해고 당시 사용자의 합리적인 행동의 유무에 따라 판단한다. 앞서 설명한 것처럼 당연 불공정해고 이유는 해당 이유가 존재한다는 점을 증명만 하면 사용자의 합리적 행동의 유무는 더 이상 판단의 대상이 되지 아니하

---

54) Smith v Hayle Town Council [1978] ICR 996.

면서 해당 해고를 불공정한 것으로 만든다.[55] 그러나 잠재적 공정해
고 이유에 대한 평가는 해고 당시 사용자의 합리적 행위가 중요한 지
표가 된다. 여기서 해고이유의 공정성은 한국의 해고의 정당성을 검
토하는 기준과 달리 해고 당시 사용자가 해고 이외에 다른 선택을 할
수 없었는가라는 새로운 기준으로 판단하게 되는데 그 내용의 핵심은
대부분 해고절차의 공정성에 집중되어 있다. 따라서 그만큼 사용자의
인사권을 넓게 인정할 여지가 있다.

2. 해고이유의 다섯 가지 범주

가. 제정법상 규정

1996년 고용권법 제89조(1), (2)는 잠재적 공정해고 이유의 범주
를 크게 다섯 가지로 나누고 있다. 이에 따르면 직무수행능력(capacity)
혹은 자격(qualification), 근로자의 행위, 정원감축, 제정법상의 금지,
그리고 그 밖에 해고를 정당화할 수 있는 실질적 이유[56]가 잠재적 공
정해고 이유가 된다. 해고가 가능한 이유를 다섯 가지 범주로 구분하
여 나눈 것은 보통법 아래에서 사용자가 매우 사소한 이유로 근로자
를 해고할 수 있었던 것에 대한 규제라고 할 수 있다.

이상의 다섯 가지 범주에 해고의 이유가 포섭된다는 것은 사용
자가 해고를 할 수 있다는 1단계 판단을 받는 것에 불과하고 그 자체
로 해고가 정당하다는 것을 의미하지는 않는다.[57] 다르게 표현하면
해고를 정당화할 수 있는 이유의 유형일 뿐 그 자체로 해고를 정당화
하는 이유는 아니다.[58] 따라서 근로자를 해고한 이유가 위 다섯 가지

---

55) 매우 이례적이지만 사용자가 해고의 이유를 제시하지 아니하는 때에도 당연 불
   공정해고가 성립할 수 있다(Astra Emir, p419).
56) some other substantial reason, 약칭하여 'SOSR'로 부르기도 한다.
57) 위와 같은 의미에서 '잠재적'이라는 용어를 사용하고 있다.
58) Mercia Rudder Mouldings Ltd v Lingwood [1974] ICR 256, 257.

범주에 들어가면 사용자는 이어서 해당 해고가 공정하다는 점을 증명
하기 위하여 기업의 규모나 행정 역량 등을 고려할 때 사용자가 근로
자를 해고할 때 합리적으로 행동하였다는 점을 증명하여야 한다(제98
조(4)). 한편, 종전에는 해고의 이유가 위 다섯 가지 범주 중 어디에 포
섭되는가는 실천적으로 별다른 실익이 없었다. 왜냐하면 해고의 이유
가 위 다섯 가지 범주 중 어디에 속하든 사용자에게 요구되는 합리적
행위의 내용은 대동소이하였기 때문이다. 그러나 2009년 징계 및 고
충처리 절차에 관한 ACAS 행위준칙(ACAS Code of Practice on
Disciplinary and Grievance Procedures)이 발효되면서 위 행위준칙
이 적용되는 징계의 유형에 대해서는 행위준칙이 요구하는 절차를 거
쳐야 하고 만일 사용자가 이를 위반한 때에는 고용심판소의 재량으로
해고의 금전배상액의 25%를 가감할 수 있게 되면서(노조법 제207A조)
해고이유의 유형과 그에 따른 절차준수가 중요한 쟁점이 되었다.

나. 다섯 가지 범주의 기능

위에서 살펴본 것처럼 사용자는 해고의 정당성을 주장하기에 앞
서 해고의 이유를 제시하여야 하는데 이때 사용자는 해고의 실질적
이유를 제시하여야 한다. 따라서 원칙적으로는 해고에 대한 형식적
이유를 제시하였다가 소송 단계에서 실질적 이유라고 주장하면서 전
혀 다른 해고이유를 제시하는 것은 허용되지 아니한다.

다음으로, 제정법은 해고의 이유가 되는 다섯 가지 범주를 제시
하면서 사용자가 제시한 해고이유가 이 범주와 관련 있을 것(relate
to)을 요구한다. 따라서 사용자는 해고이유를 주장하면서 그 이유가
해고이유의 범주 중 어디에 관련되어 있는가를 표명하여야 하는데 다
만, 판례는 이 관련성 지표를 매우 넓게 해석하기 때문에 반드시 근로
자를 해고한 이유가 특정 범주에 배타적으로 혹은 주로 관련되어 있
을 필요는 없다. 이와 관련하여 장애인을 부축하는 등의 일이 포함된

업무를 하는 사회복지 담당 근로자가 질병으로 인하여 더 이상 해당 일을 할 수 없게 되자 사용자가 다른 보직발령을 하였으나 근로자가 해당 업무를 위해서는 이사를 가야한다는 것을 이유로 이를 거절하였고 이에 따라 사용자가 능력부족(incapability)을 이유로 근로자를 해고한 사안에서 고용항소심판소는 업무수행에 요구되는 능력이나 자격은 반드시 고용계약의 내용과 1:1로 대응하여야 하는 것이 아니라고 해석하면서 위와 같은 해고의 이유는 제정법에서 규정하고 있는 근로자의 능력에 관련한 해고로서 정당하다고 판단한 예가 있다.59) 그러나 학교의 정보도서관 관리업무를 담당하는 교사에게 영어를 가르치라는 교장의 요구에 대하여 교사가 일정 시간을 초과하는 수업에 대해서는 해당 요구를 수용할 수 없다고 하자 해고한 사안에서 교장의 요구가 고용계약상 교사가 부담하는 의무의 범위를 넘는 것으로 보아 불공정해고라고 평가한 사례도 있다.60) 이 판례는 제정법이 규정한 해고의 이유에 대한 관련성을 평가할 때 고용계약의 의무 내용을 중시하고 있는 것으로 평가할 수 있다.

3. 해고이유의 공정성 판단기준 —합리성 기준

고용관계의 종료가 제정법이 규정한 해고의 개념에 포섭되면 다음 단계로 해고이유의 공정성을 평가하게 된다. 해고의 공정성을 평가할 때 사용하는 표지가 바로 합리성(reasonableness)이다. 사용자가 근로자를 해고하면서 합리적으로 행동하였는가에 관한 법원의 판단은 법률문제가 아니라 사실인정의 문제라는 것이 판례이다.61) 이에 따라 법리오해만을 상소의 이유로 삼을 수 있는 고용항소심판소나 항

---

59) Shook v Ealing London Borough Council [1986] ICR 314, 326.
60) Redbridge London Borough Council v Fishman [1978] ICR 569.
61) Grundy (Teddington) Ltd v Willis [1976] ICR 323.

소법원, 그리고 대법원에 대한 이의절차에서는 하급심의 합리성 판단
을 다툴 수 없다(고용심판소법 제21조(1)). 물론 하급심 판단이 합리적인
법원이라면 도저히 도달할 수 없는 위법한 결론(perverse)에 이르렀
다는 상소 이유를 주장할 수 있지만 실무적으로는 이러한 주장을 거
의 받아들이지 아니한다.[62]

　사용자가 근로자를 해고하면서 취하여야 할 합리적 행동은 개별
사안마다 다를 수밖에 없고 나아가 동일한 유형의 해고라고 하여도
사용자에 따라 합리적 행동은 역시 다를 수밖에 없다. 이런 점 때문에
합리성 기준은 다시 '합리적 대응의 범위'(band of reasonable res-
ponses) 기준으로 구체화되어 있다. '합리적 대응의 범위' 기준이란
고용심판소가 해고의 공정성을 판단할 때는 사용자의 행위에 초점을
맞추어야 하지 근로자가 해고로 인하여 받는 부정의에 초점을 맞추어
서는 아니 되며, 이때 사용자의 행위는 침해된 근로자의 권리의 본질
이 무엇인지를 평가하여 그 합리성을 판단할 것이 아니라 합리적인
사용자라는 개념에 비추어 취하여진 조치의 합리성을 바탕으로 판단
하여야 한다는 이론이다.[63] 따라서 특정 사안에서 특정 사용자가 취
한 행위가 해고 당시 합리적인 사용자가 취하였을 것으로 인정되는
여러 가지 대응 가운데 하나라고 인정되면 특정 사안의 해고는 공정
한 것으로 인정할 수 있게 된다. 달리 표현하면 해당 사안에서 모든
사용자가 그 근로자의 해고를 결정할 필요는 없다는 것이다.[64]

　위와 같이 '합리적 대응의 범위' 기준은 특정한 사용자의 행위가
이론적으로 가능한 행위의 양태 어느 하나에 포섭되면 해고가 공정하
다고 판단하는 이론이기 때문에 사실상 합리적 대응의 범주를 무한히

62) 영국 민사소송에서 사실문제에 관한 상소이유에 대한 일반적인 설명으로는
　　Neil Andrews, p112 이하 참조.
63) W Devis & Sons Ltd v Atkins [1977] IRLR 314, 317.
64) Gillian Philips/Karen Scott, p118.

넓힐 수 있는 여지가 있고 결과적으로 해고의 공정성 범위를 매우 넓게 인정하는 기능을 한다. '합리적 대응의 범위' 기준은 합리성의 확정적 기준을 묵시적으로 부인하는 이론이라는 비판[65]도 있다. 이런 문제점 때문에 고용항소심판소는 Hadden v Van den Bergh Foods 사건[66]에서 '합리적 대응의 범위' 기준은 제정법에 대하여 정당화될 수 없는 해석이며, 1996년 고용권법 제98조(4)에서 정하고 있는 해고의 공정성에 관한 기준은 화려한 수사 없이 적용되어야 한다고 주장하면서 '합리적 대응의 범위' 기준은 합리적인 사용자라면 누구도 도달할 수 없는 행위를 한 경우에만 사용자 결정의 번복을 허용하는 이론으로 이는 제정법의 취지에 반하는 기준이라고 비판하였다. 위 사건의 경위는 다음과 같다. 요식업체에 근무하는 원고는 15년간 징계의 전력 없이 성실하게 근무하여 왔고 이에 따라 회사 내 관행에 따라 우수종업원 시상을 받게 되었다. 원고는 시상식에 참여하고자 소속 사업장의 매니저에서 근무시간의 변경을 요청하였고 이에 따라 원고는 근무시간을 변경하였는데 다만, 매니저는 시상 후 다시 사업장에 복귀하여 근무할 것을 요구하였다. 한편, 사용자의 사내 규정에 의하면 근무 중 음주를 금지하고 있었는데 시상식 후에는 음주가 포함된 식사가 제공되었다. 원고는 시상식에 배우자와 함께 참석한 후 음주와 함께 식사를 하였고 근무중 음주가 금지되어 있는 회사의 규정을 중시하여 사업장에 복귀하지 아니하였다. 그러자 사용자는 복귀명령거부를 이유로 징계위원회의 절차를 거쳐 원고를 해고하였다. 1심인 고용심판소는 원고의 사례는 매우 유감스런 경우(a vary sad case)이지만 종전의 법이론에 따르면 해고가 정당하다는 판단을 피할 수는 없다고 판단하였다. 이에 대하여 원고가 항소를 하자 고용항소심판소

---

65) Hugh Collins, p38.
66) [1999] IRLR 672.

는 위와 같이 '합리적 대응의 범위' 기준을 비판하면서 1심 판결을 취소하고 원고 승소 판결을 선고하였다.

그러나 Hadden 판결이 있은 후 이어진 해고 사건에서 고용항소심판소는 Hadden 판결의 주장을 비판하면서 다시 이전의 기준으로 돌아갔고 항소법원은 위 판결을 승인함으로써 현재까지 '합리적 대응의 범위' 기준은 굳건하게 자리를 지키고 있다.

Hadden 판결에 대한 비판의 요지를 정리하면 다음과 같다. 초기에는 Hadden 판결이 지적한 것과 같이 '합리적 대응의 범위' 기준은 1996년 고용권법 제98조(4)의 문언과 일치하지 아니하는 면이 있지만 위 기준이 합리적인 사용자라면 누구도 도달할 수 없는 행위를 한 경우에만 법원이 사용자 결정의 번복할 수 있다는 경직된 이론은 아니며,67) 아울러 고용심판소는 1996년 고용권법 제98조(4)를 적용하면서 사용자의 판단을 자신의 판단으로 갈음하여서는 아니 되고 해고 당시 사용자의 지위에 서서 해고의 당부를 판단하여서도 아니 된다고 비판하였다.68) 나아가 항소법원은 Hadden 판결을 지목하면서 이 판결은 구속력이 있는 결정으로부터 이탈한 정당화될 수 없는 판결이라고 강한 비난을 하면서 '합리적 대응의 범위' 기준이 지난 20년간 각급 법원이 따라온 중요한 판단기준이었다는 점을 강조하였다.69) 한편, 항소법원은 2002년 범죄 혐의를 바탕으로 한 해고 사건70)에서도 위 기준이 적용된다고 보면서 관련 논쟁을 가열시키기도 하였다.

그러나 위와 같은 영국법원의 완고한 태도에도 불구하고 학계에서는 '합리적 대응의 범위' 기준이 과연 제정법상 문언과 일치하는 해석론인지, 제정법이 근로자를 보호하기 위하여 만든 입법 공식의 실

---

67) Midland Bank plc v Madden [2000] IRLR 288.
68) Beedell v West Ferry Printers Ltd [2000] IRLR 650.
69) Post Office v Foley; HSBS Band v Madden [2000] IRLR 827, 829.
70) Sainsbury's Supermarkets Ltd v Hitt [2003] IRLR 23.

효성을 제한하기 위하여 법원이 임의로 부가한 사족이 아닌지 의심하
는 견해를 피력하기도 한다.[71] 한편, 이 기준은 해고의 공정성에 관한
증명책임을 더 이상 사용자에게 부담시키지 아니하려는 이론이라고
평가하는 견해도 있다.[72]

4. 공정성 판단의 구체적 내용

사용자의 합리적 행동은 크게 실체적 공정성과 절차적 공정성이
라는 두 가지 측면으로 분석할 수 있는데 실체적 공정성은 앞서 언급
한 제정법상 다섯 가지 해고의 이유에 포섭되는 사용자의 행위 범주
를 검토하는 것이다. 그런데 해고의 공정성 판단은 대부분 절차적
공정성에 있다고 말하여도 과언이 아니고 따라서 실제 분쟁은 대부
분 절차적 공정성을 인정할 수 있는 범위 내에서 사용자가 대응하고
있는지를 평가하여 최종적인 해고의 공정성을 판단한다고 말할 수
있다.

가. 실체적 공정성 판단

(1) 직무수행능력과 자격

직무수행능력의 부족이 해고의 공정한 이유가 되기 위하여
서는 직무수행능력의 부족이 그 성질과 질에 비추어 해고를 정당화할
만큼 흠결이 있어야 한다.[73] 판례는 이러한 일반적인 해석론을 전제
하면서 근로자의 직무수행능력의 부족에 관한 사용자의 판단 재량을
넓게 인정하고 있는데 개선의 여지가 없는 경우에는 사전 경고나 개
선의 기회를 주는 것 자체가 노령 근로자에게 이익이 되지 아니하고
경영에도 부담이 된다는 취지의 판단을 하는 경우도 있다.[74] 특히, 근

71) Simon Deakin/Gillian S Morris, p529.
72) Simon Honeyball, p164.
73) Simon Honeyball, p166.
74) James v Waltham Holy Cross UDC [1973] IRLR 202.

로자가 질병으로 인하여 근로제공의무를 이행하지 못하는 사안에서 법원은 생산라인의 유지와 이익의 극대화라는 가치와 아울러 근로자 보호라는 인도주의적 가치를 비교 형량한다고 평가할 수 있다.[75] 그러나 사용자에게 근로자의 복귀를 기다려야 할 의무가 있는지, 있다면 그 기간은 얼마가 되는지는 개별 사안의 구체적인 사정을 고려하여 정하여야 하는 것이기 때문에 일반적 기준이 명확히 제시된 것은 없다. 다만, 근로자의 질병을 이유로 해고하는 때에는 질병의 유무와 정도에 관하여 정확한 의학적 정보를 바탕으로 판단하는지가 기본적으로 중요한 쟁점이 되기는 하지만[76] 종국적으로 해고를 결정할 때에는 사용자의 재량을 중시하여 서로 다른 의학적 소견이 충돌할 때에 한쪽 견해만을 채택하여 해고를 한 때에도 그 공정성을 인정할 수 있다는 것이 판례의 태도이다.[77]

(2) 근로자의 비위행위

근로자의 비위행위라고 정한 범주는 다양한 형태의 근로자 행위를 포함하고 있는데 여기서는 이를 직무명령에 대한 불응, 규정위반, 범죄행위의 유형[78]으로 나누어 살펴보고자 한다.

직무명령에 대한 불응이 공정한 해고의 이유가 되는 것은 해당 직무명령이 합리적인 때에 한정된다. 직무명령의 합리성은 원칙적으로 고용계약에 정한 직무의 범위와 관련이 있는 명령인지를 기준으로 살피는데, 개별 사안에 따라서 고용관계의 내용을 이루는 노동관행, 취업규칙, 단체협약의 관련 내용도 전체적으로 살피게 된다.

규정위반을 이유로 한 해고가 공정하기 위해서는 원칙적으로 해당 규정에 규정위반이 해고의 이유가 될 수 있다는 점을 명확하

---

75) Simon Honeyball, p168.
76) East Lindasey DC v Daubney [1977] IRLR 181.
77) BP Tanker Co. v Jeffries [1974] IRLR 260.
78) Simon Honeyball, p170 이하의 유형 구분을 사용하였다.

게 기술하여야 한다.[79] 특히 근로자의 절차적 방어권이 보장되지 아니하는 즉시해고 사례에서는 모호한 해고의 이유의 기재는 불공정한 해고의 원인이 될 수 있다. 다만, 회사의 업무를 수행하는 데 있어 매우 중요한 규정은 근로자 사이에 일반적으로 주지되어 있다고 보는 것이 판례의 태도이다.[80]

근로자의 범죄행위에 대한 평가는 그것이 이루어진 장소를 기준으로 사업장 내인지 아니면 사업장 밖인지에 따라서 다소 달라질 수 있다. 사업장 내에서 이루어진 범죄행위는 보통 해고의 이유가 될 수 있으나 사업장 밖에서 이루어진 범죄행위는 그것이 근로자의 의무 이행과 어느 정도 관련이 있는지를 평가하여 해고의 공정한 이유가 되는지를 결정한다.[81] 근로자의 범죄행위가 형사절차를 통하여 명백히 증명이 되지 아니한 상태에서 해고가 가능한지가 쟁점이 되는 경우가 많은데 이에 대해서는 근로자가 문제가 되는 범죄행위를 하였다고 사용자가 진실로 믿었는지, 사용자가 그러한 믿음을 갖는 데에 합리적인 이유가 있는지, 끝으로 그러한 믿음을 확신하면서 사안의 경위에 비추어 사용자가 합리적 수준의 조사를 하였는지를 평가한다.[82]

(3) 정원감축

정원감축을 이유로 한 해고의 공정성은 뒤에서 기술하는 정원감축해고와 정원감축급여 부분에서 자세히 다루고 있으므로 여기서는 간략하게 관련 내용만을 언급한다. 정원감축으로 인한 해고의 공정성을 판단하기 위해서는 먼저, 제정법이 규정하고 있는 정원감축의 개념에 포섭되는지 검토하여야 하는데 판례는 이에 대해서 그것이 가장행위가 아닌 한 적극적인 사법심사의 대상이 될 수 없다는 종전

---

79) Pringle v Lucas Industrial Equipment Ltd [1975] IRLR 266.
80) C. A. Parsons & Co Ltd v McLoughlim [1978] IRLR 65.
81) Securicor Guarding Ltd v R [1994] IRLR 633.
82) British Home Stores Ltd v Burchell [1978] IRLR 379.

의 입장[83]과 불공정해고가 인정될 경우 금전배상액의 산정을 위하여 요건 심사를 하여야 한다는 비교적 최근의 입장으로 나뉘어 있다.[84] 정원감축을 이유로 한 해고에서 사용자에게 기대되는 합리적 행동의 기준에 관하여 초기 판례는 사법심사를 위한 구체적 기준을 제시하지 못하였으나[85] 1982년 Compair Maxam 사건에서 한국의 4요건설과 흡사한 기준을 제시하고 있다.[86] 그 중 해고대상자 선정기준이 상당히 중요하게 평가되고 있으나 판례 중에는 해고대상자 선정을 위한 양호한 시스템이 설계되어 있고 이에 따라 대상자를 선정하였다는 사실만 증명하면 족하고 나아가 구체적인 평가 내용의 정당성을 증명할 필요는 없다는 입장도 있다.[87] 노동조합과의 협의는 1992년 노동조합 및 노동관계(통합)법 제188조에 규정되어 있는데 판례는 노동조합과의 협의는 해고대상자 선정에 영향을 미칠 수 있는 시점에 이루어져야 한다는 기준을 제시하고 있다.[88] 한국의 해고회피의무와 비교할 수 있는 다른 고용의 제공 의무에 관해서도 언급된 바 있는데[89] 그 범위에 관해서는 개별 사안마다 조금씩 뉘앙스를 달리하고 있다.

(4) 제정법상 금지규정 위반

　　제정법상 금지규정 위반이란 근로자가 특정 업무를 수행함에 있어서 제정법의 제한 혹은 의무를 위반할 수밖에 없는 경우를 말한다. 대표적인 예는 자동차 면허라는 자격이 필요한 근로자가 해당 면허를 취소당한 경우를 들 수 있다.[90] 그러나 특정 면허의 취득이

---

83) H. Goodwin Ltd v Fitzmaurice [1977] IRLR 393.
84) James W. Cook & Co. (Wivenhoe) Ltd v Tipper [1990] IRLR 386.
85) Vickers Ltd v Smith [1977] IRLR 11. 이 판결에서는 良識 있는 합리적인 경영자라면 도달하지 아니하였을 결정을 내리고 있는가라는 기준을 제시하고 있다.
86) Williams v Compair Maxam Ltd [1982] IRLR 1983.
87) British Aerospace Ltd v Green [1995] IRLR 433.
88) King v Eaton Ltd [1996] IRLR 199.
89) Vokes Ltd v Bear [1973] IRLR 363.
90) Simon Honeyball, p179.

고용유지의 요건인 경우 해당 면허 취득을 1회 실패한 사실만으로 곧바로 해고할 수는 없고 제도가 허용하는 재시의 기회 등도 고려하여야 한다는 것이 판례의 태도이다.[91]

(5) 그 밖의 실질적 이유

'그 밖에 해고를 정당화할 수 있는 실질적 이유'는 위에서 언급한 네 가지 해고이유의 범주에 속하지 아니하는 나머지 해고이유를 포섭하는 매우 넓은 개념이라고 할 수 있다. 일반 조항의 속성을 가진 본 규정으로 인하여 사실상 앞의 네 가지 범주 구분의 실익이 반감될 수 있다는 지적이 있다.[92] 판례가 제시하는 해당 이유를 네 가지로 유형을 구분하여 설명하면 다음과 같다.[93]

첫 번째 범주는 유사 정원감축(quasi-redundancy)이라고 할 수 있다. 제정법이 정한 정원감축에 해당하면 사용자는 정원감축급여를 지급할 의무를 부담하는데 이를 회피하기 위하여 종종 기업의 구조조정을 이유로 한 해고가 정원감축에 해당하지 아니하는 다른 형태의 구조조정[94]이라고 주장하면서 이런 경우는 그 밖의 실질적 이유가 있는 공정한 해고이므로 금전배상도 할 필요가 없다고 주장한다. 판례는 기업재편을 위한 경영상 압박, 건전하고 올바른 경영상의 이유, 구별할 만한 기업재편의 이익 등 다양한 표지를 사용하여 그 공정성을 긍정하고 있는데 본래의 정원감축과의 구분 기준이 명확한 것은 아니다.

두 번째 범주는 근로조건을 후퇴시키는 고용계약의 변경 거부를 이유로 한 해고인데 판례는 경영난을 타개하기 위하여 종전보다

---

91) Sutcliffe & Eaton Ltd v Pinney [1977] IRLR 349.
92) Simon Deakin/Gillian S Morris, p525. 이 때문에 위 규정을 고무줄 기준 (rubber band quality)이라고 비판하는 견해가 있다(John Bowers/ Andrew Clarke, "Unfair Dismissal and Managerial Prerogative: A Study of 'Other Substantial Reason'" (1981) 10 *ILJ* 34).
93) Simon Honeyball, p180 이하의 분류 기준을 따랐다.
94) 보통 기업재편(reorganisation)이라고 표현한다.

낮은 수준의 근로조건을 제시한 고용계약의 체결을 요구하는 것은 합리적인 사용자의 행위이고 따라서 이를 거부하는 근로자를 해고하는 것은 공정하다고 입장이다.[95] 판례는 같은 논리로 근로조건의 내용 중 업무의 내용, 근무처, 교대제의 변경 등을 요구하는 고용계약의 체결을 거부하는 것을 이유로 하는 해고가 그 밖의 실질적 이유가 있는 해고의 범주에 들 수 있다고 보는데 이에 대해서는 위와 같은 근로조건의 일방적 변경은 의제해고에 해당하기 때문에 이를 통하여 근로자의 권리를 보장할 수 있었는데 근로자의 권익 보호를 위해 도입한 제정법의 해석이 오히려 보통법 법리가 제시한 수준에도 미치지 못한다는 비판이 있다.[96]

세 번째 범주는 비정규 근로(temporary work)에 대한 것인데 영국의 노동보호 입법은 보호대상을 근로시간의 장단에 따라 달리하기 때문에 제정법이 요구하는 최소 근로시간을 충족하지 못하는 경우에는 고용보호를 받을 수 없는 경우가 많다. 다만, 기간제 교사의 해고가 문제된 사건에서 판례는 기간제 고용이 필요한 실질적 이유가 있고, 그 사실이 근로자에게 사전에 통지되었으며 나아가 기간제 고용의 목적이 종료한 것이 증명된 경우이어야 해고의 실질적 이유가 될 수 있다는 입장을 보인 것이 있다.[97]

마지막 범주는 제3자에 의한 압력인데 예를 들어 사용자의 주요 고객이 특정 근로자의 비위행위를 문제 삼으면서 거래 중단의 압력을 행사할 경우 사용자는 해당 근로자를 비위행위를 이유로 해고할 수는 없으나 그 밖의 실질적 이유를 들어서 해고를 할 수 있다는 것이다.[98] 그러나 노동조합이 파업을 하면서 특정 근로자의 해고를

---

95) RS Components Ltd v Irwin [1973] IRLR 239.
96) Simon Honeyball, p183.
97) North Yorkshire County Council v Fay [1985] IRLR 247.
98) Scott Packaging and Warehousing Co. Ltd v Paterson [1978] IRLR 166. 다

요구함에 따라 이루어진 해고에 대해서는 그 공정성을 인정할 수 없으며 금전배상에 있어서도 감액의 이유가 될 수 없다(고용권법 제107조 (2), 제123조(5)). 아울러 노동조합의 압력을 이유로 해고가 되었음을 주장하는 근로자는 압력을 행사한 자의 소송참가를 강제할 수 있고 고용심판소는 원고의 주장을 인정할 수 있을 때에는 압력을 행사한 자에게 금전배상명령을 할 수 있다(노조법 제160조).

나. 절차적 공정성 판단

(1) 절차적 공정성과 행위준칙

이처럼 제정법 혹은 그 해석론은 당연 불공정해고가 아닌 일반적 해고의 공정성 평가를 해고라는 결과가 갖는 근로자에 대한 불이익이라는 관점에서 하지 아니하고 사용자 행동의 합리성이라는 표지를 통하여 하고 있기 때문에 어떤 행동이 합리적 행동의 범주에 해당하는가를 결정하는 것이 매우 중요하다. 이에 대하여 실천적으로 가장 유력한 해석을 제시하는 것이 ACAS 행위준칙이다. 위 행위준칙은 1992년 노동조합 및 노동관계(통합)법 제199조에 근거하여 ACAS가 제정한 것으로 1977년 제정된 이래 1997년, 2000년, 2004년의 개정을 거쳐 현재 2009년 개정 준칙이 시행되고 있다. 총 45개 항으로 구성되어 있는 행위준칙은 해고 등 징계에 관한 절차적 사항, 고충처리절차 등을 규정하고 있다.[99] 일찍부터 귀족원은 징계해고 절차에서 위 준칙은 정기적으로 참고하여야 할 규정이라고 보아서 그 법적 권위를 부여한 바 있다.[100] 특히, 제정법이 ACAS 행위준칙의 이행 여부에 따라 금전배상의 25%까지 가감을 할 수 있는 권한을 고용심판소에 부여하면서 위와 같은 경향이 더욱 강화되었다고 평가할 수 있

만, 이 경우 사용자는 해고 이전에 가능한 다른 조치를 고려하여야 한다.
99) 행위준칙은 정원감축해고, 기간만료로 인한 계약기간의 갱신거절로 인한 해고 등에는 적용되지 아니한다(행위준칙 제1문단).
100) West Midlands Co-operative Society Ltd v Tipton [1986] AC 536.

다(노조법 제207A조). 이하에서는 법령과 행위준칙[101] 및 판례를 중심으로 절차보장의 주요내용을 여섯 가지 항목으로 나누어 살펴보고자 한다.

(2) 동행을 받을 권리

징계절차 혹은 고충처리절차에서 동행을 받을 권리(right to be accompanied)는 1999년 고용관계법에서 도입되었다. 위 법률 제10조는 노동자[102]가 징계절차 혹은 고충처리절차에 출석할 것을 요구받은 때에 노동자가 타인을 동행하겠다는 의사표시를 사용자에게 하면 사용자는 이를 허용하여야 한다는 것을 골자로 한다.

동행권의 행사와 관련하여 실무적으로는 어떤 경우에 동행권의 행사가 가능한지가 쟁점이 된다. 1999년 고용관계법 제13조(4)는 공식적 경고가 발령되는 행정절차, 노동자에 대한 그 밖의 조치가 취하여지는 절차, 기존 경고 혹은 조치를 승인하는 재심절차를 예로 들고 있다. 행위준칙도 같은 취지의 규정을 두고 있다(행위준칙 제13문단). 판례에 따르면 그 밖의 조치란 징계의 성격을 띤 사용자의 조치를 의미하므로 근로자에게 부과되는 훈련, 코칭, 상담 등은 여기에 포함되지 아니한다고 해석하며,[103] 정원감축해고를 위한 근로자와의 면담절차에도 동행권 규정이 적용되지 아니한다고 본다.[104] 그러나 비공식적 구두 경고 절차라고 하더라도 거기에 공식적인 수준의 경고가 수반되고 그것이 근로자의 징계전력으로 남는다면 동행권 규정이 적용된다는 입장을 보이고 있다.[105] 동행권과 관련한 또 하나의 쟁점은

---

101) 행위준칙은 법규로서 사용자를 구속하는 강제력은 없지만 고용심판소가 금전 배상액의 가감을 결정할 때 그 이행 여부를 고려하는 형태로 실효성을 확보한다.
102) 동행을 받을 권리에서 노동자라 함은 1996년 고용권법 제230조에서 규정하고 있는 자뿐만 아니라 파견노동자, 가내노동자, 정부에 소속된 자, 귀족원의 행정 직원 등이 포함된다(고용관계법 제13조(1)).
103) Skiggs v South West Training Ltd [2005] IRLR 459.
104) Heathmill Multimedia ASP Ltd v Jones [2003] IRLR 856.
105) London Underground Ltd v Ference-Batchelor [2003] IRLR 252.

동행인의 권한에 관한 것이다. 동행인은 징계절차에서 노동자를 대신하여 그에게 한 질문을 답변할 수 없는데 이에 대해 노동계에서는 동행권에 갈음하여 대리권(representation)을 행사[106]할 수 있도록 규정의 변경을 요구하였으나 정부에서는 이를 받아들이지 아니하였다.[107]

만일 사용자가 위 동행권 행사를 받아들이지 아니하거나 받아들이지 아니하겠다는 취지의 위협을 하는 경우 노동자는 고용심판소에 소를 제기할 수 있고 고용심판소는 노동자의 청구가 이유가 있다고 인정하는 때에는 사용자에게 2주의 임금에 상당하는 금액을 초과하지 아니하는 범위 내에서 금전배상의 지급을 명령할 수 있다(고용관계법 제11조). 아울러 노동자의 위 권리를 보다 충분히 보장하기 위하여 고용관계법 제12조는 노동자가 위와 같은 권리의 행사를 이유로 사용자로부터 불이익을 당하지 아니할 권리가 있다고 규정하고, 불이익이 발생하였을 경우 1996년 고용권법 제48조와 제49조를 준용하여 노동자는 다시 고용심판소에 소를 제기할 수 있고 고용심판소는 청구가 이유 있는 때에는 권리침해사실을 확인하고 아울러 금전배상 명령을 할 수 있다. 금전배상에는 노동자가 지출한 비용 및 각종 급부에 대한 손해가 포함된다(제10조). 나아가 동행권 행사를 이유로 근로자가 해고가 되었다고 인정할 수 있는 때에는 당연 불공정해고로 인정하고 있다.

(3) 공식적인 절차규정의 존부

1996년 고용권법 제1조는, 사용자가 고용관계를 시작할 때

---

106) 노동계는, 유럽인권법원이 Wilson and NUJ v UK; Palmer, Wyeth and RMR v UK and Doolan v UK 사건([2002] IRLR 568)에서 근로자는 자신의 이익을 위하여 노동조합으로 하여금 자신을 대리하게 할 수 있는 권리가 있다는 점을 확인한 것을 주요 논거로 삼고 있었다.

107) DTI, *Review of the Employment Relations Act 1999: Government Response to the Public Consultation*, December 2003, para3.43.

근로조건 등에 관하여 서면으로 명시할 의무를 규정하고 있고, 나아가 제3조에서는 징계절차에 관한 내용을 서면으로 명시하여야 한다고 규정한다. 이에 따르면 사용자는 근로자에게 적용되는 징계 규정을 특정하거나 그러한 내용을 담고 있는 규정으로서 근로자가 합리적으로 접근할 수 있는 문서를 제공하여야 한다. 그리고 징계규정에는 징계절차에 관한 사항과 징계에 관하여 불복을 할 경우 불복을 할 수 있는 상대방에 관한 사항도 담도록 하고 있다. 아울러 그러한 절차에 영향을 줄 수 있는 다른 절차가 있다면 그 절차에 관해서도 근로자에게 설명을 하거나 그러한 내용을 규정하고 있는 문서에 합리적으로 접근할 수 있는 조치를 취하도록 규정하고 있다. 제4조는 위와 같은 내용에 변경이 있을 때는 변경의 사항을 담은 서면통지를 의무화하고 있다.

행위준칙은 이와 관련하여 징계의 대상이 되는 행위를 구체적으로 명시할 것을 권고하고 있는데 예를 들어 징계의 대상이 되는 행위의 목록으로 절도, 횡령, 육체적 폭력행위, 중과실, 업무명령에 대한 중대한 위반 등을 규정할 것을 정하고 있다(행위준칙 제23문단). 특히, 해고의 경우 해고를 할 수 있는 권한이 있는 자가 누구인지 특정을 하고, 가능한 한 신속하게 해고의 이유를 근로자에게 통지하며, 고용계약이 종료하는 시점과 해고예고기간 그리고 이의제기절차 등에 관한 내용을 규정에 정하도록 하고 있다(행위준칙 제21문단).

그러나 판례는 징계절차에 관한 공식적 규정의 유무가 징계의 절차적 정당성을 판단하는 주된 요소는 아니라고 보고 있다. 이에 따라 절도나 사업장 내 폭력행위와 같이 징계사유가 명백한 때에는 징계절차 규정이 없거나 해당 규정을 사전에 근로자에게 충분히 통지하지 아니한 사실만으로 해고가 불공정하게 되는 것은 아니라고 본다.[108] 아울러 사업장 밖에서 행한 중대 범죄에 대해서도 같은 법리

---

108) Pringle (RA) v Lucas Industrial Equipment Ltd [1975] IRLR 266.

를 적용하고 있는데 예를 들어, 신탁관계에서 수탁자 지위에 있던 근로자가 점심시간에 대마초 소지 혐의로 기소되어 유죄판결을 받은 사건에서 청문절차를 거치지 아니한 징계해고가 정당하다고 판단하고 있다.[109] 같은 논리로 단순히 징계절차 규정의 존재 혹은 그 형식적 준수만으로 징계가 공정한 것으로 평가되지 아니하며 고용심판소는 관련 규정 자체의 정당성도 평가할 수 있다. 이처럼 고용심판소는 징계에 이른 구체적인 사정을 살펴서 절차적 공정성에 관한 판단을 하고 있다고 평가할 수 있다.[110]

(4) 징계혐의의 조사와 절차 개시 전 대기발령

행위준칙은 징계혐의의 조사와 관련하여 사용자에게 혐의의 증명은 비합리적으로 지체되어서는 아니 된다고 규정하면서 경우에 따라서는 징계 대상자인 근로자와의 면담도 필요하다고 정하고 있다. 근로자 면담절차를 운영할 때에는 그것이 자체로 징계를 결정하는 절차가 되어서는 아니 되고, 제정법상의 의무 조항은 없지만 근로자의 방어권을 보장하기 위하여 면담절차에서도 근로자의 동행을 받을 권리를 보장할 것을 권고하고 있다. 한편, 조사 내용의 신빙성을 확보하기 위하여 대질조사도 고려하고 있다. 징계의 이유가 근로자의 비위행위인 때에는 징계절차에서 징계권자가 가질 수 있는 예단을 배제하기 위하여 조사담당자와 징계위원을 가능하면 달리하는 것이 적절하다는 의견을 제시한다(행위준칙 제5문단~제7문단).

징계절차 개시 전에 근로자에게 유급의 대기발령을 하는 때에는 그 기간을 되도록 짧게 정하여 대기발령 자체가 징계가 되지 아니하도록 하여야 하고, 정기적으로 그 적절성을 검토하여야 한다고 규정하고 있다(행위준칙 제8문단). 그러나 판례 중에는 경찰의 수사결과

---

109) Mathewson v RB Wilson Dental Laboratory Ltd [1988] IRLR 512.
110) Simon Deakin/Gillian S Morris, p537.

를 기다려 그에 따른 징계를 계획하고 근로자에게 2년 6개월 정도의
대기발령을 한 것은 불합리한 것이 아니라는 판단도 있다.[111]

(5) 징계 혹은 청문 절차

　　행위준칙은 근로자에 대한 징계의 여부와 정도를 정하기 위
한 청문절차를 개시할 때에는 근로자에게 서면으로 그 내용을 통보하
여야 한다고 규정한다. 이 통보에는 징계의 원인이 된 비위행위나 직
무능력의 부족 및 이에 따라 근로자에게 있을 수 있는 결과 등을 포
함하여 근로자가 청문절차에 충분히 대비할 수 있도록 하여야 한다.
따라서 애초 근로자에게 제시된 징계의 이유에 포함되지 아니하는 이
유를 주장하고 이에 대한 증거를 제출하는 것은 매우 이례적인 경우
라고 보면서 이런 기본적인 원칙을 위반한 해고는 불공정해고라고 판
단한 예도 있다.[112]

　　행위준칙은 통보와 아울러 징계혐의를 증명하는 진술서 등
서면의 증거를 같이 제공하는 것이 적절하다는 입장이다. 또 근로자
의 청문절차 참여권을 보장하기 위하여 징계절차가 열리는 일시, 장
소를 구체적으로 특정하여야 하며 제3자를 동행할 수 있는 권리 또한
통지를 하여야 한다. 징계절차는 근로자가 이에 대비할 수 있는 충분
한 시간을 고려하여 개최하되 불합리하게 지연되어서도 아니 된다.
사용자와 근로자는 정해진 징계절차에 참여할 수 있도록 최선의 노력
을 하여야 하며 절차가 개시되면 사용자는 근로자에게 징계혐의에 대
하여 설명하고 관련 증거를 제시하여야 한다. 근로자는 자신의 입장
을 소명하고 혐의사실에 대하여 답변을 할 수 있는 충분한 기회를 가
져야 하며 목격자가 제공한 정보에 대하여 반박할 수 있는 기회를 가
져야 한다. 만일, 절차 내에서 증인을 소환하여 진술하게 하고자 한다

---

111) Rhondda Cynon Taf County Borough Council v Close [2008] IRLR 868.
112) Strouthos v London Underground Ltd [2004] IRLR 636.

면 사전에 그 사실을 상대방에게 통지하여야 한다(행위준칙 제9문단~제 12문단). 만일 근로자가 절차 참여를 거부하거나 계속적으로 참여할 수 없는 상황이라면 궐석으로 절차를 진행할 수 있으며 관련 증거에 따라 징계의 여부와 정도를 결정할 수 있다는 것이 행위준칙의 입장 이다(행위준칙 제24문단).

　　　위와 같은 행위준칙의 절차진행에 관한 내용은 매우 일반적 인 수준의 규율에 불과하다고 평가할 수 있는데 법원도 행위준칙이 요구하는 수준 이상의 엄격한 절차적 통제를 하지 아니한다고 말할 수 있다. 판례 중에는 징계절차에 관하여 고용계약에 규정을 두면서 상대방이 제출한 목격자의 진술서를 징계대상자에게 제시할 의무에 관한 내용이 없었던 경우에는 해당 진술서의 존재를 징계대상자에게 알리지 아니하고 이를 바탕으로 징계결정을 하였더라도 절차상 불공 정한 점은 없다는 것이 있다.[113]

　　(6) 징계의 결정

　　　징계절차를 진행하고 나면 근로자를 징계할지, 징계를 하면 어떤 징계를 할 것인지에 관하여 결정을 하여야 한다. 행위준칙은 근 로자에게 서면으로 이에 관한 내용을 통지할 것을 규정하면서 만일 징계의 이유가 비위행위이거나 업무능력의 부족이라면 먼저 서면으 로 경고를 하고, 일정기간 이후에도 다시 비위행위를 반복하거나 업 무능력의 향상이 없으면 최종적으로 다시한번 서면경고를 할 것을 권 고하고 있다. 다만, 근로자의 최초 비위행위나 업무능력의 부족이 조 직에 심각하거나 위해한 영향을 미칠 만큼 심각한 것이라면 1회의 서 면경고로 충분하다고 규정하고 있다(행위준칙 제17문단~제19문단). 근로 자에게 하는 서면경고에는 근로자의 비위행위 혹은 업무능력의 부족 에 관한 구체적 사정 및 기한을 정한 시정조치를 밝혀야 한다. 이때

---

113) Hussain v Elonex plc [1999] IRLR 420.

사용자는 근로자에게 서면경고가 언제까지 효력을 갖는 것인지, 추가
적인 위반행위가 어떤 결과를 가져오는지에 관하여 알려야 한다. 징
계가 만일 해고라면 해고권자로 표시된 자는 해고의 권한이 있는 자
이어야 하고 근로자는 가능한 한 신속하게 해고의 이유, 해고의 효력
발생시기, 해고예고기간 그리고 이의신청권을 통지 받을 수 있어야
한다(행위준칙 제21문단). 중대한 비위행위의 경우에는 해고예고기간 없
이 즉시해고를 할 수 있지만 이때에도 공정한 징계절차를 진행하여야
한다(행위준칙 제22문단). 판례 중에는 비위행위의 정도에 따라 징계절
차의 유형을 분리하여 규정한 사용자가 경미한 비위행위만을 다루는
징계절차를 진행하던 중 해당 절차를 종료하고 곧바로 중대한 비위행
위를 인정하고 이것을 이유로 즉시해고를 한 것은 사용자의 '합리적
대응의 범위'를 넘어선 것으로 불공정해고에 해당한다고 본 예가 있
다.[114] 즉시해고의 효력을 고려할 때 사용자의 징계규정은 중대한 비
위행위의 유형을 제시할 필요가 있는데 행위준칙은 절도, 횡령, 육체
적 폭력, 중과실, 중대한 명령 불이행 등을 예로 들고 있다(행위준칙 제
23문단).

　　근로자에 대한 징계는 비례성의 원칙에 따라 다시 그 공정성
을 판단하여야 한다. 한국에서 징계 양정의 정당성을 논하는 것에 대
응되는 법리라고 생각할 수 있는데 이에 따라 징계의 정도는 위반행
위의 성질, 근로자의 지위, 근속연수, 위반행위의 고의성 정도를 종합
적으로 고려하여야하며,[115] 동종 행위에 대한 종전의 징계 수준과도
형평성을 유지하여야 한다.[116]

---

114) Sarkar v West London Mental Health NHS Trust [2010] IRLR 508. 사용자
　　의 징계 관련 규정에는 이런 경우 별도의 징계절차를 다시 거치도록 하고 있었
　　는데 이를 위반한 점이 인정된 사건이었다.
115) Ladbroke Racing Ltd v Arnott [1983] IRLR 154.
116) Cain v Leeds Western Health Authority [1990] IRLR 168.

(7) 이의신청권

행위준칙은 징계 결정에 대하여 근로자가 이의제기를 할 수 있는 기회가 주어져야 한다는 전제 아래 이의절차 혹은 재심절차의 개시는 불합리하게 지연되어서는 아니 되고 사전에 그 시기와 장소를 합의하는 것이 이상적이라는 견해를 제시하고 있다. 근로자는 이의제기를 하면서 사용자에게 이의신청의 이유를 서면으로 통지하여 이의절차의 운영이 효과적으로 이루어질 수 있도록 협조하여야 한다. 이의절차의 합리적이고 공정한 운영을 위하여 전심에 참여하였던 자는 배제하는 것이 적절하며 근로자는 이의절차에서도 역시 제3자를 동행할 수 있는 권리를 행사할 수 있다. 이의절차가 종료하면 근로자에게 그 결과를 서면으로 통지하는 것이 향후 재판 등을 통한 분쟁해결 절차에서 쟁점을 명확하게 정리하는 데 도움이 된다(행위준칙 제25문단~제28문단).

징계대상 근로자에게 이의신청권이 충분하게 보장되었는가에 관한 실무상의 쟁점은 주로 초심 절차의 하자가 재심 절차로 치유될 수 있는지에 있다. 이에 대하여 법원은 하자의 치유를 넓게 인정하고 있다.[117]

(8) 노조대표자와 형사기소에 따른 권고사항

행위준칙은 노동조합 위원장 등 노동조합 대표자에 대한 징계와 행위 자체만으로는 그 성격상 원칙적으로 징계의 대상이 되지 아니하는 형사기소를 당한 근로자에 대한 징계에 관하여 추가적인 권고사항을 규정하고 있다. 노동조합의 대표자에 대한 징계절차에 대해

---

117) Westminster City Council v Cabaj [1996] IRLR 399. 사건의 개요는 다음과 같다. 근로자의 시간관념 부족이 이유가 되어 해고가 된 사건에서 고용계약 등에서 정한 재심 절차는 3명의 징계위원으로 구성하여야 하나 2명의 징계위원이 참여하여 만장일치로 해고가 확정된 경우에도 그러한 해고가 반드시 불공정해고에 이르는 것은 아니라고 보았다.

서는 일반적인 근로자와 동일한 절차를 취하는 것을 원칙으로 하되 징
계대상 근로자의 동의가 있다면 노동조합의 간부와 징계에 관한 의견교
환을 사전에 하는 것이 바람직하다는 제안을 하고 있다. 형사처벌이 될
수 있는 근로자의 행위에 대해서는 형사처벌이 근로자의 근로제공에 미
칠 수 있는 영향이나 사용자, 동료 근로자 및 고객와의 관계를 고려하여
징계 여부를 판단할 것을 권고하고 있다(행위준칙 제29문단~제30문단).

(9) 절차위반에 대한 효과

징계해고의 절차위반에 관한 효과에 대하여 판례의 법리를
요약하면 일반적으로 절차를 전혀 거치지 아니한 것은 절차상 하자가
인정되어 해고를 불공정하게 만든다. 그러나 경미한 절차위반의 경우
에는 해고 당시 사용자가 취한 기타 행동의 합리성 여부를 전체적으
로 살펴 해고의 공정성을 평가한다. 아울러 재심 절차에 의한 초심 절
차상 하자의 치유도 폭넓게 인정하고 있다는 평가를 할 수 있다.

그러나 고용심판소는 해고가 불공정하다고 판단하면서 그
절차상 사용자가 행위준칙을 이행하지 아니한 사실이 있고 그것이 불
합리하다고 인정할 수 있는 때에는 금전배상액을 25%까지 증액할 수
있다. 역으로 근로자가 징계절차에서 행위준칙을 불합리하게 준수하
지 아니한 때에는 금전배상액을 감액할 수도 있다(노조법 제207A조, 부칙
제A2조, 고용권법 제124A조).

다. 징계 양정의 정당성

징계 양정의 정당성은 사용자가 징계를 함에 있어서 합리적으로
행동을 하였는가를 평가하여 판단한다. 징계규정에 징계사유로 규정
되어 있더라도 경미한 위법행위를 이유로 해고의 징계를 하는 것은
불합리한 것으로 보아 불공정해고가 될 수 있다.[118] 따라서 사용자는

---

118) Ladbroke Racing Ltd v Arnott [1979] IRLR 192.

징계를 함에 있어서 재량권을 갖지만 재량권을 행사함에 있어서는 일반적인 전례, 징계대상 근로자의 근무기록, 다른 징계선택의 가능성 등을 종합적으로 고려하여야 한다.[119] 징계의 형평성도 중요한 쟁점인데 동종의 비위행위에 대하여 그 잘못을 인정하고 재발방지를 위하여 조언을 구한 경우와 그 비위행위가 동료들의 공모로 조작되었다고 주장하는 경우에는 다른 징계를 할 수 있다는 것이 있다.[120] 종전의 징계전력이 다른 경우에도 동일 사안에 대하여 다른 징계를 할 수 있다.[121] 복수의 근로자가 공동하여 징계규정을 위반하였더라도 위법행위에 기여한 정도가 서로 다르다면 다른 징계를 할 수 있다.[122]

Ⅵ. 정원감축해고와 정원감축급여

1. 의 의

가. 제정법의 규정

1996년 고용권법 제139조는 정원감축(redundancy)에 관하여 '완전히 혹은 주로 근로자를 고용한 목적이 되었던 영업(business)의 종료(예정) 혹은 근로자를 고용했던 장소에서 행하여진 영업의 종료(예정)의 사유를 이유로 하거나, 특정 업무를 수행하던 근로자 혹은 근로자를 고용했던 장소에서 행하던 특정 업무를 수행하던 그 근로자에 대한 영업적 수요가 종료(예정), 감소(예정)인 것을 이유한 근로자의 해고'라고 규정하면서 이러한 정원감축에 의한 해고를 정원감축해고 (dismissal by reason of redundancy)라고 부르고 있다.

한국의 경영상 해고 규정과 비교하여 보면 무엇보다 영업 중단

---

119) Elloitt Bros Ltd v Colver [1979] IRLR 92.
120) Paul v East Surrey District Health Authority [1995] IRLR 305.
121) Harrow London Borough v Cunningham [1996] IRLR 256.
122) Securicor Ltd v Smith [1989] IRLR 356.

의 예정이나 영업적 수요의 종료 예정 및 감소 예정과 같이 경영상의 필요에 의하여 정원감축해고를 쉽게 할 수 있도록 명문으로 규정하고 있다는 점이 눈에 띈다. 위 정의규정은 정원감축급여(redundancy payment)의 청구 자격을 검토할 때에도 사용되며 아울러 앞서 살펴본 불공정해고에 있어서 잠재적 공정해고 이유 중의 하나인 정원감축해고의 공정성을 판단할 때에도 사용된다.

정원감축급여의 산정에 관한 기본원칙은 1996년 고용권법 제162조에서 규정하고 있는데 그 중 실무적으로 수당의 액에 주된 영향을 미치는 요소는 계속근로기간으로서 이에 관한 판례가 다수 집적되어 있다.

나. 해고 불인정의 특례

1996년 고용권법은 사용자가 구조조정을 하면서 종전 고용관계를 종료하더라도 일정한 요건을 갖추어 근로자에게 새로운 일자리를 제공하면 종전 고용관계 종료의 의사표시를 해고로 보지 아니한다. 따라서 여기에 해당하는 근로자는 불공정한 정원감축해고를 주장하거나 정원감축급여를 청구할 수 없다.

사용자가 종전 고용계약이 종료하기 전에 근로자에 대하여 종전 고용계약을 갱신하거나 새로운 조건으로 채용하겠다는 의사표시를 하고, 그러한 계약의 갱신 혹은 체결이 종전 고용계약의 종료 직후 혹은 늦어도 4주 이내에 효력을 발생하는 경우에는 종전 고용계약의 종료를 해고로 보지 아니한다(고용권법 제138조(1)). 이때 사용자가 종전 고용계약의 갱신 혹은 새로운 고용계약을 체결하기 위해서는 충분하고 확실한 정보를 근로자에게 제공하여야 하며, 여기에는 사용자가 근로자에게 제안한 업무의 양, 업무 장소, 고용계약의 조건 등이 특정되어 있어야 한다.[123] 그러나 위 4주 혹은 이에 준하는 기간으로서

---

123) Havenhand v Thomas Black Ltd [1968] 1 WLR 1241; Roberts v Essoddo

당사자가 약정한 기간중에 근로자 또는 사용자가 갱신 혹은 새롭게
체결한 고용계약에 의한 근로조건이 종전 근로조건과 다르다는 이유
로 해당 고용계약을 해지할 경우에는 종전 고용계약이 종료하는 시점
에 해고가 있었던 것으로 본다(고용권법 제138조(2), (3)). 위와 같이 고용
계약의 해지 통보를 할 수 있는 기간을 시용기간(trial period)이라고
한다. 시용기간은 사용자가 제공한 새로운 일자리에 대하여 근로자가
근로조건이나 업무의 내용 등을 파악하여 적응이 가능한지를 판단하
고 이에 동의할 수 없다면 고용계약을 해지하고 정원감축급여를 청구
할 수 있도록 하는 제도이다.[124] 4주의 기간 준수는 매우 엄격하게
요구되기 때문에 기간이 도과한 이후에 직장을 이탈한 때에는 사직으
로 해석할 수 있고[125] 따라서 정원감축급여의 청구도 할 수 없다.

한편, 고용계약이 2차에 걸쳐 갱신되거나 새롭게 체결된 때에는
시용기간에 관한 규정을 적용하지 아니한다(고용권법 제138조(5)). 따라서
근로자 혹은 사용자는 이를 근로조건의 차이를 이유로 해지할 수 없고
설혹 고용계약을 해지하더라도 정원감축해고라고 주장할 수 없다.

2. 정원감축의 개념 요소

정원감축의 개념은 앞서 살펴본 것과 같이 1996년 고용권법 제
139조에 규정되어 있다. 고용관계의 종료가 정원감축의 개념에 포섭
되면 근로자는 원칙적으로 정원감축급여를 청구할 수 있다. 여기서는
1999년 고용권법 제139조에서 규정한 정원감축의 개념 요소 및 이에
포섭되는 사실관계에 관하여 판례를 중심으로 살펴본다.

Circuit (Control) Ltd [1967] 2 IRT 351.
124) Simon Honeyball, p213.
125) Meek v J. Allen Rubber Co. Ltd and Secretary of State for Employment
    [1980] IRLR 21.

가. 영업의 종료와 감소 및 그 예정

영업(business)이란 거래, 전문적 활동, 법인격의 존부와 관계없이 사람의 집단인 단체에 의하여 행하여진 활동을 의미한다(고용권법 제235조(1)). 종료하는 영업의 사용자가 해당 영업을 실질적으로 소유하고 있다는 점을 증명할 필요는 없고, 나아가 파업 등이 정원감축의 원인이 되었던 경우라도 일반적으로 제정법이 규정한 영업의 종료 등의 개념에 포섭하여 이해하고 있다.

근로자를 고용했던 장소에서 행하여진 영업의 종료가 문제된 사례에서는 근로자를 실제로 고용했던 장소에서의 영업이 종료되었는지가 기준이 아니고 고용계약상 근로자가 고용될 수 있는 장소에서 영업이 종료되었는지가 기준이다. 따라서 고용계약상 사용자가 근로자를 다른 지역의 영업장소로 전보 발령할 수 있는 넓은 재량이 있는 때에는 영업의 종료를 판단하는 장소적 기준은 전보 발령을 할 수 있는 새로운 근무장소가 기준이 될 수 있으므로 사용자가 종전 근무장소를 폐쇄하면서 다른 영업장소로 전보발령을 하였더라도 근로자는 종전 근무장소의 영업의 종료를 이유로 정원감축급여를 청구할 수 없다.[126)]

나. 영업적 수요의 종료와 감소 및 그 예정

앞서 설명한 '영업의 종료'라는 표지는 문리적으로 영업의 사실적 종료를 의미하기 때문에 해석상 큰 다툼이 없지만, '영업적 수요'가 종료 또는 감소하였다거나 감소가 예정된다는 표지는 사용자의 경영상 판단에 따라 그 존부를 달리 결정할 수 있고 따라서 소송 단계에서도 해석상 다툼이 매우 많은 정원감축의 요건이다. 따라서 정원감축 사실의 존부가 쟁점이 되는 분쟁은 대부분 여기에 집중되어 있다.

---

126) UK Atomic Energy Authority v Claydon [1974] ICR 128.

영업적 수요의 종료나 감소는 특정 업무에 대한 수요의 종료나 감소를 의미하는 것이 아니라 특정 업무를 담당하던 '근로자의 수요'에 대한 종료 혹은 감소를 의미한다. 따라서 특정 업무의 수요는 증가하더라도 이를 행하는 방식을 기계화·자동화하는 데에 따라 근로자를 해고하는 것은 정원감축의 개념에 포섭된다.[127] 이에 따라 호텔을 재개장 하면서 이미지 개선을 위해 바(Bar)에서 일하던 중년 여성을 젊은 여성으로 교체하면서 해고를 한 사례에서 서빙을 담당하는 종전 근로자에 대한 수요의 감소가 있다고 본 사례가 있고,[128] 24시간 운영하던 정비소를 주간에만 운영하기로 결정하면서 야간근무만 하던 정비공에게 주간근무를 요구하자 근로자가 이를 거부한 것을 이유로 해고를 한 사례에서도 야간 업무라는 특정 업무를 담당하던 정비공에 대한 수요가 종료한 것으로 인정한 예가 있다.[129]

한편, 판례는 근로자를 해고하게 된 이유가 업무의 재조정(reorganisation)에 불과할 때에는 정원감축의 개념에 포섭되지 아니한다고 보고 있다. 따라서 업무의 조정 전후에 근로자가 부담하는 의무의 내용이나 근로시간 등 근로조건에 변경이 있더라도 특정한 업무를 하여야 하는 근로자에 대한 수요에 변경이 없다면 영업적 수요의 종료 또는 감소로 인정되지 아니한다.[130] 이런 경우에 근로자는 정원감축급여를 청구할 수 없고 대신 그러한 근로조건의 변경에 따른 고용관계의 종료가 의제해고에 해당한다고 주장하면서 불공정해고의 구제절차를 시도할 수 있다.[131]

---

127) McCrea v Cullen & Davison Ltd [1988] IRLR 30.
128) Vaux and Associated Breweries Ltd v Ward [1968] 3 ITR 385.
129) Archibald v Rossleigh Commercials Ltd [1975] IRLR 231.
130) Simon Honeyball, p210.
131) 그러나 이러한 경우 그 밖의 실질적 이유가 있는 공정한 해고로 판단될 가능성이 높다.

3. 공정한 정원감축해고의 요건

가. 판례의 일반적인 가이드라인

정원감축해고의 공정한 요건에 관하여 1996년 고용권법 제105
조는 당연 불공정해고 이유가 되는 불공정한 대상자 선정의 예를 규
정하고 있다. 그러나 그 외에 제정법에서 별도로 정원감축해고가 정
당하기 위한 요건을 명문의 규정으로 정하고 있는 곳은 없다. 따라서
정원감축해고가 불공정한지는 1996년 고용권법 제98조(4)에서 규정
한 사용자의 합리적인 행동의 유무에 따라 결정되고 이는 다시 판례
가 제시하고 있는 '합리적 대응의 범위' 기준에 따라 결정된다. 다만,
불공정한 정원감축해고인지를 판단하는 구체적인 기준은 판례를 통하
여 구체화되어 있고 그 내용은 한국의 경영상 해고 4요건과 비슷하다.

판례는 공정한 정원감축해고가 되기 위한 요건을 정리하여 소개
하고 있는데 아직까지 판례의 해석론은 정립된 판례법(rules of law)
이 아니라 가이드라인의 성격을 갖는다고 보고 있다. 따라서 판례가
언급하고 있는 요건의 일부를 충족하지 못한 정원감축해고라고 하더
라도 개별 사안의 경위를 고려하여 유효할 수 있고, 반대로 개별 사안
의 내용과 성격에 따라 불공정한 정원감축해고로서 해고의 효력을 부
정할 수도 있다.[132]

정원감축해고의 유효요건에 관한 모범적인 가이드라인으로는
Williams v Compair Maxam Ltd 판결[133]이 많이 언급된다. 이 판결

---

132) A Simpson & Son(Motors) v Reid [1983] IRLR 401.
133) [1982] ICR 156. 사건의 개요는 다음과 같다. 사용자는 1980년 1년 동안 당기
손실이 계속되자 1981년 정원감축을 이유로 한 해고를 단행하였다. 이 과정에
서 해고 대상 근로자를 선정하기 위하여 각 부문별 매니저에게 해당 부문에서
계속 필요한 인력과 그렇지 아니한 인력을 선별하여 보고하도록 한 후 이를 취
합하였고 그 결과 매니저들의 판단에 따라 불필요한 인력으로 분류된 근로자들
은 모두 해고가 되었다. 해고대상근로자를 선정하는 과정에 노동조합은 참여할
수 없었다. 1심 고용심판소는 회사의 재정적 위기상황에 비추어 볼 때 그와 같

에서 고용항소심판소는 5개의 원칙을 정리하였는데 그 내용은 한국의 경영상 해고 4요건설과 비슷한 취지라고 평가할 수 있는데 다만, 그 내용을 살펴보면 한국에서 논의되는 요건보다 구체적인 기준을 제시하고 있다고 볼 수 있다. 고용항소심판소가 제시한 다섯 가지 원칙은 다음과 같다. ① 사용자는 임박한 정원감축해고의 가능성에 대하여 노동조합과 근로자에게 충분한 정보를 제공하여 노동조합과 근로자가 대안이나 다른 일자리를 찾을 수 있도록 하여야 한다. ② 사용자는 가능한 부작용을 최소화하면서 정원감축해고의 목적을 달성할 수 있는 최선의 방법에 관하여 노동조합과 협의하여야 한다. 특히, 해고대상자의 선정기준은 노사합의로 결정하여야 하고 대상자의 선정은 반드시 합의한 기준에 따라서 이루어져야 한다. ③ 해고대상자의 선정기준은 대상자를 실제로 선정하는 자의 의견에만 의존하여서는 아니 되며 그 기준은 객관적으로 검증할 수 있는 것이어야 한다. ④ 사용자는 해고대상자 선정이 기준에 따라 이루어졌다는 사실을 보장하여야 하며, 이에 관한 이의신청에 대하여 고려하여야 한다. ⑤ 사용자는 대체일자리가 있는지에 관하여 조사하여야 한다는 것이다.

한편, 위와 같은 기준은 주로 대기업의 대량 정원감축해고에 대하여 적용되는 것이고 근로자의 수가 소수인 기업[134]이나 노동조합이 설립되어 있지 아니한 기업에서는 적용상 난점이 있고 따라서 이들 기업에 있어서는 개별 요소에 대한 적용에 있어서 고용심판소나 법원의 재량이 넓게 인정될 수밖에 없다는 견해가 있다.[135]

은 해고대상 근로자의 선정절차도 정당한 것으로 보고 원고들의 청구를 기각하였다. 그러나 고용항소심판소는 본문에 기술한 기준을 제시하면서 사용자의 원고들에 대한 정원감축을 이유로 한 해고는 각 기준을 충족하지 못하였다고 판단한 후 원고들의 항소를 인용하였다.

134) Meikle v McPhail [1983] IRLR 351.
135) Astra Emir, p516.

나. 정원감축을 원인으로 하는 해고 - 경영상 필요

(1) 정원감축과 경영상 필요

공정한 정원감축해고의 첫 번째 요건은 당해 해고가 정원감축에 기인한 것이어야 한다. 정원감축과 해고의 제정법상 개념과 이에 관한 판례의 해석론에 관해서는 앞에서 살펴보았다. 정원감축을 '원인'으로 한 해고는 한국의 경영상 해고 법제에서 말하는 긴박한 경영상의 필요(근로기준법 제24조 제1항)를 인정할 수 있는 상황 중 하나라고 이해할 수 있다. 따라서 경영상 해고제도 전반을 고려하면 제정법이 규정하고 있는 정원감축 이외에도 경영상의 필요를 인정할 수 있다는 다른 사정이 있을 수 있는데 영국법에서는 이를 1996년 고용권법 제98조(4)에서 정하고 있는 그 밖의 실질적인 이유가 있는 해고의 한 유형으로 이를 논의하고 있다.

(2) 경영상 필요와 사법심사

경영상 필요(business necessity)라는 표지는 주로 정원감축 이외의 인원을 감축하는 구조조정의 공정성을 평가할 때 사용한다. 왜냐하면 정원감축해고의 경우 이미 제정법에서 그 포섭요건을 규정하면서 영업 혹은 영업적 수요의 종료나 감소라는 별도의 표지를 사용하고 있기 때문이다. 한편, 영국법은 한국 법제와 달리 경영상 필요에 긴박성을 요구하지 아니하기 때문에 사용자의 경영상 필요에 관한 판단에 넓은 재량을 인정할 수 있는 여지를 남기고 있다. 그래서 경영상 필요에 관한 법리 논쟁은 사용자의 경영상 필요에 관한 판단에 대하여 사법심사를 어느 정도까지 할 수 있는지에 중심이 가 있지, 어느 정도의 기업 상태가 되어야 경영상 필요를 인정할 수 있는가에 있지 아니하다.

판례 중에는 공장 폐쇄를 결정한 사용자의 상업적이고 경제적인 이유에 관하여 법원은 사법심사를 할 수 없다는 취지의 판단을 한 예처럼[136] 사용자의 경영상 판단의 재량을 넓게 인정하고 이에 대한 사법심사에 소극적인 자세를 취한 것이 있는 반면, 경영상 판단이라도 '합리적 대응의 범위'라는 판례법상의 일반적인 법리에 따라 그 적절성을 판단하여야 한다는 입장도 있다.[137] 판례의 일반적인 추세는 경영상 필요에 대한 사법심사를 완전히 배제하지는 아니하지만 사용자의 판단 재량을 매우 넓게 인정하고 있다.

다. 해고회피노력 - 대체일자리 제공

정원감축해고 이전에 사용자에게 요구되는 해고회피노력이란 합리적인 사용자에게 요구되는 해고를 회피하기 위한 대체수단을 고려하였는가를 평가하는 것이다. 일반적으로는 신규채용의 제한, 시간외근로의 제한, 일자리 나누기, 부분 휴업, 다른 계열사로의 전직 등이 거론된다. 판례도 사용자가 경영효율을 위해서 12개의 게임장을 폐쇄하고 해당 게임장에 근무하던 매니저를 정원감축해고하면서 사전에 아무런 정보를 제공하지 아니하고 기업 내 다른 대체일자리를 제공하지도 아니한 사건에서 회사의 다른 부문에서 자연감소하는 인력이 상당하다는 점을 고려할 때 해고된 매니저에 대해서 다른 인력의 자연감소를 기다리지 아니하고 곧바로 정원감축해고를 한 것은 불공정해고라고 보았다.[138] 그러나 이후의 판례들은 그와 같은 의무를 부담하는 정원감축해고의 범위를 축소하고 있다. Quinton Hazell Ltd v Earl 사건[139]은 해고대상근로자에게 그룹 내 급여 수준이 낮은 다른 업무

---

136) James W Cook & Co (Wivenhole) Ltd v Tipper [1990] IRLR 386. 이 사건은 불공정해고에 따른 금전배상액을 산정하면서 사용자의 경영상 판단에 사법심사를 고려할 수 있는지가 쟁점이 되었다.

137) Cobley v Forward Technology Industries plc [2003] IRLR 706. 이 사건은 회사의 대표이사가 경영권 다툼을 하던 중 경영권을 잃으면서 약정에 따라 해고가 된 사례인데 항소법원은 해당 약정의 유효성을 인정하면서 해고 당시 사용자의 행동이 합리적인 대응의 범위 안에 있었다고 판단하였다.

138) Allwood v William Hill Ltd [1974] IRLR 258.

139) [1976] IRLR 296.

를 소개하였으나 근로자가 이를 거부하여 정원감축해고가 된 사례인
데 법원은 이 경우 사용자가 합리적인 해고회피의무를 다하였다고 판
단하였고, British United Shoe Machinery Co Ltd v Clarke 사건[140]
에서는 해고대상근로자에 대한 선택의 합리성이 인정된 이상 정원감
축을 위한 협의 혹은 대체일자리 제공의 시도가 없었더라도 전체적으
로 여전히 해고가 불가피한 사정이 인정된다면 해고가 공정할 수 있
다는 취지의 판단을 하였다.

　　정원감축해고를 회피하기 위하여 근로자에게 대체일자리를 제공
할 때에는 대체일자리에 관하여 근로자의 합리적인 선택권을 보장하
기 위하여 적절한 정보를 제공하여야 한다. Fisher v Hoopoe Finance
Ltd 사건[141]에서 사용자는 근로자를 정원감축해고하면서 영업회계
매니저의 보직에 대하여 대체일자리를 소개하였으나 해당 직무에 대
한 재정적 측면에 관한 충분한 정보를 제공하지 아니하였다. 이에 따
라 원고 근로자는 대체 일자를 거부하고 종전 일자리를 고수하다가
회사가 청산되면서 정원감축해고를 당하였다. 고용항소심판소는 새
로운 보직이 종전과 동일한 수준의 보수를 지급하는 자리라는 점을
근로자에게 알렸어야 할 의무를 사용자가 부담한다고 판단하고 아울
러 그러한 정보제공 여부는 불공정해고에 대한 금전배상액을 결정할
때에도 영향을 미친다고 보았다.

라. 근로자대표 등과의 협의

(1) 협의 요건의 의의

　　근로자대표 등과의 협의 요건은 다른 요건과 달리 제정법상
명문의 규정을 두고 있고, 사용자가 이를 위반하면 제정법이 정한 보호
배상금(protective award)의 지급책임이 발생한다. 그러나 협의의무 위

---

140) [1978] ICR 70.
141) EAT/0043/05.

반을 하더라도 곧바로 정원감축해고 등이 위법하게 되는 것으로 아니
고 개별 사안의 구체적인 사정을 고려하여 해고의 효력 유무를 결정한
다. 해고의 효력을 판단할 때 일반적으로 절차적 규율을 중시하는 법적
전통과 제정법상 규정이 맞물리면서 관련 법리를 세밀하게 전개하고
있어 자세한 검토가 필요하다. 한편, 협의와 관련하여 언급되는 정원감
축의 개념은 앞서 설명한 범주보다 넓다. 1992년 노동조합 및 노동관
계 통합법 제195조(1)은 정원감축으로서의 해고를 개인과 관련 되어
있지 아니한 해고 또는 해고 사유가 복수일 때에는 그 사유 모두가 그
러한 해고라고 규정하고 있다. 따라서 정원감축이 아닌 그 밖의 경영상
해고의 경우도 제정법이 정하는 협의절차를 이행하여야 한다.[142]

사용자가 협의의 시기, 협의에 필요한 정보제공 및 협의 대
상에 관한 의무이행을 하지 못한 것이 합리적인 실행가능성이 없다는
특별한 사정(special circumstances)이 있었던 때에는, 해당 사용자는
그 당시 실행가능한 조치를 취하는 것만으로 제정법이 규정한 위 의
무를 이행한 것으로 본다(노조법 제188조(7)). 실무적으로 사용자의 특별
한 사정에 관한 항변은 거의 받아들여지지 아니한다.[143]

(2) 협의의 주체와 시기

정원감축해고에 관한 협의 주체는 사업장 내 노동조합의 존
부에 따라 달라진다. 사용자가 승인한 자주적 노동조합이 설립되어
있고 해고대상 근로자가 위 노동조합에 대하여 동종의 근로자인 경우
(employees are of a description)에는 그 노동조합의 대표자가 협의
주체가 되고, 승인된 노동조합이 존재하지 아니한 경우에는 별로도
선출된 근로자대표가 협의의 주체가 된다.[144] 1992년 노동조합 및 노

---

142) Astra Emir, p532.
143) Clarks of Hove Ltd v Baker's Union[1979] 1 All ER 152.
144) 영국은 유럽인권협약에 따라 개별 근로자의 단결권이 기본권으로 보장되지만
노동조합의 단체교섭권은 사용자의 승인(recognition) 여부에 따라 결정된다.

동관계 통합법 제188A조(1)은 근로자대표의 선출절차에 필요한 요건을 자세히 규정하고 있다.

협의의 개시시기에 관하여 1992년 노동조합 및 노동관계 통합법 제188조(1A)은 적절한 시기(in good time)[145] 내에 하면 족한 것으로 규정하고 있기 때문에 이와 관련한 논쟁은 사실상 판례의 해석론에 의하여 개별 분쟁의 사실관계에 따라 결정될 수밖에 없는 구조가 되었다.[146] 따라서 분쟁에서 이슈가 되는 것은 실제로 협의를 개시한 시점이 법률 규정에서 언급하는 적절한 시기에 해당하는지를 판단하는 것이다.

협의기간에 관하여 1992년 노동조합 및 노동관계 통합법 제188조(1)은 사업장(establishment)에 소속된 근로자의 수에 따라 이를 달리 정하고 있다. 이에 따르면 한 사업장에서 20인 이상의 근로자[147]를 90일 이하의 기간 내에 정원감축해고 하는 경우, 사용자는 정원감축해고 혹은 정원감축해고와 관련하여 취하여진 조치에 영향을 받는 근로자를 대표하는 모든 자들과 협의를 하여야 한다고 규정한다. 만일 정원감축해고의 대상 인원이 100인 이상인 때에는 첫 번째 해고가 효력을 발생하는 시점에서 기산하여 적어도 45일 이상협의를 시작하여야 하고, 20인 초과 100인 미만인 때에는 적어도 30일 이상 협의를 하여야 한다(노조법 제188조(1A)).

(3) 정보의 제공과 협의의 대상

사용자는 근로자대표 등에게 서면으로 정원감축해고를 제안한 이유(reason for the proposals), 정원감축해고 대상근로자의 수와 대상 직종, 문제가 되고 있는 사업장에서 사용자 고용하고 있는 해당

사용자의 승인에 관해서는 이 책의 해당 부분을 참조하기 바란다.

145) 종전에는 "가장 빠른 시기(at the earliest opportunity)"라고 규정하고 있었다.

146) John McMullen, p215.

147) 따라서 20인 미만의 근로자를 해고할 경우에는 협의의무가 생기지 아니한다.

직종에서 근무하는 근로자의 총수, 해고대상자 선정의 방식, 해고의
효력발생 시기를 포함하여 노사가 합의한 해고절차를 고려한 해고의
시행 방법, 해고대상근로자가 받게 될 정원감축급여의 계산에 관한
사항, 사용자의 지휘감독 아래에서 사용자를 위하여 임시로 노무를
제공하는 파견노동자(agency worker)의 수, 파견노동자가 근무하는
사용자의 사업 부문, 파견노동자가 담당하는 업무의 유형 등을 공개
하여야 한다. 정원감축해고에 관한 불충분한 정보만을 제공하면서 자
세한 사항은 별도로 문의하도록 한 경우에는 협의조항을 위반한 것이
되기 때문에[148] 근로자대표 등에게 전달하는 정보가 법령에서 열거
하고 있는 것이 아니라 단순히 노동행정관청에 신고할 때 사용하는
신고사항만이라면 위 의무를 위반한 것이 된다.[149] 위와 같은 정보를
담은 서면은 근로자대표 등에게 직접 전달하거나 우편으로 송부하여
야 하나(노조법 제188조(4), (5)) 이때 근로자대표에 대한 송부는 이를 수
령할 권한이 있는 자에 대한 송부로도 족하다는 것이 판례이다.[150]

　　　한편, 정원감축해고에 관하여 사용자와 근로자대표 등이 협
의를 하여야 하는 사항은 해고를 회피할 수 있는 방안, 해고 대상 근
로자수를 줄일 수 있는 방안, 해고의 부작용을 최소화시킬 수 있는 방
안 등인데 이때 사용자는 위 사항에 관하여 근로자대표 등과 합의에
이르기 위하여 충분한 노력을 하여야 한다(노조법 제188조(2)). 판례는
사용자가 위 세 가지 사항에 각각 근로자대표와 협의를 하여야 한다
고 본다. 따라서 근로자대표 등과 협의를 위해서 만난 자리에서 카운
슬이 직면한 재정적 어려움과 이에 따른 해고의 필요성만을 언급한
채 사전에 계획된 정원감축절차를 밟은 것은 해고를 회피할 수 있는

148) Electrical and Engineering Associating v AshwellScott [1976] IRLR 319.
149) GEC Ferranti Defence Systems Ltd v MSF [1993] IRLR 101.
150) National and Local Government Officers' Association v London Borough of Bromley(EAT/67/91).

방안에 관하여 근로자대표 등과 실질적으로 협의하여야 한다는 위 규
정을 위반한 것이라고 판단한 바 있다.[151]

(4) 협의의무 위반의 효과 - 보호배상금의 지급

제정법이 정한 협의절차 규정을 위반한 때에는 별도로 보호
배상금(protective award)을 받을 수 있다. 사용자가 1992년 노동조합
및 노동관계 통합법 제188조 혹은 근로자대표 선정에 관한 제188A조
의 규정을 위반하면, 사안의 유형에 따라 근로자, 근로자대표 혹은 노
동조합은 사용자를 상대로 고용심판소에 보호배상금을 청구하는 소
송을 제기할 수 있다. 보호배상금은 최대 90일을 초과하지 아니한 범
위 내에서 고용심판소가 정하는 보호기간(protective period) 동안 주
단위로 임금액을 지급하며 보호기간이 1주 미만인 때에는 일할계산
을 한다(노조법 제190조⑵). 고용심판소는 사용자의 위반의 정도와 손해
를 경감하기 위한 조치 등을 종합적으로 고려하여 보호기간을 정한
다.[152]

보호배상금은 불공정해고 시 근로자가 받을 수 있는 금전배
상금과 달리 주당 지급액의 상한 적용을 받지 아니한다. 1996년 고용
권법 제227조는 각종 금전배상금의 산정에 기초가 되는 주당 임금액
에 대하여 상한을 규정하고 있는데 이에 따르면 정원감축급여에 대해
서는 주당 임금액이 상한을 규정하고 있지만 보호배상금 산정에 대해
서는 상한 제한 규정을 적용하고 있지 아니하다. 따라서 90일치의 보
호배상금을 인용한 사례에서 그 가액이 45,000파운드에 이른 경우도
있다.[153]

---

151) Middlesborough Council v TGWU [2002] IRLR 332.
152) Amicus v GBS Tooling Ltd [2005] IRLR 683.
153) Canadian Imperial Bank of Commerce v Beck(EAT/0141/10). 그나마 이 사
　　례에서는 근로자의 상여금 775,000파운드를 주당 임금액 산정에 포함시키지 아
　　니하였다.

그러나 사용자의 의무위반이 인정되는 경우에도 사전에 근로자대표 등과 해고예고수당의 지급을 합의하였거나[154] 보호기간중 근로자가 정원감축해고가 아닌 다른 사유로 정당하게 해고되거나, 사용자의 적절한 고용제공에 대하여 근로자가 불합리하게 거절하는 등의 사정이 있는 때에는 보호배상금의 지급의무가 인정되지 아니한다(노조법 제191조).

마. 공정한 해고대상자의 선정

제정법은 공정한 해고대상자 선정에 관한 구체적인 기준을 제시하고 있지 아니하지만 앞서 살펴본 Compair Maxam Ltd 사건에서 고용심판소는 정원감축을 할 때 사용자는 대상근로자 선정을 위한 기준을 설정하여야 하고, 그 기준은 가능한 한 의사결정권자의 의견에만 기초하여서는 아니 되며, 출결기록, 일의 숙련도, 경험, 근속기간 등을 통하여 객관적으로 평가가 가능하여야 한다고 설명한 바 있다. 또 실제로 이루어진 해고도 그러한 기준을 객관적으로 적용하여 공정하게 이루어진 결과이어야 한다고 밝히고 있다. 이 판결에 영향을 준 종전 판례에서도 고용심판소는 해고대상자의 공정한 선정을 인정하기 위해서는 해고 기준의 공정성과 기준의 공정한 적용이 필요하다고 강조하였다.[155] 같은 취지로 누가 해고대상자를 선정하였는지, 해고대상자를 선정하면서 어떤 정보를 고려하였는지, 그리고 어떤 기준에 의하여 해고될 대상자를 선정하였는지를 검토하여야 한다는 기준을 제시한 판례도 있다.[156] 위와 같은 해고대상자 선정의 공정성을 논한 판례를 분석하여 보면 크게 해고대상자 선정 풀이 적정한지를 검토하는 것과 나아가 해당 풀에 대하여 적용한 선정기준이 공정한지를 검

---

154) Association of Scientific, Technical and Managerial Staffs v Hawker Siddeley Aviation Ltd [1977] IRLR 418.
155) Greig v Sir Alfred McAlpine & Son (Northern) Ltd [1979] IRLR 372.
156) Bristol Channel Ship Repairers Ltd v O'Keefe [1977] IRLR 13.

토하는 것으로 정리할 수 있다. 한국의 논의와 달리 영국법의 정원감
축해고에서 근로자측 사정은 반드시 고려하여야 할 요소라고 할 수는
없다. 그러나 해고대상자를 선정하면서 구체적인 사안의 특수성에 따
라서 근로자측 사정을 고려하여야 하고 따라서 이를 고려하지 아니한
해고대상자 선정은 차별로서 불정한 해고가 될 수 있다.

　　해고대상자의 풀을 선정하는 기준에 관하여 법원은 1996년 고용
권법 제98조(4)의 규정을 바탕으로 사용자의 합리적 대응 기준에 따라
그 합리성을 인정할 수 있으면 된다는 입장이다. 따라서 적절한 해고대
상자의 풀은 이를 판단하는 법원에 따라 다소 다를 수 있다고 본다.[157]

　　해고대상자 선정기준의 정당성을 평가하면서 영국의 판례가 중
요하게 생각하는 것은 선정기준을 이루는 각 요소를 객관적으로 평가
할 수 있는가이다. 따라서 객관적으로 평가할 수 없는 모호하고 주관
적인 지표를 해고대상자 선정기준으로 삼은 것은 그 합리성을 인정할
수 없으며 판례는 '회사가치'에 대한 근로자의 구매력, 영향력의 범위,
열정, 자기 통찰력, 상대방의 마음을 사는 능력 등을 정당하지 아니한
선정 지표로 파악한 바 있다.[158] 다만, 근무태도 등 주관적 표지로 보
이는 항목도 징계, 출결사항 등 객관적 기록으로 평가되는 것이라면
역시 합리적인 지표로 볼 수 있다.[159] 사업장 내에 일반적인 정원감
축해고 절차가 사전에 규정되어 있지 아니한 경우 종래에는 후입사자
우선해고의 원칙을 별다른 무리 없이 적용하여 왔으나 최근에는 이
원칙을 획일적으로 적용하는 것은 2010년 평등법 위반의 소지가 있

---

157) Kvaerner Oil and Gas Limited v Parker and Others(EAT/0444/02).
158) Abbey National Plc v Chagger [2010] IRLR 47. 이 사건은 정원감축해고를
　　하면서 인도계 근로자를 차별한 것으로 고용심판소가 인종차별도 인정하여
　　280만 파운드의 금전배상을 인정한 사례이다. 특히, 차별적 해고에 대한 금전배
　　상액의 상한이 없었기 때문에 법원은 낙인효과로 인하여 향후 동종 업계 재취
　　업이 불가능하다는 점을 중시하며 금전배상액을 매우 높게 산정하였다.
159) John McMullen, p178.

다는 지적이 있다.[160]

해고대상자 선정기준이 공정하거나 합리적으로 만들어진 것이라고 하더라도 그 적용 방식이 불합리하거나 불공정하면 정원감축해고는 불공정해고가 될 수 있다. 예를 들어, 합리적으로 만들어진 해고대상자 선정기준에 따라 특정 근로자가 해고대상자로 선정되었을 경우, 해당 근로자가 그와 같은 평가를 받게 된 구체적인 사정을 사용자가 증명하지 못하면 불공정해고가 될 수 있다.[161] 다른 한편, 법원의 과도한 개입을 경계하는 입장도 보이고 있다. 즉, 사용자가 해고대상자 선정기준에 따라 근로자들을 평가할 때 사용한 자료나 정보의 정확성을 일일이 증명할 필요는 없고 일반적인 의미에서 그 합리성을 긍정할 수 있으면 충분하다는 입장이다. 이에 따라 직접 관리감독자의 해고대상 근로자에 대한 평가를 믿고 그 결과에 따라 이루어진 정원감축해고도 정당하다는 판결도 있다.[162]

바. 정원감축해고의 신고

90일 이내에 한 사업장에서 100인 이상의 근로자를 정원감축해고를 하려는 사용자는 근로자에 대한 해고통보를 하기 전에 그리고, 해고통보의 효과가 발생하기 적어도 90일 이전에 해당 장관에게 서면으로 신고하여야 한다. 20인 이상의 근로자를 해고하는 때에는 30일 이전에 같은 서면으로 신고하여야 한다. 신고의무를 불이행하면 형사처벌의 대상이 된다(노조법 제194조).[163] 신고의무는 사업장에 승인받은 노동조합이 존재하지 아니하거나 근로자대표가 선출되어 있지 아니한 경우에도 이행하여야 한다.[164]

---

160) Astra Emir, p519.
161) BL Cars Ltd v Lewis [1983] IRLR 58.
162) King v Eaton Ltd [1995] IRLR. 75.
163) 5,000파운드의 이하의 벌금형을 받을 수 있다.
164) John McMullen, p235.

4. 정원감축해고의 효과 —정원감축급여

근로자에 대한 해고가 제정법이 규정한 정원감축의 요건을 만족하면 근로자는 사용자에게 제정법이 정한 정원감축급여를 청구할 수 있다. 앞에서 살핀 것처럼 경영상 이유로 해고가 된 때에도 그것이 정원감축이라는 규범적 개념을 충족하지 못하면 정원감축급여를 청구할 수 없다. 아울러 제정법은 정원감축급여를 청구할 수 있는 자격을 제한하는 예외 사유를 규정하고 있다. 따라서 정원감축해고 근로자가 아래의 예외 사유에 해당하면 정원감축급여를 청구할 수 없고 고용관계는 그대로 종료한다. 이에 따라 정원감축급여의 요건은 주로 청구의 제한 사유에 해당하는지를 검토하는 것에 중심이 가 있다.

가. 급여의 청구 자격

1996년 고용권법은 정원감축급여도 불공정해고제도와 동일하게 2년의 계속근로기간 요건을 갖춘 근로자만 청구할 수 있다고 규정한다(제155조). 아울러 청구 제한 사유로 규정하고 있는데 여기에는 다음과 같은 것들이 있다. ① 사용자가 근로자의 비위행위를 이유로 즉시해고 할 수 있으면 해당 근로자는 정원감축급여를 청구할 수 없다(고용권법 제140조(1)). ② 정원감축해고의 예고를 받은 근로자가 예고기간 동안 다른 근로자들이 행하는 파업에 참가한 경우 사용자는 해당 근로자에게 예고기간의 연장에 합의할 것을 청약하고 파업에 참가한 기간만큼 근로제공을 청구할 수 있다. 만일 근로자가 위와 같은 청약을 거부하면 사용자는 정원감축급여의 지급을 거부할 수 있다(고용권법 제143조). ③ 사용자는 근로자에게 고용계약의 갱신 혹은 새로운 고용계약의 체결을 통하여 제공한 일자리가 종전 고용계약에 따른 근로조건과 차이가 없거나, 차이가 있더라도 그것이 적절한 고용(suitable employment)을 보장하는 제안임에도 불구하고 근로자가 불합리하게 이를 거절하면 해당 근로자는 정원감축급여를 청구할 수 없고, 또, 이를 받아들여 시용기간에 근로를 제공하던 중 갱신한 고용계약 혹은 새롭게 채결한 고용계약을 해지하는 때에도 역시 정원감축급여를 청구할 수 없다(고용권법 제141조). ④ 정원감축의 통보를 받은 근로자가 사용자에게 정원감축의 효력 발생일 이전에 고용관계를 종료한다는 취지의 조기퇴직통보를 한 때에, 사용자는 근로자에게 정원감축의 효력 발생일까지 근로할 것을 요구할 수 있고 근로자가 이를 거부한 때에는 정원감축급여의 전체 혹은 일부를 지급하지 아니할 수 있다(고용권법 제142조). 그러나 이 제도는 실무적으로는 거의 사용되지 아니한다.[165]

나. 급여의 계산

정원감축급여는 해고된 근로자가 해고 당시 지급받던 주급(週給)을 바탕으로 해고 근로자의 근속연수와 나이를 고려하여 계산한다. 따라서 법리적으로 다툼이 벌어지는 것은 주급, 근속연수 등을 산정하는 방식에 집중되어 있다.

정원감축급여는 1년의 근속연수에 1주의 주급을 지급하는 방식을 기초로 한 후 해당 근로자의 근속연수와 나이에 따라 인정 주급을 가감하는 형태로 계산한다(고용권법 제162조). 즉, 22세 미만인 근로자가 정원감축된 때에는 1년의 근속연수에 대하여 0.5주의 주급에 상당하는 금액을 정원감축급여로 지급하고, 22세 이상 41세 미만인 해고 근로자에 대해서는 1년의 근속연수에 대하여 1주의 주급을 지급한다. 정원감축 근로자가 41세 이상이면 1년의 근속연수에 1.5주의 주급을 지급한다. 따라서 정원감축 근로자가 41세 이상이고 근속연수가 위 세 가지 구간에 모두 걸쳐있는 때에는 각 구간별로 주급액을 계산한 후 이를 모두 합산한 금액이 정원감축급여가 된다. 2017년 기준으로 정원감축급여의 상한은 14,670파운드이다.

---

165) Simon Honeyball, p216

정원감축급여는 주급을 바탕으로 산정하는데 주급은 다시 통상
근로시간(normal working hours)을 일한 근로자에게 지급하는 임금
으로 이해할 수 있다(고용권법 제221조). 따라서 주급을 계산하는 데에
는 해당 근로자가 통상근로시간 동안 근로를 제공하였는가를 검토하
여야 한다. 통상근로시간이란 사용자와 근로자가 특정 기간 혹은 주
단위로 근로하기로 약정한 시간으로서 시간외근로(overtime)를 제외
한 시간을 말한다(고용권법 제234조).

통상근로시간에 대한 산정이 이루어지면 주급에 포함되는 급여
(remuneration)를 확정하여야 하는데 판례는 다양한 항목의 임금이
주급 계산에 포함되는지 여부를 판단하고 있다. 일반적으로 주급에
포함되는 임금에는 자동차, 사원 아파트 등 실물로 제공되는 편익은
포함하지 아니한다. 그러나 상여금, 수당, 수수료 명목으로 지급된 금
원이라도 그것이 고용계약에 터잡아 지급된 것이면 주급 계산에 포함
된다. 레스토랑에서 손님이 지급하는 팁의 경우에도 그것이 요금에
포함되어 손님에게 청구되고 지급한 팁을 모두 합산하여 웨이터 사이
에서 균분하는 약정이 있었다면 급여에 포함되지만[166] 손님이 웨이
터에게 임의로 직접 지급한 팁은 급여에서 제외된다.[167] 또 시혜적으
로 지급된 성탄절 상여금은 주급 산정에 포함시키지 아니하며[168] 사
회보장급여도 주급 산정에 포함되지 아니한다.

일반적으로 주급의 산정 기준일(calculation date)은 최종 근로
제공일이 되고 따라서 고용관계가 종료하는 날 지급받던 주급이 정원
감축급여 산정의 기준 금액이 된다. 그러나 정원감축급여 산정의 기
준이 되는 주급을 줄이기 위해서 사용자가 약정한 해고통보기간보다
짧은 기간의 통보를 하는 예가 있고 이런 경우에는 1996년 고용권법

---

166) Tsoukka v Potomac Restaurants Ltd [1968] 3 ITR 259.
167) S. & U. Stores Ltd v Lee [1969] 2 All ER 417.
168) Skillen v Eastwoods Froy Ltd [1967] 2 ITR 112.

제86조에서 정한 최소 통보기간의 종료일을 산정 기준일로 규정하고
있다(제225조, 제226조).

　　1996년 고용권법은 근무형태가 다소 특별한 근로자에 대한 주급
산정 기준에 대한 특례를 규정하고 있다(제221조). 즉, 통상근로시간은
정하여져 있으나 일의 양에 관계없이 주급이 정해져 있는 근로자
(time worker)는 사용자와 약정한 지급될(payable) 임금을 주급으로
산정하고, 통상근로시간은 정하여져 있으나 일의 양에 비례하여 주급
이 증가하는 근로자(piece worker)의 경우에는 주급의 산정 기준일
이전 12주의 임금을 평균하여 주급으로 계산하고, 교대제 근로자
(shift and rota worker)는 근로시간과 임금의 수준의 변동이 함께 있
기 때문에 주급 산정의 기준일 이전 12주의 근로시간의 평균값과 임
금의 평균값을 각각 통산근로시간과 주급으로 본다.

Ⅶ. 사업이전과 해고

1. 개 관

　　보통법 아래에서 한 사용자로부터 다른 사용자로의 영업(business)
의 이전(transfer)[169]은 종종 해당 영업에서 근로를 제공하는 근로자
의 해고를 수반하여 왔었다. 이 경우 영업의 이전인(transferor)은 영
업 이전의 효력이 발생하기 전에 정원감축 혹은 그 밖에 영업에 관련

---

169) 사업의 변동에 관하여 학계에서는 영업양도, 사업양도, 사업이전 등 다양한 용
　　어를 사용하여 왔고 판례는 주로 영업양도라는 용어를 사용하였다. 그러나 이
　　책에서는 본문에서 설명하는 것처럼 사업의 이전에서 거래 당사자의 의사를 고
　　용승계의 여부를 결정할 때 크게 고려하지 아니하는 법문의 취지를 살려 당사
　　자의 의사에 의한 권리의 이전을 표현하는 '양도'라는 용어를 대신하여 '이
　　전'(transfer)이라는 용어를 사용하고, 아울러 양도인, 양수인이라는 용어에 갈음
　　하여 '이전인'(transferor), '인수인'(transferee)이라는 용어를 사용하고자 한다.

한 이유를 들어 정당하게 근로자를 해고할 권한을 갖고 있었다. 다른
한편, 근로자는 영업이전의 효과로 사용자가 변경되면 이를 고용계약
의 이행거절이라고 주장하며 위법해고를 주장할 수 있었다.[170]

    그러나 기업의 합병·분할·사업이전 등 다양한 형태의 기업 구조
조정이 빈번하게 일어나면서 위와 같은 보통법의 법리는 근로자의 고
용에 관한 권리를 보장하는 데 충분한 법적 도구가 되지 못하였다. 그
러던 중 유럽연합이 1977년 입법지침[171]을 통하여 기업변동에 따른
고용승계 및 기득권 보호에 관한 입법적 기준을 마련하자 영국이 이
를 국내법으로 수용한 것이 1981년 사업이전(고용보호)명령이다. 1981
년 명령은 1977년 입법지침과 동일하게 이전에 대한 정의규정을 두
고 있지 아니하여 그 의미 및 포섭 범위는 법원의 해석론에 의하여
결정되었다. 이후 유럽연합은 1998년 입법지침[172]을 통하여 이전의
의미에 관한 유럽법원의 해석론을 종합하여 이를 입법하였고 영국은
2006년 위 명령을 개정하면서 이를 반영하였다. 2006년 명령의 적용
을 받기 위해서는 무엇보다 사업에 대한 거래가 위 명령이 규정한 이
전의 개념에 포섭되어야 한다. 만일, 사업의 거래가 이전에 포섭됨에

---

170) 그러나 이러한 법리 구성은 실질적으로 고용유지보다 위법해고를 이유로 한
손해배상을 근로자가 더 선호할 수 있다는 가정 아래 이루어진 것인데 고용안
정을 중시하는 지금의 노동시장의 현황에 비추어 보면 그다지 효용성이 있는
법적 논리라고 보기는 어렵다.

171) Council Directive 77/187/EEC of 14 February 1977 on the approximation
of the laws of the Member States relating to the safeguarding of employees'
rights in the event of transfers of undertakings, businesses or parts of
businesses. 한편, 유럽연합은 제6차 유럽연합 입법지침(Sixth Council Directive
82/891/EEC of 17 December 1982 based on Article 54 (3) (g) of the Treaty,
concerning the division of public limited liability companies) 제11조를 통
하여 회사분할에 대하여도 위 입법지침을 원용하도록 하고 있다.

172) Council Directive 98/50/EC of 29 June 1998 amending Directive
77/187/EEC on the approximation of the laws of the Member States relating
to the safeguarding of employees' rights in the event of transfers of under-
takings, businesses or parts of businesses.

도 불구하고 해당 사업의 이전과 관련하여 근로자를 해고하면 이는 1996년 고용권법이 규정한 당연 불공정해고에 해당하게 된다.

한편, 2001년 입법지침[173]은 도산시 고용관계의 승계 문제를 규율하였는데 2001년 입법지침 제5조(1)은 공적인 기관의 감독 아래에서 이전인에 대하여 진행되고 있는 파산절차 혹은 이와 유사한 절차로서 공적기관의 감독을 받아 이전인의 재산을 청산하려는 목적으로 이루어지는 사업 또는 영업의 이전 혹은 사업 또는 영업의 일부의 이전에 대해서는 자동적 고용승계를 적용하지 아니한다고 규정하고 있다. 따라서 이를 이유로 한 해고는 정당한 것이 된다.[174] 아울러, 권리의무의 승계를 인정하는 경우 승계되는 채무에 대하여 국가가 사용자 도산시 근로자 보호에 관한 입법지침[175]에서 규정하고 있는 수준의 보호조치를 하도록 하고 있다. 또, 일정한 조건 아래에서 승계된 근로조건의 변경을 노사가 합의할 수 있다고 규정하고(제5조(3)) 협의 당사자인 근로자대표의 지위를 보장하는 입법을 하고 있다(제6조). 영국은 2006년 명령을 통하여 도산과 관련한 입법지침의 내용을 거의

---

173) Council Directive 2001/23/EC of 12 March 2001 on the approximation of the laws of the Member States relating to the safeguarding of employees' rights in the event of transfers of undertakings, businesses or parts of undertakings or businesses

174) 기업 도산시 근로자 보호에 관한 일반적인 입법지침으로는 도산시 근로자 보호에 관한 입법지침(Council Directive 80/987/EEC of 20 October 1980 on the approximation of the laws of the Member States relating to the protection of employees in the event of the insolvency of their employer)이 최초의 것인데 이후 위 입법지침은 1987년, 2002년 개정을 거쳐 현재는 2008년 입법지침이 시행되고 있다. 위 입법지침은 기업의 도산으로 고용관계가 종결 될 경우 고용관계에서 발생하는 근로자들의 임금채권, 사회보장수급권 등을 국가가 보호하도록 하면서 국가가 지급을 보장하여야 할 임금채권 등의 액수 및 기간 등에 관하여 개괄적인 규정을 하고 있다.

175) Council Directive 80/987/EEC of 20 October 1980 on the approximation of the laws of the Member States relating to the protection of employees in the event of the insolvency of their employer.

대부분 그대로 따르고 있으나 도산의 유형과 절차에 관한 영국의 복잡한 입법체계로 인하여 2006년 명령의 적용 범위에 관하여 법원의 해석론이 중시될 수밖에 없어 관련 판례가 지속적으로 선고되고 있다. 한편, 영국의 2006년 명령은 유럽연합의 1998년 및 2001년 입법지침에서 더 나아가 영국법원의 기존 판례 법리를 종합하여 사업의 외주화(outsourcing), 내주화(insourcing) 및 용역제공자의 변경(service provision change)에 따른 고용승계도 규정하고 있다.

2014년에는 고용유연성 제고라는 관점에서 해고에 대한 보호를 완화하고, 승계된 고용계약의 내용을 변경할 수 있는 일정한정 사유 등을 신설하는 명령 개정이 있었다.[176]

2. 사업이전의 의의

가. 개 념

사업이전이란 동일성을 유지한 경제적 실체의 이전[177]을 의미하며, 여기서 경제적 실체란 해당 활동이 주된 것인지 부수적인 것인지와 상관없이 경제적 활동을 목적으로 추구하는 자원의 조직화된 그룹[178]을 의미한다(사업이전(고용보호)명령 제3조(1)(a), 제3조(2)). 경제적 실체인 사업은 계속 기업(going concern)으로서 실체를 가져야 하므로 단순한 자산 양도는 사업이전의 개념에 포섭되지 아니한다. 사업이 안정적(stable) 경제적 실체이어야 하는지 다툼이 있으나 영국 법원은 청소업무 등과 같은 근로자 1인이 직접 제공하는 노무제공계약에 대해서도 사업이전(고용보호)명령이 적용된다는 입장을 보였는데 대표

---

176) 개정 사항에 대한 자세한 설명으로는 BIS, *Employment Rights on the Transfer of an Undertaking*, January 2014 참조.
177) transfer of an economic entity which retains its identity.
178) organised grouping of resources which has the objective of pursuing and economic activity, whether or not that activity is central or ancillary.

적인 예로 Argyll Training Ltd v Sinclair and Argyll and the Islands Enterprise Ltd 사건[179]이 많이 언급된다. 사건의 개요는 다음과 같다. 아가일앤아일랜드 엔터프라이즈(이하 'A')는 스코틀랜드 지역의 직업훈련과 취업 등을 지원하는 기관인데 아가일 지역에서 대해서는 Business & Employment Skills Training Ltd(이하 'B')에 외주를 주었다. A와 B의 업무위탁계약기간의 종료되자 위탁계약을 종료하고 위 업무를 아가일 트레이닝(이하 'C')에 외주를 주면서 B에서 근무를 하던 원고 근로자를 해고하였다. 위탁기관이 변경되면서 훈련생의 절반이 C로 소속을 변경하였다. 원고 근로자는 A와 C를 상대로 불공정해고소송을 제기하였는데 고용항소심판소는 비록 의미 있는 자산이나 노동력의 이전은 없지만 직업훈련생들에 관한 정보 일체가 C로 이전되었고 더불어 상당수의 직업훈련생도 이전되었으므로 위와 같은 위탁업체의 변경은 1981년 명령에서 규정한 사업이전에 해당한다고 보았다.

나. 이전의 방식

사업이전(고용보호)명령 제3조는 '이전'을 영국 내에서 이전 행위 직전에 존재하는 사업·영업의 이전 또는 사업·영업의 일부의 이전으로서 그 동일성을 유지하면서 경제적 실체를 타인에게 이전하는 것으로 규정하고 있다. 위 규정은 그 형식과 내용상 명령이 적용되는 이전행위의 유형적 표지를 규율하고 있는 것으로 이해할 수 있는데 이전의 유형을 제한하고 있지 아니하다. 따라서 해석상 영업의 매매, 기업의 합병, 라이센스 혹은 프랜차이즈를 받는 자의 변경 등 다양한 형태의 거래를 이전에 포섭하고 있으며 여러 단계의 연쇄적 거래가 합하여 이루어진 거래도 이전으로 보고 있다.[180] 다만, 주식 교환[181]이

---

179) [2000] IRLR 630.
180) Astra Emir, p253.
181) Brookes v Borough Care Services [1998] IRLR 636.

나 공공기관 내에서 이루어지는 행정기능의 이동은 이전의 개념에 포
섭되지 아니한다(사업이전(고용보호)명령 제3조(5)).

다. 사업의 외주화

영국은 사업이전(고용보호)명령 제3조에서 용역제공자변경이라
는 표제 아래 사업외주화의 3국면을 모두 규율하고 있다. 즉, 제3조
(1)(b)에서 ① 어떤 사람("도급인")이 스스로 행하던 활동을 중단하고,
이에 갈음하여 그 활동을 도급인을 위하여 다른 사람("수급인")이 하
도록 하거나, ② 도급인을 위하여 어떤 수급인이 행하던 활동을 중단
하고(당해 활동이 종전에 도급인에 의하여 스스로 행하였던 것인지는
묻지 아니한다), 이에 갈음하여 그 활동을 도급인을 위하여 다른 사람
("하수급인")이 하도록 하거나 ③ 도급인을 위하여 수급인 혹은 하수
급인 행하던 활동을 중단하고(당해 활동이 종전에 도급인에 의하여
스스로 행하였던 것인지는 묻지 아니한다), 도급인이 그 활동을 자신
을 위하여 스스로 행하는 경우를 사업이전의 범주에 포함시키면서 다
만, 이에 해당하기 위한 적극적 요건으로 용역제공자의 변경이 있기
직전에 ① 주된 목적이 도급인을 위하여 당해 활동을 하는, 영국에 위
치한 근로자들의 조직적 집단이 있을 것과 ② 용역제공자의 변경 후
도급인이 해당 활동을 수급인이 하도록 할 것(다만, 일회적인 특정 거
래 혹은 단기 작업인 경우는 제외)을 규정하고, 소극적 요건으로 당해
활동이 도급인의 사용을 위하여 재화를 공급하는 활동의 전부 혹은
대부분이 아닐 것을 규정하고 있다(사업이전(고용보호)명령 제3조(3)). 사
업의 외주화 혹은 용역제공자(외주업체)의 변경이 위 조항에 포섭되
면 이를 명령이 규정한 사업이전으로 보아서 고용승계 등 명령이 규
정한 효력을 그대로 적용하고 있다.

라. 동일성 판단

영국법원은 종합적 접근법(multi-factor approach)을 통하여 동일성 판단에서 유연한 태도를 취하고 있다. 예를 들어, 고용항소심판소는 명령의 입법취지를 근로자들의 머리 위에서 벌어지는 사업이전에서 근로자들을 보호하고, 사업을 이전받기 위해 입찰에 들어가는 새로운 사용자들이 동일한 근로조건을 승계하게 함으로써 그들 사이에 공정한 경쟁을 유도하고 이것이 근로자를 보호하게 만든다고 판시하여 왔다.[182] 특히, 사업의 인수인이 근로자들의 고용승계를 거부하는 방식으로 명령의 적용을 회피할 수 있다는 관점을 지속적으로 거부하여 왔다.[183] 나아가 중요 자산과 노동력의 주된 부분의 이동이 없었다는 점이 항상 명령이 규정한 사업의 이전을 부정하는 결론에 이르게 하지는 못한다고 선언하였다.[184] 고용심판소는 사업의 이전을 판단할 때 인수인이 종전 근로자의 고용승계를 거부하는 동기를 세심하게 살펴야 하고 또 특별한 주의를 기울여 해당 거래가 명령을 탈법하기 위하여 고의적으로 거래의 방식을 변경하는 것은 아닌지 살펴야 한다고 판단하였다.[185]

3. 사업이전의 절차

가. 이전인의 고용정보 제공의무

이전인은 사업이전을 하면서 인수인에게 이전인이 근로자에 대하여 갖는 권리의무 혹은 책임을 고지하여야 할 의무를 부담한다. 여기에는 승계되는 근로자의 인적사항, 고용조건에 관한 사항, 지난 2년

---

182) Securicor Guarding Ltd v Fraser Security Services Ltd [1996] IRLR 552, 556.
183) ECM(Vehicle Delivery Service) Ltd v Cox and others [1999] IRLR 559.
184) RCO Support Services and Aintree Hospital Trust v UNISON [2000] IRLR 624.
185) ADI (UK) Ltd v Willer [2001] IRLR 542; Lightways (Contractors) Ltd v Associated Holdings Ltd [2000] IRLR 247.

간 징계 혹은 고충처리에 관한 사항, 지난 2년간 근로자가 이전인에
게 제기한 소송 및 사업이전 후 인수인에게 제기될 것으로 예상되는
소송에 관한 사항, 사업이전에 영향을 줄 수 있는 단체협약에 관한 사
항이 포함된다. 또한 사업이전으로 인하여 해고가 불공정한 해고로
판명된 근로자에 관한 사항도 제공하여야 한다(사업이전(고용보호)명
령 제11조). 이러한 의무를 불이행하면 인수인은 이전인을 상대로 고용
심판소를 소를 제기하여 금전배상(compensation)을 받을 수 있다. 배
상액의 범위는 근로자 1인당 최소 500파운드 이상이어야 한다(사업이
전(고용보호)명령 제12조).

나. 승계근로자대표와의 협의의무

이전인은 사업이전으로 인하여 영향을 받는 근로자들의 대표자
와 이전이 예상하고 있는 사업이전이 있는 사실, 사업이전의 시기와
이유 및 법적·경제적·사회적 의미, 근로자들에게 취할 이전인의 조
치, 근로자들에 취할 인수인의 조치에 관하여 협의할 의무가 있다(사
업이전(고용보호)명령 제13조). 다만, 이러한 협의내용은 이전인 진정으로
믿고 예상한 내용이면 족하고 이를 법적으로 이전인이 보증할 의무는
없다는 것이 판례의 태도이다.[186]

사업이전이 있기 전에 이전인이 자주적 노동조합을 승인한 때에
는 인수인은 종전과 동일한 범위에서 해당 노동조합을 승인한 것으로
본다(사업이전(고용보호)명령 제6조). 한편, 근로자대표는 승인 노동조합이
있는 때에는 승인 노동조합의 대표자가 되며, 그렇지 아니한 때에는
선거절차에 의하여 선출된 대표자가 담당한다. 사용자는 근로자대표
자가 선출될 수 있도록 적절한 지원을 할 의무가 있다(사업이전(고용보
호)명령 제14조). 다만, 소규모 사업장(micro-business)에 대해서는 사용
자가 직접 근로자와 협의를 할 수 있도록 규정하고 있다(사업이전(고용

---

186) Royal Mail Group v CWU [2009] IRLR 1046.

보호)명령 제13A조).

사용자가 합리적으로 실행가능한(reasonably practicable) 조치를 취하지 아니하고 위와 같은 협의의무를 이행하지 아니하면 이전인은 인수인은 연대하여 개별 근로자에게 금전배상을 할 의무를 부담한다. 금전배상액은 각 근로자에 대하여 13주의 주급을 초과하지 아니하는 한도 내에서 고용심판소가 정한 금액으로 한다(사업이전(고용보호)명령 제15조).

4. 사업이전의 효과

가. 고용계약상 권리의 이전과 변경

특정한 거래가 사업이전에 포섭되면 이전인과 인수인은 사업이전을 이유로 근로자의 고용을 종료할 수 없으며 근로자는 인수인에게 이전에게 주장할 수 있는 고용상 권리를 그대로 주장할 수 있다(사업이전(고용보호)명령 제4조(4)). 아울러 근로자에 대하여 가지고 있는 이전인의 권리와 의무도 그대로 인수인에게 이전되는 효과가 있다. 따라서 이전인에게 주장할 수 있었던 고용상 권리에 기초한 소제기를 인수인에게도 할 수 있다(사업이전(고용보호)명령 제4조(1), (2)). 이전되는 권리는 고용계약상 권리뿐만 아니라 제정법상 인정되는 동일임금, 모성보호에 관한 권리 등도 포함된다. 한편, 근로자는 고용승계를 거부할 수 있으나(사업이전(고용보호)명령 제4조(7)) 이후 정원감축이 있을 경우 정원감축급여의 청구권이 제한될 수 있다.

위에서 설명한 사업이전에 따른 효과는 사업이전 직전(immediately before)에 고용되어 있던 근로자의 고용관계에 대해서만 적용된다. 따라서 문리적으로만 해석하면 사업이전 직전에 고용관계가 종료되면 자는 고용관계 승계의 효과를 인수인에게 주장할 수 없다는 결론에 이르게 된다.[187] 그러나 이러한 해석론이 유럽연합의 입법지침에

---

187) Apex Leisure Hire v Barratt [1984] ICR 452.

반한다는 많은 비판을 받게 되자 귀족원은 근로자가 불공정하게 해고되지 아니하였다면 사업이전 직전에 해당 사업에서 고용을 지속하였을 것이라는 점이 인정되면 해당 근로자의 고용은 인수인에게 자동적으로 승계되는 것이 입법지침과 이에 따른 1981년 명령의 취지에 부합한다는 목적론적 해석론을 제시하였다.[188] 위와 같은 해석론은 이후 2006년 명령과 해석론에 반영되어 지금은 이전을 전후하여 이루어진 해고에 대하여 모두 고용승계의 효과를 부여하고 있고 다만, 고용승계를 거부할 수 있는 예외에 해당하는 경우에는 해고를 공정한 것으로 평가하고 있다.

그러나 노동력을 변화를 수반하는 경제적·기술적·조직적 이유가 있는 때에는 근로자의 동의를 얻어 고용계약의 내용을 변경할 수 있다. 반대해석으로 사업이전과 관계가 없는 때에는 고용계약의 변경을 허용하는데 판례 중에는 사업이전 2년 후 사용자가 현금유동성 악화를 원인으로 근로자에게 요구한 고용계약 변경은 사업이전과 관계가 없는 것이라고 본 사례가 있다.[189] 한편, 직장연금(occupational pension scheme)은 승계의 대상이 되지 아니한다(사업이전(고용보호)명령 제10조).

나. 단체협약상 권리의 이전과 변경

단체협약상 조항 중 고용계약에 편입된 사항은 그 효력 발생 시기가 사업이전보다 먼저 도래한 것만 승계의 대상이 된다. 사업이전보다 후에 도래한 것은 인수인이 교섭당사자로 참여한 한 때에만 승계의 대상이 된다(사업이전(고용보호)명령 제4A조). 인수인은 승계된 고용조건을 전반적으로 근로자에게 불이익하게 변경하지 아니한 한 사업이전이 있은 후 1년이 지나면 고용조건을 변경을 위한 단체교섭을 요구할 수 있다(사업이전(고용보호)명령 제4조(5B)).

---

188) Lister v Forth Dry Dock and Engineering Co. Ltd [1989] IRLR 161.
189) Norris v Brown & Root Ealing Technical Services [2002] All ER 413.

아울러 이전인과 승인 노동조합이 체결한 단체협약 자체도 인수인에게 승계되는 효과가 있다(사업이전(고용보호)명령 제5조). 따라서 단체협약에서 보장하는 권리를 승계되는 근로자가 향유할 수 있으나 인수인의 종전 단체협약을 승계 근로자가 향유할 수는 없다. 아울러 이전인이 노동조합에 대하여 한 승인의 효력은 인수인에게 그대로 미친다(사업이전(고용보호)명령 제6조).

다. 도산과 권리이전의 제한

사업이전(고용보호)명령은 고용관계의 승계에 관한 제4조 및 해고의 제한에 관한 제7조의 규정을 기업의 도산 및 이에 유사한 절차에 대해서는 적용하지 아니한다고 규정한다. 명령의 구체적인 내용을 살펴보면, 최종청산절차(terminal proceeding)라고 불리는 제8조(7)에서 고용관계의 승계에 관한 제4조 및 사업이전에 따른 해고를 원칙적으로 불공정해고로 규율한 제7조를 이전인이 파산절차에 있거나 혹은 이와 유사한 절차에 있는 경우로서 그것이 이전인의 자산 청산을 목적으로 하며 도산실무가(insolvency practitioner)[190]의 감독을 받는 경우에는 적용하지 아니한다고 규정하고 있다. 위와 같이 2006년 사업이전(고용보호)명령의 규정은 고용관계 승계 규정의 적용이 배제되는 파산절차를 특정하지 아니하고 추상적으로 규정하여 적용의 유연성을 더하고 있다.

5. 고용승계의 배제 사유

사업이전(고용보호)명령 제7조(2)는 해고의 유일한 혹은 주된 이유가 사업이전을 전후하여 이전인 혹은 인수인의 노동력의 변경을 수반하는 경제적·기술적·조직적 이유와 관련이 있는 때에는 해당 해

---

190) 도산실무가란 일정한 자격을 갖추고 각종의 도산절차에서 청산인(liquidator), 재산보전관리인(administrator, receiver) 등의 업무를 수행하는 자이다.

고[191]를 정원감축으로 인정하거나 혹은 불공정해고에 있어서 그 밖에 해고의 실질적 이유가 있는 것으로 인정한다고 규정하고 있다. 따라서 사용자는 사업이전과 관련하여 이루어진 해고가 노동력의 변경을 수반하는 경제적·기술적·조직적 이유에 해당한다는 점을 증명하면 유효하게 고용관계를 종료할 수 있다.[192]

경제적·기술적·조직적 이유의 의미에 관하여 고용항소심판소는 Wheeler v Patel 사건[193]에서 경제적·기술적 혹은 조직적 이유라는 세 가지 표지는 서로 다른 상황을 염두에 둔 규정이 아니라 사용자가 사업이전을 하면서 노동력의 구조조정을 할 때 그 목적이 선량한 경제적 이유와 관련이 있어야 한다는 동일한 취지를 표현한(ejusdem generis) 규정이라고 판단하였다.

경제적·기술적·조직적 이유에 의한 해고는 노동력의 변경을 수반하여야 하는데 일반적으로는 고용된 근로자의 수가 변화하거나 근로자의 수의 변경이 없더라도 근로자들이 담당하는 기능의 변경이 수반되어야 한다. 고용항소심판소도 Crawford v Swinton Insurance Brokers Ltd 사건[194]에서 사업이전을 하면서 인수인이 종전 근로자들의 고용관계를 모두 승계하였더라도 사업이전 이후 각 근로자들이 담당한 업무에 변화가 있는 경우에도 사업장 내 노동력의 변경이 있는 것이라고 판단하였다.

---

191) 이를 흔히 ETO reason(economical, technical or organisational reason)에 의한 해고라고 부른다.
192) 실무적으로는 사업이전에 앞서 적법한 절차를 거쳐 정원감축급여를 근로자에게 지급하면서 고용관계를 유효하게 종료하는 경우가 많다.
193) [1984] IRLR 211.
194) [1990] ICR 85.

제5장
해고의 구제와 고용보험

제1절 위법해고와 법원의 구제절차

Ⅰ. 절차의 개관

1. 절차진행의 특징

종전에 위법해고를 다투는 소송은 고용심판소가 아닌 민사법원에 제기하여야 했었다. 그리고 소가가 50,000파운드 이상인 때에는 고등법원이 관할법원이 되고, 그 미만인 때에는 카운티 법원이 관할권을 갖고 있었다. 그러나 1996년 고용심판소법의 개정으로 고용계약위반으로 인하여 발생한 손해배상소송에 대해서도 고용심판소의 관할이 인정되었고 여기에는 위법해고에 대한 소송도 포함되는 것으로 해석된다.[1] 따라서 현재는 위법해고소송에 관하여 일반 민사법원과 고용심판소가 중첩적으로 관할권을 갖게 되었다. 보통 제소비용이 상대적으로 저렴하고 절차진행이 신속한 고용심판소를 선호한다.

---

1) Slade DBE, p1254.

　사용자와 근로자가 해고분쟁의 해결을 중재로 하기로 약정하였음에도 해당 소송을 민사법원에 제기한 때에는 사용자는 해당 법원에 절차의 정지를 신청하고 사건을 중재기관에 이송하도록 청구할 수 있다(중재법 제94조). 법원은 위 중재 약정이 무효이나 실행가능성이 없는 경우 등의 이유가 없는 한 사용자의 신청에 구속된다. 사용자가 약정을 위반하여 고용심판소에 소를 제기한 경우에도 동일하게 해석한다.[2] 민사법원에 제기하는 위법해고소송의 제소기간은 6년이다.[3] 고용심판소에 대한 제소기간이 고용계약의 만료일로부터 3개월인 것과 비교하면 매우 장기의 제소기간을 정하고 있다. 위법해고소송이 민사법원과 고용심판소에 중복제소된 때에는 일반적으로 고용심판소의 소송절차가 중단된다. 고용심판소에 먼저 소제기를 하였다가 이를 취하하고 민사법원에 소를 제기하는 것은 뒤에서 언급하는 고용심판소의 손해배상 상한규정의 적용을 피하기 위한 경우에만 허용된다.[4]

　고용심판소에 위법해고소송을 제기한 때에는 법원의 민사소송과 달리 손해배상액의 상한이 25,000파운드로 제한되며, 아울러 사용자는 고용관계에 종료에 따른 근로자의 계약위반을 이유로 반소제기가 가능하다.[5] 민사법원의 위법해고소송에서 인정하는 손해배상액이 그다지 많지 아니하다는 점을 고려하면 위 상한 규정은 일반적으로 큰 실효성이 없다고 볼 수도 있으나 고액의 임금을 지급받는 근로자에 대해서는 의미가 있는 규정이다. 근로자가 고용심판소에서 승소하여 25,000파운드의 손해배상을 받은 후 다시 민사법원에 25,000파운드를 초과하는 손해의 배상을 청구할 수 없다.[6] 민사법원의 판결에 대한

---

2) Slade DBE, p1254.
3) Limitation Act 1980 제5조.
4) Sajid v Sussex Muslim Society [2002] IRLR 113.
5) Employment Tribunals Extension of Jurisdiction (England and Wales) Oder 1994 제4조.
6) Fraser v HLMAC Ltd [2006] IRLR 687.

이의제기는 항소법원과 이후 대법원에서 심리를 한다.

2. 구제내용의 특징

1996년 고용권법 제91조(5)는 사용자가 제86조에서 정한 해고예고기간을 준수하지 아니한 때에는 1996년 고용권법 제87조부터 제90조[7]에서 정한 해고예고기간중 사용자의 임금지급의무에 관한 규정을 고려하여 손해배상액을 산정하여야 한다는 특례를 규정하고 있다. 그러나 제정법은 해고예고의무의 위반에 따라 해고가 위법하게 되었을 경우에 구체적으로 어떤 방식의 구제가 가능한지에 관해서는 침묵하고 있고 이 부분은 보통법의 법리에 의하여 해결되고 있다.

보통법상 제도였던 위법해고에 대한 보통법의 구제수단은 기본적으로 깨어진 계약에 대해서는 법원이 특정한 작위를 요구할 수 없다는 것이다. 따라서 법원은 일반적으로 손해배상(damages)을 통한 구제방식을 선택하였고 가처분을 통한 구제도 매우 인색하였다. 이러한 법원의 태도에 대해서는 고용계약의 특성상 법원이 구체적인 행위의 양태를 감독하는 것은 적절하지 아니하고, 많은 사례에서 손해배상만으로 충분한 구제가 이루어지며 나아가 고용관계를 회복시키는 구제수단은 강제노동과 동일하다는 관념이 지배적이었기 때문이라는 설명이 있다.[8] 같은 취지로 상호신뢰의무가 중시되는 고용관계에서 사용자에게 원직복직을 요구하는 것은 상호성의 원칙에 반하는 것으로 이는 근로자에게 강제노동을 요구하는 것과 같은 정도로 불합리한 명령으로 보았다고 설명하는 견해도 있다.[9] 이러한 전통적 견해는 집단적 노사관계에서 법원이 근로자에게 근로의 제공을 강제하는 명령

---

7) 해고예고기간 중 주급에 상당하는 임금을 근로자에게 지급하여야 한다는 내용을 담고 있다.
8) De Francesco v Barnum [1890] 43 ChD 165.
9) Simon Honeyball, pp84~85.

을 할 수 없도록 하는 규정에 잘 나타나 있다(노조법 제236조). 그러나
해고라는 동일한 현상에 대하여 불공정해고제도에서 인정하는 고용
의 회복을 목적으로 한 구제수단을 위법해고의 구제수단으로 인정하
지 못할 이유가 없고, 계속적 계약의 다른 형태인 리스계약에서도 계
약의 효력을 유지하는 가처분 등이 인정되고 있으며 무엇보다 위법해
고의 구제수단으로서 손해배상이 매우 실효성이 없다는 점을 강조하
며 일반적인 민사구제에서도 손해배상 이외에 가처분이나 고용의 회
복을 요구하는 판결을 하여야 한다는 주장도 있다.[10] 아래에서는 판
례를 중심으로 위법해고에 대한 민사법원의 구제수단을 검토하고자
한다.[11]

Ⅱ. 구제수단의 유형과 내용

1. 해고의 효력정지가처분

앞서 언급한 대로 보통법의 법리에 따르면 법원은 종전에 해고
의 정당성이 문제된 사례에서 가처분을 거의 발령하지 아니하였으나
최근 근로자의 경업금지에 관한 가처분을 허용하면서 이 법리를 보다
발전시켜 예외적인 상황에서는 해고의 효력을 정지하는 가처분을 발
령하는 경우도 있다. 그러나 위법해고의 구제수단으로서 일반적이지
는 아니하다.[12]

---

10) Douglas Brodie, "Specific Performance and Employment Contracts" (1998)
   27 *ILJ* 37.
11) 직접적인 해고에 대한 구제수단은 아니지만 사용자가 임금의 일방적 감액을 할
   경우, 근로자는 의제해고를 주장할 수도 있지만 기존의 고용계약에 따른 고용관
   계의 존속을 전제로 하여 감액된 임금 상당액의 금전 지급을 구하는 소송(Claim
   in debt)을 제기할 수 있다(Slade DBE, p1243).
12) Slade DBE, p1243.

경업금지와 관련한 주도적인 판결은 Warner Bros Pictures Inc. v Nelson 사건[13]이다. 당시 유명했던 미국 여배우 베티 데이비스가 워너브라더스 영화사와 체결한 전속계약을 종료하고 영국의 새로운 기획사와 활동을 하려고 하자 워너브라더스 영화사가 계약상 경업금지의무를 근거로 영국에서의 활동금지를 요구하며 제기한 소송이었다. 이 소송에서 피고 베티 데이비스는 새로운 계약은 종전 계약과 질적으로 다른 내용이라는 주장을 하였으나 법원은 피고의 주장을 배척하고 워너브라더스 영화사와의 계약기간 동안은 경업을 할 수 없다고 판단하였다.

해고의 효력을 정지시키는 일반적인 형태의 가처분 사건은 Hill v C. A. Parsons and Co. Ltd 사건[14]이다. 엔지니어로 35년간 일하였던 근로자에 대하여 사용자가 노동조합과 체결한 클로즈드 숍(closed shop)협정에 따라 근로자를 해고한 사안인데 법원은 해고가 제3자인 노동조합의 개입에 따른 것으로서 근로자와 사용자 사이에는 여전히 계속적인 신뢰관계가 존재하고 손해의 배상은 적절한 구제방법이 아니라고 보아 해고의 효력을 정지하는 가처분을 발령하였다. 위 판결은 명문의 규정으로 가처분을 인정하는 불공정해고제도가 입법되기 직전에 이루어진 것으로 당시 위 판지가 향후에도 계속 유지될 것인가 큰 관심을 불러일으켰다.[15] 그러나 불공정해고제도가 도입된 이후에도 위법해고가 문제된 사안에서 법원은 지속적으로 가처분을 인용하였다. 예를 들어, 학교행정직원을 해고하면서 절차규정을 위반한 사례에서 가처분을 인용하였고,[16] 징계절차규정을 위반하면서 안과의사를 해고한 사안에서 안과의사가 국민건강보험제도(NHS) 안에서

---

13) [1936] 3 All ER 160.
14) [1971] 3 All ER 1345.
15) Simon Honeyball, p85.
16) Jones v Lee [1980] ICR 310.

의사로 활동할 기회를 실질적으로 상실하고 개인적인 환자를 치료하면서 국민건강보험제도가 제공하는 장비의 사용도 제한되는 점을 고려하면 손해배상은 적절한 구제수단이 될 수 없다고 보았다. 나아가 근로자와 사용자 사이에 상호신뢰관계가 여전히 존재한다고 보았다.[17] 이후 판결에서는 주로 근로자와 사용자 사이에 신뢰관계가 존속하는가를 중심으로 가처분의 발령 여부를 결정[18]하였다.

　　그러나 위와 같은 법원의 태도에 대하여 사용자의 위법한 해고에 대하여 가처분을 발령하면서 '사용자'의 신뢰관계를 요구하는 것은 적절하지 아니하며 사용자와 근로자가 정말로 신뢰관계가 없다며 사용자는 정당한 절차를 거쳐 해고를 할 수 있으므로 법원의 판단방식은 본말이 전도되었다는 비판이 있었다.[19] 1990년에 들어서면서 신뢰관계의 존속이라는 표지를 중요시하기보다 고용관계 전반을 고려하여 구체적 타당성을 강조하는 판례가 등장하기 시작하였다. 대표적으로 Wadcok v London Borough of Brent[20] 사건에서 근로자와 사용자 사이에 신뢰관계의 존속을 인정하기 매우 어렵지만 근로자가 여전히 자신에게 주어진 직무를 충분히 수행할 만큼 유능하며 사용자의 지시에 따를 마음가짐이 되어 있다면 신뢰관계가 확실하게 인정되지 아니하더라도 해고의 효력을 정지하는 가처분을 발령할 수 있다는 입장을 보였다. 나아가 근로자가 원직복직을 원하지는 아니하지만 적법한 절차를 거쳐 해고가 될 때까지 발생하는 임금의 지급만을 구하는 사건에서도 신뢰관계 자체가 중요한 요소가 아니라는

---

17) Irani v Southampton and South West Hampshire Health Authority [1985] IRLR 203.
18) Anderson v Pringle of Scotland Ltd [1998] IRLR 4. 이 사건은 정원감축해고에서 근로자가 사용자의 절차위반을 주장하며 해고의 금지를 신청한 것으로 신뢰관계의 존속을 이유로 가처분이 발령되었다.
19) Ewing K. D., "The New Labour Injunction" (1989) 48 *CLJ* 28.
20) [1990] IRLR 223.

판단을 하고 있다.[21]

이상의 판례와 이론들을 종합하면 가처분을 발령하기 위해서는 보통 다음의 세 가지 요건을 충족하여야 하는 것으로 보고 있다. 즉, 사용자와 근로자 사이의 고용관계가 돌이킬 수 없는 정도로 파괴되어서는 아니 되고, 손해배상이 해당 사안에서 적절한 구제수단이 될 수 없으며, 나아가 가처분을 하지 아니하면 최종 판결의 효력이 무의미해지는 경우이다.[22]

2. 고용관계의 존재 확인

근로자는 가처분 이외에도 사용자의 고용계약 위반을 이유로 고용관계의 존재를 확인하는 판결을 받을 수 있다. 법원은 사용자가 한 해고가 무효(void)라고 선언한다. 주로 고용계약에 규정된 징계절차 등 명문의 규정을 사용자가 위반한 때에 계약위반을 이유로 계약의 존속을 확인받는다.[23] 종전 보통법의 법리에서는 위와 같은 판결은 부두노동[24]이나 노조전임자[25]의 고용관계에서만 인정되었으나 현재는 일반적인 고용관계[26]에서도 허용이 된다. 사용자의 해고에도 불구하고 고용관계가 존속하며 사용자의 이행거절을 근로자가 수락하지 아니한 것으로 보기 때문에 근로자는 위 판결을 근거로 고용관계 존속에 따른 임금 상당액의 청구를 할 수 있다.

---

21) Robb v London borough of Hammersmith and Fulham [1991] IRLR 72.
22) Simon Honeyball, p86.
23) Astra Emir, p398.
24) Vine v National Dock Labour Board [1956] 2 AC 488.
25) Stevenson v United Road Transport Union [1977] ICR 893. 이 사건은 사용자가 고용계약상 해고이유를 통지하지 아니한 절차위반이 문제된 사례이었다.
26) Gunton v Richmond-upon-Thames LBC [1980] IRLR 321.

3. 손해배상

손해배상은 계약위반에 대한 일반적인 구제수단으로서 고용계약 위반에 대한 손해배상의 액은 근로자가 적법하게 해고예고통지를 받을 수 있었던 기간에 해당하는 임금액이다. 따라서 근로자가 사용자와 약정한 해고예고기간을 넘어서는 기간에 대해서는 실제로 근로자에게 손해가 발생하였는지를 묻지 아니하고 손해배상액의 산정에 일률적으로 고려하지 아니하는데 이 점이 위법해고에 대한 민사구제의 최대 약점이다.[27] 해고예고 없이 해고가 된 경우 해고예고기간중에 발생할 수 있었던 임금상승분에 대해서도 손해배상액의 산정에 고려하지 아니한다.[28] 이러한 엄격한 태도는 근로자에게 횡재(windfall)를 허용하지 아니하는 금전배상에 관한 보통법의 원칙이라고 설명한다.[29] 그 외에도 계약상 지급의무가 있고 지급하는 것이 신의성실에 부합하는 경우가 아닌 한 사용자의 재량에 의하여 지급하는 보너스도 손해배상액의 산정에서 제외되며,[30] 불공정해고로 인정되어 고용심판소가 명령한 금전배상액도 공제의 대상이 되고,[31] 불공정해고와 위법해고를 동시에 주장하며 고용심판소에 소를 제기한 경우 법령에 의하여 고용심판소가 인용할 수 있는 최대금액인 25,000파운드를 초과한 금액으로서 고등법원에서 산정한 금액도 공제의 대상이다.[32] 또,

---

27) Malcolm Sargeant/David Lewis, p92. 이러한 영국의 보통법 이론에 대하여 캐나다 대법원이 보통법 이론을 계수하면서도 사용자의 해고방식(manner of dismissal)에 위법이 있는 경우 사용자의 위자료배상의무를 인정한다는 논의의 소개와 함께 고용계약이 갖는 인적 속성을 고려한 보통법 법리의 개혁을 요구하는 견해로, Douglas Brodie, "The Beginning of the End for Addis v The Gramophone Company?", (2009) 38 *ILJ* 228 참조.
28) Lavarack v Woods of Colchester Ltd [1967] 3 All ER 683.
29) Simon Honeyball, p89.
30) Lavarack v Woods of Colchester Ltd [1967] 3 All ER 683.
31) O'Laoire v Jackel International Ltd [1991] ICR 197.
32) Fraser v HLMAD [2006] IRLR 687.

근로자가 해고를 당하였다는 사실로 인하여 이후 새로운 직장을 구하는 데 어려움을 겪는 등의 손해(stigma damage)도 원칙적으로 위법해고의 손해배상 범위에 들어가지 아니하지만[33] 경영진의 조직적인 부정행위로 인하여 회사가 청산에 들어가고 이로 인해 근로자 해고가 되는 것은 사용자가 주도적으로 신뢰의무를 붕괴시키는 것이므로 이런 예외적인 경우에는 '스티그마 손해'도 배상을 하여야 한다는 판결이 있다.[34] 그러나 위 판결은 경영진의 조직적인 범죄행위로 회사가 폐업을 하여 회사의 근무 경력이 오히려 향후 취업에 악영향을 준다고 판단한 매우 이례적인 상황을 전제로 한 것이어서 이후 판결에서는 사용자가 신뢰관계를 깨뜨렸다는 이유로 스티그마 손해의 배상을 명령한 예를 찾기 힘들다.[35]

그러나 특별한 사정이 있는 경우에는 해고예고기간에 해당하는 임금 이상의 손해배상을 받을 수 있는데 예를 들어, 영화배우의 활동과 같이 작품의 성공이 고용계약에서 약정한 임금 이외에 더 큰 경제

---

33) Addis v Gramophone Co. Ltd [1909] AC 488.
34) Malik v Bank of Credit and Commerce International [1997] IRLR 462. Malik 사건에 대하여 '스티그마 손해'를 인정한 점은 긍정적으로 보나 위자료 배상을 부정한 것에 대한 비판으로 John McMullen, "Extending Remedies for Breach of the Employment Contract" (1997) 26 *ILJ* 245 참조.
35) 이를 부정한 예로, Johnson v Unisys Ltd [2001] ICR 480. 이 판결에서 법원은 위법해고소송에서 사용자의 절차위반은 전통적으로 위법해고소송에서 전보의 대상으로 삼지 아니하는 해고의 방식에 관한 것에 불과하지 Malik 사건에서 언급한 신뢰관계를 깨뜨리는 예에 해당하지 아니한다고 판단하였다. 위 판결에 대한 비판적인 견해로는 Lizzie Barmes, "The Continuing Conceptual Crisis in the Common Law of the Contract of Employment" (2004) 67 *MLR* 435; Douglas Brodie, "Wrongful Dismissal and Mutual Trust", (1999) 28 *ILJ* 260. 특히, 불공정해고제도 도입 이후 민사법원이 위법해고의 구제수단으로 가처분 등을 허용하는 발전을 보여 왔으나 위 판결로 인하여 근로자들이 정당하고 존엄하게 대우받을 수 있다는 희망을 무고한 시체들의 화염 위에 던졌다는 강한 비판을 하는 평석으로는 Hugh Collins, "Claim for Unfair Dismissal", (2001) 30 *ILJ* 305.

적 이익을 가져다 줄 수 있다고 인정되는 때에는 추가적인 손해배상
이 있을 수 있다.[36] 그리고 계약기간을 특정하고 고위직에 있었던 근
로자들의 경우에는 계약기간 동안 발생하는 임금에 해당하는 금액의
손해배상액을 인정받을 수 있다.[37] 나아가 징계절차에 관한 내용이
명시적으로 고용계약의 내용을 이루는 경우에는 해당 절차를 위반한
해고에 대해서는 해고예고기간에 해당하는 임금 상당액뿐만 아니라
징계절차에 소요되는 기간에 해당하는 임금 상당액도 손해배상액 계
산에 산입하여야 한다.[38]

　　한편, 근로자들은 계약위반으로 인해 발생하는 손해를 경감하기
위한 노력을 하여야 할 의무를 부담한다. 따라서 일반적으로는 새로
운 일자리를 찾기 위한 노력을 하여야 한다. 만일, 해고예고기간과 중
복되는 기간에 새로운 일자리를 구하여 임금을 지급받은 때에는 해당
금액은 손해배상액에서 공제가 된다. 근로자의 손해경감의무가 일정
한 경우에는 제한되기도 하는데 예를 들어, 근로자는 해고 후 제안받
은 첫 번째 취업기회를 반드시 받아들어야 하는 것은 아니고 근로자
의 상황에 비추어 합리적인 결정을 할 권리가 있다. 따라서 근로자를
해고한 사용자로부터 다른 보직에 대한 취업을 제안받았더라도 이를
거부할 수도 있으며 화가에게 일반적인 육체노동에 종사할 것을 요구
한 경우 이를 거부할 수 있다.[39] 아울러 회사의 이사로 근무하다가
해고된 자가 보조관리자의 취업기회를 거부한 때에도 손해경감의무

---

36) Marbe v George Edwardes (Daly's Theathers) Ltd [1928] 1 KB 269.
37) Simon Honeyball, p91.
38) Gunton v Richmond-upon-Thams London Borough Council [1980] IRLR
　　321. 한편, 징계절차에 관한 명확한 규정이 없더라도 절차위반을 이유로 한 배
　　상이 가능할 수 있다는 해석론으로는 Simon Deakin/Gillian S Morris, p462. 특
　　히, 위 견해는 Edwards v Chesterfield Royal Hospital NHS Foundation Trust
　　and Botham v Ministry of Defence 사건([2012] IRLR 129)을 깊이 다루며 위
　　와 같은 분석을 한다.
39) Edwards v SOGAT [1970] 3 All ER 689.

를 위반 것이 되지 아니한다.⁴⁰⁾ 고용계약에 해고 이후 일정기간 동안 사용자가 근로자에게 금전지급을 약정하고 있어도 근로자는 해당기간 동안 손해경감의무를 부담하지 아니한다.⁴¹⁾

위와 같이 근로자가 취업의 기회를 거절함으로써 손해배상의 감액이 있는 경우 이외에도 해고가 직접적인 기회가 되어 근로자가 얻는 기타의 수입도 공제의 대상이 될 수 있다.⁴²⁾ 그러나 해고 후 경쟁회사의 주식취득에 따른 수익은 간접적 기회에 불과하여 공제의 대상이 되지 아니한다.⁴³⁾

손해배상액은 근로자가 해고예고기간 동안 근로제공을 전제로 하여 최종적으로 수령하는 임금액을 전보하는 것이므로 일시금이 아닌 주급 혹은 월급 형태의 정기금 지급을 명할 때에는 각 금원에 해당하는 세금을 공제할 수 있다는 입장이다.⁴⁴⁾ 일시금으로 지급하는 경우에도 그 가액이 30,000파운드를 초과하면 과세대상이 된다.⁴⁵⁾ 그 외에도 해고로 인하여 근로자가 국가로부터 받게 되는 구직수당(Jobseekers' allowance), 소득지원금(Income support) 중 해고예고기간에 중복되는 기간에 수령하는 금원에 한해서는 공제가 가능하다.⁴⁶⁾ 같은 취지로 해고가 되지 아니하였더라도 납부하였어야 하는 사회보험료도 공제의 대상이 된다.⁴⁷⁾ 그러나 연금(pension payment)과 정원감축급여는 공제의 대상이 아니다.

---

40) Yetton v Eastwoods Froy Ltd [1967] 1 WLR 104.
41) Abrahams v Performing Rights Society Ltd [1995] IRLR 486.
42) Simon Honeyball, p91.
43) Lavarack v Woods of Colchester Ltd [1967] 3 All ER 683.
44) BTC v Gourley [1956] AC 185.
45) Simon Honeyball, p92.
46) Parsons v BNM Laboratories Ltd [1964] 1 QB 95.
47) Cooper v Firth Brown Ltd [1963] 1 WLR 418.

제2절 불공정해고의 구제절차[48]

Ⅰ. 구제 유형의 개관

불공정해고에 대한 구제방법은 원직복직(reinstatement), 재고용
(re-engagement), 금전배상(compensation) 세 가지가 있다. 원직복직
은 민사재판에서 원상회복을, 재고용은 유사한 업무로의 복귀를, 끝
으로 금전배상은 고용관계의 종료를 전제로 한 금전적 보상을 의미한
다. 고용심판소는 해고가 불공정하다고 판단되면 원고에게 위 세 가
지의 구제방법을 설명하고 그 중에서 구제의 방식을 선택할 수 있도
록 하여야 한다.[49] 만일 고용심판소가 그러한 조치를 게을리하여 부
정의하거나 불공정한 결과발생이 예상되면 고용항소심판소는 사건을
다시 고용심판소로 환송하여 사건을 재심리하도록 요구하여야 한
다.[50] 위 세 가지 구제방식 중 앞의 두 가지 방식이 이론적으론 주된
구제의 방식이 되어야 하지만 실무적으로는 매우 드물게 이루어진
다.[51] 이에 대하여 일반적으로 근로자인 원고들이 재판이 진행될 당

---

48) 이 부분은 전형배, "영국의 부당해고 구제시스템과 시사점", 「법조」(제673호),
   법조협회, 2012, 141쪽 이하의 부분을 수정·보완하여 인용한 것이다.
49) Pirelli General Cable Works Ltd v Murray [1979] IRLR 190.
50) Cowley v Manson Timber Ltd [1995] IRLR 153.
51) 1980년대 통계에 따르면 불공정해고의 구제수단으로 재고용이 이루어진 경우는 전
   체 7.6% 정도에 불과하였고(Simon Deakin/Gillian S Morris, p551), 법무부 통계에
   따르면 2011-2012 통계연도에 승소판결을 선고한 11,200건 중 단지 5건에 대해서만
   원직복직 혹은 재고용이 이루어졌다(Ministry of Justice, Employment Tribunals and
   EAT Statistics 2011-2012, 2012, 표3 참조). 원직복직 혹은 재고용을 활성화하기 위
   하여 신속한 결정, 금전배상액의 증액, 원직복직의 실행가능성에 관한 판례 법리 변
   경 등을 언급하는 견해도 있다(David Lewis, "Re-Employment as a Remedy for
   Unfair Dismissal: How can the Culture be Changed" (1999) 28 *ILJ* 183).

시에는 이미 다른 사용자와 고용계약을 체결하고 근로를 제공하고 있
거나, 자신을 해고한 사용자와 다시 고용관계를 맺는 것을 꺼리기 때
문이라는 분석이 있다.[52] 한편, 오래된 분석이긴 하나 노동조합이 형
식적으로는 해고 근로자들의 복직 등을 주장하지만 실질적으로는 보
다 많은 금전배상을 받기 위한 전략적 접근이라는 주장도 있다.[53] 나
아가 불공정해고의 입법취지는 해고된 근로자를 해고 전 담당하던 업
무에 복귀시키는 것이 아니라 사용자의 불공정한 행동을 예방하는 것
으로 보아야 하고 따라서 구제방식으로 금전배상을 선호하는 것이 제
정법의 실패는 아니라고 보는 견해도 있다.[54]

위 세 가지 주요 구제수단 외에도 해고기간중에 있는 근로자를
보호하기 위하여 종전 보통법 전통에서는 거의 인정되지 아니하였던
해고의 효력을 정지시키는 형태의 가처분(interim relief)이 입법되어
있고 ACAS를 통한 화해도 상당히 활성화되어 있다.

한편, 불공정해고에 대한 위와 같은 구제 유형은 일반적인 형태
의 불공정해고에 대하여 적용될 뿐만 아니라 앞서 살펴보았던 불공정
해고가 성립하는 사업이전에 따른 해고에 대해서도 적용이 되며, 차
별적 해고 및 정원감축해고가 불공정한 때에도 적용이 된다. 다만, 차
별적 해고에 대해서는 소송절차상 증명책임과 증거수집에 대한 특례
와 더불어 금전배상 상한 제한이 없는 특징이 있고 아울러 평등·인권
위원회를 통한 행정적 구제수단도 있기 때문에 이에 대한 별도의 검
토를 하여야 한다. 또 불공정한 정원감축해고의 경우 정원감축급여의
지급과 관련한 제도상의 특례를 소개하고자 한다.

---

52) Simon Honeyball, p189.
53) Stephen Evans/John Goodman/Leslie Hargreavest, "Unfair Dismissal Law
and Changes in the Role of Trade Unions and Employers' Associations"
(1985) 14 *ILJ* 91.
54) Hugh Collins, "The Meaning of Job Security" (1991) 20 *ILJ* 227.

II. 화해에 의한 분쟁의 해결

화해에 의한 해고분쟁해결 절차는 종전에는 당사자 일방이 ACAS
에 직접 화해의 지원을 신청하면 화해담당관(conciliation officer)의
조력을 받아 당사자 간에 화해를 하는 제소전 임의화해절차(Pre-Claim
Conciliation)였다. 그러나 2014.4부터는 소 제기 전 당사자에게 강제
적으로 ACAS에 화해의 조정을 신청하도록 변경하였다. 이를 조기화
해절차(Early Conciliation)라고 부른다.[55] 이 화해절차의 담당자를
조기화해지원관(Early Conciliation Support Officer)이라고 한다. 화
해 여부는 당사자의 자유의사에 맡겨지며, 화해가 성립하지 아니하면
근로자는 화해절차를 거쳤다는 서면을 고용심판소에 제출하면서 소
제기를 할 수 있다. 해고 사건만의 화해율은 자료상 찾기 어려우나
2015/2016년의 전체 사건 중 화해를 통한 분쟁해결 비율은 접수 사건
의 73.1%이다.[56] 한편, 보고서에 따르면, 2015년 처리된 1심 불공정
해고사건 1,002건 중 근로자 승소로 종결된 사건은 181건이고, 패소
는 183건이었으며 나머지는 소취하 등으로 종결되었다.[57]

III. 가처분

불공정해고에 대하여 고용심판소가 발령될 수 있는 가처분(interim
relief)은 그 사유가 제한적이다. 즉, 고용심판소는 해고가 산업안전보

---

55) 그 이전에는 제소전화해절차(Pre-Claim Conciliation)가 있었는데 이 제도는
   당사자간 절차 참가를 합의하면 ACAS가 화해를 위한 업무를 지원하는 형식이
   었기 때문에 임의적 절차였다.
56) ACAS, *Annual Report and Accounts 2015/2016*, p41.
57) EAT, *Employment Appeals Tribunal Annual Report 2015*, 2016, p10.

건에 관한 활동, 노동조합의 대의원활동 등을 이유로 하여 이루어진 때에 한하여 가처분을 발령할 수 있다(고용권법 제128조). 가처분절차는 매우 신속하게 진행되는데 신청인은 해고의 효력발생일로부터 7일 내에 신청서를 제출하여야 하며 고용심판소는 가처분신청서를 접수한 날로부터 7일 내에 사용자에게 신청서사본과 함께 심문기일을 통지하여야 한다. 고용심판소는 원칙적으로 심문기일의 연기를 하지 못하고 가능한 한 신속하게 결정을 하여야 한다(고용권법 제128조(2)~(5)). 심문은 통상 의장 1인이 하며 증인신문 없이 당사자가 제출한 서면과 상호 신문을 위주로 진행된다.[58] 심문결과 신청인의 주장이 이유 있는 것으로 인정되는 때에는 사용자에게 원직복직 혹은 재고용을 할 것인지 묻는다. 만일 사용자가 여기에 동의에 하면 이에 해당하는 명령을 발령하지만 사용자가 처음부터 위 두 가지 가처분 명령에 동의하지 아니하거나 근로자가 재고용의 조건에 동의하지 아니하면 고용심판소는 고용계약의 계속(continuation of employment contract)을 명령한다(고용권법 제129조). 이에 따라 근로자는 해고의 효력발생일로부터 소송절차의 종료일까지 근로를 제공하지 아니하면서도 고용계약의 존속을 전제로 지급받게 되는 임금이나 급여를 지급받을 수 있다. 한편, 고용심판소는 여러 가지 사정을 고려하여 근로자가 지급받게 될 금원의 액수를 해고 이전에 지급받던 액수의 일부로 제한할 수 있다. 가처분을 통해 지급된 금원은 이후 사용자의 금전배상 책임을 산정할 때 공제된다(고용권법 제130조). 한편, 당사자는 가처분 발령 이후부터 본안의 소송절차 종료일 사이에 사정변경을 이유로 이미 발령된 가처분의 변경을 고용심판소에 신청할 수 있다(고용권법 제131조).

　　사용자가 원직복직 혹은 재고용 명령을 이행하지 아니하면 고용심판소는 고용계약의 계속을 명령하면서 추가로 금전배상을 명령하

---

58) Jeremy Mcmullen, p320.

고, 사용자의 임의 이행을 기대하면서 최초 발령된 고용계약의 계속
명령을 사용자가 이행하지 아니하면 종전 명령에 보태어 금원의 지급
을 명하게 된다(고용권법 제132조).

Ⅳ. 고용명령

1. 원직복직

원직복직은 사용자가 근로자를 해고하지 아니하였더라면 그에게
하였어야 하는 모든 측면의 대우를 하도록 명령하는 구제방식이다(고
용권법 제114조(1)). 고용심판소가 원직복직 명령을 하기 위해서는 먼저
근로자가 이를 원하는지, 사용자가 이를 이행할 수 있는지, 나아가 근
로자가 해고의 원인을 제공하였거나 기여한 정도로 보아 원직복직 명
령이 정당한 것인지를 평가하여야 한다(고용권법 제116조(1)). 원직복직
은 원직에 대한 복직의 의미가 있기 때문에 사용자가 만일 재고용 후
부담하는 의무의 내용을 달리하는 경우에는 명령의 이행으로 보지 아
니한다. 따라서 경비원으로 근무하던 근로자를 불공정하게 해고한 후
복직시키면서 주로 청소업무를 담당하게 하면서 경비원 업무를 부수
적으로 하도록 지시하는 것은 의무의 불이행이 된다.[59]

2. 재고용

재고용은 원직복직처럼 사용자와 다시 고용관계를 맺는다는 점
에서는 동일한 효과가 있으나 종전에 담당하던 바로 그 업무(same
post)가 아닌 종전 업무와 동등한 혹은 적절한 업무(employment com-
parable to that from which he was dismissed or other suitable employ-

---

59) Artisan Press v Strawley and Parker [1986] IRLR 126.

ment)를 담당한다는 점에서 차이가 있다. 이에 따라 종전에 고용했던 그 사용자뿐만 아니라 종전 사용자의 권리의무를 승계한 자, 종전 사용자와 동업관계에 있는(associated) 사용자도 재고용명령의 수범자가 될 수 있다(고용권법 제115조(1)).

고용심판소는 원직복직이 사업장의 여러 가지 사정에 비추어 적절하지 아니하다고 판단되면 재고용을 고려하게 되는데, 재고용 명령을 할 때에는 수범자인 사용자를 특정하여 업무의 내용, 급여, 의무이행일을 정하여야 하고 나아가 원직복직 명령을 할 때 수반하는 각종 금전 보상에 관한 내용도 명령하여야 한다(고용권법 제115조(2)). 임금 등 금전배상을 지급할 때에도 원직복직 명령과 마찬가지로 공제가 있다(고용권법 제115조(3)).

재고용 명령은 종전의 업무와 동등하거나 유사한 업무에 대한 고용을 명령하는 것이기 때문에 종전 고용계약의 근로조건보다 낮은 수준의 근로조건을 제공하는 것은 명령의 불이행으로 해석된다. 역으로 종전의 근로조건보다 더 높은 수준의 근로조건의 제공을 명령하는 것도 정당한 재고용 명령이 될 수 없다. 따라서 16,779파운드의 급여를 받던 현장 매니저에 대해서 불공정해고를 인정하여 재고용 명령을 하면서 18,000파운드의 급여지급과 회사 자동차의 사용 등을 명령하는 것은 현저하게 높은 근로조건의 이행을 명령한 것으로 위법하다.[60]

3. 고용명령에 대한 항변 —실행가능성

사용자가 고용심판소의 고용명령에 대하여 그것이 실행가능성(practicability)이 없다는 점을 주장·증명하면 해고의 구제는 금전배상으로 종결된다.

사용자의 실행가능성을 평가할 때 근로자가 복직할 업무에 이미

---

60) Rank Xerox (UK) Ltd v Stryczk [1995] IRLR 568.

다른 정규 근로자(permanent replacement)가 근무하고 있는지는 고
려의 대상이 아니다(고용권법 제116조(5)). 다만, 사용자가 새로 채용된
정규 근로자가 아니고서는 해고된 근로자가 담당하던 업무를 수행하
는 것이 실행가능하지 아니하다는 점을 증명하거나, 해고 후 해고된
근로자가 원직으로의 복직을 원한다는 사정을 알지 못한 상태에서 합
리적인 기간을 두고 기다렸다가 정규 근로자를 채용하였고 더불어 정
규 근로자를 채용할 당시 정규 근로자 이외의 자로 하여금 해고된 근
로자가 담당하던 업무를 수행하도록 요구하는 것이 더 이상 합리적이
지 아니하였다는 사정을 증명하면 고용명령을 하지 아니하게 된다(고
용권법 제116조(6)). 따라서 근로자의 입장에서는 불공정해고의 구제수
단으로서 원직복직을 선택한다고 하더라도 반드시 그 선택이 실현된
다고 볼 수는 없다.

　　사용자의 고용의무를 제한하는 위와 같은 판례법리는 엄격한 기
준을 정립하고 있다. 즉, 실행가능성은 단순히 해고된 근로자가 돌아
갈 직무가 존재하는가를 가지고 판단할 것이 아니라 해당 사업장의
노사관계를 고려할 때 원직복직이 가져올 결과를 고려하여야 한다고
본다. 이에 따라 특정 근로자의 원직복직이 심각한 노동분쟁(serious
industrial relations strife)을 야기할 것이 예상된다면 고용명령은 실
행가능성이 없다고 보았다.[61] 이런 기본 법리는 이후의 판결에 많은
영향을 미쳐서 구제방식의 선택에 있어 고용심판소의 재량을 상당히
축소시켰다.[62] 위 판결의 취지를 따른 것으로는 근로자의 원직복직이
일반적으로 혹은 특정 근로자 집단 사이에서 분위기를 저해할 수 있
다면 원직복직 명령을 할 수 없고,[63] 해고 후 사업장에 대하여 실질
적인 정원감축해고 혹은 구조조정이 있는 때에도 원직복직 명령을 할

---

61) Coleman v Magnet Joinery Ltd [1974] ICR 46.
62) Simon Honeyball, p189
63) Coleman v Toleman's Delivery Service Ltd [1973] IRLR 67.

수 없으며,[64] 쟁의행위 발생의 원인이 될 수 있는 때에도 고용관계를 다시 맺도록 명령할 수 없다고 보았다.[65] 나아가 평소 근무시간을 수 차례에 걸쳐 지키지 아니하고 사업장 내에서 마약을 흡입한 혐의를 받고 있던 근로자를 해고한 사건에서 마약 흡입 혐의의 증명을 위하여 동료 근로자를 익명으로 조사한 결과의 신빙성에 문제가 있다고 하더라도 사용자가 이를 진실로 굳게 믿고 있다면 해고 근로자와 사용자간의 본질적인 신뢰관계는 깨진 것이고 그렇다면 고용명령이 아닌 금전배상을 통한 구제를 하여야 한다는 판단을 한 예도 있다.[66]

반면, 실행가능성의 의미는 합리성(reasonableness)의 의미와 구분하여야 한다는 입장에서 고용명령이 합리성이 없더라도 실행가능하다면 사용자는 이를 이행하여야 한다는 판단도 있다. 즉, 고용심판소가 요리사를 해고한 것이 불공정해고라고 판단하면서 원직복직 명령을 하자 같은 날 다른 근로자들을 정원감축해고를 하고 정원감축에 따라 사업장에서 더 이상 요리 업무를 수행할 필요가 없기 때문에 해당 근로자를 계속 고용하는 것은 실행가능성이 없다고 주장한 사례에서 고용항소심판소는 사용자에게 고용심판소의 명령을 이행할 진정한 의사가 없었고 명령 이행에 필요한 적절한 조치를 전혀 취하지 아니한 점을 중시하면서 사용자의 항소를 기각하였다.[67]

고용심판소가 원직복직 명령을 할 때에는 ① 불공정해고기간 동안 근로자가 해고되지 아니하였더라면 사용자로부터 받을 수 있었으리라고 합리적으로 기대되는 모든 형태의 급여(benefit)를 금전으로 환산한 가액의 지급, ② 근로자에게 회복되어야 하는 각종 연금상의 권리를 포함한 모든 권리나 특권의 회복, ③ 해당 명령이 이행되어야

64) Trusler v Lummus Co. Ltd [1972] IRLR 35.
65) Langston v AUEW [1974] ICR 180.
66) Wood Group Heavy Industrial Turbines Ltd v Crossan [1998] IRLR 680.
67) Enessy Co. Sa v Minoprio [1978] IRLR 489.

하는 특정 일자도 동시에 명시하여야 한다(고용권법 제114조(2)). 나아가 해고기간중 고용계약상 근로조건의 유리한 향상이 있는 때에도 이를 해고된 근로자가 받을 수 있도록 조치를 취하여야 한다(고용권법 제114조(3)). 다만, 위와 같은 금전배상 명령을 병행할 때에는 사용자가 해고기간중 근로자에게 지급한 금전이 있거나 다른 사용자가 근로자에게 지급한 금전이 있을 때에는 그 사정을 적절히 고려하여 금전배상액을 감액하여야 한다(고용권법 제114조(4)).

V. 고용명령의 이행강제보상제도

사용자가, 고용심판소가 한 고용(reinstatement, re-engagement)에 관한 명령을 이행하지 아니하더라도 불이행 자체는 법정모독죄가 성립하지 아니하기 때문에 명령의 집행을 강제하기 위하여 일종의 징벌적인(exemplary or punitive) 이행강제보상(additional award)제도를 두고 있다.

먼저, 사용자가 고용에 관한 명령을 이행은 하였으나 고용심판소가 정한 구체적인 조건을 완전히 이행하지 아니한 때에는 뒤에서 설명할 금전 보상의 기준에서 정한 금액을 해고 근로자에게 지급하여야 한다(고용권법 제117조(1), (2)). 이때 금전 보상액은 24,908파운드를 상한으로 한다(고용권법 제124조(1)). 한편, 판결을 선고할 당시 근로자의 나이가 65세의 일반적인 정년에 도달하였을 때에는 4주의 임금에 해당하는 액수를 감액하여야 한다(고용권법 제117조(2A), 112(5), 98ZG). 또, 사용자가 의무이행을 불완전하게 한 것에 해고된 근로자의 방해가 있었던 사정이 인정되면 역시 위 보상금에서 감액을 하여야 한다(고용권법 제117조(8)).

다음, 사용자가 고용심판소의 명령을 전혀 이행하지 아니한 때에는 불공정해고에 관하여 금전배상을 구제수단으로 정할 때 지급되는 금액의 지급을 명령할 수 있고, 여기에 보태어 26주부터 52주치에 해당하는 임금액을 추가적인 보상액으로 지급을 명한다(고용권법 제117조 (3)). 추가적인 보상 명령에 대해서 사용자는 명령의 이행이 실행불가능하였다는 항변을 할 수 있으나(고용권법 제117조(4)) 단순히 해당 업무를 위하여 정규 근로자를 채용한 것만으로는 항변을 받아들이지 아니하고 앞서 언급한 정규 근로자를 채용할 당시 정규 근로자 이외의 자로 하여금 해고된 근로자가 담당하던 업무를 수행하도록 요구하는 것이 더 이상 합리적이지 아니하였다는 사정을 증명하여야 한다(고용권법 제117조(7)).

VI. 금전배상

금전배상은 1975년 고용보호법 이래로 기본배상(basic award)과 추가배상(compensatory award)으로 구성되어 있다(고용권법 제118조). 금전배상은 사용자의 불공정해고가 법적으로 승인할 수 없다는 점을 선언하며 나아가 해고된 근로자가 직업을 잃게 되면서 생기는 손실을 보전하는 기능을 수행한다.[68] 후자의 기능은 정원감축급여(redundancy payment)와 비슷한 기능이라고 할 수 있으며 실제로 금전배상의 계산 방식은 정원감축급여의 계산 방식(고용권법 제162조(2))과 매우 유사하다.

1. 기본배상

기본배상은 해고 근로자의 계속근로기간에 비례하여 상당한 금

---

68) Simon Honeyball, p191.

액(appropriate amount)을 지급하게 되는데, 상당한 금액은 근로자의
연령에 연동하여 계산한다. 즉, 해고 근로자의 나이가 41세 초과이면
1년의 계속근로기간에 대하여 1.5주의 임금을 지급하여야 하고, 22세
초과 41세 이하이면 1년의 계속근로기간에 대하여 1주의 임금을 지
급하며, 22세 이하인 때에는 1년이 계속근로기간에 대하여 0.5주의
임금을 지급한다(고용권법 제119조(2)). 다만, 계속근로기간이 20년을 초
과할 때에는 20년에 해당하는 기간에 대해서만 기본배상을 하고(고용
권법 제119조(3)) 한 주의 임금이 관련 규칙(oder)에서 정한 상한액을 넘
는 때에는 그 금액을 1주의 임금으로 계산한다.[69] 기본배상으로 계산
된 금액이 최저임금을 기준으로 계산한 금액을 하회할 때에는 최저임
금을 기준으로 계산한 금액을 기본배상금액으로 한다.[70]

한편, 특정한 사안의 경우에는 기본배상액의 하한을 규정하고 있
는데 예를 들어, 조합활동, 안전보건활동, 근로자대표 활동 등을 이유
로 한 해고는 5,970파운드를 기본배상의 하한으로 정하고 있다.[71] 그
외에 정원감축이 이루어진 경우 그것이 계약 갱신 혹은 재고용에 관
한 1996년 고용권법 제138조의 특칙에 따라 해고로 인정되지 아니하
거나 같은 법 제141조에 따라 정원감축급여의 수급권이 없는 경우에
해당하는 때에는 금전배상을 하더라도 2주의 임금으로 지급액이 제
한된다(고용권법 제121조).

기본배상은 일정한 사유가 있으면 감액을 하여야 한다(고용권법
제122조). 사용자가 고용심판소의 원직복직 명령에 따라 직무를 제공
하였으나 근로자가 불합리하게 이를 거절한 때에는 고용심판소는 정

---

69) 2017년 말을 기준으로 1주 임금의 상한은 489파운드이고, 기본배상의 상한은
   14,670파운드이다.
70) Paggetti v Cobb [2002] IRLR 861.
71) ERA 1996 제120조(1), (1C). 금전배상액의 세부는 매년 개정되는 The Employ-
   ment Rights (Increase of Limits) Order에 규정되어 있는데 이 책에서는 2017
   년 규칙을 사용하였다.

당하고 공평하다고(just and equitably) 인정하는 한도 내에서 기본배
상액을 감액한다. 또, 해고에 이르기까지 근로자가 보인 행태를 고려
하여 역시 고용심판소가 정당하고 공평하다고 인정하는 한도 내에서
기본배상액을 감액할 수 있다. 다만, 두 번째 감액 사유는 정원감축해
고의 경우에는 적용되지 아니하지만 이에 대해서도 다시 예외가 있
다. 그 외에도 해고가 합의에 의하여 정한 절차에 따라 이루어진 때에
도 기본배상의 감액이 가능하며, 해고 근로자가 정원감축급여를 지급
받은 일정한 경우에도 감액이 가능하다. 그러나 사용자가 호의로 지
급한 금액은 자동적으로 감액의 대상이 되지 아니한다는 것이 고용항
소심판소의 입장이다.[72]

2. 추가배상

가. 추가배상의 대상

추가배상은 사용자의 해고로 인하여 해고 근로자가 입었다고 인
정되는 손실 중 고용심판소가 정당하고 공평하다고 인정하는 금액이
다(고용권법 제123조(1)). 추가배상의 액은 근로자가 주장·증명해야 하지
만 배상의 모든 내역을 상세하게 증명할 필요는 없다. 추가배상에는
해고로 인하여 해고 근로자가 합리적인 범위 내에서 지출한 비용과
해고가 없었다면 해고 근로자가 합리적으로 수령을 예상할 수 있었던
모든 형태의 급여(benefit)가 포함된다(고용권법 제123조(2)).

배상에 포함되는 기본적인 손실로는 근로자에게 해고된 날로부터
판결 선고시까지 발생한 즉각적인 소득의 손실(immediate loss of
earnings)이 있다. 이때 그 사이 지급받은 구직수당은 고려하지 아니한다.

다음으로, 장래의 소득손실(future loss of earnings)이 배상의
대상이 된다. 일실소득은 근로자의 실업기간, 해고 후 새로 취업할 때

---

72) Chelsea Football & Athletic Club Co. Ltd v Health [1981] ICR 323.

의 임금 등 근로조건을 고려하여 결정하는데 일반적으로는 종전의 임금 수준과 새로운 임금 수준의 차액을 배상하며 일반적인 손해배상 사건(tort cases)에 사용되는 산식을 이용한다. 해고 근로자의 예상되는 실업기간을 결정할 때는 해고 근로자의 상태를 고려하는데 시력 등 건강상 장해가 있는 때나[73] 동료 근로자의 폭행으로 신체적 장해가 있는 때[74] 등 재취업이 어려운 사정이 인정되면 보다 많은 추가배상을 받게 된다. 이는 가해자는 피해자의 개인적 건강상태를 불문하고 실제 발생한 손해를 모두 배상하여야 한다(taking the victim as one finds him)는 보통법상 원칙에서 유래한 것이라고 한다.[75] 그 외에도 해고 근로자가 일반적인 정년보다 더 일할 수 있는 특별한 사정이 있을 때는 그 기간도 산정에 고려하여야 하는데 일반적인 정년인 60세를 초과하여 60세 6개월을 기준으로 추가배상을 산정한 예도 있다.[76] 추가배상은 근로자가 안정적인 고용관계에 들어설 때까지 발생하는 손해를 배상하는 것이므로 해고 근로자가 재취업을 하였으나 곧바로 직장을 잃은 경우에는 해당 기간을 모두 실업기간으로 산정하게 된다.[77] 다만, 판례에 따라서는 재취업기간 동안의 수입을 공제한 예도 있다.[78] 해고 근로자의 특별한 사정으로 인하여 배상기간이 제한되는 경우도 있는데 예를 들어, 해고 근로자의 직무수행능력이 현저히 떨어진다는 이유로 해고를 한 사안에서 사용자가 부여한 5주의 직무능력향상기간은 부족하며 6개월의 기간이 적정하다는 전제 아래 일실소득을 6개월분으로 제한한 바 있다.[79]

---

73) Fougére v Phoenix Motor Ltd [1976] ICR 495.
74) Brittains Arborfield Ltd v Van Uden [1977] ICR 211.
75) Simon Honeyball, p194.
76) Barrel Plating Co. Ltd v Danks [1976] ICR 503.
77) Fentiman v Fluid Engineering Priducts Ltd [1991] IRLR 150.
78) Ging v Ellward (Lancs) Ltd [1978] 13 ITR 265.
79) Evans v George Galloway & Co. Ltd [1974] IRLR 167.

해고로 인하여 근로자 잃게 된 후생복지급여(fringe benefit)도
추가배상의 내용이 된다. 여기에는 회사의 자동차 사용,[80] 무료 주택,
식사, 특별 여행 수당, 회사주식인수제도에 따른 급여[81] 등이 포함된다.
근로자가 구직을 위해 소요한 비용도 추가배상의 대상이 되며[82] 합리
적인 범위 내에서 인정되는 창업비용도 추가배상을 한다.[83] 그러나 해
고의 불공정을 다투는 데 소요된 법률비용은 배상의 대상이 아니다.

연금에 관한 권리도 추가배상의 대상이 되지만[84] 구체적인 권리
로 확정된 수급권이 아닌 때에는 공제가 따른다. 예를 들어, 일반적으
로 예상되지 아니하는 인사이동으로 근로자의 보직이 갑작스럽게 높
아져 이를 기준으로 하면 장래에 수급하게 될 연금의 액이 높아진다
고 인정되는 때에는 감액을 할 수 있다.[85] 해고 당시 32세인 근로자
의 연금수급권 상실에 대한 손실을 산정함에는 정년이 33년이 남았다
고 하더라도 그 사이 변할 수 있는 근로조건과 근로자가 사망할 가능
성 등을 고려하여 15년에 해당하는 손실만 인정한 예[86]가 있고, 평소
해고 근로자의 낮은 업무성과를 고려하여 통상적인 연금수급권의
70%만 인정한 예[87]도 있다. 그러나 조기수령연금(early pension)은
장래의 구체적 권리인 연금을 미리 당겨서 수급하는 것이므로 공제의
대상이 아니다.[88]

법령상 고용보호 제외규정의 적용으로 인하여 해고 근로자가 입
는 손실도 추가배상의 대상이 되는데 구체적으로는 고용심판소에 불

---

80) Mohar v Granitstone Galloway Ltd [1974] ICR 273.
81) Bradshaw v Rugby Portland Cement Co. Ltd [1972] IRLR 46.
82) CWA v Squirrell [1974] 9 ITR 191.
83) Scottish Co-operative Wholesale Society Ltd v Lloyd [1973] ICR 137.
84) Aegon UK Corp Services Ltd v Roberts [2009] IRLR 1042.
85) Manpower Ltd v Hearne [1983] ICR 567.
86) Powrmatic v Bull [1977] ICR 469.
87) TBA Industrial Products Ltd v Locke [1984] ICR 228.
88) Knapton v ECC Card Clothing Ltd [2006] IRLR 756.

공정해고의 당부를 다투는 소를 제기하기 위해서는 2년의 계속적인 고용이 요구되기 때문에 일단 해고가 되면 근로자는 새로운 사용자와 2년간의 근로를 지속하여야 이후 다른 해고 분쟁에서 불공정해고제도를 이용할 수 있다. 따라서 근로자는 해고가 되면 다시 2년의 계속 근로기간 요건을 충족하여야 하는 부담을 지게 되는데 추가배상에는 이에 따른 손해가 포함된다.

추가배상은 경제적인 손실만을 배상하며 위자료는 포함하지 아니한다.[89] 고용심판소가 추상배상액을 산정할 때에는 손해배상 사건처럼 각 손해의 항목을 구체적으로 정밀하게 계산할 필요가 없으며,[90] 사건의 전체적인 사정을 종합적으로 고려한다. 고용항소심판소는 고용심판소의 금전배상액에 관한 판단이 합리적인 법원이라면 도저히 도달할 수 없는 위법한 결론(perverse)이 아닌 한 이를 존중한다.[91]

나. 추가배상의 공제와 감액

추가배상액이 지나치게 커지는 것을 방지하기 위하여 추가배상에는 정원감축해고시 근로자가 받을 수 있었던 각종 금원이 포함된 것으로 간주하고, 당해 해고로 인하여 근로자가 사용자에게 요구할 수 있는 금원 중 기본배상을 초과하는 금원에 관련된 손실도 추가배상으로 지급된 것으로 간주하며(고용권법 제123조(3)) 아울러 정원감축해고로 인하여 근로자가 사용자로부터 받은 임금 등은 추가배상에서 공제하게 된다(고용권법 제123조(7)). 해고예고에 갈음하여 지급하던 해고예고수당에 관해서는 한 때 공제의 대상이 되지 아니한다고 판단한 바 있으나 지금은 금전배상의 취지는 어디까지나 해고로 근로자 입는

89) Norton Tool Co. Ltd v Tewson [1972] IRLR 86; Dunnachie v Kingston-upon-Hull City Council [2004] IRLR 727.
90) Courtaulds Northern Spinning Ltd v Moosa [1984] ICR 218.
91) Manpower Ltd v Hearne [1983] ICR 567.

실질적인 경제적 손실을 배상하는 것이므로 공제의 대상으로 삼고 있다.[92] 비슷한 취지로 해고 근로자가 해고예고기간 동안 다른 곳에 재취업한 때에는 해당 기간과 중첩되는 기간 동안 근로자가 임금으로 받은 금원은 모두 공제한다.[93] 나아가 사용자가 정원감축해고를 하면서 근로자에게 지급한 해고예고수당 704파운드의 공제가 문제된 사안에서 항소법원은 고용항소심판소의 견해와 달리 공제를 하여야 한다는 입장을 보였고,[94] 해고예고수당뿐만 아니라 호의적(ex gratia) 금원도 공제한다는 입장도 있으며.[95] 장애급여(incapacity benefit)도 공제의 대상으로 본다.[96] 그러나 사회보장수급권으로서 실업중인 근로자에게 지급되는 구직수당(jobseeker's allowance)은 공제대상이 아니며, 만일 해고가 불공정한 것으로 확정되면 국가는 해당 사용자에게 구상권을 행사한다.[97] 연금과 세금도 공제대상이 아니다. 한편, 해고가 차별에 해당하면 고용심판소는, 차별 혹은 불공정해고 중 어느 하나에 따른 금전배상이 이미 이루어진 때에는 해당 부분에 대한 금전배상은 다른 이유에 따른 금전배상액을 정할 때 중복되지 아니하도록 하여야 한다(고용권법 제126조).

한편, 추가배상을 산정하면서 근로자가 손실을 줄이기 위한 노력을 게을리한 때에는 보통법의 법리에 따라 추가배상의 감액을 할 수 있으며 아울러 고용심판소는 해고에 이르게 된 경위를 살펴 해고 근로자가 기여한 바를 비례적으로 고려하여 정당하고 공평하다고 판단되는 한도 안에서 추가배상을 감액할 수 있게 하고 있다(고용권법 제123조(4), (6)). 흔히 근로자의 기여과실(contributory negligence)이라고 표

92) Tradewinds Airways Ltd v Fletcher [1981] IRLR 272.
93) Peters Ltd v Bell [2009] IRLR 941.
94) FATA Ltd v Addison [1987] ICR 805.
95) Horizon Holidays Ltd v Grassi [1987] ICR 851.
96) Morgans v Alpha Plus Security Ltd [2005] IRLR 234.
97) Simon Honeyball, p193.

현된다.[98] 근로자의 과실은 사용자가 증명하여야 하지만[99] 근로자의 과실은 범죄, 계약의 위반, 불법행위에 이를 필요는 없다. 이에 따라 근로자의 개인적 범죄행위로 18개월 징역형을 선고받아 근로를 제공할 수 없는 사안에 대해서 계약목적의 달성 불능(frustration)에 해당하지는 아니하지만 해고에 이르기까지 3분의 2에 해당하는 근로자의 과실이 인정된다고 보았다.[100] 근로자의 기여과실과 해고 사이에는 인과관계가 인정되어야 하므로 노동조합의 집회에 참석하기 위하여 허위로 병가를 신청한 근로자를 해고한 사안에서 인과관계를 인정하였지만[101] 단순히 파업에 참여하였다는 사정만으로는 감액의 사유가 되지 아니하고 구체적인 근로자의 행동이 증명되어야 한다고 보았다.[102] 그러므로 해고 이후의 근로자의 행태를 이유로 감액을 할 수 없다.[103] 사용자에게 고용계약을 해지하게 된 원인이 있는 의제해고의 경우에는 감액이 일반적으로 인정되지 아니하지만 근로자의 미숙한 업무능력을 이유로 시간외근로수당의 지급을 사용자가 유예하자 고용관계를 종료하며 의제해고를 주장한 사안에서는 근로자의 과실 비율을 3분의 2로 인정한 예외도 있다.[104]

다. 추가배상의 상한과 적용제외

추가배상에도 기본배상과 같이 상한 규정을 두어 추가배상은 80,541파운드를 넘지 못하도록 하되(고용권법 제124조(1)) 해고 사유가 산업안전보건위원회의 활동이나 노동조합의 대표자 활동 등 법령에 규정된 사유에 해당하는 때에는 상한 규정을 적용하지 아니한다(고용

---

98) Devis & Sons Ltd v Atkins [1977] AC 931.
99) Maris v Rotherham Corporation [1974] ICR 435
100) Nelson v BBC (No. 2) [1979] ICR 649
101) Hutchinson v Enfield Rolling Mills Ltd [1981] IRLR 318.
102) Crosville Wales Ltd v Tracey (No. 2) [1997] IRLR 691.
103) Soros v Davison [1994] IRLR 264.
104) Polentarutti v Autokraft Ltd [1991] IRLR 457

권법 제124조(1A)). 배상 한상 규정은 최종 배상액에 대하여 적용되는 것이므로 공제나 감액에 관한 규정이 적용될 때에는 공제 혹은 감액을 한 후 결정된 금액에 관하여 상한을 초과하는 지를 검토하게 된다.[105]

나아가 정의와 공평의 견지에서 해고 근로자에게 추가배상을 할 필요가 없다고 판단되는 때에는 추가배상을 하지 아니하여도 된다는 것이 고용심판소의 입장인데 예를 들어 해고를 위한 적법한 절차를 모두 거쳤다고 하더라도 해고가 불가피하고 근로자가 해고 즉시 보다 좋은 근로조건의 직장에 취직한 경우에는 추가배상이 고려되지 아니한다.[106] 판례 중에는 징계절차의 하자가 문제된 사안에서 26년을 장기 근속한 근로자라고 하더라도 회사가 고객을 잃게 할 위험에 빠뜨린 사유가 있고, 절차를 모두 거쳤더라도 해고를 할 수 있었다는 판단이 선다면 고용심판소는 불공정해고로 판단하면서도 배상을 하지 아니할 수 있다는 것이 있다.[107]

제3절 정원감축급여 및 사용자 도산과 구제

불공정한 정원감축해고는 본질적으로 불공정해고의 하나이기 때문에 구제수단도 불공정해고의 구제수단과 동일하다. 다만, 일반적인 불공정해고와 비교하여 사용자가 협의 요건을 위반한 때에는 해고의 효력을 인정하는지 여부와 관계없이 제정법이 규정한 보호배상금을 지급하여야 한다는 추가적인 구제절차가 있다. 따라서 아래에서는 정원감축급여와 구제절차에 대하여 살펴보고자 한다.

---

105) Walter Braund (London) Ltd v Murray [1991] IRLR 100.
106) Simon Honeyball, p192.
107) Chaplin v H. J. Rawlinson Ltd [1991] ICR 553.

Ⅰ. 정원감축급여 관련 구제절차

정원감축급여와 관련하여 고용심판소가 제공하는 구제수단은 크게 두 가지가 있다. 하나는 정원감축급여청구권이 있는지, 있다면 그 금액이 얼마인지에 관하여 사용자와 다툼이 있는 경우 근로자가 고용심판소에 질의회신을 하는 것이다. 사전적 구제수단이라고 표현할 수 있는데 고용심판소는 수당청구권의 자격 여부와 구체적인 금액을 특정하여 사용자에게 지급을 명할 수 있다(고용권법 제163조). 다른 하나는 소송을 통하여 권리를 행사하는 것인데 근로자는 해고의 효력발생일로부터 6개월 내에 고용심판소에 정원감축급여의 지급을 구하는 소송을 제기하는 것이다. 제소기간과 관련하여 근로자가 6개월의 기간을 준수하지 못한 정당한 사유를 증명한 때에는 고용심판소는 여러 가지 사정을 고려하여 제소기간을 6개월 더 연장할 수 있다(고용권법 제164조).

Ⅱ. 사용자 도산과 구제절차

사용자가 도산하는 경우에는 도산의 형태에 따라서 근로자의 정원감축급여의 지급 주체가 달라진다. 사용자가 청산되지 아니한 형태의 재건형 도산이라고 할 수 있는 재산보전관리제도의 재산수탁관리자는 종전의 사용자가 부담하는 고용관계상 의무를 부담하기 때문에 정원감축급여의 지급의무를 부담하는 주체가 된다. 다만, 1994년 도산법(Insolvency Act)이 법 개정을 통해 재산수탁관리자의 책임 부담 범위를 임금과 직업연금에 대한 기여금으로 제한하면서 불공정해고에 따른 책임부담은 제외하였다.

사용자가 청산형 도산을 한 때에는 사용자의 재산으로부터 정원
감축급여채권을 충당하게 되는데 이 경우 정원감축급여채권은 근로
자의 보수(remuneration)채권에 포함된다. 배당절차에서 근로자는 조
세채권과 동순위인 1순위 채권자로 참여하며 최대 4개월분의 보수와
휴일수당(holiday pay)을 안분비례로 배당받는다.

근로자가 사용자의 도산으로 정원감축급여를 받지 못한 때에는
국민보험(Nation Insurance Fund)으로부터 직접 체당금의 형태로 해
당 수당을 지급받을 수 있다(고용권법 제182조). 한편, 체당금을 지급한
국민보험은 사용자에게 구상권을 행사한다(고용권법 제166조~제170조).

제4절 차별적 해고의 구제

차별행위에 대한 구제수단을 차별행위의 전후로 나누면 사전적
구제수단으로서 사용자의 적극적 개선조치와 사후적 구제수단으로
고용심판소을 통한 구제와 평등·인권위원회를 통한 구제로 구별할
수 있다. 그런데 주로 취업에 있어 성적 불균형을 차별로 보고 이를
지정하려는 사용자의 적극적 개선조치(평등법 제158조, 제159조)는 고용
관계의 종료를 본질로 하는 해고의 구제수단으로는 크게 논의할 실익
이 없고 그 내용도 사용자가 2010년 평등법에서 보호하는 인적 속성
을 가진 자들에게 일정한 우대조치를 할 수 있다는 것이어서 여기서
는 자세히 논하지 아니한다. 따라서 이하에서는 고용심판소와 평등·
인권위원회를 중심으로 구제수단을 논하기로 하되 먼저 소송상 구제
를 지원하기 위하여 도입된 증명책임과 증거수집의 특례를 다루고 나
머지의 것을 차례대로 언급하고자 한다.

Ⅰ. 증명책임과 증거수집의 특례

1. 증명책임의 완화

차별적 해고를 주장하는 근로자는 일반적으로 차별이라는 법적 판단을 받기 위하여 차별을 받았다는 사실을 증명하여야 한다. 그러나 사용자가 차별 사실을 직접 인정하지 아니하는 한 차별의 사실을 직접적으로 증명하는 것은 사실상 불가능하고 이에 따라 현실적으로는 차별 사실은 차별을 추단케 하는 간접사실의 증명으로 인정할 수밖에 없다. 그러나 차별금지법제가 시행된 초기에는 이러한 간접사실의 증명을 통한 차별의 증명이 일반화되지 아니하였고 이에 따라 불공정해고의 증명보다 차별의 증명이 더 까다로웠다. 이는 차별을 주장하는 소송에서 근로자가 승소하는 비율이 상대적으로 낮게 나타나는 결과를 가져왔다.[108]

차별의 증명 방식에 대해서는 King v The Great Britain-China Centre 사건[109]이 이를 잘 보여주고 있다. 원고인 King은 중국계 여성으로 중국에서 태어나 중국어를 구사할 수 있었으며 교육은 모두 영국에서 받은 사람이었는데 대영제국-중국 센터에서 전무이사를 모집하는 공고를 보고 위 센터에 입사지원을 하였다. 한편, 원고는 모집에 응하기 전 3개월 동안 중국의 대학, 학교, 각종 연구기관을 방문하면서 관련 경험을 쌓기도 하였다. 그러나 센터에서는 원고에게 인터뷰 기회조차 주지 아니하였고 이에 원고는 센터의 위와 같은 행동은 1976년 인종관계법이 정한 인종차별에 해당한다고 주장하며 노동심판소에 소를 제기하였다. 소송과정에서 원고는 차별을 인정할 수 있는 간접사실로 ① 사용자가 모집 공고상에 없었던 중국에 관한 지식

---

108) Simon Honeyball, p270.
109) [1991] IRLR 513.

과 경험을 요구하면서 적어도 1년간 중국에서 일했어야 한다는 조건
을 구두로 제시한 점, ② 중국계 지원자 5인 모두에 대하여 아무도 인
터뷰를 하지 아니한 점, ③ 원고가 모집 공고상 요구하였던 자격요건
을 모두 충족하고 있었던 점, ④ 종전부터 센터에는 중국계 근로자가
근무한 적이 없었다는 점을 증명하였다. 이를 바탕으로 노동심판소는
센터가 원고에 대하여 채용에 있어 인종을 이유로 한 차별을 한 것이
라고 판단하였다. 이에 대하여 피고 센터가 고용항소심판소에 항소를
하자 항소심 법원은, 노동심판소가 차별 판단에 있어 차별이 존재한
다는 사실을 근로자가 증명하도록 하지 아니하고 차별이 존재하지 아
니한다는 사실을 사용자에게 증명하도록 요구하는 것은 차별 판단에
있어 증명책임에 관한 법리를 위반한 것이고 따라서 이를 다시 심리
하기 위하여 사건을 노동심판소에 환송하였다. 이에 대하여 원고는
항소법원에 2심의 환송 판단이 위법이라고 주장하였는데 항소법원은
기존의 차별 관련 판례를 종합하면서 다음과 같은 증명에 관한 기본
법리를 제시하였다.[110] ① 원칙적으로 차별의 사실을 증명하여야 하
는 당사자는 원고이다, ② 차별의 직접적 증거를 찾는 것은 매우 이례
적이고 이를 자백하는 사용자는 거의 없으며 일부 사례에서는 의도적
이지 아니하지만 차별이 업무적격성에 대한 잘못된 가정에서 비롯되
기도 한다, ③ 따라서 차별의 판단은 심판소가 인정한 주요사실로부
터 사실상 추정되는 것이다, ④ 일부 사례에서는 확실히 인종에 근거
한 것은 아니었지만 결과적으로는 특정 인종이 선발되지 아니한 예가
있고, 선발에 있어 인종상 차이가 있다는 것은 종종 인종차별을 인정
할 가능성이 있다는 것이며, 이때 심판소는 사용자에게 차이에 대한
설명을 요구하고 만일 사용자의 설명이 없거나 불충분한 때에는 인종
에 근거한 차별이 존재한다는 것을 추정할 수 있다. 이러한 원칙을 바

---

110) Lord Justice Neill, [1991] IRLR 513, para36.

탕으로 이 사건에서 1심 노동심판소의 판단은 증명책임에 관한 법리를 위반한 사실이 없다고 보아 원고의 재항소를 인용하였다.

위와 같은 증명책임의 완화 해석은 유럽연합의 1997년 증명책임에 관한 입법지침[111]에 의하여 더욱 확고하게 자리잡게 되었다. 위 입법지침 제4조는 성차별 사건의 증명책임에 관하여 규정하면서 간접 혹은 직접차별을 추단할 수 있는 사실을 인정할 수 있는 때에는 사용자가 불리한 대우 금지 원칙을 위반하지 아니하였다는 점을 증명하여야 한다고 규정하고 있는데 이는 한국 민사소송법에서 '일응의 추정' 혹은 표현증명으로 불리는 증명책임에 관한 이론[112]을 채택한 것으로 볼 수 있다. 입법지침의 위 내용은 1975년 성차별금지법을 개정하면서 채택이 되었고 지금은 2010년 평등법 제136조에 그 내용이 반영되었다. 2010년 평등법은 "법원이 그 밖에 다른 설명이 존재하지 아니하여, 어떤 사실로부터 A가 관련 조항을 위반하였다는 점을 인정할 수 있는 경우에 법원은 위반사실이 있다고 반드시 판단하여야 한다. 다만, A가 해당 조항을 위반하지 아니하였다는 점을 증명하면 그러하지 아니하다"고 규정하고 있다(제136조(2), (3)).

2010년 평등법의 증명책임에 관한 입법에 대해서는 종전의 증명책임은 원고인 근로자가 차별을 일응 추정할 수 있는 간접사실을 증명(prove)하여야 할 것을 전제하였던 반면 새로운 입법은 일응의 추정이 가능한 사실을 제시(adduce)하는 정도의 증명만을 요구하기 때문에 근로자의 증명책임이 완화되었다는 평가가 있다.[113] 그러나 법원의 증명책임의 완화에 대하여 차별 사실을 부인하는 것 외에는 달

---

111) Council Directive 97/80/EC of 15 December 1997 on the burden of proof in cases of discrimination based on sex.
112) 관련 이론에 관해서는 이시윤, 「신민사소송법」, 박영사, 2012, 508쪽~511쪽; 정동윤/유병현, 「민사소송법」, 법문사, 2009, 513쪽~516쪽 참조.
113) Simon Deakin/Gillian S Morris, p682.

리 증명할 방법이 없는 사용자에게 불리한 결론을 전가하는 잘못된 해석론이라는 비판이 있다.[114] 이 견해는 남성 견습공을 교육적 목적을 이유로 막대기로 때리고 귀에 클립을 다는 등의 가해행위를 한 것이 성차별이 되는지가 쟁점이 된 사건[115]을 예로 들고 있다. 이 사건에서 고용심판소는 원고의 주장사실을 인정하면서도 이는 자제를 못하는 사용자의 급한 성격에 기인한 행동이지 차별적 행위는 아니라고 판단한 반면, 고용항소심판소는 같은 사실인정을 하면서도 견습공이 여성이라면 그러한 가해행위를 하지 아니하였을 것이라고 보아 결론적으로 성차별을 인정하였다. 그러나 해당 절차에서 클립을 귀에 다는 행위 이외의 가해행위를 모두 부인한 사용자로서는 나머지 행위사실을 부인하는 것 외에는 달리 차별적 행위를 하지 아니하였다는 점을 증명할 방법이 없고 따라서 위와 같은 판단 방식에 의하면 차별적 행위를 부인하는 사용자는 항상 불리한 결론에 이른다는 것이다.

2010년 평등법이 시행되고 나서 증명책임에 관한 해당 조항을 적용한 상급심 사건이 축적되지 아니한 상태에서 위 규정을 법원이 어떻게 해석할 것인가는 조금 더 지켜 보아야 할 문제라고 생각된다. 비판론이 언급한 사례는 증명책임의 문제로 접근할 수도 있지만 해당 사용자가 여성 견습공에게도 교육적 목적으로 같은 징벌적 행위를 할 수도 있다는 취지의 주장과 증명이 필요한, 일반적인 주장과 증명활동의 정도 문제로 풀이할 수도 있다.

2. 증거수집의 지원

증명책임을 완화하는 방법에는 앞에서 언급한 간접사실의 증명

---

114) Naomi Cunningham, "Discrimination Through the Looking-Glass: Judicial Guidelines on the Burden of Proof", (2006) 35 *ILJ* 279.
115) Riley v Nick Base t/a GL1 Heating(EAT/0092/05/ZT).

방식도 있으나 다른 한편, 근로자가 사용자에 대하여 차별에 관한 질의를 하고 그 회시를 바탕으로 주장·증명을 할 수 있도록 하는 방식도 있다. 이에 따라 사용자가 근로자의 질의에 대하여 적절한 설명을 하지 못한 때에는 차별을 추정할 수도 있는데 앞에서 언급한 King v The Great Britain-China Centre 사건에서도 사용자는 근로자의 질문에 대하여 적절한 답변을 하지 못했고 이것이 차별을 인정하는 중요한 증거가 되었다.

이런 방식은 2010년 평등법에도 그대로 도입되었다. 즉, 차별을 주장하는 근로자가 사용자에게 요구하는 질의 또는 이에 대한 사용자의 회시를 증거로 삼을 수 있도록 규정하면서 만일, 질의를 한 날로부터 8주 이내에 사용자가 근로자의 질의에 대한 회시를 하지 아니하거나 그 내용이 회피적이거나 모호한 때에는 차별 사실을 추정할 수 있다고 규정하고 있다(제138조(3), (4)). 나아가 2010년 평등법(정보 회득) 규칙 2010(The Equality Act 2010 (Obtaining Information) Order 2010)은 재판절차 중 질의회시의 형식과 송달 방식에 관하여 자세히 규정하고 있는데 이 규칙에 따르면 근로자는 차별행위에 대하여 책임이 있다고 생각되는 자에게 질의를 할 수 있다. 이와 같이 근로자의 질의 내용 자체를 차별 판단의 증거로 삼게 되면 차별을 인정할 수 있는 개개의 간접사실을 보다 쉽게 증명할 수 있게 되고 아울러 차별이 아님을 주장하는 사용자의 증거를 탄핵할 수 있는 중요한 자료가 된다. 그 결과 차별 추정을 받을 수 있는 가능성도 높아지게 된다.

한편, 2010년 입법 전에는 근로자의 질의에 대한 대답에 지나치게 많은 비용이 소요되는 경우에는 회시를 하지 아니할 수 있는 정당화 사유가 인정되었으나[116] 2010년 입법에서는 이를 채용하고 있지

---

116) D'silva v NATFHE [2008] IRLR 412.

아니하고 대신 질의에 대한 회신이 형사절차에 일정한 영향을 미치는
경우나 장관의 명령으로 회시의 내용이 정해지거나 회시를 아니 한
때에는 증거로 삼을 수 없도록 하고 있다(제138조(5)). 아울러 2010년
평등법(정보 회득) 규칙은 국가의 안전보장을 이유로 회시를 거부하
거나 회피할 수 있다고 하여 추가적인 거부 사유를 규정하고 있다.

차별 소송에서 원고측은 차별 사실의 증명을 위해서 사용자에게
회사 근로자들의 신상정보를 요구할 필요가 있는데 예를 들어, 성차
별이나 인종차별을 주장하는 사건에서 성이나 인종적 비율을 명확하
게 판단하기 위해서 전체 근로자들의 인사 관련 자료를 요구하는 경
우 등이다.[117] 이에 관한 선구적인 사례가 Science Research Council
v Nassé: Leyland Cars Ltd v Vyas 사건[118]이다. 이 사건에서 원고
근로자 Nassé는 승진을 예상하고 있었는데 본인의 예상과 달리 본인
보다 업무능력이 떨어진다고 생각되는 남성과 미혼의 여성이 승진 대
상자로 인터뷰를 하였고 원고 본인은 인터뷰 대상에서 제외되었다.
이에 이러한 회사의 조치는 성차별에 해당한다고 주장하며 노동심판
소에 소를 제기하였다. 한편, 병합된 다른 사건의 원고인 Vyas는 회
사에 대하여 다른 지점으로 전보를 신청하였는데 같이 신청을 한 백
인 2인은 전보신청에 관하여 인터뷰를 한 반면, 원고에게는 인터뷰의

---

117) 판례상 성차별 혹은 인종차별을 판단하는 데에는 성 혹은 인종적 분포라는 통
계적 증거가 널리 사용되어 왔었다. 대표적인 사례로는 West Midlands Passenger
Transport Executive v Singh 사건([1988] ICR 614)이다. 이 사건은 시니어 인
스펙터로 승진을 거부당한 유색인종인 원고가 사용자의 인종차별을 주장하면
서 해당 직역에 종사하는 백인과 비 백인의 비율 공개를 요구한 것인데, 고용항
소심판소는 해당 정보는 인종차별을 추정할 수 있는 중요한 증거가 되므로 원
고의 신청은 정당하다고 판단하였고, 이를 바탕으로 제출된 증거상 특정 직역에
종사하는 근로자의 인종적 비율이 균형적이지 아니할 때에는 일응 인종차별이
존재한다는 추정을 할 수 있고 이에 대해 사용자가 충분한 설명을 하지 못한 때
에는 원고가 인종을 근거로 불리한 대우를 받았다고 추정하는 것이 합리적이라
고 판단하였다.
118) [1979] IRLR 465.

기회가 주어지지 아니하였다. 이에 원고 Vyas는 인종차별을 이유로 노동심판소에 소를 제기하였다. 두 원고는 소송절차중 회사에 대하여 인터뷰를 할 수 있었던 다른 근로자들의 인사기록 제출을 요구하였는데 여기에는 해당 근로자들에 대한 업무기록, 인사평가 등이 자세히 기록되어 있었다. 이에 대하여 사용자는 해당 기록의 공개는 개인의 신상정보를 침해한다는 주장을 하였는데 고용항소심판소가 인사기록의 공개를 명령하자 사용자측이 항소법원에 항소를 하였다. 항소법원은 사용자가 이미 차별을 판단하기 위하여 필요한 자료를 충분히 제출한 상태이므로 별도로 개인의 인사기록을 제출할 필요성이 없다고 보았고, 귀족원 역시 증거수집의 필요성과 개인 정보의 보호라는 두 가지 이익을 균형 있게 형량하여야 한다는 원칙을 제시하면서 원심과 동일한 결론을 내렸다. 이후 고용심판소는 위와 같은 이익형량의 원칙에 따라 관련 사건을 판단하면서 인종차별을 이유로 공무원이 될 수 없었다고 주장한 사건에서 해당 업무에 임용 신청을 낸 1,600인의 지원자 중 특히 최종 면접 대상이 된 78명의 지원신청서는 공개할 필요가 있다고 판단하기도 하였고,[119] 승진에서 차별을 주장한 사건에서는 해당 업무로의 승진에 있어서 원고가 계속적인 차별이 있었다고 주장하는 15년간 승진심사에서 탈락한 사람들의 신청서를 공개하여야 한다는 판단을 하기도 하였다.[120]

　　한편, 실무적으로는 관련 문서의 공개를 명령하면서 기밀 사항에 대해서는 해당 부분을 가리고 공개하는 것을 허용하며, 경우에 따라는 비공개로 재판을 진행하기도 한다.[121]

---

119) Perera v Civil Service Commission [1983] IRLR 166.
120) Selvarajan v ILEA [1980] IRLR 313.
121) Simon Honeyball, p271.

Ⅱ. 개인적 권리구제

차별적 해고를 비롯한 차별행위에 대한 개인적 권리 구제는 주
로 고용심판소에 의하여 이루어지는데(평등법 제120조) 고용심판소에
대한 소제기는 차별이 있은 날로부터 3개월 이내에 하여야 한다. 다
만, 고용심판소가 상당하다고 인정하는 때에는 위 제소기간보다 더
긴 기간을 인정할 수 있다(평등법 제123조(1)). 차별행위에 대한 구제를
위한 제소기간의 운영은 1996년 고용권법에서 정한 제소기간의 운영
방식보다 유연하다는 평가를 받고 있는데[122] 특히 계속되는 차별
(continuing discrimination)에 해당하는 경우에는 특정 기간을 넘는
행위로 보아서 해당 기간의 종료일로부터 3개월 이내에 제소를 하면
전체 차별행위에 대한 구제를 받을 수 있다(평등법 제123조(3)).

1. 고용심판소의 권리선언판결과 시정권고

먼저, 고용심판소는 구제절차에서 문제가 된 사항과 관련하여 원
고 또는 피고의 권리의 존재를 확인하는 선언(declaration)을 할 수
있는데(평등법 제124조(1)(a)) 이를 통해 원고 등은 법원이 제시한 적법
한 행위의 준칙에 따라 사용자인 피고 등이 행동할 것을 요구할 수
있고 이를 위반한 피고의 해고 등 차별행위는 이후의 구제절차에서
위법한 것이 될 가능성이 매우 높다.

한편, 고용심판소는 차별적 해고에 대하여 사용자에게 적절한 형
태의 시정권고(recommendation)를 할 수 있다(평등법 제124조(1)(c)). 시
정권고는 사용자에게 일정한 기한을 정하여 주고 절차에서 문제가 되
었던 차별적 행위의 부작용을 제거 혹은 완화할 수 있는 조치의 이행

122) Simon Deakin/Gillian S Morris, p684.

을 요구하는 것인데 만일 사용자가 합리적인 이유 없이 고용심판소의 시정권고를 이행하지 아니하면 고용심판소는 사용자에게 근로자에 대한 금전배상 명령을 할 수도 있고, 이미 금전배상 명령과 함께 시정권고가 이루어진 때에는 금전배상액의 증액을 명령할 수도 있다(평등법 제124조(7)).

2010년 평등법 이전에는 사용자가 이행하여야 하는 시정권고의 대상이 원고 근로자에만 한정되었는데 새로운 법률 아래에서는 원고 근로자 이외에 그 밖의 다른 사람에게도 필요하다고 인정이 되면 그에 대한 시정권고도 이행하여야 한다. 종전 판례에 나타난 시정권고에 관한 해석은 다소 엄격하다는 비판을 받고 있는데 예를 들어 인종적 이유로 특정 업무에서 배제된 사례에서 해당 업무의 자리가 빌 경우 원고 근로자를 우선 임명하라는 취지의 시정권고는 해당 업무에 접근할 다른 근로자의 권리를 침해하기 때문에 위법하다는 판단을 한 사례[123]가 있으며, 차별적 승진 배제를 인정하면서 해당 업무의 자리가 빌 경우 원고 근로자를 우선 승진하라는 취지의 시정명령에 대해서도 해당 명령이 법률이 규정한 '일정한 기간' 안에 이행될 수 있는지가 불분명하다는 이유로 취소된 사례[124]도 있다. 위와 같은 법원의 해석론은 적극적인 형태의 시정권고를 할 수 있는 재량을 제한한다는 의미에서 비판의 여지가 있는데 2010년 평등법에 시정권고의 유형에 관한 새로운 사항이 규정된 바 없기 때문에 향후 법원이 입장을 선회하여 임용, 승진 등 특정한 작위를 요구하는 형태의 시정권고를 수용할지 지켜보아야 할 필요가 있다.

---

123) Noone v North West Thames Regional Health Authority (No. 2) [1998] IRLR 530.
124) British Gas plc v Sharma [1991] IRLR 101.

2. 금전배상

앞서 살펴본 바와 같이 차별적 해고 등 부당한 차별행위를 당한 당사자는 권리의 확인이나 시정권고 등을 통하여 권리구제를 받을 수 있으나 그 실효성에 있어서는 다소의 의문이 있다. 이 때문에 권리구제의 실제에 있어서는 금전배상이 가장 전형적인 수단이라고 말할 수 있다. 이는 부당해고에 대하여 원상회복으로서 복직을 전제하는 한국의 해고구제시스템과 비교할 때, 구제방식에서 영국의 법제가 보여주는 큰 특징이라고 말할 수 있는데 이러한 차이는 이미 불공정해고의 구제수단을 검토하면서 살펴본 바 있다.

고용심판소는 원고 승소 판결시 사용자가 원고에게 금전배상을 하도록 명령할 수 있다(평등법 제124조(2)(b)). 다만, 차별의 행태가 간접차별이면서 해당 차별행위가 원고 근로자에 대한 차별적 의도를 가지고 해당 규정, 기준 혹은 관행이 적용된 것이 아니라면 금전배상 명령을 하기 이전에 권리확인 판결 혹은 시정권고를 먼저 고려하여야 한다(평등법 제124조(4), (5)). 따라서 직접차별에 대해서는 금전배상이 우선적 구제수단이 되고, 간접차별에서는 보충적 구제수단이 된다고 설명할 수 있으나 고용심판소가 권리확인 판결 혹은 시정권고를 고려하여야 한다는 것이지 먼저 해당 재판을 반드시 하여야 하는 것은 아니므로 간접차별에서도 여전히 금전배상이 차별적 해고의 주된 구제수단이라고 말할 수 있다.

금전배상에 있어서 차별적 해고는 제정법상의 불법행위로 취급하기 때문에 차별적 해고에 대한 구제수단인 금전배상(추가배상)의 액은 불법행위 책임이 인정될 경우 원고가 지급받을 수 있는 금액과 동일한 형태로 산정한다(평등법 제124조(6), 제119조).[125] 따라서 금전배

---

125) 종전의 관행에 따라 임신한 여군을 해고한 국방부의 해고가 차별적 해고에 해당하며 이때 산정되는 금전배상은 계약책임에 근거한 것이 아니라 불법행위 책

상액을 산정하는 일반적인 원칙에 따라 차별적 해고가 존재하지 아니하였다면 원고 근로자가 받았으리라고 인정되는 손해액 전체가 금전배상액에 포함된다. 여기에는 우선 해고로 인하여 지급받지 못한 해고기간 동안의 임금상당액의 손해가 포함되며 고용관계의 중단에 따라 연금수급에서 발행하는 손해도 포함된다. 또한, 금전배상에는 위자료가 포함될 수 있는데 금전배상에 위자료를 포함시키는 것은 불공정해고에 대한 금전배상에는 위자료를 포함할 수 없다는 판례의 확고한 태도와 큰 차이가 있다. 또, 원고 근로자의 기여과실을 이유로 한 배상액의 감액도 인정되지 아니한다는 점에서도 불공정해고에 대한 금전배상 제도와 차이가 있다. 금전배상은 원고 근로자가 해고를 당하지 아니하였더라면 지출하였을 금액도 고려하여야 하기에 때문에 이에 따른 공제도 따른다.

임금상당액이나 연금 등의 손해액은 근로자의 개별적인 고용계약의 내용에 따라 정해지는 사항이기 때문에 그 금액산정방식에 대한 일반적인 원리를 논할 실익이 그다지 없지만, 위자료의 정도, 가중적 손해배상(aggravated damages)[126] 혹은 징벌적 손해배상(exemplary or punitive damages)에 관한 판단이 개별 사건에서 이루어지고 있다.

위자료의 액수는 개별 사건의 내용에 따라 법관의 자유재량으로 정하는 것이기 때문에 일반적으로 확립된 기준은 없지만 Vento v Chief Constable of West Yorkshire Police (No 2) 사건[127]에서 항소법원이 세 가지로 유형화를 시도하였고 고용항소심판소는 이를 Da'Bell

---

임에 근거한 것이라는 점은 확인한 대표적 판례로는 Ministry of Defence v Cannock [1994] IRLR 509. 이 소송을 비롯하여 동종 소송에서 약 4,000인의 여성들이 승소판결을 받았고, 다수의 소송이 진행되면서 금전배상의 범위에 관한 법리가 보다 정치하게 다듬어졌다.

126) 가중적 손해배상은 피해자에 대한 불법행위가 의도적 혹은 악의적인 것인 때에 피해자의 정신적 손해를 위자하기 위하여 인정되는 손해배상이다.

127) [2003] IRLR 102.

v National Society for Prevention of Cruelty To Children 사건[128]에서 인플레이션을 고려하여 지급액수의 범위를 상향시킨 바 있다. 이에 따르면 가장 심각한 사례에서는 18,000~30,000파운드를, 심각한 사례에서는 6,000~18,000파운드를, 덜 심각한 사례에서는 500~6,000 파운드를 제시하면서 500파운드 미만의 손해액을 인정하게 되면 사용자가 차별행위를 자제할 경제적 동인이 없다는 점을 지적하면서 위 금액 미만의 인정은 피할 것을 권하고 있다. 이 사건에서 원고 근로자인 Da'Bell은 심장질환이 있는 장애인으로서 지역의 민원을 담당하고 있었는데 사용자가 자신의 장애를 고려한 합리적인 업무조정을 하지 아니하였고 이로 인하여 사직을 하였으므로 이는 의제해고 및 장애인 차별에 해당한다고 주장하였다. 고용심판소는 업무조정을 하지 아니한 데 대한 장애인차별을 인정하여 12,000파운드의 위자료를 인정하였으나 의제해고에 대해서는 원고의 주장을 받아들이지 아니하였고 고용항소심판소는 앞서 언급한 인상된 기준을 제시하면서 원고의 항소를 기각하였다.

　　뒤에서 살펴볼 징벌적 손해배상과 달리 가중적 손해배상은 차별 사건에서 일반적으로 인정할 수 있는 금전배상의 형태라고 말할 수 있다. 법원은 Armitage v Johnson 사건[129]에서 차별행위가 있다고 인정할 수 있는 경우 원고에 대하여 위자료 이외에 추가하여 가중적 손해배상을 할 수 있다고 판단하였고 이후 많은 사건에서 이를 인정하고 있으며 영국의 법률 개혁을 담당하는 기관인 법률위원회(Law Commission)도 차별행위 등 민사적 불법행위에 관한 정신적 손해배상으로서 가중적 손해배상의 입법적 정비를 조언하고 있다.[130]

---

128) [2010] IRLR 19.
129) [1997] IRLR 163.
130) Law Commission, *Aggravated, Exemplary and Restitutionary Damages(Report No. 247)*, 1997, Part Ⅱ 참조.

차별행위에 대한 징벌적 손해배상에 관하여 법원은 징벌적 손해배상은 불법행위에서 인정되는 특유한 제도로서 차별행위에 대해서는 인정할 수 없었다는 입장을 보이다가 Sivanadan v London borough of Hackney 사건[131]에서 차별행위가 강압적, 독단적, 위헌적이어서 다른 금전배상만으로는 충분하게 징벌 혹은 제재한 것이 아니라고 인정할 수 있을 때에는 차별행위에 대하여 징벌적 손해배상을 할 수 있다는 취지의 판단을 하였다. 그러나 사건 자체에서는 가중적 손해배상만을 인정하고 징벌적 손해배상은 인정하지 아니하였다. 이 사건에서 원고는 '인종평등을 위한 해크니 행동'이라는 단체의 실행위원회의 위원을 역임한 사람[132]으로 인종평등 자문을 하고 있었는데 위 단체가 공고한 두 군데의 새로운 보직에 대한 임용을 신청하였다. 그러나 두 군데 보직 모두에서 원고는 임용되지 못하였고 이에 대하여 원고는 인종차별을 주장하면서 고용심판소에 소송을 제기하였다. 고용심판소는 원고의 주장을 받아들이면서 421,415파운드의 금전배상명령을 하였는데 위 금전배상액 중 25,000파운드는 가중적 손해배상액이었다. 고용항소심판소는 1심 판결에서 인정한 가중적 손해배상과 금전배상 총액은 차별에 대한 배상으로 적절한 금액이라고 인정하면서 징벌적 손해배상에 대한 원고의 주장은 받아들이지 아니하였다.

3. 계약조항의 삭제 또는 조정

2010년 평등법은 법률이 금지하는 차별행위를 구성하거나 촉진, 제공하는 계약상의 조건을 무효라고 규정하고 있다(평등법 제142조). 이에 따라 위와 같은 계약상 이해관계가 있는 자는 카운티 법원에 해당

---

131) [2011] IRLR 740.
132) 원고 근로자는 이 사건 소송 이전에도 다른 사건에서 실행위원회 위원으로 활동하다가 위원활동을 종료한 것도 인종차별이라고 다투어 승소한 바 있었다.

조건의 삭제 혹은 조정을 내용으로 하는 명령을 청구할 수 있는데, 이 경우 해당 명령에 영향을 받을 수 있는 모든 자들에게 명령을 선고하기 전에 해당 내용의 소송고지(notice of application)를 하여 소송의 존재를 알리고 소송에 참여할 수 있도록 하여야 한다. 삭제 및 조정 명령은 이를 실행할 수 있는 적절한 기간에 관한 사항을 포함하여야 한다(평등법 제143조).

같은 취지에서 2010년 평등법은 법률이 금지하는 차별행위를 구성하거나 촉진, 제공하는 단체협약 혹은 취업규칙의 해당 내용도 무효라고 규정하고 있다(평등법 제145조). 이에 따라 무효인 단체협약 혹은 취업규칙의 적용이 예상되는 자는 고용심판소에 단체협약 혹은 취업규칙의 해당 내용의 무효를 확인하는 소송을 제기할 수 있다(평등법 제146조(1)~(3)).

한편, 2010년 평등법 규정의 적용을 제한하거나 배제하는 계약상 조건으로 인하여 우대를 받는 사람에 대해서는 해당 계약상 조건은 효력이 없다고 규정하고 있으며 비계약상 조건에 대해서도 그것이 장애에 관련된 것이면 역시 해당 조건으로 인하여 우대를 받는 사람에 대해서는 효력이 없다고 규정한다(평등법 제144조).

제5절 사업이전에 따른 해고와 구제

2006년 사업이전(고용보호)명령이 적용되는 사업이전의 경우 인수인의 자동적 고용승계의무가 인정되고, 이를 위반한 때에는 당연 불공정해고가 성립한다. 따라서 사업이전에 따른 해고의 구제수단은 불공정해고의 일반적 구제수단과 동일하다.

한편, 2006년 사업이전(고용보호)명령은 사업이전을 하면서 이

에 영향을 받는 근로자들에게 사업이전과 관련한 정보를 제공하고 협
의할 의무를 사용자에게 부과하고 이에 대한 구제수단을 규정하고 있
다. 사용자가 근로자대표 등에게 제공하여야 할 정보로는 ① 사업이
전이 일어난 사실, 이전의 날짜 혹은 제한된 날짜, 그리고 그에 관한
이유, ② 사업이전이 영향을 받는 근로자에게 미치는 법적, 경제적,
사회적 의미, ③ 사업이전과 관련하여 영향을 받는 근로자에게 취하
거나 취하려고 예정하고 있는 조치, 또는 아무런 조치를 취할 것이 아
니라면 그 사실, ④ 만일 사용자가 이전인이라면, 이전과 관련하여 인
수인이 영향을 받는 근로자에 대하여 취할 것으로 예상되는 조치, 만
일 아무런 조치를 취할 것으로 예상되지 아니하면, 그 사실 등이 포함
된다(사업이전(고용보호)명령 제13조(2)(a)). 사용자가 위와 같은 의무를 이
행하지 아니한 때에는 근로자대표, 노동조합 혹은 근로자 등은 고용
심판소에 소를 제기할 수 있는데, 고용심판소는 소가 이유가 있다고
인정하는 때에는 적절하다고 판단되는 금전배상명령을 할 수 있다(사
업이전(고용보호)명령 제15조(8), (11)). 금전배상액의 상한은 13주의 임금상
당액으로 하며 금전배상액의 감액을 인정하여야 할 특별한 사정이 없
는 한 원칙적으로 13주의 임금상당액에 해당하는 금전배상을 명하여
야 한다.[133]

---

133) Sweetin v Coral Racing [2006] IRLR 252.

제6절 고용보험

Ⅰ. 연 혁

영국에서 최초로 시행된 실업급여는 1911년 국민보험법(National Insurance Act)에 근거한다. 당시 영국은 국민보험을 기금으로 하여 실업급여와 더불어 국민건강보험제도를 시행하였다. 이후 위 기금에는 국민연금과 산재보험이 통합되었다. 최초 시행된 실업급여는 실업자를 중심으로 운영되었고 현재와 같이 저소득보전의 개념인 급여는 포함되지 아니하였다. 아울러 지급기간은 최장 12개월로 하고 있었다.

제2차세계대전으로 인하여 장애인이 급증하자 이들의 퇴역 후 사회복귀를 지원하기 위하여 1944년 장애인(고용)법(Disabled Persons (Employment) Act)이 제정되었고 이어서 1946년 국민구호법(National Assistance Act)을 제정하여 근로연령에 있는 저소득 계층에 대한 지원의 폭을 넓혔다. 이후 공적 부조제도는 1966년 추가급여(Supplementary Benefit)로, 1988년에는 소득지원(Income Support)으로 대체되었다. 그러던 중 1992년 사회보장기여금 및 급여법(Social Security Contribution and Benefits Act)에 의하여 사회보장기여금의 유형과 적용 대상 등이 종합적으로 정리되었다. 현행 실업급여제도의 한 유형인 기여기반 구직급여(Contribution-based Jobseeker's Allowance)의 재원이 되는 기여금에 관한 사항도 위 법률에서 규정하고 있다.

제2절 노동조합의 운영

Ⅰ. 노동조합의 민사법상 지위

보통법상 노동조합은 비법인(unincorporated)단체로서 그 구성원과 단체가 별도의 법인격을 가지지 아니하기 때문에 그 재산은 신탁을 통하여 관리가 되어야 한다. 따라서 구성원의 불법행위에 대해서는 노동조합 자체에 대하여 불법행위 책임을 물을 수 없는 것이 원칙이었으나 귀족원은 노동조합 자체에 대한 불법행위 책임을 인정하였고,[20] 이후 판례는 노동조합이 그 구성원이 조합원과 구별되는 별개의 단체라는 점을 분명히하였다.[21]

1971년 노사관계법은 노동조합을 법인으로 규정하였으나 1974년 노동조합 및 노동관계법에서 다시 비법인으로 회귀하였다가 1992년 노동조합 및 노동관계(통합)법에서는 노동조합은 비법인단체이나 몇 가지 법적 지위를 인정하는 수준으로 규정하여 현재에 이르고 있다. 1992년 노동조합 및 노동관계(통합)법 제10조(1)은 노동조합은 계약체결능력이 있으며, 그 이름으로 소를 제기할 수 있고, 형사책임을 부담할 수 있다고 규정하고 있다. 제10조(3)에서는 2006년 회사법상 회사로 등록할 수 없다고 규정한다.

위와 같이 노동조합은 법인 유사의 권리를 제정법이 정한 한도 내에서 향유할 수는 있으나 여전히 보통법상 법인격을 갖는 것은 아니기 때문에 그 명성이나 명예훼손을 이유로 한 손해배상소송의 주체

---

20) Taff Vale Railway Co v Amalgamated Society of Railway Servants [1901] AC 426.
21) Bonsor v Musicians' Union [1956] AC 104.

가 될 수는 없다.[22] 아울러 그 재산은 신탁 형태로 관리가 되어야 하는데(노조법 제12조), 이에 따라 조합원은 조합재산이 불법적으로 운영이 되면 수탁자를 상대로 법원에 그 시정을 명하는 소송을 제기할 수 있고, 수탁자가 법원의 명령을 이행하지 아니하면 법원은 수탁자를 해임할 수 있다(노조법 제16조).

한편, 19세기에는 보통법상 노동조합을 계약의 자유를 침해하여 자유로운 거래를 제한하는 존재로 인식하였기 때문에 조합원들은 형법상 공모죄를 처벌되고 노동조합에 가입하는 계약은 무효로 처리하였다. 이러한 보통법상 법리는 1871년 노동조합법에 의하여 폐기되었고 해당 내용은 1992년 노동조합 및 노동관계(통합)법 제11조에 계수되었다. 1992년 노동조합 및 노동관계(통합)법 제11조는 노동조합이 거래를 제한(restraint of trade)하게 된다는 것만을 이유로, 그 조합원이 공모죄의 죄책을 부담한다거나 노동조합이 체결한 계약이 무효가 된다는 등의 목적상 불법이 성립하지 아니한다고 규정한다. 같은 취지로 거래의 제한만을 이유로 노동조합의 규약이 불법이거나 법적 구속력이 없는 것이 아니라고 규정한다.

한편, 불법인 쟁의행위와 관련하여 문제가 되는 행위가 노동조합의 승인이나 지지에 의한 때에는 노동조합도 불법행위책임의 주체가 되며(노조법 제20조(1)), 이때 노동조합의 간부 등 조합원도 공동불법행위 책임을 부담할 수 있다(노조법 제20조(5)).

II. 규약(Rule Book)

규약은 노동조합의 자치규범으로 노동조합을 구속하는 효력이

---

22) Electrical, Electronic, Telecommunications and Plumbing Union v Times Newspapers Ltd [1980] 1 All ER 1097.

있는데, 무엇보다 노동조합과 조합원의 법률관계를 규율하는 계약적
효력이 있다. 제정법이나 법원이 규약을 다루는 기본적인 태도는 규
약이 조합원의 권리를 침해하여서는 아니 된다는 것이다. 초기 규약
이 노동조합의 관행을 모아놓은 문서로서 그 내용이 매우 혼란스러웠
고 따라서 이에 대한 법적 규율의 필요성이 강조된 것이라는 견해도
있다.[23) 도노반 위원회 역시 노동조합의 규약은 상당 부분 개선이 필
요하다는 견해를 제시하였다. 이후 1971년 노사관계법은 등록 노동조
합(registered union)의 규약에서 정하여야 할 사항을 강제하였으나
다수의 노동조합이 등록을 거부하자 해당 조항은 사문화되었고 1974
년 노동조합 및 노동관계법에서 강제조항은 삭제되었다. 1992년 노동
조합 및 노동관계(통합)법은 규약의 내용에 관한 포괄적 통제를 하고
있지 아니하고 관련된 사항에서 개별적으로 규정하고 있다. 예를 들
어, 조합원은 자유롭게 노동조합을 탈퇴할 수 있는 묵시적 권리가 규
약을 비롯한 조합원자격계약의 내용이라고 규정하고 있으며(노조법 제
69조), 조합원 개인이 부담하는 벌금을 노동조합의 비용으로 대납할
수 있도록 한 규정을 불법으로 규정하고 있다(노조법 제15조(1)(c)). 또,
노동조합의 규약에 따른 결정이나 화해가 유일한 권리구제수단이라
고 규정한 규약의 내용도 효력이 없다고 규정하고 있다(노조법 제63조).

　　판례 중에는 노동조합이 규약이 정한 절차를 위반하여 조합원을
제명한 경우 그 효력을 정지하는 가처분을 한 것이 있고,[24) 노동조합
이 규약으로 정한 적절한 사전 회의 없이 조합원 징계규정을 변경한
것에 대하여 효력을 부인한 판결도 있다.[25)

23) Simon Honeyball, p336.
24) Porter v National Union of Journalists [1980] IRLR 404.
25) Clarke v Chadburn [1984]. 이 사건은 1984년부터 1985년 사이에 발생하였던
　　광산노동자노동조합(National Union of Mineworkers)의 파업과 관련한 소송
　　이다. 위 파업은 당시 노조위원장인 아더 스카길(Arther Scargill)이 조합원 찬
　　반투표를 거치지 않고 진행되었기 때문에 다른 대형 노동조합의 지원을 받지

1992년 노동조합 및 노동관계(통합)법 제7A장은 조합원이나 조합원이었던 자는 노동조합이 다음 사항에 관하여 규약을 위반한 때에는 인증관에 이의신청을 할 수 있다고 규정한다(노조법 제108A조). 이의신청 대상은 노동조합의 직위에 대한 사람의 선임과 해임 또는 이를 위한 선거, 제명을 제외한 노동조합에 의한 징계권 행사,[26] 노동쟁의를 제외한 다른 의안에 대한 조합원 투표,[27] 집행위원회나 다른 의결기구의 설립이나 절차에 관한 사항, 그 밖에 내각장관의 위임명령에서 규정한 사항 등이다. 이의신청을 받은 인증관은 신청인과 노동조합에 대한 청문절차를 거쳐 서면으로 판정을 하는데 판정서에는 위반사항을 시정하거나 철회하기 위한 조치, 재발방지를 위한 조치 등을 특정한다. 인증관의 신청취지 인용명령은 법원의 판결과 동일한 효력이 있다(노조법 제108A조(6)). 인증관의 판정에 대해서는 고용항소심판소에 불복할 수 있다(노조법 제108C조).

Ⅲ. 조합원 지위의 취득과 상실: 클로즈드 숍의 금지

1. 제도의 연혁

보통법상 노동조합은 임의단체이고 따라서 노동조합에 가입하거나 탈퇴하는 것은 조합원과 노동조합 사이의 계약 내용에 따라서 처리된다.[28] 따라서 법원도 노동조합의 가입거부로 인하여 근로자가 해

못하였다. 약 14만 명의 조합원이 참여한 위 파업은 영국 역사상 가장 치열한 쟁의행위로 평가되나 파업에 대한 조합원 사이의 갈등, 경찰과의 무력충돌 등이 끊이지 않았다. 파업 이후 상당수의 광산이 폐쇄되고 나머지 광산도 민영화되었다. 파업 후 실시된 총선에서 대처가 이끄는 보수당은 연속으로 세 번째 승리를 하면서 집권을 하게 된다.
26) 제명을 별도로 규정하고 있다.
27) 노동쟁의에 대하여도 별도로 규정하고 있다.
28) 1992년 노동조합 및 노동관계(통합)법 제69조와 제70조도 노동조합 탈퇴의 자

당 직역에 취업을 하지 못하더라도 이것이 근로자의 일할 권리(right to work)를 침해한 것이 아니라는 판결을 해 왔다.[29]

그러던 중 보수당이 1970년 총선에서 승리하면서 도입된 1971년 노사관계법에서 클로즈드 숍을 위법으로 규정하였는데 노동당이 1974년 정권을 잡으면서 위 규정은 폐지되었다. 이후 보수당이 1979년 다시 총선에서 승리하면서 클로즈드 숍을 금지하는 규정을 1980년 고용법에 규정하였고 해당 규정은 1992년 노동조합 및 노동관계(통합)법으로 계수되어 현재에 이르고 있다.

2. 1992년 노동조합 및 노동관계(통합)법의 규율

1992년 노동조합 및 노동관계(통합)법 제137조는 근로자가 조합원이거나 조합원이 아니라는 이유로 고용계약을 거부하는 것, 조합원 자격을 갖추거나 갖추지 아니하는 조건을 수락하지 아니한 자의 고용계약을 거부하는 것, 조합원이 아닌 경우라도 일정 금원의 납부 조건을 거부하는 자의 고용계약을 거부하는 것을 모두 불법으로 규정하고 있다. 고용계약을 거부당한 근로자는 고용심판소에 소를 제기할 수 있다. 같은 이유로 파견사업주가 노동자의 용역을 거부하는 것도 불법이며 해당 노동자는 고용심판소에 소를 제기할 수 있다(노조법 제138조). 고용심판소가 청구를 인용한 때에는 금전배상뿐만 아니라 해당 청구에서 주장하는 부정적 효과를 감소시킬 수 있는 실행가능한 조치를 취할 것을 권고할 수도 있다. 사용자가 권고를 이행하지 아니하면 금전배상의 금액이 증액된다. 금전배상에는 위자료(compensation for injury to feeling)를 포함할 수 있다. 금전배상의 상한은 불공정해고의 금전배상 상한과 동일하다(노조법 제140조). 노동자 파견과 관련하여

유를 규정하고 있다.
29) 예를 들어 Tierney v Amalgamated Society of Woodworkers [1959] IR 254.

서는 해당 노동자는 파견사업주와 사용사업주 중 한쪽을 상대로 하거나 전부를 상대로 소를 제기할 수 있다(노조법 제141조). 고용계약의 거부가 노동조합을 비롯한 제3자의 압력에 의한 때에는 그 제3자도 소송의 당사자로 참가시킬 수 있다(노조법 제142조). 클로즈드 숍 금지 정책은 더 나아가 노동조합의 조합원이거나 조합원이 아닌 자에 의하여 생산되거나 제공되는 재화와 용역만을 거래의 대상으로 하는 계약도 무효로 규정하고 있다(노조법 제144조). 또 조합원 자격을 근거로 하여 재화나 용역의 제공자 또는 제공 예정자와의 거래를 거부하는 것도 금지된다(노조법 제145조).

1992년 노동조합 및 노동관계(통합)법 제146조(1)는 노동조합에 가입하거나 비가입상태를 유지하지 아니하는 것, 특정 노동조합의 조합원이 되는 것을 거부하는 것, 자주적 조합활동에 참여한 것 등을 이유로 사용자로부터 해고 이외의 불이익을 입지 아니한다고 규정한다. 또 조합원이 아닌 때에는 노동조합에 금전 납부를 거부한 것을 이유로 사용자로부터 해고 이외의 불이익을 입지 아니한다고 규정한다(노조법 제146조(3)). 사용자가 급여에서 임의적으로 공제를 하면 이는 불이익으로 간주하며, 노동자는 고용심판소에 그에 관한 소를 제기할 수 있다(노조법 제146조(5)). 고용심판소는 청구가 이유가 있으면 금전배상을 명할 수 있으며, 금전배상에는 침해된 권리구제 및 손실금이 포함되며 손실금은 소제기와 관련하여 발생한 비용이나 기타 급여의 손해 등이 포함된다. 불이익 등이 노동조합이나 제3자의 압력에 의하여 발생한 것이면 제3자도 소송의 당사자로서 강제참가시킬 수 있다.

1992년 노동조합 및 노동관계(통합)법 제152조는 클로즈드 숍을 이유로 한 해고를 당연 불공정해고로 규정하고 있다. 아울러 정원감축해고의 대상자 선정이유의 전부 혹은 일부가 클로즈드 숍 제도에 의한 것이면 역시 당연 불공정해고가 된다. 따라서 고용심판소에 대한 불공정해고소송에서 계속근로기간의 요건이 적용되지 아니한다(노조법 제154조). 불공정해고에 관하여 금전배상을 명하는 경우에 일반적인 소송과 달리 원고의 기여과실을 배상액 산정에 참착하지 아니한다(노조법 제155조). 또, 기본배상의 하한을 5,970파운드로 제한하고 있다(노조법 제156조). 소송의 당사자로 노동조합 등 제3자를 참가시킬 수 있고(노조법 제160조), 원고는 고용심판소에 가처분을 신청할 수 있는데 가처분이 이유가 있는 때에는 고용심판소는 원고의 의사에 따라 불공정해고에서 발령하는 고용명령을 할 수도 있으나 원고가 노무제공을 원하지 아니하면 고용계약의 효력만 유지하는 명령을 할 수도 있다(노조법 제163조). 사용자가 고용명령을 이행하지 아니하면 그에 상응하는 금전배상을 하게 된다(노조법 제166조). 고용계약 효력유지 명령에는 효력이 유지되는 동안 원고가 받을 수 있는 금원의 액수가 특정된다(노조법 제164조). 가처분명령 이후 최종 분쟁이 해결될 때까지 사정변경이 있는 때에는 노사 당사자는 가처분 명령의 변경을 신청할 수 있다(노조법 제165조).

끝으로 조합원지위의 상실과 관련하여 1992년 노동조합 및 노동관계(통합)법 제174조는 법이 정한 일정한 사유를 제외하고는 조합원이 노동조합에서 제명되거나 배제되지 않을 권리가 있다고 규정한다. 법률이 정한 정당한 사유로는 노동조합의 규약이 정한 요건을 만족하지 못한 때, 특정분야에서 노동조합의 운영을 위하여 필요한 자격을 갖추지 못한 때, 조합원과 특정 사용자(들) 사이의 관계 규율을 목적으로 하는 노동조합에서 해당 조합원이 특정 사용자(들)과의 고용을 종료한 때, 조합원의 보호될 수 없는 행위에 완전히 기인한 때 등이 있다. 제명 등을 다투려는 조합원은 제명 등이 있은 날로부터 6개월 이내에 고용심판소에 소를 제기할 수 있고, 고용심판소는 청구가 이유 있으면 그 확인을 선언하는 판결을 선고할 수 있고, 나아가 원고의

292 제3편 집단적 노사관계법

청구에 따라 금전배상을 명할 수 있다. 금전배상은 불공정해고에서 기본배상액의 30배 및 추가배상액의 상한인 80,541파운드를 각 초과할 수 없다(노조법 제176조(6)). 또 소제기 당시 가입 거부 등이 시정되지 아니한 때에는 금전배상은 9,118파운드를 하한으로 한다(노조법 제176조(6A)).

Ⅳ. 노동조합의 행정

1992년 노동조합 및 노동관계(통합)법은 노동조합을 구체적으로 어떤 기관으로 구성하여야 하고, 각 기관이 어떤 방식으로 운영되어야 하는지에 관하여 규정하고 있지 아니하다. 따라서 해당 부분은 노동조합의 규약에서 정한 대로 결정된다. 1992년 노동조합 및 노동관계(통합)법은 사무에 관한 몇 가지 의무와 기관 구성에 필요한 선거 절차에 관하여는 자세히 규정하고 있다.

1. 사무행정

노동조합은 소속 조합원의 주소와 성명을 기재한 명부를 보관하고, 그 내용이 최신의 것이 되도록 유지하여야 한다. 조합원은 노동조합에 대하여 합리적인 통보를 하고 명부의 사본 제공을 청구할 수 있다(노조법 제24조). 조합원은 노동조합이 제24조의 규정한 의무위반을 주장하며 인증관이나 법원에 소를 제기할 수 있다. 인증관이나 법원은 청구가 이유 있으면 그 이행을 명할 수 있고(노조법 제25조, 제26조), 법원은 가처분 명령도 가능하다. 아울러 노동조합은 청구가 있으면 누구에게나 그 규약을 제공할 의무가 있다(노조법 제27조).[30]

---

30) 일반적으로 규약은 각 노동조합의 홈페이지에서 확인할 수 있다.

2. 선거절차

1992년 노동조합 및 노동관계(통합)법 제46조(1)는 위 법률 제4
장이 적용되는 노동조합의 직위(position)를 담당하는 자는 제4장에서
규정한 요건을 만족하는 선거절차에서 선출되어야 하며, 임기는 5년
으로 하되 연임시에는 다시 선거절차를 거치도록 하고 있다. 대상 직
위는 위원회의 위원, 위원회의 위원이 겸임하게 되는 기관, 의장, 사
무총장 등이다(노조법 제46조(2)). 다만, 투표권 등이 없는 자 등의 경우
에는 선거절차를 거치지 아니하여도 되는 일부 예외가 있다(노조법 제
46조(4), (4A)). 모든 조합원은 선거에서 피선거권을 가지며, 직접 또는
간접적으로 어느 정당의 당원일 것을 요구받지 아니한다(노조법 제47조
(1), (2)). 원칙적으로 모든 조합원은 선거권을 가지나 노동조합은 규약
이 정한 바에 따라 고용 상태에 있지 아니한 자, 조합비 등을 체납한
자, 견습생, 훈련생, 학생, 신규 가입자 등에 대한 선거권을 제한할 수
있고, 선거의 성격에 따라 특정 직역, 지역 등에 속한 조합원의 선거
권을 제한할 수도 있다(노조법 제50조). 투표방식은 종이로 된 투표지에
번호와 함께 표시하는 방식을 사용하여야 하며, 각 투표지에는 독립
적인 투표감시원[31]의 성명, 투표지의 일련번호, 투표지의 제출 주소
및 기한 등을 명시하여야 한다. 또 투표지는 후보자 명부와 함께 합리
적으로 실행가능한 한 우편으로 유권자에게 송달되어야 하며, 우편투
표는 유권자에게 편리하도록 투표기회를 제공하는 수단이 되어야 한
다. 투표는 비밀이 보장되어야 하고 개표는 공정하고 정확하여야 한
다. 당선자는 각 후보자에 대하여 직접 투표된 투표지의 수를 세어 결
정한다.

1992년 노동조합 및 노동관계(통합)법 제4장의 규정을 준수하지
아니한 선거에 대해서는 조합원이나 후보자가 인증관이나 법원에 선

---

31) 변호사나 회계사 등이 감시원으로 선임될 수 있다.

거소송을 제기할 수 있다. 선거소송은 선거결과의 발표가 있은 날로
부터 1년 이내에 제기하여야 한다(노조법 제54조). 인증관은 청구가 이
유가 있을 때에는 법률위반사항을 특정하여 확인하는 선언을 하고,
하자를 보완하기 위한 절차를 특정할 수 있다. 하자 보완이 불가하다
고 판단되면 재선거를 명할 수도 있다. 인증관의 선언이나 명령은 법
원의 판결과 동일한 효력이 있다(노조법 제55조). 인증관의 명령에 대해
서는 고용항소심판소에 이의신청을 할 수 있다(노조법 제56A조). 법원
또한 법률위반 사항을 확인하고 하자의 보완을 요구할 수 있으며, 재
선거도 명할 수 있다. 아울러 적절하다고 판단되는 가처분을 명할 수
도 있다(노조법 제56조).

3. 노동조합의 전임자[32]

노조전임자에는 특정 사업주와 고용관계를 맺지 아니하고 노동
조합으로부터 임금을 지급받고 노조업무를 수행하는 전임자가 있고,
한국의 노조전임자 개념과 같이 특정 사용자와 고용관계를 맺고 있는
노조전임자가 있다. 후자의 경우에 해당하는 것이 직장위원(shop
steward)이다. 직장위원의 법적 근거는 관행과 관례이고 제정법상 규
제나 보호 규정은 없다. 따라서 직장위원의 법적 지위는 노동조합과
사용자의 노사합의에 따라 결정된다. 다만, 1992년 노동조합 및 노동
관계(통합)법은 사용자에 의하여 승인된(recognised) 자주적 노동조
합의 간부인 근로자에 대하여 사용자는 일정한 경우 유급의 근로시간
면제를 하도록 규정하고 있다(노조법 제169조 이하). 그러나 위 규정은
유급근로시간면제제도를 규정한 것일 뿐 바로 직장위원제도 시행의
근거는 아니다. 사업장 단위의 직장위원은 조합원 선거에 의하여 선

---

32) 이 부분은 김정환 외2인, 「노조전임자 급여지급실태 및 개선방안」, 한국노동연
구원, 2004, 72쪽 이하의 내용을 참고로 정리하였다.

출되며 이들을 통하여 조합원의 의사가 노동조합이나 사용자에게 전
달된다. 한편, 사업장 내 각 부서별 직장위원으로 구성된 직장위원회
는 노사간 현안 및 문제점 협의, 단체교섭시 사업장내 조합원 의견 대
변, 조합원 확보, 조합비 징수 등의 역할을 담당하고 있어 직장위원회
가 사실상 사업장 내 노동조합의 역할을 수행하고 있다. 대부분 무보
수의 시간제로 활동을 하나 규모가 큰 노동조합이나 사무직 노동조합
의 직장위원은 전일제 활동을 하는 때도 있다. 무보수인 경우에도 사
용자가 해당 활동시간의 임금을 삭감하는 경우는 거의 없다.[33] 전일
제 직장대표는 생산직의 경우 2,900인 당 1인을 선출하고, 비생산직
은 1,300인당 1인으로 선출하기 때문에 대부분의 직장대표는 시간제
로 근무하는 것으로 보인다.[34]

4. 재정과 회계감사

1992년 노동조합 및 노동관계(통합)법은 노동조합의 재정운영과
감사에 대하여 매우 자세한 규정을 두고 있다. 먼저, 노동조합은 자신
의 거래, 자산 및 책임에 관한 회계 기록을 보관하여야 하며, 회계기
록의 통계와 현금보유, 영수증, 송금내역 등에 관하여 만족스러운 관
리시스템을 운영하여야 한다(노조법 제28조). 위와 같은 회계기록은 작
성 후 최초로 도래하는 1월 1일부터 6년간 감사의 대상이 된다(노조법
제29조). 조합원은 감사의 대상이 되는 회계기록을 열람·등사할 수 있
으며 회계사와 동행하여 회계기록에 대한 감사를 할 수도 있다(노조법
제30조). 노동조합이 조합원의 회계 감독을 거부하면 조합원은 법원에
소를 제기하여 감사를 실시할 수 있다(노조법 제31조).

---

33) 진경락, 「외국의 노조전임자제도 관련 국외여행 결과보고」, 고용노동부, 2002
   참조.
34) 김정환 외2인, 「노조전임자 급여지급실태 및 개선방안」, 한국노동연구원, 2004,
   89쪽.

노동조합은 매년 인증관에 1992년 노동조합 및 노동관계(통합)
법에 정한 사항35)을 기재한 연례보고서를 제출하여야 하여야 한다.
연례보고서는 누구든지 열람·등사할 수 있다(노조법 제32조). 인증관은
연례보고서의 내용이 노조법 등 법령에 위반한 사항이 있다고 의심되
거나 횡령 등의 혐의가 의심되면 감사를 선임하여 조사하게 할 수 있
다(노조법 제37B조). 감사는 조사 후 보고서를 작성하여 인증관에 송부
한다.

노동조합은 아울러 1992년 노동조합 및 노동관계(통합)법에서
정한 자격을 갖춘 회계감사를 선임하여 매 회계연도마다 회계감사를
실시하여야 한다(노조법 제34조, 제35조(1)).36) 규약은 회계감사의 선임에
관한 규정을 반드시 담고 있어야 하는데, 1992년 노동조합 및 노동관
계(통합)법은 규약에 해당 규정이 없더라도 회계감사의 선임에 관한
구체적인 내용을 강제적으로 시행할 수 있는 규정을 두고 있다(노조법
제35조(2) 이하). 회계감사는 감사보고서를 작성하며 여기에는 1992년
노동조합 및 노동관계(통합)법 제28조의 이행여부를 반드시 기재하여
야 한다(노조법 제36조). 회계감사는 조합원 총회에 참석하여 회계감사
결과와 관련하여 진술할 권리가 있다(노조법 제37조).

노동조합이 조합원 연금제도(superannuation)를 시행하는 때에
는 보험계리사에 의한 정기적인 감사를 하여야 한다. 감사는 주로 연
금자산이 연금지급에 충분하도록 운영되고 있는지를 한다. 보험계리
사는 감사보고서를 작성하여 인증관에 제출하며, 조합원도 감사보고
서를 자유롭게 열람·등사할 수 있다(노조법 제40조).

35) 2016년 노동조합법은 발생한 노동쟁의에 관한 사항을 기재하는 조항을 신설하
고 있다.
36) 다만, 지난 회계연도 수입·지출이 5,000파운드 초과하지 아니하고, 조합원수가
500인을 초과하지 아니하며, 자산가치가 5,000파운드를 초과하지 아니하는 노
동조합은 회계사 자격을 갖추지 아니한 2인 이상을 감사로 선임하여 감사할 수
있다(노조법 제34조(2)).

노동조합의 회계감사 및 연금운영의 관한 여러 규정 위반은 벌금 또는 최고 6개월의 징역형을 선고할 수 있는 형사처벌의 대상이 된다(노조법 제45조~제45C조).

5. 정치기부금

노동운동 초기에 노동조합이 정치인에게 정치기부금(political fund)을 후원하는 것은 불법이었다.[37] 이후 1913년 노동조합법을 통하여 정치기부금을 허용하였고 1984년 노동조합법 개정으로 오늘날과 같은 형태의 정치기부금 제도가 형성되었다.

1992년 노동조합 및 노동관계(통합)법 제6장은 정치기부금에 대하여 매우 자세한 규정을 두어 규제하고 있다. 먼저, 노동조합이 정치기부금 제도를 운영하기 위해서는 ① 노동조합의 목적으로서 '정치적 목적'의 증진을 승인하는 결의(이하 '정치적 결의')가 있어야 하며, ② 규약에 분리된 기금으로부터 정치적 목적을 증진하기 위하여 비용 지출을 할 수 있는 근거 규정을 두어야 하고, ③ 역시 규약에 기금의 거출에 반대하는 조합원에 대한 예외를 규정하여야 하며, ④ 그러한 규약은 1992년 노동조합 및 노동관계(통합)법 제4장의 내용을 준수하여야 하며 최종적으로 인증관의 승인을 받아야 한다(노조법 제71조(1)).

여기서 '정치적 목적'이란 다음 항목에 관련하여 돈을 지출한 경우를 의미한다. ① 정당에 의하여 직·간접적으로 발생한 비용의 지출이나 기금에의 거출, ② 정당이 사용하는 재화나 용역의 제공, ③ 유

---

37) Amalgamated Society of Railway Servants v Osborne [1910] AC 87. 이 사건은 1871년 노동조합법 적용이 문제된 사례인데 내용은 다음과 같다. 철도종원업 연합조합의 월댐즈토우(Walthamstow) 분회장이었던 오스본(자유당원)은 노동당의 운영을 위하여 조합에서 기금을 모금하는 데 반대면서 소송을 제기하였다. 고등법원은 청구를 기각하였으나, 항소법원은 청구를 인용하였고, 귀족원도 만장일치로 청구인용의 취지로 상고를 기각하였다(Henry Pelling/박홍규, 156쪽 참조).

권자 등록, 개인의 출마, 후보자의 선정, 또는 정치적 직위에 대한 선거와 관련하여 노동조합이 실시한 선거, ④ 정치적 직위를 갖는 사람의 활동비, ⑤ 정당이 개최한 회의, 정당을 위한 회의, 또는 그 주목적이 정당과 관련한 사업상 거래를 위한 회의, ⑥ 정당이나 후보자에 대한 지지투표나 투표하지 말 것을 주목적으로 한 인쇄물, 영화, 음악, 래코딩, 광고 등의 생산, 출판, 배포(노조법 제72조(1)) 등이다.

정치적 결의는 조합원 과반수의 찬성을 받아야 하며(노조법 제73조((1)) 인증관의 승인을 받아야 한다(노조법 제75조(1)). 인증관은 노조법이 정한 선거감시인, 투표권, 투표방식, 선거감시인의 보고서(노조법 제75조~제78조) 등에 관한 규정을 준수하였는지를 심사한 후 요건을 충족하면 정치적 결의를 승인하게 된다(노조법 제74조(3)). 승인된 정치적 결의는 규약과 동일한 효력이 있으며 정치적 결의는 10년마다 조합원 투표를 통하여 갱신하여야 한다(노조법 제73조(2), (3)).

조합원은 노동조합이 정치적 결의에 관한 결과를 공표한 날로부터 1년 이내에 결의를 다투는 이의신청 또는 소송을 인증관 혹은 법원에 제기할 수 있다(노조법 제79조). 인증관은 당사자의 의견청취를 한 후 판정을 하는데 이의신청이 이유가 있는 때에는 결의의 하자를 특정하고, 시정을 명할 수 있다. 법원은 하자의 보완을 요구하는 시정명령을 할 수 있을 뿐만 아니라 재투표를 명할 수 있고 가처분명령도 할 수 있다(노조법 제81조(4), (7)). 인증관의 시정명령에 대해서는 고용항소심판소에 소를 제기하여 다툴 수 있다(노조법 제95조).

노동조합은 규약에 1992년 노동조합 및 노동관계(통합)법 제82조가 정한 정치기부금에 관한 사항을 규정하여야 한다. 즉, ① 1992년 노동조합 및 노동관계(통합)법 제6장이 적용되는 정치적 목적의 증진을 위하여 지출되는 비용은 분리된 펀드(=정치기부금 펀드)에서 지출된다는 것, ② 조합원은 1992년 노동조합 및 노동관계(통합)법 제84조에 따라 정치기부금의 납부를 거부할 수 있다는 것, ③ 정치기부금의 납부를 거부한 조합원에 대하여 노동조합이 제공하는 복리급여 등에서 불이익을 받지 아니한다는 것, ④ 정치기부금 납부가 노동조합 가입의 조건이 되지 아니한다는 것을 명시하여야 한다(노조법 제82조(1)). 조합원은 노동조합의 정치기부금 관련 규약위반 사항에 대하여 인증관에 이의신청을 할 수 있고 인증관은 시정명령을 할 수 있다(노조법 제82조(3)). 정치기부금으로 비롯된 노동조합의 책임은 노동조합의 다른 후원금으로 면제될 수 없다(노조법 제83조(3)).

　조합원은 정치기부금 납입 통지(opt-in notice)나 그 철회통지를 자유롭게 할 수 있다. 철회통지는 통지가 도달한 날로부터 1개월이 지나면 효력이 있다(노조법 제84조). 노동조합은 인증관에 연례보고서를 보낸 날로부터 8주 이내에 모든 조합원에게 정치기부금 납입 철회의 권리가 있음을 통지하여야 하며, 인증관에 그 철회통지서 사본을 제출하여야 한다. 인증관은 노동조합이 통지의무를 이행하지 아니하였다고 판단하면 시정명령을 할 수 있다(노조법 제84A조). 정치기부금을 운영하는 노동조합은 다른 기금과 분리하여 후원금을 받아야 하고, 납입 제외 조합원의 급여에서 후원금이 공제되지 아니하도록 하여야 한다(노조법 제85조). 조합원이 정책후원금의 납부거절이나 철회통지 사실을 서면으로 사용자에게 통보하면, 사용자는 정치기부금의 납부를 거부하거나 제외된 조합원의 급여에서 정치기부금 명목의 금원을 공제할 수 없다(노조법 제86조). 사용자가 조합원의 급여 공제 중단을 거부하면 조합원은 고용심판소에 소를 제기할 수 있고, 고용심판소는 청구가 이유 있으면 부당하게 공제한 금액을 반환하라는 취지의 판결 및 재발방지를 위한 조치를 명하는 판결을 선고할 수 있고(노조법 제87조(4)), 사용자가 재발방지를 위한 조치에 관한 명령을 이행하지 아니하면 추가로 2주치 임금에 해당하는 금원을 지급하라는 명령을 할 수 있다(노조법 제87조(7)).

노동조합은 정치기부금의 사용내역을 연례보고서에 기재하여 인증관에 제출하여야 한다(노조법 제32ZA조).

Ⅴ. 노동조합의 통제권

1. 통제권의 근거 - 규약

노동조합의 통제권은 조합원이 노동조합의 규약이나 각종 결의, 지시 등을 위반하였을 해당 조합원에게 제명 등의 불이익을 가하는 것인데 제명에 관해서는 앞서 설명한 바 있으므로(노조법 제174조 이하) 여기서는 그 밖의 다른 불이익에 관하여 설명한다.[38]

노동조합의 통제권은 원칙적으로 규약에 근거하여야 하므로 규약에 규정되어 있지 아니하면 노동조합은 조합원에게 통제권을 행사할 수 없다. 법원은 영국노총 산하의 노동조합 사이에서 발생할 수 있는 조합원 가로채기를 막기 위하여 산하 노동조합 사이에서 채택한 1939년 브리드링턴 협약(Bridlington agreement)은 규약이 아니므로 영국노총은 위 협약에 위반한 노조에게 해당 조합원의 제명을 요구할 수 없고, 제명이 이루어지더라도 이는 효력이 없다고 판결한 바 있다.[39]

2. 노조법의 규제

1992년 노동조합 및 노동관계(통합)법 제64조 이하는 부당하게 징계를 받지 아니할 조합원의 권리(right not to be unjustifiably dis-

---

38) 실무적으로는 제명을 다투는 사례가 많다(Simon Honeyball, p368).
39) Spring v National Amalgamated Stevedores and Dockers' Society [1956] 2 All ER 221.

ciplined)에 관하여 자세하게 규정하고 있다. 1992년 노동조합 및 노동관계(통합)법 제64조(2)는 징계의 유형에 대하여 제명, 금원의 납부, 이미 납부한 금원의 효력부인이나 타 목적에의 전용, 노동조합이 제공하는 편의 박탈, 다른 노동조합에 대하여 해당 조합원의 가입을 거부할 것 등의 요청, 그 밖의 불이익 등을 열거하고 있다. 징계의 유형이 금원의 납부나 의무의 이행인 경우 누구도 그 납부나 이행을 요구하기 위하여 노동조합의 결정을 근거로 주장할 수 없다(노조법 제64조(3)).

　1992년 노동조합 및 노동관계(통합)법 제65조(2)는 다음의 사항을 이유로 한 조합원 징계를 부당한 징계로 규정하고 있다. 즉, ① 파업 등 쟁의행위의 참가나 지원의 거부, 또는 반대의 의사표시나 지원의 부작위, ② 파업 등 쟁의행위의 목적과 관련하여 고용계약에 의하여 부여된 요구사항의 불이행의 거부, ③ 노동조합의 규약이나 협약, 그 밖의 규범에 의하여 부여되었거나 부여되었다고 생각되는 요구사항을 노동조합이나 그 간부 또는 노동조합의 대표자, 조합재산의 수탁자 등이 이행하지 아니하였다고 주장하는 것, 또는 위와 같은 주장을 옹호하거나 옹호를 시도하려는 행위, ④ 고용계약에 의하여 부여된 의무를 이행하라고 다른 사람을 독려하거나 조력하는 행위, ⑤ 부당하게 징계를 받지 아니할 권리를 침해하였다고 판단한 결정의 결과로 부여된 요구사항을 위반한 행위, ⑥ 노동조합 가입에 따라 노동조합에 납부할 금원을 급여에서 공제하는 것에 대한 동의의 거부 또는 동의의사의 철회, ⑦ 노동조합에서 탈퇴하여 다른 노동조합에 가입하였거나 가입하려는 행위 및 다른 노동조합에 가입하는 것을 거부하는 행위, ⑧ 노동조합의 조합원이 아닌 자와 같이 일을 하거나 일을 하려고 한 행위 및 다른 노동조합의 조합원이나 조합원이 아닌 자와 같이 일을 하거나 일을 하려고 한 행위, ⑨ 노동조합의 조합원이 아닌 자를 고용한 사용자를 위하여 일을 하거나 일을 하려고 한 행위 및 다른 노동조합의 조합원이나 조합원이 아닌 자를 고용한 사용자를 위하여 일을 하거나 일을 하려고 한 행위, ⑩ 1992년 노동조합 및 노동관계(통합)법 규정에 의하여 노동조합이 조합원에게 하여야 할 행위를 요구하는 행위 등이다. 아울러 위 ③번 행위와 관련하여 인증관으로부터 조언이나 도움을 받는 행위를 대상으로 한 징계도 부당한 것이 되며(노조법 제65조(3)), 위 각 행위에 대한 예비행위나 부수적 행위에 대한 징계도 부당한 것이 된다(노조법 제65조(4)).

한편, 위 ③번의 행위와 관련하여 실제로 그 주장이 거짓이었고, 행위자가 그 주장이 거짓임을 믿었거나 해의(bad faith)를 가지고 그러한 주장을 한 것을 징계의 이유(또는 이유 중의 하나)로 삼은 때에는 정당한 징계가 된다(노조법 제65조(6)).

부당한 징계를 받았다고 주장하는 자는 권리침해를 생기게 한 결정이 있는 날로부터 3월 이내에 고용심판소에 소를 제기할 수 있으며(노조법 제66조), 청구가 이유가 있는 때에는 이를 인용하는 판결을 하며 아울러 노동조합에 의한 금전배상을 명할 수도 있고 징계의 내용이 금원의 납부였다면 이에 상당하는 금원의 지급을 명할 수 있다(노조법 제67조(1)). 금전배상액은 불공정해고의 주당 기본배상의 상한의 30배 및 추가배상액을 한도를 초과할 수 없다(노조법 제67조(7)). 아울러 금전배상의 하한은 소제기 당시 징계가 시정되지 아니한 때에는 금전배상은 9,118파운드를 하한으로 한다(노조법 제67조(8A)).

1992년 노동조합 및 노동관계(통합)법 제68조는, 노동자는 노동조합과 사용자 사이의 약정에 의하여 일방적으로 자신의 급여로부터 금원의 공제를 당하지 아니할 권리를 가진다고 규정한다. 공제가 정당하기 위해서는 노동자의 서면 동의가 필요하고, 이미 동의한 때에는 동의의 철회가 없어야 한다. 노동자는 언제든지 서면동의를 철회할 수 있다(노조법 제68조(2)). 아울러 노동자가 서면동의를 하였더라도 그 자체만으로는 사용자가 노동조합에 대하여 급여에서 금원을 공제를 의무를 부담하지는 아니한다(노조법 제68조(3)).

　사용자가 1992년 노동조합 및 노동관계(통합)법 제68조에 위반하여 급여에서 금원을 공제한 때에는 노동자는 고용심판소에 소를 제기할 수 있으며, 고용심판소는 사용자에게 이미 공제한 금원에 상당하는 금액을 노동자에게 지급하라는 판결을 선고한다(노조법 제68A조).

　위와 같이 제정법상 나타난 규제 사항 이외에 판례에 나타난 부당한 통제권 행사의 판단 기준으로는 보통 정의관념(natural justice)이 제시되며 이 기준에 따라 규약 자체의 공정성,[40] 징계에 대한 사전 고지,[41] 변론할 기회,[42] 제3자의 조력을 받을 권리[43] 등이 침해된 것이 아닌지를 판단한다. 한편, 앞서 언급한 대로 노동조합의 규약에 따른 결정이나 화해가 유일한 권리구제수단이라고 규정한 규약의 내용은 조합원의 재판을 받을 권리를 침해하는 것으로 효력이 없다(노조법 제63조).

제3절 조합활동

Ⅰ. 조합활동의 범위

　1992년 노동조합 및 노동관계(통합)법은 조합활동의 범위에 대해서 명확하게 규정하고 있지 아니하다. 따라서 정당한 조합활동인지

40) Roebuck v NUM (Yorkshire Area) [1977] ICR 573.
41) Annamunthodo v Oilfield Workers' Trade Union [1961] AC 945.
42) University of Ceylon v Fernando [1960] 1 WLR 223.
43) Pett v Greyhound Racing Association Ltd (No. 1) [1969] 1 QB 125.

여부는 개별 분쟁 사례에서 그 범위가 결정된다. 판례상 인정된 조합 활동의 사례로는 조합업무에 관한 토론,[44] 노사문제에 관하여 노조대표자들로부터 조언을 구하는 행위,[45] 노조의 공지사항을 우편으로 보내는 행위,[46] 사원모집 포럼에서 발언을 하는 행위,[47] 소속 노동조합을 비난하는 행위[48] 등이 있다.

ACAS의 행위준칙에 따르면 조합활동에는 사용자와 협의한 결과에 대한 논의나 투표를 위한 사업장 내 모임에의 참석(사용자가 동의하면 사업장 외 인근 장소에서의 모임참석도 가능하다), 사업장 현안에 관하여 노동조합 전임간부와의 회의, 노조선거에서의 투표, 노동조합교육대표자가 제공하는 프로그램에의 참여 등이 여기에 해당하는 사례이다. 아울러 승인 노동조합의 대표자는 해당 노동조합의 사업에 대한 논의가 이루어지는 지역 회의나 분회 회의에 참석할 수 있고, 집행위원회나 정기총회 등 조직의 정책을 결정하는 회의에 참석할 수 있으며, 사업장과 관련한 의제를 논의하기 위하여 노동조합 전임간부와 회의할 수 있다[49] 그러나 쟁의행위를 구성하는 개별 행위는 조합활동에 해당하지 않는 것으로 규정하고 있다. 조합활동 자체는 1992년 노동조합 및 노동관계(통합)법이 정한 의무(duties)가 아니므로 유급으로 처리할지는 노동조합과 사용자의 합의에 따른다.

---

44) Zucker v Astrid Jewels Ltd [1978] ICR 1088.
45) Stokes and Roberts v Wheeler-Green Ltd [1979] IRLR 211.
46) Post Office v UPW & Crouch [1974] ICR 378.
47) Bass Taverns Ltd v Burgess [1995] IRLR 596.
48) British Airways Engines Overhaul Ltd v Francis [1981]ICR 278.
49) ACAS, *Code of Practice - Time off for trade union duties and activities*, 2010, pp18~19.

Ⅱ. 유도 행위의 금지

1992년 노동조합 및 노동관계(통합)법은 사용자가 조합원의 조합활동을 방해할 목적으로 하는 유도행위(Inducements)를 규제하고 있는데 이는 Wilson v United Kingdom 사건[50]을 입법에 반영한 것이다.

먼저, 노동자는 사용자로부터 ① 자주적 노동조합의 조합원이 되지 아니할 것, ② 적절한 시간에 자주적 노동조합의 행위에 참가하지 아니할 것, ③ 특정 또는 어느 노동조합에 가입할 것을 유도의 유일한 또는 주된 내용으로 하는 요구를 받지 아니할 권리가 있다(노조법 제145A조(1)). 다음으로 사용자의 승인을 받는 자주적 노동조합의 노동자는 노동조합과 사용자가 체결한 단체협약에 의하여 규율되는 고용조건을 더 이상 적용받지 아니하는 결과를 가져오는 사용자의 요구를 받지 아니할 권리가 있다(노조법 제145B조(1)).[51] 그러한 요구를 받은 노동자는 고용심판소에 소를 제기할 수 있고 고용심판소는 청구가 이유 있는 때에는 인용의 취지를 밝히고, 3,907파운드의 금전배상을 명한다(노조법 제145E조(3)).

---

50) [2002] ECHR 552. 사용자와 노동조합 사이에 체결한 임금협약의 적용을 배제하는 임금계약의 체결을 거부한 근로자에 대하여 개별 임금계약을 체결한 다른 근로자보다 낮은 임금인상을 다툰 사건으로, 항소법원은 원고의 청구를 받아들였으나 귀족원은 항소심판결을 파기하였다. 이에 원고가 유럽인권협약 제11조(단결권을 포함한 결사의 자유 조항) 위반을 이유로 유럽인권법원에 제소하자 위 법원은 그와 같은 사용자의 차별행위는 인권협약에 위반된다고 판단하였다.
51) 이와 같은 수단을 동원한 사용자의 차별적 임금을 감미료 임금(sweetener payments)이라고도 부른다.

Ⅲ. 불이익의 금지

1992년 노동조합 및 노동관계(통합)법은 조합원의 활동에 대하여 사용자가 해고나 그 밖의 불이익을 가하지 못하게 하는 방식으로 노동조합의 조합활동을 보장하고 있다고 말할 수 있다. 해고에 대한 조합원의 보호는 앞서 설명한 클로즈드 숍에서 설명한 것과 동일하다. 즉, 1992년 노동조합 및 노동관계(통합)법은 조합원이라는 이유로, 또는 조합원이 아니라는 이유로 해고를 하는 것을 당연 불공정해고라고 규정하여 클로즈드 숍의 금지와 동시에 사용자에 대하여 조합원이 될 권리를 보호하고 있다(노조법 제152조 이하). 여기서는 해고 이외의 불이익금지에 대하여 설명한다.

노동자는 다음을 유일한 또는 주된 목적으로 하는 행위 또는 부작위를 이유로 사용자로부터 개인적으로 불이익을 받지 아니한 권리가 있다. 대상 행위는 ① 자주적 노동조합에 대한 가입의 금지 또는 가입행위에 대한 불이익, ② 적절한 시간에 자주적 노동조합의 활동에 참여 금지 또는 참여행위에 대한 불이익, ③ 적절한 시간에 노동조합의 서비스를 제공받는 것에 대한 금지 또는 제공받은 것에 대한 불이익, ④ 특정한 노동조합, 어느 노동조합, 또는 특정한 다수의 노동조합 중 하나의 조합원이 되도록 강요하는 행위 등이다(노조법 제146조 (1)). 여기서 '적절한 시간'란 노동시간 이외의 시간이나 노동조합과 사용자가 합의한 노동시간 내의 시간으로 노동조합의 활동에 참여한 시간 또는 노동조합의 서비스를 이용한 시간을 의미한다(노조법 제146조(2)).

위와 같은 불이익은 개인적으로 입은 것이어야 하는데 이와 관련하여 단체협약에 사용자에게 직장위원을 담당하는 노동자의 행위가 문제가 될 때에는 직장위원 승인을 철회할 수 있다고 규정되어 있었고, 이에 따라 사용자가 특정 노동자에 대한 직장위원 승인을 철회한 사건에서 판례는 위와 같은 경우는 노동조합에 대한 법적 조치일 뿐 개인적인 불이익은 아니라는 사용자의 주장을 배척하고 해당 근로자가 개인적으로 불이익을 받은 경우라고 보았다.[52] 한편, 노동자에게 불이익을 주려는 목적을 판단하는 명확한 기준은 없으나 판례 중에는 주로 노동조합의 업무를 담당하던 조합원인 공무원이 업무상 실무경험이 부족하다는 이유로 승진대상에서 제외된 사건에서 승진에 필요한 실질적인 실무경험이 부족한 사실을 인정할 수 있으므로 비록 상급자가 노조업무를 줄이고 업무시간을 늘리라고 발언하였더라도 그 발언만으로는 사용자의 불이익을 주려는 목적을 인정할 수 없다고 한 것이 있다.[53]

노동자는 사용자의 1992년 노동조합 및 노동관계(통합)법 제146조 위반행위에 대하여 고용심판소에 소를 제기할 수 있는데, 고용심판소는 청구가 이유 있다고 인정되면 의무위반을 선언하는 함과 아울러 금전배상을 명한다. 금전배상은 노동자의 권리침해에 대하여 고용심판소가 정의와 공평의 견지에서 적절하다고 인정하는 금액과 함께 소제기에 따른 비용손실과 그 밖의 이익(benefit)이 포함된다(노조법 제149조). 또한 제3자의 압력에 의하여 1992년 노동조합 및 노동관계(통합)법 제146조 위반행위가 이루어진 때에는 그 제3자도 소송의 당사자로 강제참가 시킬 수 있으며 제3자도 일정한 금전배상책임을 부담할 수 있다(노조법 제150조).

한편, 1993년부터 2009년까지 건설노동자의 명단을 확보하여 이들의 조합활동을 방해하여 온 'Consulting Association'이라는 비법인 단체가 있었는데, 그 사실이 알려지면서 2010년 고용관계법 1999년 (블랙리스트)명령[54]이 입법되었다. 현재는 위 단체가 해산되었으나

52) F W Farnsworth Ltd v McCold [1998] IRLR 362.
53) Gallacher v Department of Transport [1994] IRLR 231.
54) the Employment Relations Act 1999 (Blacklists) Regulations 2010.

명령은 여전히 효력을 유지하고 있다. 위 명령 제3조는 노동자에 대한 고용상 차별을 위하여 사용자나 파견사업주에 사용하게 할 목적으로 노동조합의 조합원이나 조합활동에 참여한 자의 자세한 인적사항을 담은 리스트의 작성 등을 금지하고 있다. 제3조를 위반하여 취업 등을 거부당한 노동자는 고용심판소에 소를 제기할 수 있고, 청구가 인용되면 최저 5,000파운드에서 최고 65,300파운드의 금전배상을 받을 수 있다.

Ⅳ. 근로시간면제제도

영국의 근로시간면제제도에는 유급으로 처리되는 것과 그렇지 않은 것이 있다. 원칙적으로 노동조합의 의무(duties)로 규정된 업무에 대해서는 유급으로 처리하지만 자율적 조합활동에 그치는 것에는 사용자가 유급처리를 하여야 할 의무가 없다. 각 제도를 나누어서 설명한다.

1. 유급근로시간면제

1992년 노동조합 및 노동관계(통합)법 제168조 이하에서는 조합활동중 근로시간면제를 받을 수 있는 활동을 규정하고 있다. 근로시간면제는 사용자로부터 승인을 받은 자주적 노동조합의 간부(official)가 그 의무의 이행을 위하여 업무시간중 시간을 사용하는 것이다. 여기서 의무의 대상은 ① 단체교섭(노조법 제178조(2))을 위한 협의, ② 사용자의 동의에 따라 단체교섭에서 사용자의 관련 근로자를 대표하여 하는 행위, ③ 정원감축해고(노조법 제188조), 2006년 사업이전(고용보호)명령에 따라 사용자로부터 정보를 수령하고 협의하는 업무, ④ 2006년 사업이전(고용보호)명령 제9조에 따라 노사합의를 위한 협의 업무, ⑤ 위 명령에 따라 노사합의와 관련하여 근로자를 대표하여 사용자와 협의할 업무 등이다(노조법 제168조(1)). 나아가 위 각 업무의 수행과 관련된 노사관계 훈련으로서 영국노총이나 영국노총의 자주적 노동조합의 승인을 받은 업무에 대해서도 근로시간면제를 하여야 한다(노조법 제168조(2)). 면제시간은 ACAS의 행위준칙[55]을 참고하여 노사가 합리적인 범위 내에서 합의한다(노조법 제168조(3)). 행위준칙은 근로시간을 면제하는 업무의 유형을 제시하고 있으나 정확히 몇 시간의 면제시간을 허용하여야 하는지에 대한 구체적 기준은 없다. 한국의 연구자료에 따르면 면제시간은 산업별로 큰 차이를 보이는데 승인 노동조합의 대표자는 평균 주당 18시간을 사용하고 그 중 전임자가 있는 승인 노동조합은 주당 35시간을 사용한다. 노동조합의 규모에 따라서도 면제시간에 큰 차이가 있는데 조합원수 50인 이하의 승인 노동조합은 주당 4시간 정도이나 조합원수 10,000인 이상의 승인 노동조합은 주당 20시간 정도를 사용한다.[56]

1992년 노동조합 및 노동관계(통합)법 제168A조는 사용자로부터 승인을 받은 자주적 노동조합의 교육대표자(learning representative)가 그 업무를 수행하기 위하여 업무시간을 사용하는 것을 허용하여야 한다고 규정한다. 교육대표자의 업무에는 교육·훈련의 필요성에 대한 분석, 교육·훈련 문제에 관한 정보의 제공이나 조언, 교육·훈련의 기획과 실시, 교육·훈련의 가치제고, 위와 같은 업무 수행에 관하여 사용자와 협의하는 업무, 위의 사항에 대한 일체의 준비 업무 등이 포함된다. 노동조합은 사용자에게 교육대표자로 일할 사람을 지명하여 서

---

55) ACAS, *Code of Practice — Time off for trade union duties and activities*, 2010.
56) 권현지/조성재, "영국의 근로시간면제제도와 운영현황", 「국제노동브리프」(제8권 제7호), 한국노동연구원, 2010. 8, 4쪽 이하 참조. 위 자료를 보면 비승인 노동조합의 경우에도 노사합의로 근로시간면제를 시행하는 경우도 있다.

면으로 통보하여야 하는데 대상자는 교육대표자 업무를 수행할 수 있는 충분한 훈련이 된 자이어야 한다. 노동조합의 정당한 요구를 사용자가 거부하면 근로자는 고용심판소에 소를 제기할 수 있다. 한편, 조합원들은 무급으로 교육대표자의 서비스를 받을 수 있는 권리가 있다(노조법 제170조(2B)). 위 권리행사를 이유로 한 해고는 불공정해고가 된다.

유급근로시간면제 활동에 대하여 사용자가 근로시간면제를 거부하거나 유급처리를 거부하면 근로자는 고용심판소에 소를 제기할 수 있다(노조법 제168조(4), 제168A조(9), 제169조(5)). 고용심판소는 청구가 이유 있으면 청구를 인용하고 금전배상을 명할 수 있다(노조법 제172조(1)).

한편, 내각장관은 공공부문 사용자에게 유급근로시간면제의 현황을 공개하고, 면제시간이 과도하다고 판단되면 특정 사용자에게 상한을 두도록 요구하는 명령을 제정할 수 있다(노조법 제172A조, 제172B조).

2. 무급근로시간면제

사용자는 사용자로부터 승인을 받은 자주적 노동조합의 조합원이 근무시간중 노동조합의 대표자로서 조합활동에 참여하는 때에는 근로시간면제를 하여야 한다(노조법 제170조(1)). 그러나 근로시간면제가 되는 조합활동에 쟁의행위는 포함되지 아니하며 노동쟁의의 계획이나 촉진을 위한 활동도 포함되지 아니한다(노조법 제170조(2)). 근로자는 조합활동에 대한 근로시간면제를 거부하는 사용자를 상대로 고용심판소에 소를 제기할 수 있다(노조법 제170조(4)). 고용심판소는 청구가 이유 있으면 청구를 인용하고 금전배상을 명할 수 있다(노조법 제172조(1)).

제4절 노동조합의 변동

1992년 노동조합 및 노동관계(통합)법 제97조 이하에서는 2개 이상의 노동조합이 하나의 노동조합으로 합병(amalgamation)하거나 한 노동조합의 사무를 다른 노동조합에 이전하는 사무양도(transfer of engagements)를 규정하고 있다.

합병이나 사무양도를 위해서는 관련 규정을 인증관에 제출하여 승인을 받아야 하고, 이후 합병 당사자인 노동조합의 조합원투표나 양도 노동조합 조합원의 투표절차를 거쳐야 한다(노조법 제98조). 노동조합은 조합원들이 합병이나 양도의 취지를 충분히 이해하고 투표할 수 있도록 늦어도 투표 7일 전까지 인증관의 승인을 받은 서면통보서를 조합원에게 제공하여야 한다(노조법 제99조). 조합원의 승인결의는 과반수 찬성으로 한다(노조법 제100조). 유효한 합병이나 양도결의가 있으면 해당 자산(property)은 개별적인 권리의무의 이전절차 없이 합병노조나 양수 노조에 이전된다(노조법 제105조).[57] 합병의 경우 한쪽 당사자만 등록 노동조합이거나 자주성 인증을 받은 때에는 양 노동조합의 등록 또는 자주성 인증이 모두 말소된다. 양 당사자 모두 등록이나 자주성이 인정되는 노동조합이면 새로운 노동조합도 자동적으로 등록이나 자주성이 인정되는 노동조합이 된다. 사무양도는 노동조합의 조합원지위, 자산, 기금, 정치적후원금 등을 양수노조에 이전하는 행위로 사무양도의 효력이 발생하면 양도 노동조합은 해산된다. 그러나 양수 노동조합의 등록 상태나 자주성 인증은 그대로 유지된다.

---

57) 사무양도와 합병의 효력에 관해서는 Certification Office, *MERGERS - A guide to the statutory requirements for transfers of engagements and amalgamations of trade unions*, 2015, pp3~4 참조.

조합원은 합병이나 양도절차에서 노조법에서 정한 위반사항을 이유로 인증관에 이의신청을 할 수 있으며, 인증관은 당사자에게 변론기회를 주고 판단하되, 이의신청이 이유가 있으면 그 취지를 선언하고, 하차치유에 필요한 절차를 특정한 명령을 한다(노조법 제103조). 인증관의 명령에 대해서는 고용항소심판소에 소를 제기할 수 있다(노조법 제104조).

제2장
단체교섭과 단체협약[1]

제1절 단체교섭의 의의

1992년 노동조합 및 노동관계(통합)법 제178조(1)은 단체협약의 정의와 아울러 단체교섭에 관하여 정의를 하고 있다. 이에 따르면 단체교섭은 단체협약에 규율할 사항과 관련한 교섭(negotiations)이다. 노조법 제178조(2)는 단체협약에 규율할 사항에 관하여 다음과 같이 크게 일곱 가지를 규정하고 있다. ① 고용조건 또는 노동자가 노동을 제공하는 물리적 조건, ② 고용의 체결(engagement)과 비체결(non-engagement), 고용의 종료와 정지, 고용상 의무, ③ 작업의 배치, 노동자 또는 노동자 그룹사이의 고용상 의무, ④ 징계에 관한 사항, ⑤ 노

---

1) 영국 노동법 교과서를 살펴보면, 한국과 달리 단체교섭의 의의에 관한 설명이 거의 없고 대부분의 내용을 노동조합의 승인과 그에 따른 조합원의 권리에 관하여 설명하고 있다. 이것은 아마도 단체교섭의 결과에 따른 단체협약 자체에 한국과 같은 규범적 효력을 인정하지 아니하는 상황에서 단체교섭도 일반적 협상과정의 하나로 이해하는 태도가 있기 때문이 아닐까 추측된다. 따라서 이 책에서는 한국의 집단적 노사관계법을 서술하는 기본 틀을 유지하되 영국 노동법에서 강조하는 노동조합의 승인과 교섭의 대상, 그에 따른 조합원의 권리 등에 관하여 자세히 설명하고자 한다.

동자의 조합원 자격 또는 비자격, ⑥ 노동조합 간부를 위한 시설편의
제공, ⑦ 위 사항과 관련한 교섭, 자문, 그 밖의 절차에 관한 사항(각
교섭, 자문, 그 밖의 절차에서 노동자를 대표할 노동조합의 사용자 또
는 사용자단체의 의한 승인포함) 등이다.

제2절 단체교섭과 승인제도의 연혁[2]

   영국의 노동조합은 1871년 노동조합법이 제정되면서부터 규범
적 조직으로 규율되기 시작하였다.[3] 그러나 노동조합은 법원 등을 통
한 권리실현보다는 노동조합의 세력을 바탕으로 한 교섭을 통하여 현
안 문제를 해결하려고 하였고 이러한 경향은 법원의 보수적인 판결에
의하여 더욱 촉진되기도 하였다. 이에 따라 영국 정부는 교섭과 파업
을 법적 규율 안에 두기 위한 입법적 시도를 거듭하게 되는데 그 적
극적 시도의 시작은 1917년 휘틀리위원회(Whitley committee)의 보
고서이다. 위 보고서는 산업별 또는 업종별 단체교섭을 강조하였고 그
에 따른 권고를 수용한 영국 정부는 1918년 노사관계위원회법(Trade
Boards Act)을 입법하고 위 법률에 근거하여 1919년 합동노사관계위
원회(Joint Industrial Council)를 설치하였다. 노사가 참여하는 합동
노사관계위원회는 각 산업부문별로 설치가 되어 1940년대까지 각 산
업부문의 임금수준과 기본적인 고용조건에 상당한 영향을 미쳤다. 이
후 영국 정부는 기업별 또는 사업장별 교섭을 지향하는 도노반위원회
의 권고를 받아들여 1971년 노사관계법을 제정하고, 위 법률에서 노

---

2) 이 부분은 박종희/이승욱, 「산별노조 운영 및 활동에 관한 법해석상의 문제점과 개
   선방안」(학술용역보고서), 노동부, 2003, 136쪽 이하의 내용을 주로 참고하였다.
3) Astra Emir, p578.

동조합에 대한 승인제도를 도입하고 관할기관으로 전국노사관계법원 (National Industrial Relations Court)을 설치하였다. 1975년 고용보호법(Employment Protection Act)에 의하여 전국노사관계법의 승인 업무는 ACAS로 이관되는데 일반적으로 양 기관에 의한 승인제도는 원활하게 시행되지 못하였다는 평가를 받았다. 1979년 보수당이 집권하면서 1980년에 승인제도는 폐지되었다가 1997년 노동당이 집권하면서 1999년 고용관계법(Employment Relations Act)에 의하여 다시 제도화되고 현재는 1992년 노동조합 및 노동관계(통합)법 부칙 A1에서 해당 내용을 규율하고 있다.

단체교섭의 실제에서는 임의승인이 주된 수단이기 때문에 법정 승인이 이루어지는 경우는 많지 아니하다. 통계[4]에 따르면 2015년~2016년 회계연도 기간중 48건의 법정승인 신청이 있었으며,[5] 준법정승인 신청이나 승인철회 신청은 한 건도 없었다.

제3절 노동조합의 승인

노동조합이 사용자에 대하여 교섭요구를 하려면 사용자에 의한 승인(recognition)이 필요하다. 즉, 사용자의 승인이 없으면 사용자는 교섭의무가 없다. 여기에는 사용자에 의한 임의승인과 1992년 노동조합 및 노동관계(통합)법상 절차를 통한 제정법이 규정한 법정승인이 있다. 한편, 사용자는 특정 사항에 대해서만 노동조합이 조합원을 대표하여 교섭을 할 수 있는 한정적 승인을 할 수도 있고, 포괄적 사항에 대하여 교섭을 할 수 있는 승인을 할 수도 있다.

---

4) Central Arbitration Committee, *Annual Report 2015/2016*, 2016, p13.
5) 그 이전 기간에는 각 38건, 30건의 신청이 있었다.

Ⅰ. 임의승인

임의승인(voluntary recognition)은 사용자가 노동조합과 교섭할 범위를 정하여 사용자가 임의로 승인을 하는 것을 말한다. 보통 승인 협약(agreement for recognition)이 체결되며, 승인협약에는 단체교섭의 절차, 분쟁해결절차, 조합활동에 관한 내용이 규정된다. 승인협약의 법적 구속력이 부인되므로 사용자는 일방적으로 협약을 해지할 수는 있으나, 1992년 노동조합 및 노동관계(통합)법 제244조(1)(g)는 승인과 관련한 분쟁도 노동쟁의(trade dispute)로 규정하여 쟁의행위를 통한 임의승인의 촉진을 예정하고 있다. 실무적으로는 임의승인이 노동조합 승인의 원칙적 모습이다.[6] 판례에 나타난 분쟁은 사업장의 관행이나 사용자의 일정한 거동이 임의승인에 해당하는 지를 다툰 것이 많은데 NUTGW v Charles Ingram & Co Ltd 사건[7]에서 승인의 인정기준 및 그 특징을 제시한 것이 있다. 이에 따르면 ① 승인은 사실인정과 법적 판단이 혼합된 문제이고, ② 승인은 상호성이 있어야 하며, ③ 승인을 위한 묵시적 혹은 명시적 합의가 있어야 하며, ④ 묵시적 합의라면 어느 정도 기간 동안 명확하고 모호하지 아니한 행위가 지속되어야 하며, ⑤ 승인은 특정 목적 또는 포괄적 목적을 대상으로 한 것이어야 한다.

---

6) 박종희/이승욱, 「산별노조 운영 및 활동에 관한 법해석상의 문제점과 개선방안」 (학술용역보고서), 노동부, 2003, 143쪽.

7) [1978] IRLR 147. NUTGW은 전국 재단사 및 의류노동자 노동조합(National Union of Tailors and Garment Workers)이다. 1991년 General, Municipal, Boilermakers and Allied Trades Union에 합병되었다.

Ⅱ. 법정승인

법정승인은 1992년 노동조합 및 노동관계(통합)법이 정한 절차에 따라 중앙중재위원회(Central Arbitration Committee: CAC)에서 승인결정을 하는 것이다.

1. 사용자에 대한 승인청구

법정승인을 받기 위한 첫 단계는 자주적 노동조합이 교섭단위(bargaining unit)를 확정한 후 사용자를 상대로 서면으로 승인청구를 하는 것이다. 승인청구의 상대방이 되는 사용자는 청구 당시 21명 이상의 노동자를 고용하고 있거나 청구한 날을 기준으로 지난 13주간 평균 21명 이상의 근로자를 고용하고 있어야 한다(노조법 부칙 A1 제4조~제7조). ① 승인청구를 받은 사용자는 10영업일(the first period, 제1기간) 안에 승인 여부에 대한 대답을 하여야 하는데, 사용자가 청구를 받아들이면 중앙중재위원회의 절차는 진행되지 아니한다(노조법 부칙 A1 제10조(1)). 사용자가 일체 승인에 관한 협의 등을 거부하거나 침묵을 하면 노동조합은 바로 중앙중재위원회에 승인신청을 할 수 있다. ② 사용자는 위 1차 승인청구에 따른 제1기간이 경과한 다음 날로부터 20영업일(the second period, 제2기간) 안에 노동조합이 주장하는 교섭단위를 인정하지 않고 추가 교섭을 통하여 새롭게 교섭단위를 결정하고 승인할 수도 있는데 이때에는 중앙중재위원회의 절차가 진행되지 아니한다(노조법 부칙 A1 제10조(2)~(4)). 위 추가교섭절차에서 승인이 되지 아니하면 노동조합은 중앙중재위원회에 승인신청을 한다. 한편, 사용자는 승인청구를 받고서 교섭단위에 관한 협의가 필요하다는 통지를 노동조합에 한 날로부터 10영업일 내에 ACAS에 조력을 구할 수도 있는데 노동조합이 이를 거부하면 승인절차가 종료되므로

(노조법 부칙 A1 제12(5)) 노동조합은 ACAS의 조력을 받는 데 동의를 하고 이후 법정승인절차를 진행하게 된다. 법정승인절차에서 ACAS는 노사 양 당사자 사이에서 승인절차가 원활하게 진행되도록 중간에서 도움을 준다.[8]

2. 승인요건 심사

사용자가 승인을 거절하면 노동조합은 중앙중재위원회에 승인신청을 하게 되는데, 중앙중재위원회는 승인요건을 심사한다. 1992년 노동조합 및 노동관계(통합)법 부칙 A1은 승인 요건을 복잡하게 규정하고 있다.

먼저, 교섭단위를 구성하는 노동자 중 적어도 10%는 승인을 청구하는 노동조합의 조합원이어야 한다('10% test'라고 부른다). 중앙중재위원회는 승인신청을 받은 날로부터 10영업일 이내에 이를 판단하여야 한다(노조법 부칙 A1 제14조). 또, 교섭단위를 구성하는 노동자의 과반수가 승인신청 노동조합의 승인을 지지하여야 한다(노조법 부칙 A1 제36(1)). 조합원의 지지의사는 지지의사를 담은 서면이 주요한 증거가 될 수 있다.[9] 교섭단위 내에 이미 유효한 단체협약에 체결되어 있는 때에도 신청요건을 충족하지 못한다(노조법 부칙 A1 제35조(1)). 아울러, 복수의 노동조합이 승인신청을 한 때에는 각 노동조합이 안정적이고 효과적인 단체교섭을 보장하도록 협력한다는 점을 밝혀야 한다(노조법

---

8) 예를 들어, 노동조합은 승인절차에서 조합원에 대한 불이익을 염려하여 조합원 명단을 사용자에게 고지하지 않을 수 있는데, 이럴 때 ACAS는 교섭단위 내에 실제로 근무하는 조합원이 있는지를 노동조합의 도움을 받아 조사한 후 사용자에게 적어도 노동조합이 승인을 요구할 권한이 있다는 사실을 알려 줄 수 있다. 법정승인절차에 ACAS가 참여하는 비율은 약 20% 정도라고 한다(ACAS 홈페이지(www.acas.org.uk. 2017.3.30 검색) 자료, Ask Acas – Trade union recognition 참조).
9) Unison, *Guide to Statutory Recognition: Using the CAC procedure*, 2005, p10.

부칙 A1 제37(2)). 복수의 노동조합이 승인신청을 한 때, 그 중 한 노동
조합만이 교섭단위를 구성하는 노동자의 10%를 조합원으로 하는 경
우에는 그 노동조합만이 승인절차를 참여할 노동조합으로 결정하지
만, 그 이외에는 절차를 진행하지 아니한다(노조법 부칙 A1 제14조). 따라
서 1개의 교섭단위를 두고 복수의 노동조합이 승인에 관한 경쟁을 하
면 승인신청 전에 노동조합 사이에 자율적 조정이 필요하다. 한편, 중
앙중재위원회로부터 승인신청을 받아들인다는 통지를 받은 노동조합
은 통지를 받은 날로부터 3년 이내에 동일하거나 실질적으로 동일한
교섭단위에 대하여 승인신청을 할 수 없다(노조법 부칙 A1 제47조). 또 승
인신청자격을 인정받은 노동조합이 이후 이루어진 조합원 투표에서
1992년 노동조합 및 노동관계(통합)법이 정한 요건을 충족하지 못하
였다면 중앙중재위원회가 그에 관한 결정을 한 날로부터 3년 이내에
승인신청을 할 수 없다(노조법 부칙 A1 제48조).

3. 승인절차

중앙중재위원회는 노동조합의 승인신청을 수리하면, 신청접수결
정 통지를 한 날로부터 20영업일 내에 노사 양 당사자가 교섭단위에
관하여 합의를 할 수 있도록 노력하여야 한다(노조법 부칙 A1 제18조). 신
청수리결정을 통지받은 사용자는 노동조합과 중앙중재위원회에 교섭
단위에 속한 노동자의 범위에 관한 리스트, 제안된 교섭단위에 속한
노동자가 속해 있는 사업장의 리스트, 각 범위와 사업장에 속하는 노
동자라고 사용자가 합리적으로 판단한 숫자를 제공하여야 한다(노조법
부칙 A1 제18A조). 중앙중재위원회는 교섭단위 결정을 위하여 노사간
합의를 위해 노력한 위 20영업일 기간이 종료한 날로부터 10영업일
이내(decision period, 결정기간)에 교섭단위를 결정하여야 한다(노조
법 부칙 A1 제19조). 중앙중재위원회는 교섭단위를 결정할 때 효율적인

경영체계와 양립하는 교섭단위의 필요성과 아울러 다음의 요소를 고려한다. ① 사용자와 노동조합의 의견, ② 이미 존재하는 전국 또는 지역 단위 교섭제도, ③ 기업 내 소규모의 파편화된 교섭단위를 회피하는 것이 바람직스럽다는 점, ④ 교섭단위에 속하는 노동자의 특성과 중앙중재위원회가 적절하다고 판단한 다른 근로자들의 특성, ⑤ 노동자의 근무장소(노조법 부칙 A1 제198B조) 등이다.

교섭단위가 결정되면 중앙중재위원회는 결정된 교섭단위가 당초 노동조합이 주장한 교섭단위와 동일한지를 비교한다. 동일한 교섭단위라고 확인되거나 그렇지 아니하더라도 증거에 의하여 유효한 교섭단위결정이라고 확인되고, 아울러 교섭단위 내에 과반수 노동자가 조합원이라면 노동조합에 대한 승인을 결정한다(노조법 부칙 A1 제20조, 제21조, 제22조(1), (2)).

그러나 위의 요건을 형식적으로 만족하더라도 ① 중앙중재위원회가 건전한 노사관계를 위하여 조합원 투표가 필요하다고 인정하고, ② 교섭단위 내 의미 있는 숫자의 노동자가 승인신청 노동조합의 단체교섭을 원하지 않는다는 증거를 가지고 있고, ③ 교섭단위 내 의미 있는 숫자의 노동자가 승인신청 노동조합의 단체교섭을 원한다는 점에 관하여 중앙중재위원회의 의심을 품게 하는, 조합원 자격에 관한 증거가 있을 때에는 다시 조합원투표를 실시하여야 한다(노조법 부칙 A1 제22조(3), (4)). 조합원투표는 중앙중재위원회가 지명하는 중립적 인사(qualified independence person)에 의하여 실시하며, 투표는 중립적 인사를 선임한 날로부터 20일 이내에 한다(노조법 부칙 A1 제25조). 사용자는 조합원투표를 실시함에 있어 필요한 협조의무 등 다섯 가지 의무를 부담한다(노조법 제26조). 사용자가 의무를 이행하지 아니하거나 조합원투표가 이루어지지 아니하면 중앙중재위원회는 기간을 정하여 시정명령을 하고, 사용자가 시정명령에 응하지 아니하면 노동조합의 승인결정을 한다(노조법 부칙 A1 제27조). 노사 양 당사자는 조합원투표에 영향을 미칠 목적으로 불공정행위를 하여서는 아니 된다. 노조법은 금원지급 등 일곱 가지 불공정행위 유형을 규정하고 있다(노조법 부칙 A1 제27A조). 노사 양 당사자는 상대방의 불공정행위에 대하여 중앙중재위원회에 이의신청을 할 수 있고, 신청이 이유 있으면 중앙중재위원회는 그 취지를 인용하는 결정과 아울러 불공정행위 방지를 위한 적절한 조치를 취하도록 명할 수 있다(노조법 부칙 A1 제27B조. 제27C조). 불공정행위가 폭력행위이거나 노조간부의 해고일 때에는 그 행위주체가 사용자이면 노동조합의 승인결정을 하고, 그 행위주체가 노동조합이면 불승인결정을 한다(노조법 부칙 A1 제27D조). 한편, 승인과 관련하여 조합원 투표결과 교섭단위 노동자의 과반수가 투표에 참여하고, 교섭단위 노동자의 40%가 찬성을 하면 중앙중재위원회는 승인결정을 하고, 그 이외에는 불승인결정을 한다(노조법 부칙 A1 제29조).

한편, 1992년 노동조합 및 노동관계(통합)법은 승인절차에 참여한 노동자에 대한 불이익금지를 규정하고 있으며(노조법 부칙 A1 제156조), 불이익을 입은 노동자는 고용심판소에 소를 제기할 수 있다. 고용심판소는 청구가 이유 있으면 권리침해에 따른 금전배상와 권리침해에 부수하여 발생한 비용의 배상을 명할 수 있다. 권리침해에 따른 금전배상액은 불공정해고의 기본배상액을 상한으로 한다(노조법 부칙 A1 제159조, 제160조). 불이익의 내용이 해고이거나 정원감축해고인 때에는 당연 불공정해고로 처리한다(노조법 부칙 A1 제161조, 제162조).

4. 승인결정의 효력

법정승인을 받은 노동조합이 사용자와 단체교섭을 할 수 있다. 교섭기간은 20영업일 초과한 기간으로 노사가 합의한 기간 또는 승인결정을 받은 날부터 20영업일(negotiation period, 교섭기간)이다. 교

섭기간 안에 단체협약이 이루어지지 아니하면 양 당사자는 중앙중재
위원회에 조력을 구할 수 있다(노조법 부칙 A1 제30조). 중앙중재위원회
는 20영업일을 초과한 기간으로 노사한 합의한 기간 또는 중앙중재위
원회에 조력을 구한 날로부터 20영업일(agreement period, 합의기간)
내에 양 당사자가 합의하도록 조력하여야 한다. 위 기간 내에 합의에
이르지 못하면 중앙중재위원회는 단체교섭의 방법(method)을 특정하
여야 한다. 위 방법은 양 당사자를 법적으로 구속하는 계약적 효력이
있다. 그러나 양 당사자가 위 교섭방법의 전체 또는 일부가 효력이 없
음을 서면으로 합의하거나 변경·교체하는 합의를 한 경우에는 그러
하지 아니하다. 단체교섭 방법의 불이행에 대해서는 특정 이행을 유
일한 구제수단으로 한다. 양 당사자는 합동하여 중앙중재위원회의 조
력절차의 중단을 신청할 수 있고, 중앙중재위원회는 신청에 따라 절
차를 중단한다(노조법 부칙 A1 제31조).

5. 준 법정승인

앞선 언급한 임의승인 이외에 중앙중재위원회의 승인결정절차
진행중 사용자가 임의로 노동조합을 승인할 수 있는데(노조법 부칙 A1,
제2장 제52조~제63조) 이를 준 법정승인 또는 준 임의승인(semi-voluntary
recognition)이라고 부를 수 있다.[10] 준 법정승인은 승인기간 3년이
보장되고, 승인을 위한 협의시 중앙중재위원회가 제시하는 단체교섭
방법을 채택할 수 있다.

6. 승인의 철회

1992년 노동조합 및 노동관계(통합)법 부칙 A1의 제4장부터 제6

---

10) 강학상 용어이다(Simon Honeyball, p381).

장(제96조~제148조)은 승인철회(derecognition)에 관하여 규정하고
있다. 먼저, 지난 13주 평균하여 21명 미만을 고용한 사용자는 승인철
회를 신청할 수 있다(노조법 부칙 A1 제99조~제103조). 아울러 사용자는
노동조합을 상대로 승인철회에 동의하라는 취지의 신청을 중앙중재
위원회에 할 수 있다. 중앙중재위원회는 교섭단위를 구성하는 노동자
의 10% 이상이 승인철회에 찬성하고(favour), 교섭단위를 구성하는
노동자의 과반수가 승인철회를 찬성할 것으로 예상되면(would be
likely to favour) 승인철회신청을 받아들인다(노조법 부칙 A1 제110조).
한편, 교섭단위를 구성하는 노동자도 승인철회를 신청할 수 있으며
앞서 언급한 요건을 충족하면 승인철회신청을 받아들인다(노조법 부칙
A1 제114조). 승인철회신청이 수리되면 승인철회투표가 진행되는데 투
표결과 교섭단위를 구성하는 노동자의 과반수가 투표에 참여하고, 교
섭단위를 구성하는 노동자의 40% 이상이 찬성을 하면 중앙중재위원
회는 승인철회결정을 한다(노조법 부칙 A1 제121조).

제4절 단체교섭권의 내용

I. 단체교섭의 주체와 방식

1992년 노동조합 및 노동관계(통합)법은 단체교섭의 주체에 관
하여 특별한 규정을 두고 있지는 아니하며, 일반적으로 노동조합 또
는 노동조합의 연합단체와 사용자 또는 사용자단체와의 교섭(negoti-
ations)이라고 이해한다. 따라서 단체교섭의 일차적 당사자는 개별 노
동조합이라고 이해할 수 있으나 다수의 업종을 포괄하는 거대한 초기
업별 노조 중에는 특정 직역에 대해서는 노동조합 내의 해당 하부조

직이 직접 사용자와 교섭할 수 있는 권한을 부여하는 때도 있다. 나아가 개별 사용자나 지역과 직역을 고려하여 편성된 노동조합의 하부조직인 지부(branch)가 자신의 명의로 개별 사용자와 직접 단체교섭을 하고 단체협약을 체결하는 경우도 있다.[11]

영국은 다수의 업종을 포괄하는 초기업별 노조가 주류를 이루고 있기 때문에 한 사용자와 고용계약을 체결한 다수의 근로자들이 서로 다른 노동조합에 소속되어 있는 경우가 적지 않고, 아울러 여러 업종을 경영하는 사용자의 경우에는 각 업종별로 복수의 노동조합과 교섭을 하여야 하는 경우도 많다. 따라서 각 노동조합의 교섭요구를 일일이 대응하려면 많은 비용과 시간이 소요될 수 있다. 이에 사용자들은 강화된 교섭력을 바탕으로 다수노조 단일교섭방식(single table bargaining)과 단일노조교섭(single union deal)을 추구하였다.

다수노조 단일교섭방식은 승인을 받은 노동조합들과 한 절차에서 교섭을 진행하는 방식으로 1990년대부터 확산되었다.[12] 교섭절차를 단일화하여 사용자로서는 한 번에 교섭에 필요한 정보를 노동조합에 제공하고 사용자가 경영상 필요한 사항을 교섭할 수 있는 이점이 있다. 단체협약의 내용은 각 노동조합과 그 적용대상인 조합원의 고용상태에 따라 다르기 때문에 세분화된다.[13]

단일노조교섭은 사용자가 여러 노동조합 가운데 가장 영향력이 있는 노동조합 1개만을 승인하고 교섭을 하는 방식이다. 승인을 받지

---

11) 다수 공무원 노조의 교섭방식에 대한 구체적인 설명으로는 채준호, "영국 공무원 단체교섭제도의 한국적 함의", 「산업관계연구」(제20권 제4호), 한국노사관계학회, 2010 참조.
12) 자세한 내용은 Gregor Gall, (1994) "The Rise of Single Table Bargaining in Britain", *Employee Relations*, Vol. 16 Iss: 4, pp62~71 참조.
13) 2004년 영국의 사업체고용관계조사에 따르면 복수노조를 승인한 사용자 가운데 60%가 단일교섭방식을 채택하였다(배규식, "영국의 복수노조와 단체교섭", 「국제노동브리프」, 한국노동연구원, 2011. 8, 22쪽).

못한 노동조합은 사용자가 단체교섭을 할 기회를 갖지 못하고 결국
영향력 있는 노동조합이 체결한 단체교섭의 내용을 자신의 조합원의
고용계약의 내용으로 삼을 수밖에 없게 된다.[14]

Ⅱ. 단체교섭의 대상

앞서 살펴본 것처럼 1992년 노동조합 및 노동관계(통합)법 제
178조는 단체교섭에 관하여 정의를 하면서 교섭대상을 규정한 바 있
다. 그러나 위 규정이 단체교섭의 대상을 제한한 규정은 아니다. 실무
적으로 업무의 외주화, 인력배치 등에 관한 사항을 교섭대상으로 삼
는다는 경험적 연구가 있으며,[15] 대부분의 공공기관의 단체협약에는
노동조합이 참여하는 공동협의회(Joint Consultative Committee, JCC)
나 인적자원위원회(Human Resource Committee, HRC) 제도를 명시
하여 노동조합의 인사경영 참여를 독려하고 있다.[16]

Ⅲ. 사용자의 정보제공의무

1. 정보제공의 대상

사용자는 승인한 자주적 노동조합의 대표자가 요구를 하면 교섭
의 모든 단계에 있어서 ① 정보를 제공하지 아니하면 노조의 대표자

---

14) 2004년 영국의 사업체고용관계조사에 따르면 노동조합을 승인한 사용자 가운
데 단일노조만 승인한 사용자는 약 49%이다(배규식, "영국의 복수노조와 단체
교섭", 「국제노동브리프」, 한국노동연구원, 2011. 8, 23쪽).

15) Storey, Dr. J. (1976), "Workplace collective bargaining and managerial
prerogatives" *Industrial Relations Journal*, 7: 40–55 참조.

16) 노광표 외 4인, 「교원노조 단체교섭 해외사례 연구」, 서울특별시 교육청, 2011,
33쪽.

가 단체교섭을 진행하는 데 장애가 되는 정보, ② 단체교섭의 목적을 위하여 제공하여야 하는 정보가 노사관계에 부합하는 정보 등을 제공하여야 한다. 정보제공 요구는 구두로 할 수도 있으나 사용자가 요구하면 서면으로 하여야 한다(노조법 제181조). ACAS는 사용자가 제공하여야 하는 정보의 범위에 관하여 다음과 같이 예시를 하고 있다. ① 임금체계와 원칙, 업무평가의 체계와 기준, 임금명세표, 부가급부, 비임금성 노동비용 등에 관한 자료, ② 채용, 인력배치, 정원감축, 교육, 승진, 인사평가, 기회균등, 안전보건, 복지 등에 관한 자료, ③ 직급, 부서, 배치, 연령과 성 등에 따라 분석한 총 근로자 수, 노동총생산량, 결근자료, 시간외근로, 쇼트타임 근로자료, 승무기준, 노동설비·재료·장비 또는 부서에 관한 계획된 변경안, 예비 노동인력계획, ④ 예비 노동인력, 투자계획, ⑤ 생산성과 효율성 자료, 증가된 생산성과 매출에 따른 저축액, 자본유치에 관한 보고서, 판매량과 주문량, ⑥ 비용구조, 총이익과 순이익, 수입의 출처, 자산, 책임, 이익의 분배, 정부지원금의 내역, 이전가격, 모회사 또는 자회사에 대한 대여금 및 그에 대한 이자[17] 등이다.

한편, 1992년 노동조합 및 노동관계(통합)법 제182조는 정보제공이 제한되는 범위도 규정하고 있다. 이에 따르면, ① 정보제공이 국가의 안전보장에 반할 때, ② 정보제공이 법령에 의하여 금지사항을 위반한 것이 될 때, ③ 기밀로서 제공된 정보이거나 제3자가 사용자를 신용하여 제공한 정보, ④ 특정한 개인에 관한 정보(그 개인이 정보제공에 동의하지 아니한 경우), ⑤ 정보제공이 단체교섭에 영향을 미치는 것 이외에 사용자의 사업에 상당한(substantial) 손해를 미치는 경우, ⑥ 재판절차에 대한 제소, 기소 또는 그에 대한 방어를 위하여 취

---

17) Acas, *Disclosure of Information to Trade Unions for Collective Bargaining Purposes*, 2003, para11.

득한 정보 등은 정보제공에서 제외된다. 관련 사례를 보면, ③번의 사유와 관련하여 회사 수입에 관한 보고서가 제3의 기관에 의하여 작성되고 그 저작권이 제3자의 기관에 있는 때에는 정보제공을 거부할 수 있다고 보았으나,[18] ④번의 사유와 관련하여 근로자 개인의 업무평가 결과는 거부 대상이 아니라고 판단한 예도 있다.[19]

한편, 사용자는 정보를 제공하더라도 문서의 생성이나 검사, 기존 문서의 초록 등을 별도로 요구받지 아니하며, 나아가 사용자는 정보의 수집이나 편집에 소요되는 비용이나 노동이 단체교섭의 수행에 있어서 그 정보가 가지는 가치와 비교하여 합리적 비례성을 넘어서면 제공의무를 면할 수 있다(노조법 제183조(2)).

2. 권리침해의 구제

사용자가 정보제공을 거부하거나 제공을 요청한 정보를 사용자가 확정하지 아니하는 때에는, 노동조합은 중앙중재위원회에 이의신청을 할 수 있다. 사건을 접수한 중앙중재위원회은 해당 사건을 화해로서 종결할 수 있다고 판단하면 사건을 ACAS에 이송하고 양 당사자에게 그 사실을 통보한다. 중앙중재위원회가 직접 신청을 인용할 때에는, 제공할 정보의 범위, 정보제공을 거부하거나 제공을 요청한 정보를 확정하지 아니한 날짜, 정보제공을 하여야 하는 기한 또는 확정하여야 할 기한을 정하여 결정한다(노조법 제183조). 만일, 사용자가 중앙중재위원회의 정보제공결정을 이행하지 아니하면 정보제공이 필요한 해당 유형의 근로자와 제공할 정보의 조건을 명시하는 결정을 한다. 위 인용결정은 해당 유형의 근로자의 고용계약의 내용이 된다(노조법 제185조).

---

18) Civil Service Union v CAC [1980] IRLR 274.
19) Rolls-Royce Ltd v ASTMS, CAC Award No. 80/30.

2015년~2016년 회계연도에 중앙중재위원회에 접수된 정보제공 거부에 대한 이의신청은 모두 9건으로 전년도에 비교하면 3건이 증가하였다.[20]

제5절 단체협약의 효력

영국은 단체협약 자체에 한국에서 언급하는 규범적 효력을 해석상 바로 인정하지 아니한다. 나아가 한국과 달리 1992년 노동조합 및 노동관계(통합)법에 단체협약의 일반적 구속력이나 지역적 구속력을 인정하는 규정도 없다. 따라서 교과서에서도 단체협약의 효력에 대하여 자세하게 언급하지 않고 고용계약의 내용으로 편입된 경우 고용계약의 내용으로 효력을 갖는다는 정도의 설명이 있을 뿐이다. 내용을 간단히 정리하면 다음과 같다.

I. 연 혁

보통법상 단체협약의 당사자는 법적으로 구속될 의사(intention to be legally bound)가 없다고 해석을 하여 단체협약에 대하여 법적 구속력을 부인하였다. 따라서 양 당사자는 단체협약 위반을 이유로 상대방에게 법적 책임을 묻는 소송을 제기할 수 없었다. 이런 상황에서 영국 정부는 일찍부터 단체협약에 법적 구속력을 부여하려는 시도를 한 바 있는데, 1894년 왕립노동위원회는 몇 가지 입법적 시도를 하였으나 모두 실패하다가 1971년 노사관계법에서 단체협약에 법적

---

20) Central Arbitration Committee, *Annual Report 2015/2016*, 2016, p15.

구속력을 부여하는 조항을 신설하였다. 그러나 노동조합의 등록의무와 아울러 단체협약에 법적 구속력을 부여하는 위 법률에 영국노총과 노동조합은 크게 반발하였고 체결된 단체협약에도 법적 구속력이 없다는 점을 명시하였다. 1974년 총선에서 노동당이 승리하면서 1974년 노동조합 및 노동관계법을 통하여 법적 구속력을 인정하는 조항을 삭제하였고 현행 1992년 노동조합 및 노동관계(통합)법 제179조는 일정한 요건을 충족한 때에만 법적 구속력을 인정하도록 절충적으로 규정하고 있다. 그러나 단체협약의 실제에서는 법적 구속력을 인정하는 조항을 두는 경우는 극히 드물다.[21]

Ⅱ. 노조법의 규율

1992년 노동조합 및 노동관계(통합)법 제179조(1)은 ① 단체협약을 서면으로 작성하고, ② 당사자가 단체협약이 법적으로 구속력이 있는 계약이라는 조항을 단체협약에 규정하지 아니하는 한, 양 당사자는 종국적으로 단체협약에 법적으로 구속할 의사가 없는 것으로 해석한다고 규정한다. 아울러 당사자는 단체협약의 일부에만 법적 구속력을 부여하는 합의를 할 수도 있다(노조법 제179조(3)).

한편, 노동자가 파업이나 그 밖의 노동쟁의에 참여할 권리를 금지하거나 제한하는 단체협약상 규정은 원칙으로 효력이 없으나 다음의 조건을 갖춘 경우에는 그러하지 아니하다. 즉, ① 단체협약이 서면으로 작성되고, ② 그러한 조건이 고용계약에 편입된다거나 편입될 수 있다는 것을 단체협약에 명시적으로 규정하며, ③ 단체협약이 적용되는 노동자의 사업장에서 노동자가 위 단체협약에 합리적으로 접

---

21) Simon Honeyball, p376.

근할 수 있으며, ④ 단체협약의 당사자인 노동조합이 자주적 노동조합이어야 하고, ⑤ 노동자가 사용자와 체결한 계약이 명시적 또는 묵시적으로 그러한 단체협약 조항의 편입을 인정할 수 있을 때에는 그러한 규정이 유효하다. 위와 같은 요건을 갖춘 단체협약은 그 밖의 다른 형태의 협약이나 계약으로 그 효력을 부인하지 못한다(노조법 제180조).

Ⅲ. 단체협약의 효력과 관련한 문제

노조법에 단체협약의 효력기간을 정하는 규정은 없으나 일반적으로 임금협약은 1년을 효력기간으로 하여 매년 갱신된다. 단체협약 체결 전에는 조합원투표를 통하여 체결의사를 묻는 절차를 거친다. 단체교섭에 초기업별 노조의 전문적인 교섭위원과 해당 교섭단위의 직장위원 등이 참여하기 때문에 조합원의 의사를 묻지 않고 기업단위의 노조위원장이 일방적으로 단체협약을 체결하는 경우는 상정하기 힘들다.

단체협약의 효력을 인정하는 규정을 단체협약에 두고 있더라도 그 범위는 1992년 노동조합 및 노동관계(통합)법 제178조에서 규정하고 있는 단체교섭사항에 한정되므로 위 사항 이외의 것을 단체협약에 규정하면 다시 보통법의 원칙에 따라 그 사항은 바로 노사 당사자를 구속하는 법적 효력은 없다. 법적 구속력을 인정하지 아니하는 논리적 결론으로 단체협약에 평화조항 등이 규정되어 있더라도 그것이 바로 법적 구속력을 갖지는 아니하고 사용자도 그 규정위반을 이유로 한 소제기를 할 수 없다. 다만, 1992년 노동조합 및 노동관계(통합)법이 정한 쟁의행위의 절차적 규정은 준수하여야 한다.

단체협약의 내용 중 개별 고용조건과 관련한 것은 고용계약에서 편입을 인정함으로써 고용계약의 내용이 되므로 사용자가 단체협약과 다른 내용의 고용계약을 체결하는 것이 금지되지 아니한다. 따라서 한국에서 논의되는 유리의 원칙 등이 논의될 여지가 거의 없다. 다만, 사용자가 고용조건을 결정함에 있어 조합원과 비조합원인 노동자의 차별이 문제될 수 있다.[22] 단체협약의 고용계약 내로의 편입은 앞서 법원(法源)을 설명하면서 정리하였다. 관련 사례를 살펴보면, 단체협약에서 휴일수당(holiday pay)의 감액을 규정한 내용이 개별 근로자에게 적용되지 아니하고 따라서 종전 단체협약에 따른 휴일수당청구가 가능하다는 판례[23]가 있는 반면, 사용자가 회사의 재정상 이유를 들어 단체협약에서 정한 비행기 승무 규정을 위반하여 승무원을 승무시켰더라도 해당 내용이 개별적 고용계약의 내용으로 삼기에는 부적절하여 고용계약에 편입되지 않았고 따라서 이를 근거로 근로자의 청구를 기각한 사례[24]도 있다.

---

22) Wilson v United Kingdom [2002] ECHR 552.
23) Harris v Richard Lawson Auto Logistics Ltd [2002] IRLR 476.
24) Malone and others v British Airways plc [2010] EWCA Civ 1225.

제3장
노동쟁의의 조정

제1절 노동쟁의의 의의

Ⅰ. 1992년 노동조합 및 노동관계(통합)법의 정의

노동조합의 특정 행위가 1992년 노동조합 및 노동관계(통합)법
이 규정한 '노동쟁의' 개념에 포섭된다는 것은 해당 행위에 대하여 제
정법상의 면책이 보장된다는 의미이고, 그렇지 아니하면 보통법의 법
리에 따른 법적 책임을 부담한다는 의미가 있다.

1992년 노동조합 및 노동관계(통합)법 제244조(1)은 노동쟁의
(trade dispute)를 다음의 사항 중 하나 또는 그 이상에 대하여 전부
또는 대부분 관련이 있는 노동자와 그의 사용자 사이의 분쟁(dispute)
이라고 규정한다. 관련 사항 일곱 가지는 ① 고용조건 또는 노동자에
게 노무제공을 요구할 때의 물리적 조건, ② 1인 또는 그 이상의 노동
자의 채용(engagement) 또는 비채용, 고용의 해지 또는 일시중단, 고
용상 의무사항, ③ 노동자들 또는 노동자집단간의 일이나 고용상 의
무사항의 배분, ④ 징계, ⑤ 노동자의 노동조합 조합원자격 또는 비조
합원자격, ⑥ 노동조합 간부에 대한 편의제공, ⑦ 위 사항에 관련한

교섭, 협의, 그 밖의 절차에 관한 사항(위 교섭, 협의, 그 밖의 절차에 서 노동자를 대표하는 노동조합의 권리에 관한 사용자 또는 사용자단 체에 의한 승인을 포함) 등이다. 한편, 내각장관과 노동자 사이의 분 쟁은 내각장관이 해당 노동자의 직접 사용자가 아닌 때라도 일정한 경우 노동쟁의로 본다(노조법 제244조(2)).

1992년 노동조합 및 노동관계(통합)법은 노동자와 그 사용자 사 이의 분쟁을 노동쟁의로 규정하고 있는데, 판례 중에는 사용자가 새 로운 병원을 설립하려고 컨소시엄을 구성하자 노동조합이 기존 병원 의 근로자 일부를 새로운 병원으로 전출시킬 경우 그 근로조건을 종 전 병원의 근로조건과 동일하게 유지하여야 한다고 주장하면서 파업 을 하는 것은 아직 특정되지 아니한 새로운 병원의 사용자를 상대로 한 것으로서 1992년 노동조합 및 노동관계(통합)법상 노동쟁의 규정 에 포섭되지 아니한다고 판단한 것이 있다.[1]

아울러 현실적으로 노동쟁의가 발생하지 않았더라도 발생할 가 능성이 있는 경우도 노동쟁의로 규정하여 노동쟁의의 범위를 확대하 고 있다. 즉, 일방 당사자의 타당 당사자에 대한 행동, 위협, 요구가 만일 타방 당사자가 그 행동 등에 반대하였다면 그 당사자에 대하여 노동쟁의로 될 수 있었을 것이라면, 타방 당사자가 그 행동 등에 굴복 하여 노동쟁의가 발생하지 아니하였더라도 그러한 행위 등은 '노동쟁 의의 계획'이 있는 것으로 본다(노조법 제244조(4)). 1992년 노동조합 및 노동관계(통합)법의 개정이 있기 전 판례에 따르면 클로즈드 숍에 따 라 노동조합을 탈퇴한 조합원에 대하여 해고를 하지 아니하는 대신 사용자가 임의로 노무제공기회를 주지 않으면서 임금을 지급한 행위 는 노동쟁의에 해당하지 아니한다는 것이 있으나[2] 현행법에 의하면

---

1) University College London Hospitals NHS Trust v Unison [1999] IRLR 31.
2) Cory Lighterage Ltd v Transport and General Workers' Union [1980] IRLR 218.

노동쟁의에 포섭될 가능성이 높다.

Ⅱ. 일곱 가지 사항과의 관련성

1982년 고용법을 통하여 1974년 노동조합 및 노동관계법을 개정하기 이전까지는 노동쟁의는 단체교섭사항과 관련된(connected) 사항만을 의미하였고 따라서 법원은 분쟁의 진정한 이유가 단체교섭사항인지만을 고려하여 판단하였다. 그러나 현행 1992년 노동조합 및 노동관계(통합)법은 대부분의 관련성이 인정되면 노동쟁의로 보아서 제정법상의 면책 범위를 다소 넓히고 있다. 그럼에도 해석상 노사간의 분쟁이 1992년 노동조합 및 노동관계(통합)법이 정의하고 있는 노동쟁의에 해당하는 지는 여전히 논란이 많다. 특히, '고용조건 또는 노동자에게 노무제공을 요구할 때의 물리적 조건'과 관련한 판례가 많다. 이 문제는 정치적 파업의 정당성 문제와도 연결된다.

먼저, 개별 고용조건보다는 정치적 성격이 강한 파업에 대해서는 제정법상 면책이 인정되는 노동쟁의로 보지 아니한 판례가 있다. 예를 들어, 남아프리카 공화국의 인종차별에 반대하여 해당 국가로의 월드컵의 방송 송출을 거부한 사례에 대해서 노동쟁의로 보지 않고 금지명령을 발령한 사례가 있다.[3] 특정 사용자와의 분쟁을 전제로 하지 않고 정부정책에 반대하는 영국노총의 지시에 따라 3개 노동조합이 1일 동안 노무제공을 거부하는 행위도 노동쟁의에 해당하지 않는다는 판단한 사례도 있다.[4]

정부정책이 고용조건과 밀접하게 관련되어 있는 때에는 전반적으로 노동쟁의의 개념에 포섭하는 해석을 제시하고 있다. 초기 판결

---

3) BBC v Hearn [1977] IRLR 273.
4) Express Newspapers v Keys [1980] IRLR 247.

을 보면, 체신부가 독점하고 있던 전기통신사업의 운영권을 민간업자
에게 허가하고, 나아가 국영기업인 영국전기통신공사(BritishTelecom-
munications)를 민영화하는 정부 정책에 체신부엔지니어링 노동조합
이 반발하면서 조합원에게 원고 회사가 체신부 네트워크에 접속하는
것을 방해하라고 지시한 사안에서 항소법원은 이는 노동쟁의에 해당
하지 아니한다고 보고 금지명령을 한 사례가 있다.[5] 그러나 이후의
판결을 보면 지방정부가 운영하던 안내 업무를 외주화하는 정책에 노
동조합이 반대한 것에 대하여 고용조건에 관한 분쟁으로 보아 노동쟁
의로 판단한 사례도 있다.[6] 한편, 문제 학생들을 지도하라는 교사에
대한 사용자의 지시권도 고용조건과 관련한 노동쟁의에 해당한다고
판단한 예도 있다.[7] 정부의 교원평가지침에 따라 지방정부가 실시한
평가결과에 의하여 주어진 업무량이 지나치게 많다는 점에 대한 분쟁
에서 지방정부는 교원평가지침자체를 다투는 것은 노동쟁의가 아니
라고 주장하였으나 법원은 고용조건과 관련한 노동쟁의에 해당한다
고 판단한 바 있다.[8]

노동조합이 파업에 돌입하자 사용자가 새로운 회사를 설립하고
새로운 회사가 종전 회사를 인수하면서 그 근로자 일부를 새로운 회
사에 투입하여 업무를 계속하는 행위가 가장행위에 해당한다면 노동
조합이 새로운 회사의 근로자에 대하여 노무제공거부를 주장하는 것
도 노동쟁의에 해당한다는 판례가 있다.[9]

5) Mercury Communications Ltd v Scott-Garner [1983] IRLR 485.
6) Unison v Westminster County Council [2001] IRLR 524.
7) P v National Association of School Masters/Union of Women Teachers [2001] IRLR 532.
8) Wandsworth London Borough Council v National Association of Schoolmasters Union of Women Teachers [1993] IRLR 344.
9) Examite Ltd v Whittaker [1977] IRLR 312.

Ⅲ. 노동쟁의의 '계획'과 '촉진'

1992년 노동조합 및 노동관계(통합)법 제5장의 제244조는 노동쟁의의 정의에 관하여 규정하고, 이 정의 규정을 전제로 제5장의 제219조 이하는 노동쟁의를 계획(in contemplation of)하거나 촉진(in furtherance of)하는 행위[10]에 대한 면책이나 책임제한을 규정하고 있다. 따라서 1992년 노동조합 및 노동관계(통합)법 해석상 어떤 행위가 '계획'과 '촉진' 행위에 포섭되느냐는 면책이나 책임제한이 되는 노동쟁의인지와 직접 연결되기 때문에 매우 중요한 이슈이다.

1. 노동쟁의의 계획

노동쟁의를 계획하였다고 인정하려면 노동쟁의가 발생할 가능성보다는 더 구체적인 사실을 인정할 수 있어야 한다. 오래된 판결 중에는 노동조합의 간부가 임금소송을 기획하기 위하여 맥주공장에서 일하던 조합원인 매니저에게 회사의 급여에 관한 정보를 알아봐 달라고 요구하였고, 그에 따라 매니저가 이를 노동조합에 알린 사안에서 노동조합은 노동쟁의의 계획을 위한 행위이므로 제정법상 면책을 주장하였으나 법원은 그와 같은 행위는 아직 노동쟁의의 계획에 이르지 아니한 것으로 근로자는 사용자에게 부담하는 비밀유지의무를 위반한 것이고 노동조합은 여기에 공동하여 책임이 있다는 판단을 한 것이 있다.[11] 최근 판례 중에는 정원감축해고를 예상한 노동조합이 조합원에게 회보를 보내서 병원전산시스템에 관련한 서비스를 제공하는 업체에 협조하지 말라고 지시한 사안에서 노동조합의 지시는 해당

---

10) 원문의 표현은 다음과 같다(제219조(1) 참조). "An act done by a person in contemplation or furtherance of a trade dispute is not actionable ⋯ "
11) Bents Brewery Co Ltd v Hogan [1945] 2 All ER 570.

업체가 병원전산시스템 관련 서비스를 제공하면 노동쟁의가 발생할 것이 예상되는 상황에서 이를 방지하기 위하여 이루어진 것이므로 이는 노동쟁의의 계획이라고 본 것이 있다.[12]

2. 노동쟁의의 촉진

면책이나 책임제한의 대상이 되는 또 다른 행위 유형은 '노동쟁의의 촉진'이다. 노동쟁의의 촉진이란 노동쟁의의 진행에 있어 노동조합을 도우려는 목적을 가진 행위이므로 행위 당시 그것이 노동쟁의의 목적을 달성하는 데 도움이 된다고 정직하게 믿는 것이면 족하고 객관적으로 도움이 되는지는 중요하지 아니하다.[13] 오래된 사례이나 노동조합의 간부가 특정 조합원에게 노동조합이 부담하는 벌금의 대납을 요구하려는 목적으로 사용자에게 그 조합원의 해고를 요구한 사안에서, 노동쟁의의 존재는 인정할 수 있으나 위와 같은 행위는 노동쟁의의 촉진을 위한 행위로는 볼 수 없다고 판단한 것이 있다.[14] '노동쟁의의 촉진'이라는 표지는 노동조합 간부의 주관적 의사를 확정하는 문제이기 때문에 구체적 사안에서 객관적 인정기준이 명확하지 아니한 난점이 있다.

제2절 노동쟁의의 조정기관

노동쟁의의 조정에는 중앙중재위원회와 ACAS가 참여하는바, 노동위원회에 심판과 조정기능이 모두 집중된 한국과는 다른 방식을 취

---

12) Health Computing Ltd v Meek [1980] IRLR 437.
13) Simon Deakin/Gillian S Morris, p1068.
14) Conway v Wade [1908] 2 KB 844.

하고 있다. 중앙중재위원회는 앞서 설명한 것처럼 교섭을 위한 노동조합 승인에 있어서 법정승인제도를 운영하고 있으며 아울러 교섭을 위한 정보제공에 관한 업무도 수행한다. 법정승인은 교섭방법을 특정하는 데까지만 관여하고 구체적으로 노사 양 당사자의 교섭을 촉진하는 데 도움을 주는 업무는 ACAS가 담당한다. ACAS의 조정업무는 임의적으로 것으로 그 사용이 강제되거나 기한의 제한이 없다. 중재제도 또한 분쟁 당사자 모두의 동의에 의하여 진행되는 것이기 때문에 강제적인 중재제도는 존재하지 아니한다. 아울러, 정부에 의하여 일방적으로 특정 노동쟁의를 금지하는 긴급조정제도도 존재하지 아니한다. 다만, 쟁의행위를 포함하여 긴급한 국가적 사태로 인하여 공중에 대한 생필품을 공급할 수 없는 등의 사유가 있으면 국왕이 국가비상사태를 선포할 수 있도록 한 1920년 긴급권한법(Emergency Powers Act)이 있다.[15] 한국과 달리 공익사업이나 필수공익사업의 개념을 특별히 인정하지 아니하며 공공부문과 민간부문 사업장을 원칙적으로 동일하게 취급하기 때문에 각 노동쟁의에 대한 규율방식도 동일하다(노조법 제273조, 제245조 등 참조). 따라서 쟁의행위의 정당성을 판단하면서 조정전치주의 강제를 전제로 한 절차상 위법이 문제되지는 아니한다.

ACAS의 통계에 따르면 2015년~2016년 통계기간 중 ACAS에 접수된 화해사건은 총 970건이었으며 그 중 748건에 대하여 화해가 성립되었다. 아울러 같은 기간 중 접수된 중재 또는 조정은 22건이었다.[16]

---

15) 이 법률은 1964년 개정된 바 있고, 주로 테러나 전쟁 위협 등 국가적 재난사태에 대처하기 위한 것이다.
16) ACAS, *Annual Report and Accountants 2015/2016*, 2016, pp42~44 참조.

제4장
쟁의행위

제1절 쟁의행위의 의의와 유형

Ⅰ. 의 의

1992년 노동조합 및 노동관계(통합)법은 쟁의행위(Industrial Action) 를 노동쟁의와 구분하여 정의하고 있지는 아니하나 1992년 노동조합 및 노동관계(통합)법 제5장 이하를 보면 제219조에서 면책대상이 되 는 행위로서 '노동쟁의의 계획이나 촉진을 위한 사람의 행위'(an act done by a person in contemplation or furtherance of a trade dispute) 라고 규정하여 이를 통하여 간접적으로 쟁의행위의 의미를 파악할 수 있다. 따라서 1992년 노동조합 및 노동관계(통합)법이 규정한 내용에 부합하는 형태의 행위는 모두 쟁의행위로 규율되며 아울러 제219조 에 포섭될 수 있는 행위는 제정법상 면책을 받는 행위가 된다. 한국과 달리 '업무저해성'이라는 표지는 별도로 사용하지는 아니한다.

Ⅱ. 유 형

1992년 노동조합 및 노동관계(통합)법 상으로는 파업(strike), 피케팅(picketing)만을 예시적인 규율대상으로 삼고 있다. 파업에 관해서는 노무제공의 공동 중지(any concerted stoppage of work)라고 규정하고(노조법 제246조), 피케팅에 대해서는 평화적인 피케팅의 행사요건을 규정하면서 행위의 모습을 '정보의 습득과 교환 또는 타인에 대한 노무제공이나 노무제공 거부의 설득'이라고 표현하고 있다. 그러나 실제에 있어서는 한국과 동일하게 태업(go slow)이나 직장점거(sit in, work in) 등도 쟁의행위의 수단으로 사용한다.

준법투쟁(work to rule)도 쟁의행위의 수단으로 사용되는데 그것이 노동쟁의의 촉진을 위한 행위에 포섭되면 제정법상 면책의 대상이 된다. 그러나 준법투쟁을 비롯한 쟁의행위의 참가는 고용계약의 위반 여부와 연결되어 일반적으로 사용자는 준법투쟁에 따른 노동자의 부분적 노무제공에 대하여 수령을 거부할 수 있고 부분적 노무제공은 고용계약의 위반으로 인정된다. 노무제공의 수령을 정당하게 거부할 수 있으므로 결국 노무 전체를 제공하지 아니하는 것으로 보아 사용자는 해당 기간 동안의 임금을 지급하지 아니하여도 된다.[1] 반대로 부분적인 노무제공을 사용자가 수령하기로 결정하면 해당 부분에 대한 임금지급의무를 부담한다.

---

1) Secretary of State for Employment v ASLEF (NO. 2) [1972] 2 All ER 949.

제2절 쟁의행위와 근로계약

각종 쟁의행위가 이루어질 때 근로계약의 상태는 어떻게 되는가에 대해서는 판례가 그간 몇 가지 이론적 접근을 시도하였다. 파업을 중심으로 설명하면 다음과 같다. 먼저, 고용권법 제86조(2)에 따르면 고용계약의 해지는 최소 1주의 통보기간이 필요하다. 만일 그러한 의사표시가 노동조합에 의하여 파업시기에 이루어지면 이는 고용계약을 해지하는 의사표시가 아닌가 하는 논의가 있었다. 그러나 이에 대하여 법원은 파업시기에 이루어지는 통보는 파업에 따른 노무를 제공하지 아니하겠다는 의사이지 근로자 개인이 고용계약을 해지하겠다는 사직의 의사표시로 해석할 수 없다고 보았다.[2] 이후 법원은 노동조합의 파업 통보는 고용관계를 해지하겠다는 의사표시가 아니라 새로운 내용의 고용계약 체결을 조건으로 기존 고용계약을 해지하는 행위이라거나 고용계약의 일시 중지라는 해석론을 제시한 바 있다.[3] 그러나 이러한 의견은 지나치게 기술적으로 복잡한 논리라는 이유로 법원에서 널리 받아들여지지 못하였다.[4] 그러던 중 귀족원은 모든 형태의 쟁의행위는 사용자의 업무를 저해(harm)하려는 동기가 있으므로 고용계약의 이행거절(repudiatory of the contract of employment)이라는 의견을 제시하였다.[5] 따라서 쟁의행위가 발생하면 사용자는 근로자의 이행거절을 받아들여서 고용계약을 해지하거나 고용계약의 지속을 선택한 후 그 이행이 되지 아니한 채무불이행책임인 손해배상

---

2) Rookes v Barnard [1963] 1 QB 623.
3) Morgan v Fry [1968] All ER 3 452.
4) Simon Honeyball, p399.
5) Miles v Wakefield Metropolitan District Council [1987] IRLR 193.

을 청구할 수 있다. 그러나 일반적으로 쟁의행위에 따른 손해배상 인정에 소극적인 법원의 태도와 이후의 원만한 노사관계를 원하는 사용자의 정책에 따라 손해배상청구가 이루어지는 경우는 드물고 대부분 쟁의행위에 따른 임금감액을 통하여 사건을 처리한다.[6] 파업 이외의 쟁의행위 유형으로 준법투쟁은 앞서 설명하였는데 다만, 시간외근로에 관하여는 그것이 근로자 개인의 자유로운 의사에 따라 결정되는 성질이 있으므로 설혹 시간외근로 거부로 인하여 사용자의 업무에 방해가 있었다고 하더라도 근로자의 협력의무위반 즉, 고용계약위반을 인정할 수 없다는 것이 있다.[7]

제3절 쟁의행위의 절차적 규율

1992년 노동조합 및 노동관계(통합)법은 쟁의행위의 절차적 규율에서 조정전치주의를 선택하고 있지 아니하기 때문에 쟁의행의의 절차적 규율의 핵심은 조합원투표이다. 1992년 노동조합 및 노동관계(통합)법상 조합원 투표 규정은 준수하기가 매우 까다롭게 규정되어 있어서 사소한 위반으로 자칫 쟁의행위 전체를 불법으로 만들 소지가 많다는 비판을 받고 있다. 관련 분쟁에 따른 판례도 상당히 축적되어 있다. 이 책에서는 이런 사정을 고려하여 쟁의행위의 정당성 중 조합원투표 부분을 먼저 서술하고자 한다.

---

6) Simon Honeyball, p400.
7) Burgess v Stevedoring Services Ltd [2002] IRLR 810.

Ⅰ. 조합원투표의 의의

1992년 노동조합 및 노동관계(통합)법은 조합원투표를 거치지 아니한 쟁의행위에 대하여 1992년 노동조합 및 노동관계(통합)법상 면책규정을 적용하지 아니하는 방법으로 조합원투표를 사실상 강제한다. 조합원투표를 거치지 아니한 쟁의행위는 다음과 같은 효과가 있다. 먼저, 노동조합에 의하여 주도되거나 보장된 쟁의행위라도 불법행위책임 면책의 규정인 제219조가 적용되지 아니하며, 파업으로 영향을 받은 사용자는 금지명령소송(injunction) 또는 손해배상소송을 제기할 수 있다. 조합원도 법원에 대하여 노동조합이 쟁의행위에 돌입하는 것의 금지를 명하는 소를 제기할 수 있다(노조법 제62조). 쟁의행위로 인하여 재화나 용역의 제공이 양적으로 또는 질적으로 감소되거나 지연된 피해를 입은 일반 공중도 법원에 일정한 행위의 중단을 구하는 소를 제기할 수 있다(노조법 제235A조). 조합원투표를 거치지 아니한 쟁의행위에 참가한 근로자는 고용심판소에 불공정해고소송을 제기할 수 없고 불법행위 손해배상책임을 부담한다(노조법 제238A조).

Ⅱ. 조합원투표의 준비

타인을 쟁의행위에 참가시키려는 노동조합은 다음의 요건을 갖추어 조합원투표를 준비하여야 한다. 먼저, 노동조합은 투표개시일 7일 전에 사용자에게 서면으로 ① 투표를 실시할 것이라는 사실, ② 투표개시일, ③ 관련 근로자의 범주를 기재한 목록, 관련 근로자가 일하는 사업장의 목록, 관련 근로자의 총수, 각 범주에 속하는 근로자의 수, 각 사업장에서 노무를 제공하는 관련 근로자의 수 등을 제공하여

야 한다. 제공되는 목록과 숫자는 합리적으로 실행가능한 한 노동조
합이 보유하고 있는 정보에 비추어 정확하여야 한다(노조법 제226조, 제
226A조(3A)). 위와 같은 정보를 제공할 때 투표에 참가할 근로자의 명
단을 제공할 필요는 없다. 노동조합은 투표개시일 3일전에 사용자에
게 투표용지의 샘플을 제공하여야 한다(노조법 제226A조(1)).

투표용지에는 투표감시인의 성명, 투표한 용지를 반송 받을 주소
와 기한, 투표용지의 일련번호 등이 기재되어 있어야 하고, 내용에는
노동쟁의에서 이슈가 된 사항, 파업 참가 여부를 묻는 문항과 파업 이
외의 쟁의행위의 유형과 이에 대한 참가 여부를 묻는 문항, 각 쟁의행
위의 기간 등을 포함하고 있어야 한다. 쟁의행위에 참가할 의사를 표
시할 경우를 대비하여 조합원에게 쟁의행위 참여를 요구할 수 있는
정당한 권한이 있는 자를 특정하여야 한다. 아울러 다음 문장을 투표
용지에 반드시 기재하여야 한다. "만일 당신이 파업이나 다른 형태의
쟁의행위에 참가하면, 당신은 고용계약을 위반할 수 있다. 그러나 당
신이 공인되고 적법한 파업이나 다른 형태의 쟁의행위에 참가한 것을
이유로 해고가 되고, 그 해고가 당신이 그 행위에 참가한 날로부터
12주 이내에 발생한 것이면 불공정한 것이 되지만, 그 이후에 해고가
이루어진 때에는 여러 가지 사정을 참작하여 불공정한 것으로 될 수
있다(제229조)."

투표권은 노동조합이 합리적으로 보아서 노동조합의 유도에 의
하여(induced) 쟁의행위에 참여하거나 참여중인 쟁의행위를 유지할
것이라고 믿는 모든 조합원에게 동등하게 부여되어야 한다(노조법 제
227조(1)). 따라서 노동조합의 정책에 따라 어차피 파업 참여가 예상되
는 조합원이라는 이유로 이들에게 투표권을 부여하지 아니하는 것은
1992년 노동조합 및 노동관계(통합)법 제227조 위반이 된다.[8] 투표자

---

8) National Union of Rail, Maritime and Transport Workers v Midland

격이 있는 조합원에 대하여 투표권을 인정하지 아니하면 해당 쟁의행위는 조합원투표에 의하여 지지되지 아니한 것으로 본다(노조법 제232A조). 다만, 투표절차상 발생한 흠이 우연한 것이고 그것이 투표결과에 영향을 미칠 만큼이 아닌 때에는 투표권이 정상적으로 조합원에게 부여된 것으로 본다(노조법 제232B조). 우연성 요건과 관련하여 법원은 정원감축해고를 받아들이기로 한 근로자들을 포함하여 쟁의행위 찬반투표를 실시하는 것은 의도적인 흠은 아니지만 적어도 우연히 발생한 흠으로도 볼 수 없다고 판단하여 찬반투표절차에 대하여 금지명령을 발령한 바 있다.[9]

Ⅲ. 조합원투표의 실시

조합원들이 한 사업장에 근무하는 때에는 그 사업장에서 한 번에 투표를 하면 되나, 서로 다른 사업장에 근무를 하는 때에는 투표를 분리하여 각 사업장 별로 실시하여야 한다(노조법 제228조, 제228A조). 투표는 자유롭고 비공개로 이루어져야 하고 투표하는 조합원에게 직접적 비용부담이 없어야 하며 공정하고 정확하게 개표되어야 한다. 투표용지는 합리적으로 실행가능한 한도에서 우편으로 조합원의 주소지에 발송되어야 하며, 기표한 투표용지는 우편으로 반송할 수 있어야 한다(노조법 제230조).[10]

Mainline Ltd [2001] IRLR 813.
9) British Airways plc v Unite (No. 1) [2010] IRLR 423.
10) 한편, 2016년 노동조합법 제4조는 전자 조합원투표 제도 도입을 위하여 내각장관의 검토 및 예비테스트에 관하여 규정하고 있다.

Ⅳ. 조합원투표 결과의 공개

쟁의행위 찬반의 결정은 파업과 그 밖의 쟁의행위로 나누어 각 질문에 대하여 투표권이 있는 조합원 50% 이상의 투표 참여와 과반수 찬성으로 각각 결정된다.[11] 나아가 6개 중요 공공부문[12]에 대해서는 위 요건에 더하여 투표권이 있는 조합원의 40% 이상의 찬성이 있어야 한다(노조법 제226조). 파업과 그 밖의 쟁의행위를 구분하여 각 찬반을 묻는 투표를 하므로 조합원은 파업과 그 밖의 쟁의행위로 나누어 참가 여부를 결정할 수 있다. 노동조합은 합리적으로 실행한 가능한 범위에서 가능한 한 빨리 ① 투표권이 있는 조합원의 수, ② 투표에 참여한 조합원 수, ③ 각 질문에 대한 찬성과 반대를 한 표의 수, ④ 무효 처리된 표의 수, ⑤ 투표 참여 조합원이 전체 자격 조합원의 50% 이상인지의 여부, ⑥ 6개 중요 공공부문에 대해서는 전체 자격 조합원의 40% 이상이 찬성을 하였는지의 여부를 투표권이 있는 모든 자 및 적법한 사용자에게 제공·통지하여야 한다(노조법 제231조, 제231A조). 항공사 파업 사건에서 노동조합이 조합원투표결과를 웹사이트에 공개하고, 승무원센터에 리플릿 형태로 비치하고, 언론보도, 이메일 및 문자메시지 형태로 전송한 사건에서 사용자가 찬성과 반대의 정확한 숫자가 아니라 찬반의 비율만 제공한 점을 이유로 파업금지청구를 제기한 사례가 있었다. 이에 대하여 항소법원은 1992년 노동조합 및 노동관계(통합)법 제231조의 취지는 모든 결과의 공개가 아니라 조합원들의 정보에 대한 자유로운 접근가능성이라고 보아 사용자의 청구

---

11) West Midlands Travel Ltd v Transport and General Workers' Union [1994] IRLR 578.
12) 6개 부문은 다음과 같다. ① 의료서비스, ② 17세 미만 자의 교육, ③ 화재, ④ 운수서비스, ⑤ 핵시설의 해체와 방사능 폐기물과 폐연료의 관리, ⑥ 국경 경계.

를 기각하였다.[13]

투표감시인은 투표가 종료된 날로부터 4주 이내에 투표절차의
전 과정이 적법하게 이루어졌는지에 관한 보고서를 작성하여 노동조
합에 제출하고, 투표권이 있는 모든 조합원에게 그 사본을 제공하여
야 한다. 사용자는 투표가 종료된 날로부터 6개월 이내에 청구를 하
면 사본을 받을 수 있다.

V. 조합원투표의 효력

조합원투표가 종료된 날로부터 4주 또는 8주를 초과하지 아니한
범위 내에서 노사가 합의한 기한 안에 쟁의행위가 시작되지 아니하면
해당 조합원투표의 효력은 정지한다. 법원의 명령 등으로 쟁의행위의
돌입이나 조직이 금지된 기간은 위 기간의 산정에서 제외한다. 위 금
지명령에 대한 이의신청은 조합원투표가 종료한 날로부터 8주 안에
만 할 수 있으며 이에 대한 법원의 판결에 대해서는 항소를 하지 못
한다(노조법 제234조).

제4절 쟁의행위의 정당성

연구자에 따라서 영국에서는 적법한 쟁의행위를 하는 것은 거의
불가능하다는 견해도 있다. 이론적으로 적법한 쟁의행위에 대하여도
채무불이행에 따른 손해배상청구가 가능하고, 조합원투표절차도 매
우 까다롭다는 점을 든다. 그래서 현실적으로 가능한 정당한 쟁의행

---

13) British Airways plc v Unite (No. 2) [2010] EWCA Civ 669.

위란 시간외근로 거부 정도라고 설명하기도 한다.[14] 이하에서는 그 자세한 사항을 한국의 쟁의행위 정당성 요건의 틀에 맞추어 설명하고자 한다.

I. 쟁의행위의 주체

쟁의행위는 1992년 노동조합 및 노동관계(통합)법 제229조(3)에 따라 조합원에게 쟁의행위의 참가를 요구할 수 있는 자에 의하여 시작되어야 하며, 그렇지 않으면 조합원투표에 의하여 지지되지 아니한 쟁의행위가 된다(노조법 제233조(1)).

1992년 노동조합 및 노동관계(통합)법 제20조는 비공인파업[15]에 대하여 노동조합이 책임을 부담하는지에 대한 기준을 제시하고 있다. 이에 따르면 노동조합이 책임을 부담하는 쟁의행위의 유형은 계약위반, 계약파기의 위협, 공모행위 등에 노동조합이 승인하였거나 지지한 행위에 한정된다. 노동조합의 승인이나 지지행위가 인정되기 위해서는 그러한 행위를 ① 규약에 따라 그러한 행위를 할 수 있는 자, ② 주된 집행위원회, 의장 또는 위원장, ③ 노동조합의 그 밖의 위원회 또는 간부 등이 하여야 한다. 그러나 주된 집행위원회, 의장 또는 위원장 등이 쟁의행위 발생 사실을 인지하는 때로부터 합리적으로 실행 가능한 시기에 쟁의행위를 거부하는 의사표시를 하면 노동조합은 승인 또는 지지에 따른 책임을 부담하지 아니한다(노조법 제21조(1)). 거부의 서면 의사표시는 지체 없이 위원회 또는 노조 간부에게 전달되어

---

14) Simon Honeyball, p397.
15) 비공인 쟁의행위란 '노동조합에 의하여 권한을 부여받거나 승인된 것으로서 조합원인 근로자가 참가한 쟁의행위' 이외의 쟁의행위 및 '공인된 쟁의행위에 비조합원이 조합원과 함께 참가한 쟁의행위' 이외의 쟁의행위이다(노조법 제237조(2)).

야 하며, 쟁의행위에 참여한 것으로 판단되는 모든 조합원과 해당 조합원의 사용자에게도 거부한 사실 및 그 날짜를 적은 서면통지를 최선을 다하여 전달하여야 한다(노조법 제21조(2)). 조합원에 대한 거부 서면통지에는 다음과 같은 문장을 기재하여야 한다. "당신의 노동조합은 본 통지와 관련이 있는 쟁의행위의 돌입을 거부하였으며 이에 따라 비공인 쟁의행위에 어떠한 지원도 하지 않을 것이다. 만일 당신이 비공인 쟁의행위에 참여하다가 해고가 되더라도 당신은 불공정해고의 소를 제기할 권리가 없다(노조법 제21조(3))." 만일, 비공인 쟁의행위에 의하여 상사 계약(commercial contract)상 권리행사에 방해를 받은 당사자가 노동조합이 거부의사를 밝힌 날로부터 3개월 이내에 노동조합에 그 확인을 구하면 노동조합은 서면으로 거부의사를 확인하여야 한다(노조법 제21조(6)).

Ⅱ. 쟁의행위의 목적

1992년 노동조합 및 노동관계(통합)법은 노조법상 면책의 대상에서 제외되는 쟁의행위의 목록을 규정하고 있다. 정치적 파업과 관련하여서는 순수 정치파업 형태가 아닌 노동쟁의의 계획이나 촉진을 위한 행위이면 허용된다는 것은 앞서 설명하였다. 정원감축해고를 반대하는 파업에 대하여는 불법행위책임의 면책을 배제하는 규정을 따로 두고 있지는 아니하여 사안마다 개별적 판단이 필요하다.

1992년 노동조합 및 노동관계(통합)법 제222조는 사용자가 조합원이 아닌 자를 고용하거나 특정 노동조합의 조합원을 고용한 것을 이유로 한 쟁의행위는 1992년 노동조합 및 노동관계(통합)법 제219조에서 규정한 불법행위책임을 면책하지 아니한다고 규정한다. 또한 조합원이 아닌 자에 대하여 불이익한 대우를 할 것을 요구하는 쟁의행위에 대해서도 불법행위책임 면책을 하지 아니한다고 규정한다.

비공인 쟁의행위(unofficial action)에 참가하였다가 해고된 근로자는 고용심판소에 불공정해고의 소를 제기할 수 없는데(노조법 제237조), 더 나아가 해당 근로자의 해고를 이유로 하는 쟁의행위에 대해서도 불법행위책임을 면책하지 아니한다(노조법 제223조).

단체교섭을 위한 노동조합의 승인은 법정승인절차로만 강제될 수 있기 때문에 노동조합이 사용자에게 임의승인을 요구할 목적으로 한 쟁의행위는 불법행위책임을 면책하지 아니한다. 아울러 사용자에게 재화나 용역을 제공하는 제3자를 압박하여 임의승인을 요구하는 형태의 쟁의행위도 불법행위책임이 면책되지 아니한다(노조법 제225조).

Ⅲ. 쟁의행위의 방법

1. 피케팅

영국 노동운동사에서 피케팅은 매우 넓은 의미로 사용된다. 초기에는 파업중인 사업장에 대체인력을 투입하는 것을 막기 위하여 조합원들이 사업장 앞에서 집회·시위를 한 것을 의미하였는데 이후에는 그 자체로 쟁의행위 수단으로 사용하다가 1970년대와 1980년대에는 2차 쟁의행위의 수단으로서 타 사업장의 근로자를 압박하는 수단으로 사용되었다.[16]

1992년 노동조합 및 노동관계(통합)법 제220조는 '평화적 피케팅'이라는 표제 아래 적법한 피케팅의 요건을 규정하고 있다. 조합원

---

16) Simon Honeyball, p435. 피케팅은 1970년대 탄광노동자 파업에서 석탄 대신 석유를 공급하려는 시도를 막으려는 데 사용되어 큰 영향력을 발휘한 바 있다. 이후 노동조합 승인이 쟁점이 되어 발생한 Grunwick 파업에서 1976년부터 1978년 2년 동안 조합원과 경찰이 충돌하여 약 550인이 피케팅중 체포되는 사태가 발생하기도 하였다.

의 경우 노동쟁의의 계획 또는 촉진을 위하여 자신의 사업장이나 그 근처에서 참여한 피케팅, 노동조합 간부의 경우 해당 노동조합의 조합원을 대표하고 조합원을 동행하여 조합원의 사업장이나 그 근처에서 참여한 피케팅은 정보의 평화로운 취득과 교환, 평화적인 노무제공 또는 노무제공의 거부의 설득인 때에만 적법하다(노조법 제220조(1)). 노무를 제공하는 곳이 어느 한 장소가 아니거나 앞서 언급한 장소에서 피케팅 참여가 불가능한 때에는 실제로 노무를 제공하는 사용자의 어느 한 사업장에서 피케팅이 가능하다(노조법 제220조(2)). 노동쟁의와 관련하여 고용관계가 해지된 자나 고용관계의 해지가 노동쟁의를 일으킨 원인 중의 하나인 때에는 그 노동자도 종전 사용자의 사업장이나 그 근처에서 피케팅을 할 수 있다(노조법 제220조(3)). 조합원 중 일부에 대하여만 대표권이 있는 조합간부는 해당 조합원에 대해서만 피케팅에 참여할 수 있다(노조법 제220조(4)). 나아가 노동조합은 노동조합 간부 또는 피케팅에 관한 행위준칙을 잘 아는 조합원 중에서 피케팅을 감독할 자를 선임하여야 한다. 노동조합이나 피케팅 감독인(picket supervisor)은 경찰에 일정한 사항을 신고하여야 하고, 노동조합은 피케팅 감독인에게 해당 피케팅을 노동조합이 승인하였다는 취지의 서면을 제공하여야 한다. 피케팅 감독인은 사용자가 위 승인 서면의 제시를 요구하면 즉시 보여주어야 한다. 피케팅 감독인은 감독인임을 나타내는 표식을 입고 피케팅 현장에 있거나 노동조합, 경찰과 용이하게 연락을 취할 수 있으면서 바로 피케팅이 발생하면 현장에 갈 수 있어야 한다(노조법 제220A조).

영국 정부는 피케팅에 관한 행위준칙을 제정하고 있는데 이에 따르면 과격 시위에 따른 사태를 대비하기 위하여 사업장 출입문 근처에서는 피켓의 수를 6개 이내로 제한하고 있다.[17] 실제로는 피케팅

---

17) BIS, *Code of Practice: PICKETING PL928*, 2016, para51. 본 행위준칙이 최초

을 하는 조합원들과 경찰이 사업장 근처에서 대치하는 경우가 많기 때문에 현장 경찰의 피케팅을 대하는 태도에 따라 적법성 판단이 달라질 수 있다.[18] 1992년 노동조합 및 노동관계(통합)법이 허용한 범위를 넘는 피케팅에 대해서는 보통법상 교통방해를 이유로 공적 불법생활방해(public nuisance)나 사적 불법생활방해(private nuisance)가 성립할 수 있다. 사적 불법생활방해는 금지청구, 자력배제, 손해배상의 대상이 되고, 공적 불법생활방해는 형사처벌의 대상이 된다.

2. 직장점거

영국에서 직장점거(sit in, work in)는 고용계약위반으로 처리된다.[19] 따라서 사용자의 합리적인 퇴거요구에도 불구하고 직장점거를 계속하는 행위는 불법침해(tort of trespass)와 영업방해(interfering with business by unlawful means)가 성립한다.[20]

3. 2차 쟁의행위

2차 쟁의행위는 쟁의행위의 효과를 극대화하기 위하여 사용자와 거래하는 제3자에게 속한 근로자들에게 노무제공 거부 등의 행위를 하도록 하는 방식인데 1992년 노동조합 및 노동관계(통합)법 제224조는 이러한 유형의 쟁의행위에 대해서는 그것이 평화적인 피케팅이 아니라면 불법행위책임 면책을 하지 아니한다(노조법 제224조(1)). 같은 취지로 연대 쟁의행위(solidarity or sympathy action)도 면책 대상에서

제정된 것은 1966년이다.
18) Simon Honeyball, p435.
19) City and Hackney Health Authority v National Union of Public Employees [1985] IRLR 252. 초기업별 노동조합 시스템에서 노동조합은 사업장 밖에 존재한다는 관념이 크게 작용하는 것으로 보인다.
20) Norbrook Laboratories Ltd v King [1982] IRLR 456.

제외된다.

1992년 노동조합 및 노동관계(통합)법이 규정하고 있는 2차 쟁의행위의 유형은 ① 제3자로 하여금 고용계약을 파기(break)하도록 유도하는 행위, ② 방해 또는 유도를 하여 제3자로 하여금 노무제공을 하지 아니하도록 하는 행위, ③ 자신 또는 제3자의 고용계약의 파기 또는 노무제공의 방해를 위협하는 행위, ④ 타인을 통하여 제3자의 고용계약을 파기시키거나 노무제공을 방해하도록 하겠다고 위협하는 행위 등이다(노조법 제224조(2)). 아울러 1992년 노동조합 및 노동관계(통합)법은 2차 쟁의행위의 범주를 넓혀서 제3자에 1인 자영업자의 노무제공계약도 포함시키고 있다(노조법 제224조(6)).

Ⅳ. 쟁의행위의 절차

영국에서는 조정전치주의가 강제되지 아니한다는 점은 이미 설명하였다. 앞서 설명한 조합원투표절차를 제외하면 다음과 같은 추가적인 정당성 요건이 있다. 쟁의행위는 원칙적으로 조합원투표가 종료된 날로부터 6개월(노사가 합의한 때에는 최장 9개월) 이내에 실행하여야 한다(노조법 제234조). 아울러, 조합원투표가 종료되기 이전에 노동조합이나 노동조합이 권한을 부여하였거나 그 행위를 승인한 사람에 의하여 쟁의행위 참가 요구를 한 바가 없어야 한다(노조법 제233조(3)(a)).

노동조합은 조합원투표 결과를 사용자에게 통지한 날로부터 기산하여 쟁의행위에 돌입하기 14일전까지의 기간(노사가 합의한 때에는 7일)중에 사용자에 대하여 쟁의행위에 돌입한다는 사실을 서면 통지하여야 한다. 이 통지를 하지 아니하면 해당 쟁의행위는 1992년 노동조합 및 노동관계(통합)법상 면책을 받지 못한다(노조법 제234A조(1)). 통지서의 내용에는 다음과 같은 사항을 포함하여야 한다(노조법 제234A

조(3)). ① 먼저, 쟁의행위에 의하여 영향을 받는 근로자의 범주에 대한 목록, 영향을 받는 근로자들이 근무하는 사업장의 목록, 영향을 받는 총 근로자의 수, 영향을 받는 근로자의 각 범주에 속해 있는 근로자의 수, 영향을 받는 근로자들이 근무하는 각 사업장에 속해 있는 근로자의 수 등과 함께 그러한 숫자를 계산한 근거를 제시하여야 한다. ② 만일, 영향을 받는 근로자의 전부 또는 일부에 대하여 사용자가 급여에서 조합비 등의 공제를 하는 때에는 해당 근로자 목록과 숫자 및 설명을 기재하거나 위에 언급한 내용의 목록과 숫자 및 설명을 기재하여야 한다.

Ⅴ. 정당한 쟁의행위의 효과

정당한 쟁의행위라도 이론적으로는 고용계약위반의 효과로서 손해배상책임이 있으나 실무적으로는 소를 제기하지 아니하고 임금을 감액하거나 지급하지 아니하는 형식으로 실현된다는 점은 앞서 설명하였다. 여기서는 그 밖의 사항에 대하여 설명한다.

1974년 노동조합 및 노동관계 조정법 제14조는 대부분의 쟁의행위에 대한 불법행위책임에 대하여 포괄적인 면책을 규정하였었다. 그러나 위 규정은 1982년에 삭제되어 지금은 1992년 노동조합 및 노동관계(통합)법 제219조가 정한 범위 내에서만 불법행위책임을 면책한다. 노동조합이 권한을 부여하지 않았거나 승인하지 아니한 조합간부, 직장위원, 그 밖에 조합원의 명의로 실현된 쟁의행위(비공인 쟁의행위)에 대해서는 노동조합이 법적 책임을 부담하지 아니한다.

한편, 사용자가 직장폐쇄 또는 파업, 그 밖의 쟁의행위 참가를 이유로 근로자를 해고한 때에는 근로자는 고용심판소에 불공정해고의 소를 제기하고, 고용심판소는 같은 사용자의 다른 근로자가 해고되지 아니한 사정 또는 같은 사용자의 해고된 다른 근로자가 제소시까지 복직된 사정이 있으면 불공정해고에 관한 판단을 하게 된다(노조법 제238조(1)). 제정법이 정한 배심원 업무 수행 등 특별한 사유를 위반한 해고라고 인정되는 때에는 당연 불공정해고로 처리한다(노조법 제238조(2A)). 1992년 노동조합 및 노동관계(통합)법 제238A조에서 규정한 '보호되는 쟁의행위'(protected industrial action)에 참여한 근로자에 대한 해고도 당연 불공정해고로 처리한다(노조법 제238조(2B)).

　보호되는 쟁의행위란 1992년 노동조합 및 노동관계(통합)법 제219조에 의하여 불법행위책임이 면책되는 쟁의행위를 말한다. 보호되는 쟁의행위참가를 이유로 한 해고는 아래의 일정요건을 갖추면 당연 불공정해고로 처리한다(노조법 제238A조(1), (2)). 즉, 해당 해고가 쟁의행위가 시작된 날로부터 12주 안(protected period, 보호기간)에 이루어졌거나, 직장폐쇄(lock out)가 있었다면 그 폐쇄된 날을 제외한 날을 합산하여 12주 안에 이루어졌다면 당연 불공정해고로 처리한다(노조법 제238A조(3), (7B), (7C)). 나아가 해고가 보호기간 이후에 이루어지고 쟁의행위 참가가 보호기간 이후까지 계속된 때에도 사용자가 쟁의행위의 해결을 위한 합리적인 절차를 밟지 아니하였다면 여전히 불공정해고로서 보호가 될 수 있다(노조법 제238A조(5)). 일반적으로 12주 이후의 해고의 경우에는 잠재적 공정해고 이유의 존부 판단을 하게 된다.

제5절 위법한 쟁의행위의 책임

　노동조합이 조합원투표와 관련한 1992년 노동조합 및 노동관계(통합)법 조항을 위반하거나 그 밖에 1992년 노동조합 및 노동관계(통합)법이 허용하지 아니하는 이유로 쟁의행위를 하면 다음과 같은 책임을 부담한다.

Ⅰ. 민사책임

노동조합이나 조합원의 행위가 면책되는 쟁의행위가 아니라면 보통법상 불법행위책임 법리가 작동하게 된다. 여기에는 계약위반의 유인(inducing or procuring a breach of contract), 계약위반의 위협 (intimidation), 공모(conspiracy), 방해(interference) 등이 있다.[21]

1. 노동조합의 책임

가. 금지명령

먼저, 사용자는 조합원투표 절차 등 제정법상 위반을 이유로 쟁의행위 금지청구를 법원에 신청할 수 있다. 금지청구는 쟁의행위 준비단계를 포함하여 전 과정에서 언제든지 청구할 수 있다. 긴급성이 인정되면 노동조합에 대한 심문을 하지 아니하여도 금지명령(injunction or interdict)을 발령할 수 있다. 1992년 노동조합 및 노동관계(통합)법 제221조(1)은 이런 경우 노동조합의 변론권을 보장한다는 취지에서 제반 사정을 고려하여 합리적인 절차를 모두 거쳤는지를 검토하고 금지명령을 발령하도록 규정하고 있으나 실무적으로 쟁의행위 금지명령은 일반 민사사건의 금지명령보다 더 많이 발령되는 경향이 있다.[22] 노동조합은 발령된 금지명령에 대하여 이의신청을 할 수 있다. 이미 진행중인 쟁의행위에 대한 중지명령(interlocutory injunction)에 대해서는 본안소송의 승소가능성을 고려하도록 규정하고 있다(노조법

---

21) 이에 관한 자세한 설명은 조경배, "쟁의행위와 민사책임에 관한 영국 법리", 「노동법학」(제24호), 한국노동법학회, 2007 참조.
22) Simon Honeyball, p430.

제221조(2)).

파업 등이 제정법 위반의 범죄행위를 구성할 때에는 시민은 검찰총장(Attorney-General)에게 금지명령(relator action)을 신청하도록 청구할 수 있다. 그러나 실무적으로는 위와 같은 금지명령을 신청하는 사례는 거의 없다. 1953년 체신법(Post Office Act)에 근거하여 금지명령을 요구한 사건에 대하여 검찰총장이 이를 거부한 것이 정당하다고 판결한 것이 있다.[23]

법원의 금지명령을 이행하지 아니하면 법정모독죄(contempt of court)가 성립하며 그 결과 벌금 또는 징역형의 처벌을 받을 수 있고,[24] 노동조합의 재산을 가압류할 수도 있다.[25]

한편, 앞서 설명한 대로 불법행위 면책이 되지 아니하는 쟁의행위로 인하여 재화나 용역의 제공이 양적으로 또는 질적으로 감소되거나 지연된 피해를 입은 일반 공중도 법원에 해당 행위의 중지를 구하는 소를 제기할 수 있다(노조법 제235A조).

나. 손해배상

보통법은 노동조합에 대한 독자적인 법인격을 인정하지 아니하였고, 이에 따라 불법 쟁의행위를 이유로 한 손해배상소송에서 노동조합의 당사자능력을 부인하였다. 이러한 태도를 바꾸어 노동조합의 손해배상책임을 인정한 것이 Taff Vale Railway Co Ltd 사건이다.[26] 그러나 위 판결에 대한 노동조합의 반발이 거세게 일어나자 1906년 노동쟁의법(Trade Disputes Act)에서 단체책임을 배제하였다. 이후 1971년 노사관계법(Industrial Relations Act)에서 다시 노동조합의

---

23) Gouriet v UPOW [1978] AC 435.
24) Express and Star Ltd v National Graphical Association [1985] IRLR 455.
25) Kent Free Press v National Geographical Association [1987] IRLR 267.
26) Taff Vale Railway Co Ltd v Amalgamated Society of Railway Servants [1901] AC 426.

책임을 인정하였다가 1974년 노동조합 및 노동관계법에서 그 책임을
부정하였고, 1982년 고용법을 통해서 노동조합의 불법행위책임을 긍
정하였다. 1982년 고용법의 내용은 1992년 노동조합 및 노동관계(통
합)법에 계수되어 현재에 이르고 있다.

　　노동조합의 불법행위책임은 비공인파업에서 설명한 것처럼 1992
년 노동조합 및 노동관계(통합)법에서 규정한 권한이 있는 자가 1992
년 노동조합 및 노동관계(통합)법이 규정한 계약위반의 유인 등의 행
위유형을 한 때 성립한다(노조법 제20조). 그러나 1992년 노동조합 및
노동관계(통합)법은 노동조합이 부담하는 불법행위 손해배상액의 상
한을 노동조합의 조합원 수에 따라 제한하고 있다(노조법 제22조(2)). 이
에 따르면 5,000인 미만의 조합원은 10,000파운드, 5,000인 이상
25,000인 미만은 50,000파운드, 25,000인 이상 100,000인 미만은
125,000파운드, 100,000인 이상은 250,000파운드를 상한으로 한다. 그
러나 위 같은 손해배상액의 상한은 과실 등으로 발생한 개인적 상해
에 대해서는 적용되지 아니하고(노조법 제22조(1)), 개별 원고의 청구마
다 적용되기 때문에 원고가 다수인 때에는 그 전체 인용액은 상한을
넘을 수 있다.[27] 불법 쟁의행위에 대하여 사용자가 손해배상소송을
제기하는 사례는 드문데, 쟁의행위 찬반투표 절차 위반을 이유로 약
130,000파운드의 손해배상책임을 인정한 사례가 있다.[28]

2. 조합원의 책임

　　조합원이 쟁의행위에 참가하면 쟁의행위가 불법인지 여부와 관
계없이 고용계약 위반이 되며, 손해배상책임의 범위는 그 고용계약위

---

27) Astra Emir, p598.
28) Willerby Holiday Homes Ltd v Union of Construction Allied Trades & Tech-
　　nicians [2003] All ER (D) 93 (Nov.).

반에 따른 손해배상액에 한정된다. 다만, 실무적으로는 노무제공을 하지 아니한 것에 대하여 임금을 지급하지 아니하는 것으로 처리한다. 집단적 노무제공의 거부에 따른 확대된 손해에 대해서는 불법행위책임에서 그 당부와 범위를 판단하는데 노동조합이 불법행위책임을 부담하는 때에는 그 조합원도 책임을 부담한다(노조법 제20조(5)). 한편, 불법 피케팅에 대해서는 불법생활방해에 따른 손해배상책임을 부담할 수 있다.

1992년 노동조합 및 노동관계(통합)법은 조합원의 해고 등에 관하여 다음과 같은 규정을 두고 있다. 비공인파업 또는 비공인 쟁의행위에 참가한 근로자는 불공정해고 소송을 제기할 권리가 없다(노조법 제237조(1)). 그러나 해고의 실질적 이유가 제정법이 규정한 보호 사유로 인한 것인 때에는 제소의 권리를 잃지 아니한다. 보호사유로는 배심원 참가, 안전보건활동 등 열 가지가 규정되어 있다(노조법 노조법 제237조(1A)).

II. 형사책임

1875년 공모 및 재산보호법(Conspiracy and Protection of Property Act)에 의하여 파업 또는 피케팅에 대한 형사처벌이 폐지될 때까지 파업 등은 1825년 노동자 결합법(Combination of Workmen Act), 1823년 주종법(Master and Servant Act)이나 보통법상 공모죄로 처벌되었다. 지금은 불법 쟁의행위 자체에 대하여 형사처벌을 하는 1992년 노동조합 및 노동관계(통합)법상 규정은 없고 다만 일정 유형의 행위에 대해서만 개별적으로 형사처벌을 규정한다. 한국과 같은 업무방해죄의 적용은 없다. 1992년 노동조합 및 노동관계(통합)법이 아닌 형법상 규정으로 적용이 가능한 것으로는 폭동 등을 규율하는 1986

년 공중질서법(Public Oder Act), 의도적인 괴롭힘을 규율하는 1994
년 형사정의 및 공중질서법(Criminal Justice and (Public Oder Act)
등이 있으나 실제로 적용된 사례는 찾아보기 힘들다. 위법한 피케팅
에 대해서는 1980년 도로법(Highway Act), 1996년 경찰법(Police Act)
등의 적용이 가능하다.

　　1992년 노동조합 및 노동관계(통합)법 제240조는 고용계약의 의
식적 또는 악의적 위반행위가 단독으로 또는 다른 사람의 행위와 함
께 ① 사람의 생명에 위협을 가하거나 신체에 중대한 상해를 가져오
거나 ② 동산 또는 부동산 등의 중요 자산의 파괴 또는 중대한 손실
을 가져온다는 사실을 알거나 그러한 결과가 일어날 것이라고 믿을
만한 합리적인 이유가 있는 때에는, 그 행위자에 대하여 약식기소 또
는 500파운드를 넘지 아니하는 벌금형에 처한다고 규정한다. 피케팅
에 대하여 자주 적용되는 1992년 노동조합 및 노동관계(통합)법 제
241조는 위법하게 또는 법적 권한 없이 어떤 사람이 작위 또는 부작
위를 할 권리가 있음에도 그의 작위를 방해하거나 작위를 강요하는
행위가 다음에 해당하는 때에는 6개월을 넘지 않는 징역형 또는 상한
에 제한을 받지 않는 벌금형의 형사처벌을 받을 수 있다. 금지 유형
다섯 가지는 ① 그 사람, 그의 배우자, 동반자(civil partner), 자녀 등
에 대한 폭력행사나 위협 또는 재산에 대하여 손해를 가하는 행위, ②
여러 장소에 걸쳐 그 사람을 따라다니는 행위, ③ 그 사람이 소유한
연장, 옷, 기타 재산을 은익하거나 빼앗거나 사용을 방해하는 행위, ④
그 사람이 거주하거나 일하거나 사업을 하거나 하려는 장소나 집을
감시 또는 포위하거나 그러한 장소에 접근하려는 행위, ⑤ 2인 이상
의 사람과 함께 그 사람을 무질서한 방법으로, 또는 길이나 도로에서
따라다니는 행위 등이다.

제5장
근로자의 정보공개 및 협의권[1]

제1절 2004년 근로자의 정보 및 협의권 명령

2004년 근로자의 정보 및 협의권 명령(The Information and Consul-tation of Employees Regulations)은 유럽연합 입법지침[2]을 국내법으로 입법한 것이다.

본 명령은 근로자가 사용자의 영업에 관한 일정한 정보와 아울러 그에 관하여 협의할 권리를 부여하는 법령이다. 적용범위 사업장을 점차 넓혀서 2008.4.6 .부터는 50인 이상을 고용한 사용자에 대하여 적용된다(제3조).[3] 나아가 사용자의 직접 고용근로자가 아닌 파견노동자에게도 명령이 적용된다(제3A조).

---

1) 근로자나 노동조합은 사업이전이나 정원감축해고시 사용자에 대하여 일정한 정보의 공개를 청구할 권리를 가지고 있는데 그 밖에도 영국 노동법은 유럽연합의 입법지침에 따라 일정규모 이상의 기업에 속한 근로자들에게 일반적인 정보공개 및 협의권을 부여하고 있다. 한국의 노사협의제도와 비교할 수 있는 측면이 있다.
2) Directive 2002/14/EC of the European Parliament and of the Council of 11 March 2002 establishing a general framework for informing and consulting employees in the European Community – Joint declaration of the European Parliament, the Council and the Commission on employee representation.
3) 본 절의 조문 인용은 모두 '2004년 근로자의 정보 및 협의권 명령'의 조문이다.

정보제공 및 협의를 위한 교섭요구는 해당 사업장의 근로자 중 10% 이상의 단일한 청구가 있거나 복수의 독립된 청구를 한 근로자의 총 비율이 해당 사업장 근로자의 10% 이상이면 가능하다. 교섭요구는 서면으로 하되 상대방은 사용자 또는 중앙중재위원회로 할 수 있다. 중앙중재위원회가 교섭요구를 받으면 그 사실을 사용자에게 통지한다(제7조). 교섭요구는 사용자도 할 수 있다(제11조). 정보제공 및 협의에 대한 노사합의의 효력기간인 3년 내에는 원칙적으로 교섭요구를 할 수 없으나 기업에 중요한 변화(material change)가 있는 때에는 그러하지 아니하다(제12조). 근로자의 교섭요구가 유효하지 아니하다고 판단하는 사용자는 중앙중재위원회에 그 취지의 인용을 구하는 이의신청을 할 수 있으며 근로자나 근로자대표도 사용자의 교섭요구가 유효하지 않다고 판단되면 동일한 절차의 이의신청을 할 수 있다(제13조).

노사합의는 해당 기업이 고용하고 있는 모든 근로자에게 적용되는 것이어야 한다. 노사합의서는 ① 정보제공 및 협의의무가 생기는 상황을 적시하여야 하고, ② 서면으로 작성하며, ③ 근로자를 대표한 교섭대표의 서명과 사용자(대표)의 서명이 있어야 하며, ④ 사용자의 정보제공을 수령할 근로자측 정보·협의대표자의 선임과 선거에 관한 규정(또는 사용자가 곧바로 근로자들에게 정보를 제공한다는 규정)이 있어야 한다(제16조).

정보제공과 협의에 관한 노사합의가 이루어지지 아니하는 때에는 명령이 규정하는 표준 정보 및 협의조항에서 정한 정보를 제공하여야 한다(제18조). 그 내용을 보면, ① 기업활동 및 경제상황에 관한 최근 성장 동향, ② 파견노동자의 사용에 관한 적절한 정보를 포함하여 기업 내 고용의 실태, 구조, 예상되는 동향과 기업 내 고용에 대한 위협요소에 대응하기 위한 수단, ③ 2004년 근로자의 정보 및 협의권 명령 제188조부터 제192조[4] 및 2006년 사업이전(고용보호)명령 제13조부터 제16조[5]에서 규정하고 있는 사항을 포함하여 작업조직이나 고용계약관계에 중대한 변화가 예상되는 결정 등이다. 사용자는 위 정보 중 ②, ③번에 관해서는 근로자대표와 반드시 협의를 하여야 한다.

　근로자대표와의 협의는 ① 시기, 형식, 내용면에서 적절성을 보장하는 것이어야 하며, ② 사용자가 제공한 정보와 이에 대한 근로자대표자의 의견에 기초하여 이루어져야 하며, ③ 협의 주제에 따라 사업장의 적절한 수준의 경영진과 만나서 이루어져야 하며, ④ 근로자대표자가 제기한 의견에 사용자의 합리적인 응답이 있는 것이어야 하며, ⑤ 위 ④번과 관련하여 합의도출을 위한 것이어야 한다(제20조). 아울러 명령에서 규정한 협의 등에 관하여 양 당사자는 협력과 상호 권리의무를 존중하는 태도를 견지하여야 한다(제21조). 사용자로부터 제공받은 정보나 문서가 그 조건에 대외비로 규정된 경우에는 제3자에게 이를 공개하여서는 아니 되며, 이를 위반한 때에는 법적 책임을 부담한다. 정보수령자는 중앙중재위위원회에 해당 정보가 대외비인지를 확인하는 신청을 할 수 있다(제25조). 사용자는 제공된 정보의 공개가 객관적 기준에 비추어 볼 때 기업의 기능에 중대한 위해를 가하거나 해로울 수 있다고 판단되면 정보제공을 철회할 수 있다. 이에 관한 다툼은 중앙중재위원회에서 다룬다(제26조).

　사용자가 정보제공·협의에 관한 노사합의를 이행하지 아니한 때에는 중앙중재위원회에 이의신청을 할 수 있고, 중앙중재위원회는 이의신청이 이유가 있는 때에는 그 취지를 인용하고, 사용자에게 적절한 이행명령을 할 수 있다. 중앙중재위원회가 이의신청을 인용한 때

4) 정원감축해고시 정보제공 및 협의 규정이다.
5) 사업이전시 정보제공 및 협의 규정이다.

에는 신청인은 고용항소심판소에도 이행강제금의 부과를 명하는 신
청을 할 수 있다(제22조(7), 제23조).

제2절 1999년 국가간 고용 정보 및 협의 명령

1999년 국가간 고용 정보·협의 명령(TheTransnational Information
and Consultation of Employees Regulations)도 유럽연합 입법지침[6]
을 국내법으로 입법한 것이다.

본 명령은 다국적 기업과 고용계약을 체결한 근로자를 대표하는
유럽노동협의회(European Works Council)의 구성과 운영 및 권리 등
에 관하여 규정하고 있다.

본 명령은 원칙적으로 유럽경제구역(EEA)에서 100인 이상 근로
자를 고용한 사용자 중 적어도 2개 이상 회원국에서 각 150인 이상의
근로자를 고용한 사용자에게 적용된다(제2조).[7] 근로자나 근로자대표
는 자신의 사용자가 법령의 적용대상이 되는지를 판단하기 위하여 사
용자에게 정보제공을 청구할 권리가 있고(제7조), 사용자가 이를 거부
하면 중앙중재위원회에 이의신청을 할 수 있다(제8조).

2개 이상의 회원국에 2개의 이상의 기업에 고용된 100인 이상의
근로자 또는 그 근로자대표는 서면으로 날짜를 적시하여 유럽노동협
의회의 구성을 위한 교섭을 요구할 수 있다(제9조). 교섭을 위한 협의
체(Special Negotiating Bodies)는 근로자를 고용한 각 기업이 속한

---

6) Council Directive 94/45/EC of 22 September 1994 on the establishment of
a European Works Council or a procedure in Community-scale undertakings
and Community-scale groups of undertakings for the purposes of informing
and consulting employees.
7) 본 절의 조문 인용은 모두 '1999년 국가간 고용 정보 및 협의 명령'의 조문이다.

회원국에서 적어도 1인 이상이 참여하고, 아울러 각 회원국에 고용된 전체 근로자수의 10% 이상이 참여하여 구성한다. 참여위원은 투표로 결정된다(제13조). 협의회 구성을 위한 교섭은 최장 3년까지 가능하다. 협의체 구성을 위한 교섭요구에 관한 분쟁은 중앙중재위원회가 관할한다(제10조). 교섭을 위한 협의체가 구성되면 그 사실을 유럽연합의 인증을 받은 노사단체에 통보하여야 한다. 교섭을 위한 협의체에서 일하는 근로자는 유급근로시간면제를 받을 권리가 있다(제25조, 제26조). 교섭을 위한 협의체가 구성되고 노사가 합의에 이르면 유럽노동협의회 협약을 체결한다. 협약에는 협약의 적용범위, 유럽노동협의회의 구성과 위원의 임기, 유럽노동협의회의 기능, 다른 국내 협의회체와의 협력 방안, 유럽노동협의회의 재정, 협약의 유효기간, 협약개정을 위한 교섭방식, 산하 위원회의 구성 등에 관하여 규정한다(제17조). 유럽노동협의회는 다국적기업의 중앙 경영조직(central management)과 협의를 하는데, 다국적기업으로부터 기업의 구조, 경제적·재정적 사정, 발전방향, 생산 및 판매량 등의 정보를 제공받을 권리가 있고, 예상 고용동향, 투자, 조직의 중대한 변화, 새로운 노동방식이나 생산과정의 도입, 생산물의 거래, 합병·감축·폐쇄, 정원감축해고 등에 관해서는 정보제공 및 협의권을 갖는다(부칙 제7조). 사용자의 의무위반에 대해서는 중앙중재위원회에 이의신청을 할 수 있다(제21조). 유럽노동협의회 또는 협의회 구성을 위한 협의체의 활동을 이유로 근로자를 해고한 때에는 당연 불공정해고에 해당하고(제28조), 그 밖의 불이익한 사용자의 행위도 고용심판소의 권리구제 대상이 된다(제31조, 제32조).

사항색인

저자 약력

고려대학교 법과대학 및 동 대학원 졸업(법학박사)
사법연수원 수료(제31기)
현 강원대학교 법학전문대학원 교수
   강원지방노동위원회 공익위원

저서
노동판례연구 I , 한국학술정보, 2009
노동판례연구 II , 노사신문사, 2011
노동판례연구 III , 노사신문사, 2013
노동판례연구 IV , 노사신문사, 2016

영국노동법

초판인쇄 2017. 12. 20
초판발행 2017. 12. 30

저 자 전 형 배
발행인 황 인 욱
발행처 도서출판 **오 래**
       서울특별시 마포구 토정로 222 406호
       전화: 02-797-8786,8787; 070-4109-9966
       Fax: 02-797-9911
       신고: 제2016-000355호

ISBN 979-11-5829-035-1 93360

http://www.orebook.com
email orebook@naver.com

정가 23,000원